普通高等教育“十一五”国家级规划教材

港口货运

● 真　虹　主编
● 袁志耕　主审

人民交通出版社

内 容 提 要

本书共分为九章,内容包括:绪论,港口货运市场营销,港口货运商务,港口货物装卸搬运工艺,港口生产计划与调度,港口库场管理,港口理货业务,港口生产经营活动评价以及港口货运信息管理。

本书为普通高等教育"十一五"国家级规划教材,除了主要适用于交通运输(水路运输)专业的本科教学需要之外,还可以作为交通运输(其他运输方式)、物流管理、物流工程、航运管理以及国际贸易等本科专业的教材和教学参考书。

图书在版编目(CIP)数据

港口货运 / 真虹主编. --北京:人民交通出版社,2008.1

ISBN 978-7-114-06953-6

Ⅰ. 港… Ⅱ. 真… Ⅲ. 港口-水路运输:货物运输 Ⅳ. U695.2

中国版本图书馆 CIP 数据核字(2008)第 002950 号

书 名:港口货运
著 作 者:真 虹
责任编辑:钱悦良
出版发行:人民交通出版社
地 址:(100011)北京市朝阳区安定门外外馆斜街 3 号
网 址:http://www.chinasybook.com
销售电话:(010)64981400,59757915
总 经 销:北京交实文化发展有限公司
印 刷:北京鑫正大印刷有限公司
开 本:787×1092 1/16
印 张:18.5
字 数:442 千
版 次:2008 年 1 月 第 1 版
印 次:2013 年 7 月 第 2 次印刷
书 号:ISBN 978-7-114-06953-6
印 数:3001-6000 册
定 价:36.00 元

前言 Qianyan

水路运输是整个交通运输网的重要组成部分,它连接着国际间的贸易,而港口则成为国际间贸易的门户。在经济全球化的今天,港口对经济的带动作用越来越显得重要。港口依托现代物流的发展,其功能正在不断地延伸,使得港口管理和相关业务知识在不断地更新。

作为交通运输(水路运输)以及其他相关专业的一门课程,港口管理类课程在我国已经走过了几十年的教学历程。本教材是在总结过去教学实践的基础上,力求理论与实践相结合,在传授理论知识的同时,突出港口实务知识的传授。这一编写特色可以概括为:知识新颖、侧重实务、横贯中外、案例教学、便于复习。

(1)知识新颖:编写人员借助于长期从事港口方面的理论研究成果以及与港口生产经营企业长期合作所获得的实践经验,借鉴相关的参考文献,以保持知识的新颖性和准确性。

(2)侧重实务:这本教材与即将编写出版的另一本普通高等教育"十一五"国家级规划教材《港口管理》各有侧重,本教材将侧重于与港口相关的实务方面的知识传授,尽可能贴近港口业务实际,但也考虑理论的支撑。

(3)横贯中外:过去这类教材基本上是以我国的港口为对象编写的。随着世界经济一体化,使学生掌握世界不同制度下的港口货运管理和技术模式非常重要。因此,本教材将不仅介绍中国港口管理的方法,同时将尽量介绍国外港口业务模式和经验。

(4)案例教学:港口货运是一门务实性课程,理论必须与实践相结合。而当今世界上在这方面成功的做法是采用案例教学。这次编写进一步强化了这方面的内容。

(5)便于学习:过去,我国的教材是为教师授课而编,而国外的教材是为学生学习而编,由此产生很大的差异。为教师授课而编的教材强调便于讲授,且与课时紧密挂钩;为学生学习而编的教材则强调学生自学时的可读性,内容详尽,案例、例题丰富,甚至语言表达都更贴近于学生。为此,本教材将进行这方面的尝试,使其成为一本便于学生学习的教材。

鉴于以上整体设计思想,本教材的知识体系包含以下这些内容:第一章从介绍港口概念与功能着手,分析了港口在国民经济以及地区发展中的地位和作用,港口货运经营管理活动的特点与内容以及港口物流业务的发展。在此基础上,第二章为港口货运市场营销,包括:港口货运市场营销的环境、港口货运市场调查与预测、港口中长期货运计划的编制以及港口货运市场竞争与合作。第三章为港口货运商务,包括:港口货运合同、港口费收、港口货运保险、港口货运理赔以及港口生产经营企业客户服务。第四章为港口货物装卸搬运工艺,包括:港口装卸搬运工艺系统合理化原则、件杂货装卸搬运工艺、大宗干散货装卸搬运工艺、液体货装卸搬运工艺、危险品货物装卸搬运工艺以及集装箱装卸搬运工艺。第五章为港口生产计划与调度,包括:港口生产过程、港口生产经营企业生产计划编制、港口生产调度以及集装箱码头生产作业流程。第六章为港口库场管理,包括:港口库场的功能与类型、港口库场堆存计划的制订、港口库场的货物堆存作业、港口库场日常管理、件杂货码头库场管理和集装箱码头堆场管理。第七章为港口理货业务,包括:理货程序、理货交接、理数和理残、溢短货物、货物积载图、签证与批注业务、衡量业务以及集装箱理货。第八章为港口生产经营活动评价,包括:港口作业评价指标体系、港口经济活动评价指标体系以及港口经济活动分析。第九章为港口货运信息管理,包括:港口货运管理信息系统、集装箱码头生产管理系统、港口业务与 EDI 以及现代信息和通信技术在港口货运信息业务中的应用。每章后附有复习思考题,多数章后附有案例。

本教材作为普通高等教育“十一五”国家级规划教材,除了主要适用于交通运输(水路运输)专业的本科教学需要外,还可以作为交通运输(其他运输方式)、物流管理、物流工程、航运管理以及国际贸易等本科专业的教材和教学参考书。除此之外,在港航企业人员培训、高等职业教育中也不失为一本有用的教材或教学参考书。

本教材的编写体现了集体合作的成就。作为本书的主编和项目负责人,上海海事大学真虹负责全书知识体系的设计及统稿。特邀请中国港口协会集装箱分会常务副理事长袁志耕先生负责审稿。教材编写分工如下:第一章、第四章和第五章,真虹,第二章,沙梅、真虹,第三章,张曼云,第六章、第九章,张旖、真虹,第七章,张婕姝,第八章,真虹、沙梅。上海海事大学交通运输规划与管理专业研究生陈哲立、姜林林和童伟博等同学参与了资料收集、整理等部分辅助性工作。

本教材编写过程中,编写人员参考了大量的资料和相关书籍。这些文献对于本教材的编写起到了很大的帮助作用。同时,中国港口协会集装箱分会常务副理事长袁志耕先生从教材的知识体系的构成,到教材知识内容等给出了大量的建设性意见。在此,表示深深的谢意。

尽管本教材的编写人员长期从事港口管理的研究与教学,但由于港口事业发展迅速,新的知识和新的实践经验不断涌现,使编写人员仍然感到力不从心,再加上时间较紧,使得书稿中仍有诸多不尽如人意之处。为此,我们真诚地欢迎读者和学生给予批评和指正。

真　虹
2007 年 10 月于上海

目录 Mulu

第一章　绪　论

第一节　港口的概念与功能

一、水路运输的地位和作用

在人类文明发展过程中所形成的当今世界大多数大中城市都是沿海或沿江建立的,如上海、大连、东京、纽约、伦敦等。这一事实表明人类的活动依赖于水路运输。世界上几乎所有的文明都起源于临水地区,临水地区为人类生存和社会发展提供了最为必要的条件。水不仅可供饮用和灌溉,而且还可以提供人类及其货物实现空间位移的需要。

水路运输与其他运输方式相比,是一种最为古老的运输方式,其发展经历了从独木舟、利用自然力(如帆船)、蒸汽机到内燃机,甚至核动力的过程。随着铁路、公路和航空等其他运输方式的发展,传统的水路运输所承担的运输份额逐步减少。但是,从现代运输角度看,水路运输仍然具有它的优点和不可取代性。

1. 水路运输利用天然水系,不占用不可再生的土地资源,符合可持续发展的思想

航运方式以其利用天然水域,不占用不可再生资源的土地而更符合可持续发展的思想。现代化的陆路运输方式(无论是铁路或公路)占用着越来越多的优良的土地资源,而这些资源恰恰是不能再生的。而且越是现代化程度高的交通通道所占用的土地资源也越多,这必然会造成我们后代可利用的土地空间越来越缩小。在内河、沿海航运中,由于航运本身的一些问题(如速度慢、航线受自然条件限制等),使航运长期未能受到人们的应有重视,已有的一些通航航道被人为地阻断,使通航里程日益萎缩。然而,航运恰恰使用的是利用价值相对较低的天然的江河海域,而不占用珍贵的土地资源。因此,从可持续发展角度看,航运方式应该更符合人类对于自然资源的合理利用。

2. 水路运输的运载工具容量大,运输成本低

随着船舶大型化的发展,水路运输相比其他运输方式,一次货物位移量非常大,一般可达几万吨到几十万吨。而铁路的一次运载量为几千吨,最大的重载列车也只能达到1万多吨,而公路运输载体只有几吨到几十吨。大容量运输符合规模经济的原则,可以降低单位运输成本。例如,随着集装箱运输量的不断增长,集装箱船舶日趋大型化,从过去只有几百箱位,发展到现在超过了1万个箱位,使得在运输费用不断上涨的情况下,单位运输成本得以控制,甚至下降。

3. 水路运输沟通全球经济,有利于促进经济的全球化发展趋势

21世纪,世界进入了全球经济一体化的时代,经济全球化必然导致国际贸易需求量的大幅度上升。而水路运输的优势就是在于远洋运输,它承担着90%以上的洲际贸易。因此在现

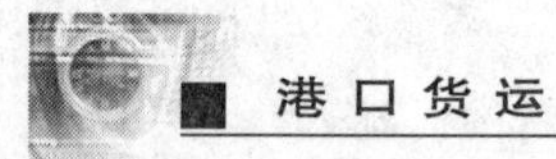

代国际物流和国际贸易中水路运输发挥着举足轻重的重要作用。

4. 引导集装箱运输的发展

集装箱运输虽然起源于铁路运输,但是真正体现出这样运输方式优势,形成巨大运输规模的,则是在集装箱运输方式进入航运业以后。目前,集装箱运输的发展与集装箱航运的发展密切相关,航运已经起到了主导集装箱运输未来发展趋势的作用。可以预见,进入21世纪以后,航运仍将主导集装箱运输的发展。

在水路运输中,船舶与船舶之间,或者船舶与其他运输方式之间的货物换装场所在港口。港口如同综合运输网中的车站和机场一样,是运输网络的节点,它与车站和机场所不同的是必须连接水路运输线。因此,港口在水路运输中扮演着极其重要的角色。

二、港口的作用

港口在经济发展中的地位和作用是随着人们对港口功能的认识以及港口对社会经济发展所作的贡献的深化而不断扩展的。1992年联合国贸易与发展会议在《港口的发展和改善港口的现代化管理和组织原则》的研究报告中,把港口的发展划分成三代。

第一代港口主要是指20世纪50年代以前的港口,其功能为海运货物的转运、临时存储以及货物的收发等,那时的港口是运输枢纽中心。

第二代港口主要是指50年代至80年代的港口,其功能除具有第一代港口的功能以外,又增加了使货物增值的工业、商业功能,港口成为装卸和服务的中心。

第三代港口主要产生于80年代以后,其功能除了第一、二代港口的功能以外,更加强了与所在城市以及用户的联系,使港口的服务超出了原先港口的界限,增添了运输、贸易的信息服务,货物的配送等综合服务,使港口成为贸易的物流中心。

在进入21世纪之际,世界出现了经济全球化的趋势,这为港口的发展带来了新的机遇。但与此同时,现代供应链管理所提出的无缝链接、物流整合的思想对港口的发展提出了新的要求。港口正面临着不断增长的压力。过去的港口之间竞争,正在演变为港口所参与的供应链之间的竞争。港口功能已经不是作为运输链中孤立的一个点而存在,而是作为供应链中的一个组成环节发挥其作用。为了更好地适应现代物流发展的需要,满足客户的对物流的无缝连接和降低物流成本的诉求,新一代的港口发展模式——第四代港口的概念被提出。

第四代港口概念由联合国贸易与发展会议(UNCTAD)于1999年提出,当时给出的定义为“物理空间上分离但是通过公共经营者或管理部门链接”的组织。这一概念过于原则,内涵并不明确。但仍然可以看出第四代港口的一些基本特征,即强调港口与港口之间的联盟,港口与航运之间的联盟是港口未来发展的一种趋势。港口如何更积极地应对供应链的变化,以满足客户的多样化的需要。

因此,从现代观点来看,港口正发挥着以下主要的作用。

1. 港口是海运和陆运的交接点

港口是水陆运输和水水运输的换装点,实现货物在船舶与车辆(或其他船舶)之间的换装作业。由于码头营运活动包含货物装卸、分拣、储存,甚至交易,这些活动要求港口具有足够的活动空间。

货物运输在港口所发生的费用在总的运输费用中占有相当的比重(具体比重根据运输距

离的长短而有所不同,距离越短,港口费用所占比重越大)。因此,高效率的港口货物装卸可以降低整个物流的成本,由此降低商品的价格,使消费者获利,也使出口商品的定价更具有竞争力。因此,港口作为海运和陆运的交接点,如果能充分发挥其应有的功能,可以为该国家(地区)的人民带来经济利益。

2. 港口是工业活动基地

为了获得大规模的经济增长,必须发展工业,特别是高新技术产业,使之吸收更多的劳动力、产生更高的附加值,以获得稳定的经济增长。港口本身是从事工业的重要场所。工业,尤其是对运输有较大依赖的制造业离不开高效率的港口。港口设施和工业用地的布局可以有机地结合起来,以便尽量提高运输、储存和加工的效率。临港工业生产所需要的原材料通过船舶运输可直接运抵企业,而无需中转。原材料经过加工,产品可再通过码头出口。在日本,这样的港口称谓"工业港"。这样的港口不仅为有关的工业企业服务,而且给整个国家或所在的地区带来经济效益。

为了开发临港工业区,需要较大的土地资源。为了获得这样的土地面积,日本的通常做法是利用以往使用率不高的土地或将浅水滩地进行围填。用从航道和锚地疏浚挖得的淤泥将浅水滩地构筑成港区用地。

3. 港口成为综合物流的中心

现代物流强调货物在流通环节多功能的整合。即从运输、装卸、仓储、配送、流通加工、信息服务等各个环节进行全方位的服务,而港口正具有从事这种整合服务的区位优势。港口处于各种运输方式的交汇点,也是货物和信息的集散地,因此,正是从事现代物流服务的最佳场所。正由于此,欧洲一些港口纷纷依托港口优势开辟物流园区,提供综合物流服务。

4. 港口在其所参与的供应链中发挥作用

当今的港口发展越来越离不开供应链上下游环节的互动和整合。港口的发展已经不是孤立的了,它取决于与之相关的航运、集疏运系统以及货主之间的协调性。物流的委托人将更多地关注整个物流的成本,使得港口经营者仅仅关注自己的成本控制已不能满足客户的需要。港口应该从关注自己的中心地位转而更应关注其所参与的供应链对顾客的满意度和响应能力。原先那种港口之间的竞争已经转变为港口参与的供应链之间的竞争。因此,港口如果要更好地发挥作用,应从供应链的角度思考,积极构筑自己参与的供应链,并在其中发挥作用。这正是港口今后发展需要特别关注的。

5. 港口是城市发展的增长点

如果工业和物流在港区得到发展,经济活动在以港口为中心的地区得到加强,越来越多的人汇聚在那里,就会形成新的城区。如果这个城区的消费增加和生产活动频繁,港口的货物吞吐量也将会随之增长。这就是港口和城市相辅相成共同发展的规律。

6. 港口具有社会经济发展促进效应

港口以其各种功能影响着地区,乃至国家的社会经济发展。港口发展的效应以各种互相依赖的形式出现,包括降低货物运输的成本、提高生活水平、促进地区和国家繁荣。例如,港口开发可以吸引工业、创造就业机会,从而推动区域性社会经济发展。根据日本制订港口规划的经验,可以将港口发展的效应归结为以下几类,见图1-1。

这一分类系统将发展效应分为两个基本范畴,第一个是可以用货币数量来测算的效应,即纯粹的经济效益;第二个是不能用货币数量来测算的效应,即对区域开发和国土开发的效应。这两大类分别称之为经济发展效应和社会发展效应。

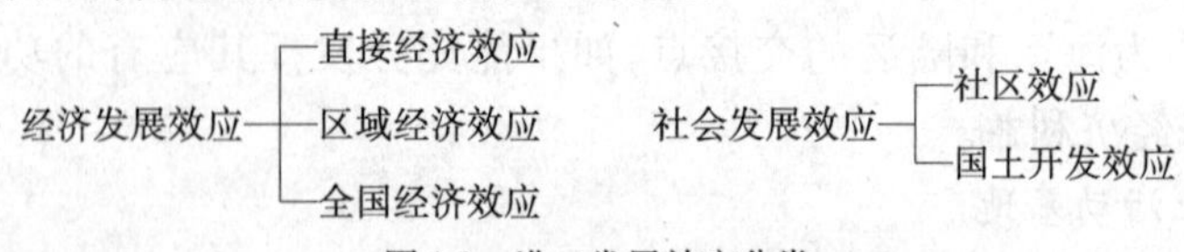

图 1-1 港口发展效应分类

(1)经济发展效应

经济发展效应可以再划分为:直接经济效应(包括运输成本的降低);区域性经济效应(包括由运输业、加工业及其他产业的设立和发展所产生的区域收入的增长以及这些产业的间接效益);全国性经济效应(指外贸港口贸易量增长,最终有助于国家经济活动的发展和国家收入的增长。获益者不仅仅是当地居民,也是全国人民)。

就商港而言,直接经济效应是显而易见的,获益者是港口设施的用户。区域性经济效应也是很清晰的。全国经济效应亦可见。

对于新开发的工业港来说,区域经济效应和全国经济效应则更为明显。在工业港,随着工业的建立和发展,就业机会和收入得到增加,从而刺激其他产业、区域经济和国民经济的发展。

直接经济效应一般可以通过估算港口设施改善前后的运输成本之差乘以目标年份的吞吐量估算出来。有人提出了几种估算区域经济效应和全国性经济效应的计量经济学方法,但实际上估算这些间接效应并不容易。

(2)社会发展效应

"社会发展"包括除经济发展效应之外的、对区域开发和国土开发政策的效应。这里,暂且将区域开发规划产生的社会发展效应称为"社区效应",将对国土开发规划产生的社会发展效应称为"国土开发效应"。

要系统地描述"社区效应"和"国土开发效应"如何与港口相关是相当困难的;很难说明港口和人口或产业趋势之间确切的相互关系。但以定性的研究方法可以看出两者之间有着密切的关系。

上述这些效应并非直接通过港口发展所获得的,而是按照适当的区域规划进行开发,并随着其他基础设施的完备而产生的。从这个意义上说,港口也刺激了其他领域的发展。

三、港口的定义

关于什么是"港口",目前似乎没有统一的定义,一些文献从不同的侧面对"港口"的概念进行了描述。例如从运输功能角度,从地域概念的角度,从法律的角度等。在本部分中,我们将介绍与港口有关的一些概念。

1. 港口

我国《港口法》对港口的概念所作的描述为:港口是指具有船舶进出、停泊,旅客上下,货物装卸、驳运、储存等功能,具有相应的码头设施,由一定范围的水域和陆域组成的区域。港口可以由一个或多个港区组成。

借鉴上述对港口概念的定义,结合供应链管理时代港口功能的变化,本书给出以下"港口"的定义:

港口是供应链上的重要环节，是运输网络中水陆运输的枢纽，是货物的集散地以及船舶与其他运输工具的衔接点；它可提供船舶靠泊、旅客上下船、货物装卸、储存、驳运以及其他相关业务，并由此延伸出工业和贸易的功能，具有明确的水域和陆域范围。

2. 与港口相关的一些概念

(1)港界

港口范围的边界线，由港口总体规划确定。港界可根据地理环境、航道情况、港口设备以及港内工矿企业的需要进行规定。一般利用海岛、山角、河岸突出部分，岸上显著建筑物，或者设置灯标、灯桩、浮筒等，作为规定港界的标志，也有按经纬度划分。

(2)港区

港章中规定的并经当地政府机关划定的港口范围。一般不包括所属小港、站、点。一般将港区又分为：营运港区和规划港口。

营运港区是指已建成，并投入使用的港口区域。

规划港区是指根据港口规划为港口进一步开发、建设划定的具有明确界线的预留水域和陆域。

(3)码头

指供船舶靠泊，货物装卸和旅客上下的水工建筑物。

(4)泊位

指供一艘船舶靠泊的码头长度。

(5)港口设施

指港口内为港口生产、经营而建造和设置的构造物和有关设备，分为港口公益性设施(如：防波堤、专用航道、港池、锚地等)和港口经营性设施(如：机械、设备、车辆、船舶、仓库等)。

四、港口分类

1. 按用途分类

按用途可分为以下4类：

(1)商业港

商业港是供商船进出使用的公共性质的港口。

(2)工业港

工业港是附属于某工矿企业的，主要为企业自己使用的港口。

(3)军用港

军用港是用于军事目的的设施。

(4)避风港

避风港是具有良好的天然地势，为船舶躲避台风等灾害而设置。

2. 按地理条件分类

按地理条件可分为以下5类：

(1)海港

海港是位于海岸线上的港口。如中国的大连港、青岛港等。

(2)河口港

河口港是位于河流入海口处的港口。世界上有许多大的港口都是河口港,如鹿特丹港、上海港等。

(3)河港

河港是位于河流沿岸的港口。如中国长江上的重庆港、芜湖港等。

(4)湖港

湖港是位于湖泊岸壁的港口。如中国云南的大理港等。

(5)水库港

水库港是建于水库岸壁的港口。

3. 从运输的角度分类

目前世界上的港口大致可分以下3种类型:

(1)支线港

这类港口拥有规模较小的码头或部分中型规模的码头,主要挂靠支线运输船舶和短程干线运输船舶。世界上大多数港口均属这种类型。

(2)中转港

这类港口的地理位置优越,在水路运输发展的过程中已成为海上运输主要航线的连接点,同时又成为支线的汇集点。这类港口拥有大型码头,主要功能是在港区范围卸船,收受、堆存货物和装船发送货物。

(3)腹地港

这类港口是国际运输主要航线的端点港,与内陆发达的交通运输网相连接,是水陆交通的枢纽。它们的主要功能是服务于内陆腹地货物的集散运输,同时兼营海上转运业务。在货物运输从"港—港"发展到"门—门"的进程中,这类港口发挥着举足轻重的作用。

第二节　港口在国民经济以及地区发展中的地位和作用

港口是一个国家和所在地区的重要经济资源,因此"天然良港"对于港口所在地区(或城市)具有重要的经济价值。大量事实表明,一个港口城市经济发展与港口具有很大的关联。从图1-2中我们可以看出,我国沿海17个沿海城市的经济发展状态与其港口吞吐量之间呈现出明显的一致性。

我们可以认为,港口是国民经济和地区经济发展的重要组成部分,港口不仅产生国内生产总值、国民收入,而且还创造就业机会。港口带动着所在地区的工业和贸易的发展,由于其独特的地理位置,对工业和贸易具有较强的诱入、产生和凝聚作用。

以西方经济学为基础,对港口在地区(城市)发展中的地位和作用进行分析,我们还可以进一步引用以下几个相关理论来分析港口在国民经济以及地区发展中的地位和作用。

一、贸易基础论和港口生长点理论

贸易基础论认为,港口是由于贸易的需要而形成和发展起来的。而港口生长点理论认为港口的存在促进了贸易的增长。因此,港口和贸易是一对孪生兄弟,他们互相之间起着积极的推动和促进作用。反之,对于那些进出交通不便的区域,如内地乡村城镇,它们的对外的物资交流量不大,它们的生产只是为了满足本地区的需求,因而只能获得经济的自然增长率。而那些航运交通繁忙,港口吞吐量大的城市的经济增长则要快得多。而且对外贸易量越大,对外贸易的增长越快,总的经济发展也越快。这一港口与贸易相互促进的关系可以从表1-1中明显看出。如长江三角洲、珠江三角洲以及环渤海湾3大港口城市群的外贸生成量要明显高于其他地区的城市。

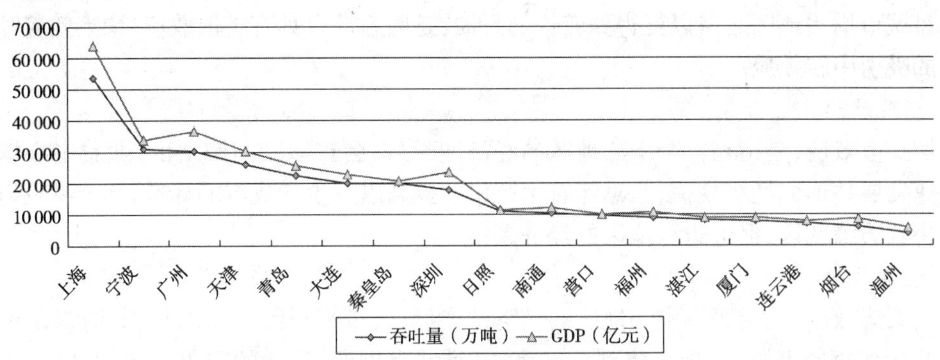

图1-2　2006年中国17个沿海城市货物吞吐量与国内生产总值的比较

2006年中国不同区域外贸生成量分布表　　单位:亿美元　　表1-1

全　国		外贸生成量	所占比例(%)
		17 606.9	100
长、珠、渤三港口城市群	省市外贸生成量	14 525.9	82.5
	口岸外贸生成量	15 563.2	88.4
沿海省市自治区	省市外贸生成量	15 519.7	88.1
	口岸外贸生成量	16 379.6	93.0
非长、珠、渤三港口城市群	省市外贸生成量	3 081.0	17.5
	口岸外贸生成量	2 043.7	11.6
非沿海省市自治区	省市外贸生成量	2 086.2	11.9
	口岸外贸生成量	1 227.3	7.0

资料来源:肖钟熙.港口竞争力“排行榜”之我见.中国港口,2007.5。

回顾纽约、东京、香港、鹿特丹等港口城市的发展过程,它们都是在较短的时间内以持续高速的增长成为世界上著名的经济贸易中心。港口城市为什么能获得比其他城市更快的经济发展?这就是港口生长点效应在起作用。港口的开发建设,促进了与港口生产有关产业的发展,如码头建设、装卸仓储、港口机械制造、航道、修造船舶等产业以及为它们直接服务和间接服务的行业。由于水上货物运输具有量大、价廉的优势,港口周边地区往往是大型加工业的基地,如发电、钢铁、造纸、造船等临海沿江工业,并促进了与之相配套的机床、电气、控制的制造业、加工业的发展。这些工业的发展又将进一步刺激物资交换和生活消费品的需求。因此港口的发展,有利于人口的集中,有利于城市经济的增长。因此,港口城市比一般城市提供了更多的就业机会。根据日本所作的调查,在港口城市中,由港口而产生的就业机会一般占城市就业人数的20%以上,最高达26.7%。国际国内港口城市经济发展的规律也证实了这一点。

二、中心—边缘理论

港口的生长点作用,不仅体现在促进港口城市本身的经济发展,而且还有力地推动了周围地区的经济发展。作为交通枢纽和物流中心的大型港口城市,还会在更广阔的区域范围内发挥作用,特别是对其直接经济腹地的开发发挥着重大影响。因此,港口所在地区和港口周围地区总是比较富裕和比较发达。

港口城市周边地区之所以能得到较快的发展,是因为港口具有扩散效应、聚集效应和港口对货物的吸引中转效应。

1. 扩散效应

所谓扩散效应,是指当一个中心地区的经济增长后,会扩散到周围地区,随着中心城市经济的快速发展并形成经济规模,又意味着生产率的提高以及生产成本的降低,其产品可以较容易地销售到边缘地区,促进边缘地区的经济繁荣。

2. 聚集效应

所谓聚集效应,是指当一中心地区的经济发展后,会带来对需求的增长,其边缘地区的产品(原料、生产资料等)自然地汇集到该城市,满足城市生产、生活的需求。同时,由于中心城市的先进生产力和生活方式对资源的配置作用,促使边缘地区的技术力量、生产要素等,特别是有价值的生产资源向中心城市集中。

聚集效应对于边缘地区经济发展相对而言应当是一种负效应,但扩散效应则是一种正效应,是促进边缘地区经济发展的重要因素。一个经济中心对本地区的作用主要是通过聚集效应来实现的,对周围地区和世界各地的作用主要是扩散作用,这两种效应使得中心地区与边缘地区的经济同时得到发展。聚集和扩散功能往往同时存在,不能截然分开,但在中心的新兴和发展阶段,其聚集效应起到了主导的作用。所以中心城市与边缘地区经济发展的差异始终存在,从而形成区域经济的梯度。

3. 对货物的吸引中转效应

枢纽港口的另一个特点是它具有对货物的吸引中转效应。随着港口规模的扩大,装卸效率的提高,航线的集中,货运量的增多,港口的到发船密度必然增加,由此加速了货物周转。中转货物的增加,又刺激枢纽港的发展,形成“货多—船多—贸易更多—船更多”的循环,即所谓“马太效应”,由此使得这些港口除了承担港口所在地区的货物外,其他地区之间的货流量也会被吸引到中心大港进行中转。这些货流船流在枢纽港的聚集,又进一步促进所在城市有关航运、港口服务业的发展,从而形成贸流和船流集中的航运中心。集装箱船大型化也是促进货物向枢纽港集中的一个重要因素,船东为了减少昂贵的大型集装箱船的停港时间而提高了船舶运转率,为了减低空载率而以喂给船来集疏运货物,造成大型的集装箱船只停靠少数大港,而周边地区的港口只能作为其支线港或喂给港。一些枢纽港口的中转量甚至占到了其货运总量的80%以上,这就是港口的中心—边缘模式,或者说是中心港—支线港模式。

港口的发展,由于以上效应而造成港口具有扩张的趋势,但在这些港口中,只有那些扩散效应、聚集效应和中转效应特别强烈的港口,才能逐步发展成区域级的乃至国际级的枢纽港,而在其周边则形成一大批支线港。

国际上港口格局的发展趋势也证实了这一点。许多国家竞相建设具有众多深水泊位及各

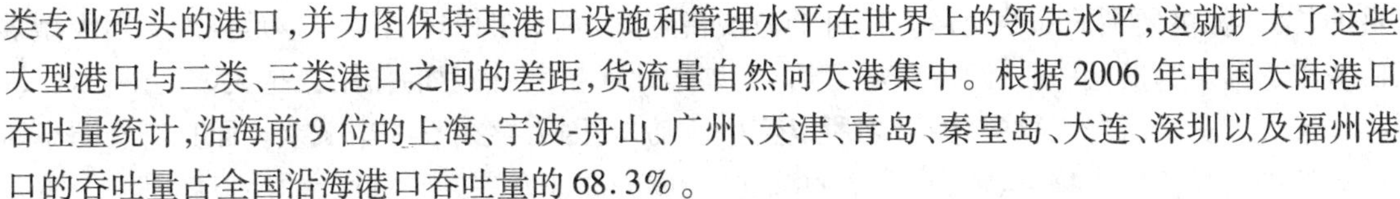

类专业码头的港口，并力图保持其港口设施和管理水平在世界上的领先水平，这就扩大了这些大型港口与二类、三类港口之间的差距，货流量自然向大港集中。根据2006年中国大陆港口吞吐量统计，沿海前9位的上海、宁波-舟山、广州、天津、青岛、秦皇岛、大连、深圳以及福州港口的吞吐量占全国沿海港口吞吐量的68.3%。

三、资源禀赋差理论

世界上港口的发展既有急剧膨胀，也有逐步衰落。这种变化直接与航线变化、物流变化相关，而航线变化和物流流向变化规律可以用资源禀赋差理论来解释。

资源禀赋差理论认为国际贸易的根本原因是由于各国产品价格上的差异，也就是说各国资源禀赋的不同。任何产品的生产都必须要有资本、土地、劳动力、技术、资源等生产要素。各国的产品价格就是由各国各自的生产要素综合作用的结果。每一个国家、地区都可能在某些生产要素、资源禀赋上占有优势，从而在产品的品种、价格、技术性能等方面形成对自己有利的具有竞争力的国际贸易产品。在生产某类产品中，如果某个地区、企业所掌握的各种生产要素都具有优势，那么该地区该企业的产品肯定有足够的竞争力，而获得更大的市场，就能比其他同类产品的生产者获得更多的超额利润。因此，各国的资金、技术、劳动力原料之所以在国际间流动，其目的就是为了谋求生产要素的最佳组合，从而生产出具有市场竞争力的商品。

在一个地区，港口城市与内地城市资源禀赋的重要区别之一，就在于是否具有港口资源。港口是物流的交汇点和对外贸易的门户，特别是在实行了自由港政策的港口，由于资金、资源加工原件的输入输出手续方便，并且不需支付关税，因此港口所在地区(城市)往往就成了这些资源要素的最佳结合点。

四、梯度传递理论

世界各国各地区资源禀赋的差异，造成了世界经济发展的不均衡性，使得各国各地区的经济水平、生产力水平呈现出梯度势态。但一个国家或一个地区的资源禀赋优势不可能永远保持下去，其经济水平、生产力水平经常发生变化。

国际经济的发展也存在着梯度传递的规律，即由经济梯度高的区域向低的区域传递。

这是由于一个国家或地区经济发展到一定梯度后，它的人工费用昂贵，地租急剧上升，以及城市对环境保护的要求越来越高，使得原有的一部分资源禀赋优势开始丧失，促使它的部分产业向低梯度的国家或地区传递。而首当其冲的是那些劳动密集型、环保条件差的夕阳产业。

传递的规律遵循水流的规律。随着经济的发展，不同经济梯度的国家、地区的经济必然要进行调整，依循经济比较利益，高梯度地区的制造加工业要向高科技产业升级，而劳动密集型产业、夕阳产业正在进行新的对外传递，从而形成新的水平分工与垂直分工的模式，这是人们不得不接受的事实。而经济梯度的传递方向首先取决于港口的发展。

综上所述，地区(城市)经济发展与港口发展之间存在着联动的关系。

对于开放城市来说，它对水路运输和港口更加具有强烈的需求。一个国家或地区经济的发展与其对外贸易的发展成正比，而且开放程度越高，对港口的需求则会越强烈。为了满足城市经济发展的需要，港口作为龙头产业，应当充分发挥港口功能的社会化作用，以带动社会经济的发展，成为城市经济发展的生长点。当然，港口的发展也需要依靠城市经济发展来提供充

足的货源，提供便利的陆路交通。而且港口规模越大，对城市依托的需求越是强烈。当大型港口城市逐渐成为航运中心、经济中心之后，向周边地区扩散、辐射的作用也越大。

世界上资金、技术、物资、劳力之所以产生流动，是因为存在资源禀赋差。而具有资源禀赋优势的城市往往成为物资、资金、技术的沉淀区，成为高速发展的经济区，而港口就是一个重要的资源禀赋。对于一些资源禀赋不足的港口城市，还可以利用一些政策去创造资源禀赋优势，来弥补天然的不足。

第三节　港口货运经营管理活动的特点与内容

港口生产经营企业是在港口使用装卸搬运机械系统，遵循一定的操作工艺，以货物装卸、搬运、储存为主要业务的生产经营企业。港口生产经营企业生产活动的特点主要表现在以下几个方面：

1. 产品的特殊性

港口装卸作为交通运输业的一个组成部分，正如马克思所认为的属于物质生产部门，但是其产品有别于一般的工业企业，它并不提供实物形态的产品，而只提供完成货物空间位置的转移，使货物从一种运输工具转移到另一种运输工具或者在运输工具与库场之间转移，这种特殊"产品"在其生产过程中即被消费。

2. 生产的不平衡性

港口生产经营企业的服务对象是装载货物的船舶和其他运输工具，由于运输工具到港的密度和类型，到港货物的数量、品种和流向等具有随机性，这种随机性产生于在港口活动的各环节之间的相互独立性，而且各种活动本身的规律性受多种因素影响。因此，各种活动的随机性导致了港口生产经营企业的生产任务具有不平衡性。

3. 生产的连续性

港口装卸生产通常采用昼夜24h连续作业方式，一方面，要对车船及时装卸，减少车船在港停留时间，提高运输工具的运力利用率，以增加社会总运力；另一方面，通过港口的货物，其目的不是滞留港内，而是尽快地转运，进行货物的生产加工或投入市场，所以从社会的宏观效益出发，港口应对随时来港的船舶、车辆及时装卸且连续作业，以减少车、船、货在港口的停留时间。

4. 装卸组织的协作性

由于港口是多种运输方式的汇聚点，有许多企业和管理机构在其中运作，从港口生产经营企业的外部来看，既要和集疏运部门、船东、货主密切联系，又要和海关、商检、检疫、引航、船舶供应、港监等部门相协调；从港口生产经营企业的内部来看，要协调装卸队、库场、理货等部门各工种的作业，使其形成一个有机的整体，所以港口生产是多部门、多环节、多工种内外协作的过程，具有明显的协作性(图1-3)。

5. 货物运输信息的集聚性

港口作为运输的枢纽，货物位移的集散地，伴随着物流传递的信息流将聚集于港口，并从港口扩散。通过信息引导，使货物有序地转移。因此，港口生产企业对运输过程中所产生的信息流的管理提出了很高的要求，只有港口生产企业的信息流保持通畅，才能保证港口生产的顺利进行，保证对来港车、船做到及时装卸，减少车船的在港停留时间。

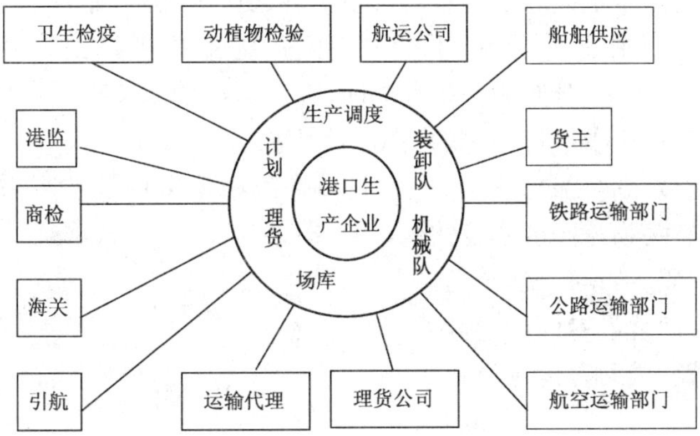

图 1-3 港口生产作业的协作关系

6. 生产调度的层次性

目前我国港口生产经营企业的生产调度方式普遍采用两层管理模式，即：港口集团公司——装卸公司。不同层次上的生产调度职能有较明确的分工。虽然这种模式有利于整个港口资源的合理调配，但也对不同层次之间的工作协调的有效性和及时性造成困难。

由于港口生产经营企业的生产活动具有上述特点，使得港口生产经营变得错综复杂，这就要求有一个强有力的能灵活适应港口内外环境变化的生产指挥系统，对生产经营活动进行连续的调度、指挥与协调平衡，以保证港口生产工作的顺利进行。

第四节 港口物流业务的发展

随着现代物流的发展，港口的功能不断拓展，从“三代港口”的发展可以看出，现代港口已从传统的单纯运输功能向综合物流功能转变。港口利用其在物流网络中的区位优势，正在成为现代物流的中心。这里，我们介绍几个国外港口发展物流的实例。

一、鹿特丹港物流中心

鹿特丹港是欧洲第一大集装箱港，几乎所有班轮公司的集装箱船舶都挂靠鹿特丹。为了满足国际贸易、经济全球化的发展，适应有关航运、货主和物流公司对港口的新要求，1998 年，鹿特丹港建立了“配送园区(Distripark)”，以满足班轮公司和物流服务的提供者以低成本向客户提供及时服务的需要，园区成为全球纷纷仿效的一个范例。第一期用地已全部到位，二期已有 90% 的地块投入使用，三期地块自从 3 年前对外招租以来，已有 60% 落实了用途。

配送园区拥有开展各种物流活动的综合设施。在提供物流设施方面，鹿特丹港处于世界领先地位，物流服务已经成为集装箱及其他货种接卸服务体系的一个重要组成部分。

目前鹿特丹港区内共有 3 个园区，土地面积达 262 公顷。这些园区位于集装箱和普通货物码头附近，紧靠铁路、公路和内河等集疏运设施，使用最新的信息和通信技术，使货物可以方便、快捷地转运到欧洲内陆和海外的目的地。

作为园区的土地所有者,港务局建设园区是为仓储、货物运输等物流企业提供场地,主要包括货物储存和转运,以及集装箱的装货和卸货。在园区内,各公司自行或与当地专业公司合伙,按照客户和国家的要求处理货物。并同时提供包装和再包装,对产品本地化,贴标签,测试,实施质量控制,简单装配,分销服务等。同时,在园区内的海关现场办公及时处理进出口手续,从而使园区在货物进出中具有一定的自由港性质。

在拓展港口物流,规划物流园区时,鹿特丹港务局根据市场的实际需要和物流活动的要求,总结了以下几点有关物流园区建设的基本特征:

①园区靠近港口码头;

②在园区同码头间建设专门的运输通道;

③靠近铁路、公路、内河等运输设施;

④海关现场办公;

⑤提供集散运作的必要设备和场地;

⑥提供增值服务;

⑦有充足熟练、专业的劳动力;

⑧最先进的通信及信息技术。

目前鹿特丹港最大、最新的是马斯伏拉克特园区(MaaSvlakte Distripark),位于鹿特丹港最大的Delta和Dedicated集装箱码头后方,占地125公顷。与前两个园区不同,马斯伏拉克特园区是专门为那些业务范围广泛,市场覆盖整个欧洲的大型公司设计的:如那些希望建立自己的欧洲集散中心的公司;欲进一步渗入到物流链中的大型运输公司;希望为其欧洲业务建立一个海运中心的大型货物转运公司;提供货物转运、仓储和分销服务的物流企业;由于为其产品建立一个海运出口基地的欧洲出口商;以及为上述物流活动提供配套服务的集装箱仓库、银行、办事处、加油站等企业。

二、新加坡港物流集散园区

新加坡沿南部海岸线设立了许多物流集散园区或成为分销园区,满足制造商、货运代理、贸易公司、运输和专业仓储企业公司的需要。新加坡裕廊的物流仓库Jurong Districentre Pte. Ltd. 拥有25 500m^2 仓库,4 500m^2 带空调的仓库,以及能堆放4 000多TEU的集装箱堆场。在此进行的增值作业包括:汇集货物、储存、装配、分装、包装、贴标签等。这些物流增值服务使新加坡成为全球性的综合物流园区。港务局拥有58万m^2 货仓,占总货仓面积的14%。其中最现代化的是Keppel分销园区,共有四幢二层楼的集散中心,面积11.2万m^2,集装箱货车可以直接抵达二层仓库进行拆装箱。

为了加强物流园区的作用,新加坡提出为客户采购、仓储、运输和供应连锁方面提供一站式服务,开发了“仓储和物流系统”的软件,该系统覆盖了仓储和物流所有作业,如订货、采购、储存、包装、点货及配送等,通过电脑系统将制造商、供应商、各分销园和客户联系起来,为整个供应链即时咨询交流服务,并能满足个别客户的不同要求。新加坡物流集散园区以其一流的设施和先进的管理,获得了国际上的承认。

新加坡港积极加强与世界的联系,目前不仅与东南亚,还与欧洲、中国、南亚、中东扩大业务网络。1996年,新加坡港务局设立了国际业务部(IBD)。它的任务是构筑与世界各国的合

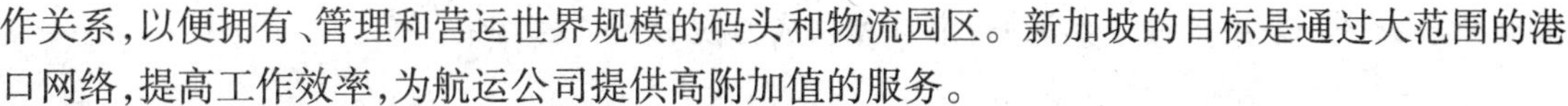

作关系,以便拥有、管理和营运世界规模的码头和物流园区。新加坡的目标是通过大范围的港口网络,提高工作效率,为航运公司提供高附加值的服务。

新加坡的集装箱码头管理特色是大量地应用电子数据交换(Electronic Date Interchange, EDI)进行作业。海港网络、集装箱网络、财务电子数据交换和其他一些电子数据交换系统都能帮助船公司和货运公司方便快捷地与港口交往。新加坡的目标是把自身建设成一个智能岛,成为海空港和金融、信息中心。

三、国外其他一些港口的物流发展

安特卫普港是鹿特丹港的主要竞争对手。兴建中的欧洲物流中心位于安特卫普五号码头,总投资超过 5 亿比利时法郎。该中心建成后由欧洲港口物流公司负责经营,工程一期包括一个 35 000m^2 的物流中心,由 5 个 7 000m^2 单元组成;二期包括一个占地 1 万 m^2 的仓库。港内的一家装卸仓储公司获得了 105 公顷港区地块发展高科技物流园区,场地筹备费用估计为 8 亿比利时法郎。

英国的港口及港口生产经营企业与欧洲大陆同行相比,将物流配送设施布置在港外内陆地区而不是在港内。在利物浦的梅赛码头港务公司投入大量资金投资一项位于自由港地区内的物流设施,该地块占地 30 公顷。

马塞港与巴塞罗那、热内亚是争夺南欧物流中心地位的有力的竞争者。马塞港务局正在建造两座物流中心,中心建成后将全部从事进出港货物的增值服务。其中一座港口物流中心的总投资约 2.1 亿法郎。该中心占地 160 公顷,位于福斯集装箱码头附近;另一座占地 60 公顷,位于东港区的莫里潘集装箱码头附近。巴塞罗那在本国有超过 35 个经营有方的物流企业,而且规模还在不断扩大。热内亚目前也正在兴建一个大型物流中心。

案例　日本港口对所在地区社会经济发展的作用

在日本,人们明白无误地认为港口是有区域经济效应和全国性经济效应的,因为港口的货物吞吐量与国民生产总值之间有很高的相关性。根据一项对神户、名古屋、川崎和北九洲等日本主要港口的调查结果表明,港口相关产业和依赖港口的产业所产生的增值以及从这些产业活动所派生出来的其他产业所产生的增值分别占这些城市增值水平的 33% ~40%。

例如,苫小牧港(1963 年开港)是在一个有一家大型纸浆厂,但其他主要产业很少的地方发展起来的工业港,鹿岛港(1970 年开港)是一个在几乎无人居住的地方发展起来的工业港,对这两个港口的调查表明在这两个港口开港后,它们的腹地城市的工业产值突然有了很大的增长。苫小牧开港 10 年之后,1975 年与 1965 年的货运量的比值是 8.6:1,鹿岛港 1980 年和 1970 年的吞吐量的比值是 12.4:1。这些港口产生的效应是显而易见的。

在大致与苫小牧和鹿岛开港时间同时,这两个港口邻近地区的人口突然增加,由于这些新增的人口集中在原来人口稀少的农村,可以认为这些港口对日本的人口分散政策作出了贡献。

此外,对已有的大港神户、北九洲和川崎的调查表明,这些港口通过当地的港口相关产业和依赖港口的产业为这些城市分别提供了 20.0%、17.7%和 26.7%的就业机会。这些港口附近的城市都是日本的大城市,每个城市人口都超过 100 万,这些港口为这些城市提供大约 1/5

的就业机会这一事实也进一步证明,港口可以成为吸引人口的因素。

案例分析

1. 日本的苫小牧港和鹿岛港所在地原先经济基础很差,但是自从建了港口,经济增长飞速。这一情况给我们什么启示?

2. 苫小牧港和鹿岛港的例子说明什么问题?

3. 我们能否在中国找出具有同样说服力的例子?

复习思考题

1. 在其他现代交通运输发展的今天,水路运输为什么仍然具有不可替代的优越性?

2. 三代港口划分的主要特征是什么?第四代港口的定义说明了什么?

3. 现代港口有哪些作用?举例说明现代港口功能的延伸。

4. 理解港口的概念,并区分港口、码头和泊位的概念差别。

5. 从运输的角度来分析,目前世界上的港口可分为哪几类?

6. 从图1-2所显示的2006年中国17个沿海城市货物吞吐量与国内生产总值的曲线中,我们可以得出什么结论?

7. 什么叫“贸易基础论”和“港口生长点理论”?

8. 用“中心—边缘理论”、“资源禀赋差理论”和“梯度传递理论”分析港口对区域经济的作用。

9. 港口生产经营企业生产活动有哪些特点?其特殊性表现在什么方面?

10. 从国外港口的物流发展经验中我们能获得哪些启示?

第二章　港口货运市场营销

第一节　港口货运市场营销的环境

一、市场营销环境

市场营销环境是企业营销职能外部的不可控制的因素和力量，这些因素和力量是影响企业营销活动及其目标实现的外部条件。

营销环境包括企业外部环境和内部环境，其中外部环境包括宏观环境和行业环境。宏观环境指影响微观环境的一系列巨大的社会力量，主要是：人口、经济、政治法律、科学技术、社会文化及自然生态等因素。行业环境指与企业紧密相联，直接影响企业营销能力的各种参与者，包括企业本身、市场营销渠道企业、顾客、竞争者以及社会公众。行业环境与企业内部环境直接影响与制约企业的营销活动，多半与企业具有或多或少的经济联系，也称直接营销环境。宏观环境一般以行业环境和企业内部环境为媒介去影响和制约企业的营销活动，在特定场合，也可直接影响企业的营销活动。宏观环境被称作间接营销环境。宏观环境因素与行业环境、企业内部环境因素共同构成多因素、多层次、多变的企业市场营销环境的综合体。营销环境与企业营销活动的关系可用图2-1表示。

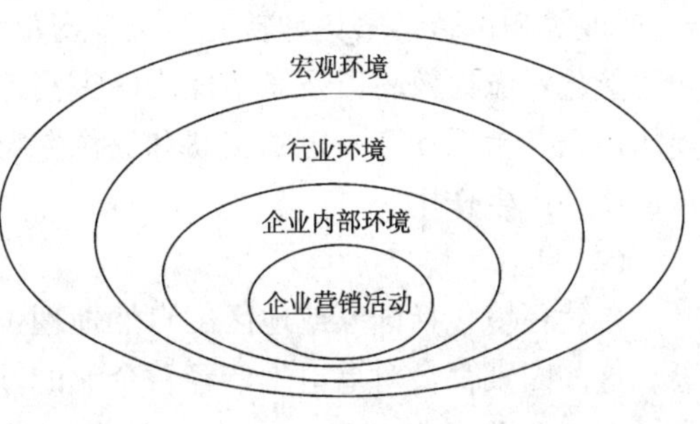

图2-1　营销环境与企业营销活动的关系

二、港口货运市场的营销环境

1. 宏观环境

就港口货运市场而言，宏观环境主要包括政治法律环境、经济环境、科技环境、自然环境、社会文化环境5个方面。

(1)政治法律环境

所谓政治法律环境是指与港口货运业有关的各种法规以及有关政府管理机构和社会集团的活动。主要包括政局及其稳定性、政治事件、国家方针政策、港口及航运政策、经济立法、港口及航运法律等，这些因素都会对国际、国内港口货运市场产生重大的影响和作用，进而影响企业的市场营销活动，因此港口货运市场营销必须密切注意政治法律环境的动态。

目前，我国已是世贸组织的成员之一，世贸组织内部成员国的法律法规和政策对我国也会产生影响,熟悉和了解各成员国的法律法规和政策也是推动港口货运业发展的条件之一。

(2)经济环境

这里的经济环境是指与港口货运市场营销有关的经济发展趋向及其性质。政治环境和法律环境的许多因素实际上是通过经济环境作用于港口生产经营企业的,并且港口货运主要是由贸易衍生出来的服务需要,因此经济环境对港口货运市场营销产生最直接的、最重要的影响。

中国经济飞速发展,人民收入及生活水平都显著提高,市场需求增加。中国加入 WTO 后,随着国内市场更加开放,关税及其他壁垒慢慢减少,对外贸易的国际环境将进一步改善,与外国经济交流更为密切。中国参与世界经济的分工交换,经济对外依存度提高,将大大促进中国具有比较优势的产业发展,国际贸易运输量也将得到较大的提高,从而促进港口货运业的发展。

随着世界经济一体化进程和供应链体系的发展,整个物流体系将由原来的分布式向集中式模式发展,港口也开始朝着综合物流的方向发展,除了传统装卸、仓储和中转功能外,开始提供物流增值服务。这样不仅可以吸引更多的货源,而且可以创造货源,因此,传统港口货运模式将发生变化。

(3)科技环境

科技环境是影响港口生产经营企业发展的重要的长远性的环境因素。在商品、劳务、资本等跨国界流动的同时,科学与技术也在全球范围内流动。信息网络技术的发展对传统经济结构和社会形态都将产生革命性的突破和影响;产业结构由以工业为主导转变为以信息业为主导;产业类型由劳动密集型转变为资本密集型和知识密集型。科技进步促进港口发展,信息化和智能化对港口效率以及竞争能力的提高起到了重要的作用,它除了直接对港口生产经营企业的市场营销活动有一定的威胁和提供一定的机会,也大量地通过客户、竞争对手等对企业的营销活动产生作用。

(4)自然环境

自然环境包括国家或地区的自然地理位置、气候、资源分布、海岸带及其资源开发利用等等。这些因素都会对港口生产经营企业的发展产生重要影响,进而影响港口生产经营企业的市场营销活动。

(5)社会文化环境

随着社会发展,东西方文化交流的加强,西方的消费思想传入中国,人们已经不再像以前一样把所有钱都存起来。在一天工作后,他们更需求身心上的放松。他们会买各种各样的商品,进行各式各样的娱乐活动。由于消费支出大大增加,促进了贸易,从而进一步促进货运业的发展。

综合上面政治法律环境、经济环境、科技环境、自然环境、社会文化环境 5 个方面的分析结果,可以知道宏观环境对港口货运业的发展具有较大的影响。

2. 行业环境

(1)港口生产经营企业的供应商

港口生产经营企业的供应商是指向港口生产经营企业及其竞争者提供货运所需资源的单位和个人,这些资源包括运输机械、搬运和堆存设备、物料、劳务、能源、资金等。在现代市场经

济条件下，任何企业的生产经营活动都离不开一定的生产资料的供应和保障。供应商供应的资源价格的高低和质量、数量都会影响货运企业提供的服务的成本、价格、利润等。因此，营销管理人员必须对供应商有较为全面的了解和透彻的分析。

(2)港口生产经营企业的营销中介

港口生产经营企业的营销中介是指为港口生产经营企业营销活动提供各种服务的企业和部门的总称，包括中间商、实体分配机构、营销服务机构、金融机构等。这些都是市场营销不可缺少的环节。正是由于有了营销中介所提供的服务，才使企业提供的服务顺利地到达顾客手中。因此，企业在市场营销活动中，必须重视营销中介对企业营销活动的影响，并要处理好同他们的关系。

①中间商。是协助企业寻找顾客或直接与顾客进行交易的商业组织和个人。港口生产经营企业的中间商主要是指货运代理企业。其主要任务是帮助企业寻找市场，为企业打开门路。其销售效率及任何变动对企业和顾客都会产生巨大的影响，因此港口货运企也能否选择正确的营销中间商，关系到企业的兴衰问题。

②实体分配机构。是指帮助企业完善保管、仓储、运输等实际工作的专业企业，包括专业的仓储公司和运输公司。实体分配机构的作用在于完善港口生产经营企业欠缺或不具备的功能，使其提供的货运服务更加全面。由于港口货运业务涉及的方面比较广泛，单一的港口生产经营企业很难具备全面的货运服务，所以港口生产经营企业可以采用外包和租用的方式弥补自己的缺陷。

③营销服务机构。在现代市场经济条件下，营销服务机构所涉及的面比较广，包括市场调研公司、广告公司、财务公司、营销咨询公司等。这些机构所提供的专业服务对企业的营销活动将产生直接的影响，他们协助企业选择目标市场，帮助企业出谋划策，港口生产经营企业应该找到最适合本企业的营销服务机构为其提供一系列的营销服务。

④金融机构。包括银行、信贷公司、保险公司等，他们负责为企业和顾客之间的交易融通资金。在现代社会里，几乎每一个企业都与金融机构有一定的联系。企业的信贷来源，银行的存、贷利率以及保险公司的保费变动，都会直接影响企业的营销活动。因此企业应该与金融机构建立良好的合作关系，这在资金短缺的情况下尤为重要。

(3)顾客

顾客就是企业的目标市场，使港口生产经营企业服务的购买者，是企业服务的对象。港口生产经营企业营销的一切活动都是以满足顾客的需要为中心的，因此顾客是企业最重要的营销环境。

根据购买者的动机和目的对企业的顾客进行分类，具体有消费者市场、生产者市场、中间商市场、政府市场和国际市场(表2-1)。

顾　客　分　类　　表2-1

消费者市场	生产者市场	中间商市场	政府市场	国际市场
满足最终消费者的需求	满足企业或个人的获利需要	转售服务实现利润	提供公共服务不盈利	国外购买者构成

随时分析与掌握顾客的变化趋势是企业最重要的工作之一，顾客分类的目的在于了解顾客为什么选择企业的服务。如果企业不能正确地了解哪些东西吸引顾客以及他们选择将来可能如何变化，那么企业最终将失去市场。

随着社会的发展,生活节奏的加快,货主对货物的运输效率、运输质量及服务质量上都有了很大程度的提高。港口作为一个重要的运输环节,必须全面满足日渐提高的运输要求。

(4)竞争者

在市场经济条件下,任何企业从事市场营销活动,都不可避免地会遇到竞争对手。这些竞争对手不仅来自本国市场,而且来自其他国家和地区;竞争不仅发生在行业内,行业外的企业也可能通过替代品的方式参加竞争。因此对竞争者进行分析是企业成功开展营销活动的一个重要方面。

从消费需求的角度划分,企业的竞争者包括愿望竞争者、一般竞争者、产品形式竞争者和品牌竞争者。

①愿望竞争者,即提供不同货运服务以满足消费者各种愿望的竞争者。

②一般竞争者,提供能够满足同一种需求的不同种类货运服务的竞争者。

③产品形式竞争者,指提供同种货运服务,但运输的方式、路径、费用不同的竞争者。

④品牌竞争者,指能够满足相同需求的同种货运服务但不同品牌的竞争者。

在4个层次的竞争中,品牌竞争是最常见、最外在的。这些不同层次的竞争对手,与企业形成不同的竞争关系,这些不同的且不断变化的竞争关系,是企业开展营销活动所必须考虑的十分重要的制约力量。

(5)公众

公众是指企业实现其市场营销目标构成实际或潜在影响的任何团体。一般包括:金融机构、媒介公众、政府公众、群众团体、地方公众、一般公众和内部公众等。公众可能有助于增强一个企业实现自己目标的能力,也可能妨碍这种能力,因此成功地处理好与各种公众的关系格外重要。现在许多企业都设有公共关系部门,专门负责处理与公众的关系。

3. 港口生产经营企业内部环境

港口生产经营企业内部环境包括企业营销管理部门、其他职能部门和最高管理层。企业内部的职能部门各自独立完成自己的任务,但又与其他部门发生联系,形成企业整体性、系统性、相关性。正是企业内部的这些力量构成了企业内部环境。市场营销部门在制定决策时,不仅要考虑企业的外部环境,而且要考虑企业内部环境。首先,要考虑最高管理层的意图,以最高管理层制订的企业任务、目标、战略为依据,制订市场营销计划,并得到最高管理层批准后方可执行。其次,营销部门要成功地制订和实施营销计划,还必须有其他职能部门的密切配合与协作。

第二节　港口货运市场调查与预测

一、港口货运市场调查方法

货运市场调查的主要对象是与港口有关的国内外航线以及港口的腹地的货物流动状况进行调查。货运市场调查是编制港口货物运输计划和港口吞吐量计划的重要基础,也是港口市场竞争的重要手段。货运市场调查的主要内容是调查和掌握各种货物的流量及流向,应根据煤炭、石油、金属矿石、钢铁、矿建材料、水泥、木材、非金属矿石、化肥、农药、盐、粮食、棉花以及

集装箱等不同的货类，逐一进行调查。在货运市场调查中，一方面要调查生产和流通部门购销货物的运输量及流向，以便掌握运量和吞吐量；另一方面要调查和掌握航运部门的运输能力和港口通过能力，如航运部门的船舶运输能力，航道通过能力，港口的码头泊位、库场堆存能力等。

在编制港口发展规划时，货运市场调查的内容比较广泛。例如，在工业方面：矿藏资料及能源的分布、储藏量、质量特征（如煤炭的品种、发热量、石油的含蜡量，金属矿石的品位等），生产水平、供应地区、发展规划，运输方式、运输量及流向等；工业企业的分布，主要产品产量，所需原料、材料、燃料的品种、数量、来源地；工业企业产品当地消费量、库存量、供销情况等。在农业方面：腹地农业生产情况，粮食、经济作物及农副产品的品种、数量、当地消费量，生产和运输、消费的季节性等。在基本建设方面：应着重掌握调查地区内工程建设项目的新建、扩建、改建的规模，基本建设的投资额，经由水运进出的建筑材料等。在商业方面：调查有关社会商品的收购量、销售量和调拨方式以及通过水运的外贸进出口物资的种类和数量等。在交通运输方面，掌握各种运输线路的分布状况，运输能力，铁路专用线和专用铁道的分布，水运与铁路的衔接配合能力，港口的接卸车辆和发运能力，各运输方式的技术经济指标和发展规划等。为编制规划所进行的货运市场调查，其调查的内容应该是与水运或港口有关腹地内的国民经济有关的各部门的产、供、销，交通运输和物资流转等情况。在时间上，既要调查各地区远景发展规划对水运提出的要求，也要分析研究经济的现状和历史，从中发现符合客观规律的经济资料。

货运市场调查的步骤大致可分为 3 个阶段，即准备工作阶段、实地调查阶段和资料整理分析阶段。

1. 准备工作阶段

准备工作阶段要求在实地调查前，做好一切准备工作。这个阶段的工作内容有：明确调查的目的和任务，确定调查项目，确定调查范围，制订工作计划和调查提纲和调查表式。

2. 实地调查阶段

实地调查阶段，也就是通过各种方式向被调查地区和企业单位了解情况和全面收集资料的阶段。实地调查实质上是一种直接调查。

在实地调查前，调查工作人员必须熟悉掌握调查货物生产的基本知识，所需的原始材料，主要工艺流程等，这对分析货运量是必要的。同时调查人员还要掌握大宗产品的单耗、货类的成分和计算，即要掌握物资的消耗定额，因为物资的消耗定额可以反映物资与物资之间的相互联系和物资的产销联系，从中可以掌握它们的比例关系，推算出运输量。

在实地调查阶段，必须注意以下几个方面：

①调查中所涉及的经济资料会涉及国家机密，调查人员负有保守国家机密，妥善保管资料的责任。

②在调查时，要随时对资料进行初步整理，随时审核资料的正确性与可靠性，发现问题立即向被调查单位询问、核对和纠正。

③调查中要注意资料的可比性，注意计量单位的统一和换算，以利于以后资料的整理和综合。

④在国民经济有关部门远景计划尚未确定时，经济资料的取得可能遇到困难。这时要充

分商洽和研究,以便远景的经济资料尽可能准确。

⑤不能单纯注意数字,更重要的是了解和掌握经济情况。

3. 资料的整理和分析阶段

资料的整理和分析阶段是得出调查成果的重要阶段。实地调查工作结束后,通过整理把分散时的零星资料变为集中的可供分析使用的资料。整理资料时,首先要核对收集到的资料与掌握的情况是否一致,进出口适量资料是否可靠,产销联系适量分配是否合理等。该阶段的主要工作是编写调查报告、编制资料目录、整理分析各项近期和远景经济资料。

调查报告内容包括调查线路、地点、日期、调查的方法和内容,对收集的资料和了解情况的综合分析和处理意见。调查报告的内容应根据调查的目的、任务编写,应着重对调查地区的经济情况,货流情况,客货运量的前景,新航线开辟,周边新港口的建设等进行详细的调查。

对现状资料的整理包括:航运、港口、其他集疏运以及物资调配情况等。远景经济资料应按不同地区、各主要物资的生产和消费分别整理。

二、货运量预测

预测是对事物的未来进行估计和推测,通过探索事物未来的发展规律,可以使人们能采取有目的的行动。预测的主要依据是过去和现在的已知数据和资料。预测提供的信息虽然不可能完全准确,且具有一定的局限性,但它可以揭示事物发展的主要趋势,使人们认识事物发展的不准确性有不同程度的减少。预测按其方法大致可归纳成定性、定量、组合3类。

(1)定性预测

这是一种主要凭主观判断而预测未来的方法。它不可能提供预测对象的确切定量概念,只能定性地估计事物的发展趋势。定性预测的准确性完全依靠预测者的知识、经验与判断力。

有时为了汇总各方面的意见并综合地说明问题,也需将定性材料定量化。定性预测一般用于缺乏历史统计资料的情况。

(2)定量预测

根据比较系统的统计资料和数据,建立适当的数学模型,通过计算求出对未来事物的预测值,以数据作为判断事物发展趋势的依据。定量预测经过较严密的计算,预测数字比较精确,避免了定性预测的主观随意性。但是数学模型的建立是根据一定的假设条件,对事物进行了必要的简化,因此预测结果和实际事物发展的情况仍会产生一定的差异。

定量预测常用的方法有时间序列分析法和因果关系预测法。

①时间序列分析法

按照时间顺序排列的一组数据,称为时间序列,按照时间序列所体现出的某一事物的发展趋势,预测该事物的未来状况。时间序列是各种因素综合影响的结果,当难以清楚分析影响事物发展的主要因素时,常采用时间序列分析法。

②因果关系预测法

经济变量之间往往存在着某种因果关系。找出影响某一事物结果(因变量)的一个或几个因素(自变量),建立数学模型,然后根据自变量的变化,预测因变量的相应变化。这种方法能定量地说明事物发展的因果关系,预测的精度较高。

(3)组合预测

定性预测与定量预测都有一定的局限性。为使预测结果更可靠,可以采用多种预测方法,把定性预测与定量预测结合起来,进行组合预测。

预测的实施步骤一般为确定预测目标,找出关键因素,搜集与处理资料,选择预测技术;建立并验证预测模型;利用模型进行预测分析;追踪实际情况;分析预测结果。

以下对几种常用的预测方法逐一介绍:

1. 定性预测

(1)专家预测法

以专家作为索取信息的对象,依靠专家的知识、经验和判断能力进行预测。专家预测法有专家个人判断法和集体预测法两种。

聘请有经验的或者具有专门知识的专家,提出预测问题,同时提供有关信息,由专家独自分析,作出回答,其优点是充分发挥个人能力,避免相互干扰,但难免片面性。专家集体预测法则有利于交换信息,相互启发,集思广益,但容易受权威人士意见的影响而忽视少数人正确意见的发挥。

(2)特尔菲法

特尔菲法(Delphi)由美国兰德公司首创和使用,它通过函询方式,征求专家意见,对专家们的各种意见进行统计整理,把结果反馈给各位专家,再次由他们提出意见。经过多次循环反复,使意见逐渐趋向一致,最终得出预测的结果。这样做,既能发挥专家们的智慧,又能避免专家会议的缺点。图2-2描述了一个采用特尔菲法的操作过程。

(3)典型调查法

根据调查目的,经过全面的科学分析,选择有代表性的单位或对象,进行周密系统分析的调查研究,借以认识事物发展的客观规律。其作法是:制订调查计划,选择调查方法,分析和运用典型材料,起草调查报告,得出预测结果。

(4)主观概率预测法

主观概率是指人们的经验对某个事件实现的可能性作出主观判断的量度。例如:10位专家对某个港口未来某年的吞吐量预计为1 000万t的概率估计分别为:4人估计为0.7,3人估计为0.6,2人估计为0.8,1人估计为0.5,则预测吞吐量为1 000万t的概率为:

$$P=\frac{\sum_{i=1}^{n}p_i}{n}=\frac{4\times0.7+3\times0.6+2\times0.8+1\times0.5}{10}=0.67$$

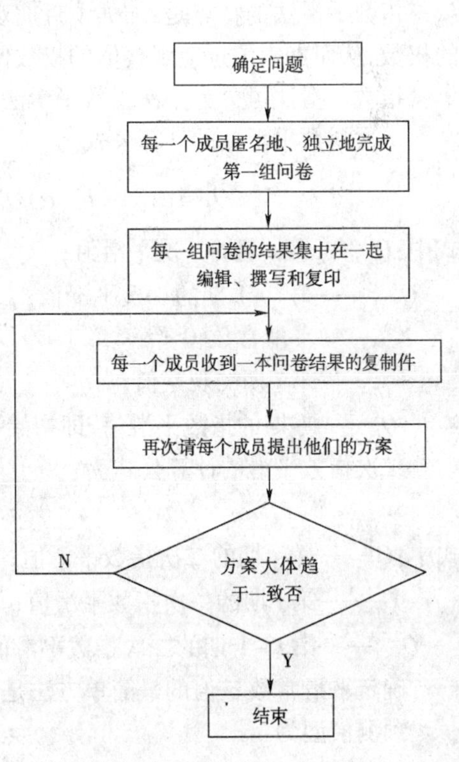

图2-2　特尔菲法的操作过程

2. 时间序列法

(1)移动平均法

设 y_i 为时间序列中时间为 t 的观察值,Q_t^1 为时

间序列中时间为 t 的一次移动平均数，n 为每一移动平均数的跨越期，$t=0,1,2,\cdots,n$，则时间为 t 的一次移动平均值 Q_t^1 的一般表达式为：

$$Q_t^1=\frac{y_t+y_{t-1}+y_{t-2}+\cdots+y_{t-n+1}}{n}=\frac{y_{t-1}+\cdots+y_{t-n+1}+y_{t-n}}{n}+\frac{y_t-y_{t-n}}{n}$$

即：$$Q_t^1=Q_{t-1}^1+\frac{y_t-y_{t-n}}{n}$$

同理可以得到二次移动平均法的表达式：

$$Q_t^2=\frac{Q_t^1+Q_{t-1}^1+Q_{t-2}^1+\cdots+Q_{t-n+1}^1}{n}$$

式中：Q_t^1——一次移动平均值；

Q_t^2——二次移动平均值。

令：
$$a_t=2Q_t^1-Q_t^2$$
$$b_t=\frac{2}{n-1}(Q_t^1-Q_t^2)$$

则可建立二次移动平均法的预测模型：

$$Q_{t+T}=a_t+b_tT$$

式中：a_t、b_t——移动系数；

T——由预测模型所处的时间周期至需要预测的时间之间的周期数。

(2)指数平滑法

指数平滑法的特点是：加强了近期观察值对预测值的作用，对不同时期的观察值赋予不同的权数，从而加大了近期观察值的权数使观察值能迅速反映预测对象的实际变化。

指数平滑法可分为一次指数平滑法、二次指数平滑法、三次指数平滑法等。

一次指数平滑法的计算公式为：

$$Q_t^1=\alpha y_t+(1-\alpha)Q_{t-1}^1=\alpha\sum_{k=0}^{t-1}(1-\alpha)^k y_{t-k}+(1-\alpha)^t Q_0^1$$

式中：Q_t^1——第 t 期的一次平滑值；

Q_{t-1}^1——第 $t-1$ 期的一次平滑值；

α——平滑常数，$0<\alpha<1$；

y_t——第 t 期的观察值；

Q_0^1——零期的指数平滑值，即初始平滑值。

二次指数平滑的计算公式为：

$$Q_t^2=\alpha Q_t^1+(1-\alpha)Q_{t-1}^2$$

式中：Q_t^2——第 t 期的二次指数平滑值；

Q_t^1——第 t 期的一次指数平滑值；

Q_{t-1}^2——第 $t-1$ 期的二次指数平滑值。

确定平滑常数 α 值的最简单方法是凭经验选取，一般可取 $\alpha=0.1\sim0.3$。

预测模型为：

$$Q_{t+T}=a_t+b_tT$$

式中：T——预测模型所处的时间周期至少需要预测的时间之间的周期数：

$$a_t = 2Q_t^1 - Q_t^2$$

$$b_t = \frac{\alpha(Q_t^1 - Q_t^2)}{1-\alpha}$$

3. 因果关系预测法

因果关系预测法最主要的方法是回归分析法，即研究两个以上变量之间的函数关系。当变量只涉及两个时，叫做一元回归分析，如果涉及两个以上时，则称为多元回归分析。

(1)一元线性回归分析法

设变量 y 和 x 之间存在以下线性关系：

$$y = a + bx$$

式中：a、b——待定常数，又称为回归系数。

采用最小二乘法，我们可以得到以下两个求解回归系数的值：

$$b = \frac{\sum x_i y_i - \bar{x}\sum y_i}{\sum x_i^2 - \bar{x}\sum x_i}$$

$$a = \bar{y} - b\bar{x}$$

式中：$\bar{y} = \frac{\sum y_i}{n}$

$\bar{x} = \frac{\sum x_i}{n}$

(2)模型检验

观察值与对应的回归预测值之间总是存在一定的误差，只要这一误差在我们预想的范围内，便可以认为模型已达到拟合的要求。模型检验一般可以采用标准差以及相关性进行。

设观察值 y_i 与对应的回归预测值 y_{ci} 之间的误差为 e_i，即 $y_i - y_{ci} = e_i$，因变量 y 对自变量 x 的回归标准差为 s_{yx}，则有：

$$s_{yx} = \sqrt{\frac{\sum e_i^2}{n-k}} = \sqrt{\frac{\sum (y_i - y_{ci})^2}{n-k}}$$

$$\frac{s_{yx}}{\bar{y}} \times 100\% < \text{设定的误差比例}$$

式中：n——观察期数据的个数；

k——变数的个数，包括因变数和自变数。

标准差的值越小表明拟合得越好。

相关性分析是检验 x 与 y 之间是否存在因果关系。相关性分析采用计算相关系数的方法，即：

$$r = \sqrt{1 - \frac{s_{yx}^2}{s_y^2}}$$

式中：s_{yx}^2——标准差的平方；

s_y^2——观察值 y_i 的总差异，即：

$$s_y^2 = \frac{\sum y_i^2}{n-1}$$

相关系数 r 在 0 ~ 1 之间变动。

4. 灰色预测法

灰色预测采用微分方程来描述预测变量之间的关系，其特点是较好地反映事物变化发展的连续过程。灰色预测能较好地预测短期变化外，对中长期预测也有较好的参考价值。

(1)灰色模型建立

作为预测的灰色模型一般采用 GM(n,1)模型，n 一般在 3 阶以下，为了减少求解难度，一般 n 取 1，其精度也可以保证预测的要求。GM(1,1)模型的微分方程是：

$$\frac{dx^{(1)}}{dt} + ax^{(1)} = u$$

对于给定的原始时间序列数据 $\{x^{(0)}(i)\}$ $(i=1,2,\cdots,n)$，通过累加生成累加序列：

$$\{x^{(1)}(k)\} = \{\sum_{i=1}^{k} x^{(0)}(i)\}$$

在微分模型中，a、u 为辨识算式，可以通过最小二乘法求得：

$$\hat{a} = [a,u]^T = (B^T B)^{-1} B^T Y_N$$

式中：$Y_N = [x^{(0)}(2), x^{(0)}(3), \cdots, x^{(0)}(N)]^T$

$$B = \begin{bmatrix} -\frac{1}{2}[x^{(1)}(2) + x^{(1)}(1)], & 1 \\ -\frac{1}{2}[x^{(1)}(3) + x^{(1)}(2)], & 1 \\ \cdots\cdots & \\ -\frac{1}{2}[x^{(1)}(N) + x^{(1)}(N-1)], & 1 \end{bmatrix}$$

确定 GM(1,1)的模型为：

$$\hat{x}^{(1)}(k) = \left(x^{(0)}(1) - \frac{u}{a}\right)e^{-a(k-1)} + \frac{u}{a}$$

将不同的 k 值代入上式，可得到预测累加序列。将预测累加序列还原成下式，即可得预测值：

$$\hat{x}^{(0)}(k) = \hat{x}^{(1)}(k) - \hat{x}^{(1)}(k-1)$$

(2)灰色预测模型的精度检验

残差：

$$q^{(0)}(k) = \hat{x}^{(0)}(k) - \hat{x}^{(0)}(k)$$

预测百分误差：

$$PE = \frac{\hat{x}^{(0)}(k) - \hat{x}^{(0)}(k)}{\hat{x}^{(0)}(k)}$$

百分误差越小，说明预测精度越高。

算例 2-1

已知某港前 16 年集装箱吞吐量见表 2-2，分别采用二次移动平均法、二次指数平滑法以及灰色预测法对该港 5 年以后、10 年以后以及 15 年以后的集装箱吞吐量进行预测。

表 2-2

年 份	1	2	3	4	5	6	7	8
吞吐量(万 TEU)	3.057	4.938	6.608	8.042	12.557	20.458	21.172	22.415
年 份	9	10	11	12	13	14	15	16
吞吐量(万 TEU)	31.290	35.384	45.613	57.676	73.057	93.475	119.906	152.650

1. 二次移动平均法

取 $n = 3$ 年

二次移动平均值计算见表 2-3。

表 2-3

$Q_t^{[1]}$	4.868	6.529	9.069	13.686	18.062	21.348	24.959
$Q_t^{[2]}$			6.822	9.947	13.977	18.255	22.013
$Q_t^{[1]}$	29.696	37.429	46.224	58.782	74.736	95.479	122.01
$Q_t^{[2]}$	25.334	30.695	37.783	47.478	59.914	76.332	97.408

$a_t = 2 \times 122.01 - 97.408 = 146.612$

$b_t = 2 \times (122.01 - 97.408)/(3 - 1) = 24.602$

预测:

$Q_5 = 146.612 + 24.602 \times 5 = 269.622$(万 TEU)

$Q_{10} = 146.612 + 24.602 \times 10 = 392.632$(万 TEU)

$Q_{15} = 146.612 + 24.602 \times 15 = 515.642$(万 TEU)

2. 二次指数平滑法

取 $\alpha = 0.3$，并令 $Q_0^{[1]} = Q_0^{[2]} = y_1 = 3.057$

$Q_1^{[1]} = \alpha y_1 + (1-\alpha) Q_0^{[1]} = 0.3 \times 3.057 + (1-0.3) \times 3.057 = 3.057$

$Q_2^{[1]} = \alpha y_2 + (1-\alpha) Q_1^{[1]} = 0.3 \times 4.938 + (1-0.3) \times 3.057 = 3.6213$

……

$Q_1^{[2]} = \alpha Q_1^{[1]} + (1-\alpha) Q_0^{[2]} = 0.3 \times 3.057 + (1-0.3) \times 3.057 = 3.057$

$Q_2^{[2]} = \alpha Q_2^{[1]} + (1-\alpha) Q_1^{[2]} = 0.3 \times 3.6213 + (1-0.3) \times 3.057 = 3.2263$

……

计算过程见表 2-4。

表 2-4

期数	集装箱吞吐量(万 TEU)	$Q_t^{[1]}$	$Q_t^{[2]}$	期数	集装箱吞吐量(万 TEU)	$Q_t^{[1]}$	$Q_t^{[2]}$
0		3.057	3.057	9	31.290	21.4982	15.0574
1	3.057	3.057	3.057	10	35.384	25.6639	18.2394
2	4.938	3.6213	3.2263	11	45.613	31.6486	22.2622
3	6.608	4.5173	3.6136	12	57.676	39.4568	27.4206
4	8.042	7.6289	4.8182	13	73.057	49.5386	34.0560
5	12.557	9.1073	6.1049	14	93.475	62.7195	42.6521
6	20.458	12.5125	8.0272	15	119.906	79.8755	53.8191
7	21.172	15.1103	10.1521	16	152.650	101.7078	68.1857
8	22.415	17.3017	12.2970				

计算平滑系数：

$a_{16} = 2Q_{16}^{[1]} - Q_{16}^{[2]} = 2 \times 101.7078 - 68.1857 = 135.2299$

$b_{16} = \alpha(Q_{16}^{[1]} - Q_{16}^{[2]})/(1-\alpha) = 0.3 \times (101.7078 - 68.1857)/0.7 = 14.3666$

得预测模型：

$Q'_{t+T} = a_{16} + b_{16}T = 135.2299 + 14.3666T$

$Q'_5 = 135.2299 + 14.3666 \times 5 = 207.0629$（万 TEU）

$Q'_{10} = 135.2299 + 14.3666 \times 10 = 278.8959$（万 TEU）

$Q'_{15} = 135.2299 + 14.3666 \times 15 = 350.7289$（万 TEU）

3. 灰色预测

将该港前16年集装箱吞吐量作为时间序列数据分为两段，以前11年数据建立GM(1,1)模型，利用模型对后5年集装箱吞吐量进行事后预测，计算预测百分误差来检验模型的拟合程度。

利用上述计算方法，借助于计算机程序，可计算得以下预测模型：

$$a = -0.21689, u = 4.74458$$

GM(1,1)模型为：$Y(i+1) = 23.43937e^{0.21689i} - 21.87537$

采用该模型计算后5年吞吐量的结果为：

$Y_1 = 61.699$

$Y_2 = 76.643$

$Y_3 = 95.207$

$Y_4 = 118.267$

$Y_5 = 146.912$

对这些结果进行检验，得见表2-5的预测精度。

表2-5

年份	实际值	预测值	差值	预测精度(%)
1	57.676	61.699	4.023	93.02
2	73.057	76.643	3.586	95.09
3	93.475	95.207	1.732	98.15
4	119.906	118.267	-1.639	98.63
5	152.650	146.912	-5.738	96.24

由表可知，预测精度较高，故可以用GM(1,1)对该港进行集装箱吞吐量预测。

用该港前16年集装箱吞吐量的数据建立GM(1,1)模型，经计算得：

$$a = -0.2319173, u = 3.60667$$

GM(1,1)模型方程为：$Y(i+1) = 17.11553e^{0.2319173i} - 15.55154$

得今后5年、10年和15年各预测年的集装箱吞吐量为：

$Y_1 = 461.811$（万 TEU）

$Y_2 = 1\,472.538$（万 TEU）

$Y_3 = 4\,695.357$（万 TEU）

算例 2-2

已知某港历年吞吐量以及与该港口吞吐量发展相关的地区国民经济发展(用国内生产总值计)的数据见表 2-6,采用一元回归分析法预测港口吞吐量。

表 2-6

年份	国内生产总值(亿元)	港口吞吐量(百万吨)	年份	国内生产总值(亿元)	港口吞吐量(百万吨)
1	3 101	19.10	7	4 582	22.81
2	3 480	20.97	8	5 072	26.23
3	3 637	21.70	9	5 691	29.81
4	3 971	24.09	10	6 175	32.81
5	4 026	24.21	11	6 619	34.52
6	4 505	22.21			

计算过程见表 2-7。

表 2-7

i	x_i(国内生产总值)	y_i(吞吐量)	$x_i y_i$	x_i^2	y_i^2	y_{ci}
1	3 101	19.10	59 229.10	9 616 201	364.81	18.92
2	3 480	20.97	72 975.60	12 110 400	439.74	20.52
3	3 637	21.70	78 922.90	13 227 769	470.87	21.18
4	3 971	24.09	95 661.39	15 768 841	580.33	22.58
5	4 026	24.21	97 469.46	16 208 676	586.12	22.81
6	4 505	22.21	100 056.05	20 295 025	493.28	24.82
7	4 582	22.81	104 515.42	20 994 724	520.30	25.14
8	5 072	26.23	133 292.16	25 725 184	690.69	27.20
9	5 691	29.81	169 591.80	32 387 481	888.04	29.80
10	6 175	32.81	202 601.75	38 130 625	1 076.50	31.84
11	6 619	34.52	228 487.88	43 811 161	1 191.63	33.70
合计	50 859	278.50	1 342 803.51	248 276 087	7 302.30	—

求回归系数:

$\bar{y} = \sum y_i / n = 278.50/11 = 25.318$

$\bar{x} = \sum x_i / n = 50\ 859/11 = 4\ 623.55$

$b = (1\ 342\ 803.51 - 4\ 623.55 \times 278.5)/(248\ 276\ 087 - 4\ 623.55 \times 50\ 859) = 0.0042$

$a = 25.32 - 0.0042 \times 4\ 623.55 = 5.90$

预测模型为:

$$y^* = 5.90 + 0.0042x \qquad (\text{万 TEU})$$

标准差分析:

$$S_{yx} = \sqrt{\frac{\sum (y_i - y_{ci})^2}{n-K}} = \sqrt{\frac{19.4466}{11-2}} = 1.4699$$

$$\frac{S_{yx}}{\bar{y}} \times 100\% = \frac{1.4699}{25.32} = 5.8\% < 15\%$$

因此，标准差满足要求。

相关分析：

$$S_y^2 = \frac{\sum y_i^2}{n-1}$$

$$r = \sqrt{1 - \frac{S_{yx}^2}{S_y^2}} = \sqrt{1 - \frac{1.4699^2}{730.2^2}} = 0.9985$$

相关系数接近1，可见，本例中的国内生产总值与港口吞吐量之间的相关性较强。

第三节　港口中长期货运计划的编制

港口生产经营企业要按照社会需要和企业的自身发展制订港口货运计划并组织生产。社会需要表现在两个方面：一是国家给港口生产经营企业下达的计划任务；二是港口生产经营企业通过市场调查自行确定的任务。前者随着市场经济体制的完善已日趋减少，目前港口生产经营企业主要靠市场行为，在满足自身生存与发展的同时，满足社会对港口的需要。

港口生产经营企业的计划从10年、5年等长期计划到年度、月度等中期计划，直到旬度、昼夜等短期生产计划。其中，相对短期的计划是相对长期计划在时间上的具体化。例如，对于大宗货物的运输，其月度货运计划属于近期工作计划，但这一计划也是对年度计划具体安排的实施计划。本节所讨论的中长期货运计划的时限主要是指年度和月度计划。

港口生产经营企业的货运计划可分为货物分类分流向计划；重点物资运输计划；港口吞吐量计划等。一般需要编制"货物分类分流向计划"，其内容包括：主要货类、流向、流量、距离、货运周转量等。

一、港口货运计划编制的原则

在编制港口货运计划时，应努力提高计划的质量，使港口货运计划能够满足国民经济对港口生产的要求，以及港口生产经营企业自身发展的需要，充分利用港口能力，尽可能多地完成货物运输任务，以提高社会综合效益和企业经济效益。因此，在编制计划的过程中，必须遵循以下基本原则：

1. 必须从国民经济发展的全局出发，统筹兼顾，全面安排，保证重点，照顾一般

交通运输是国民经济发展的重要保证。作为交通运输重要枢纽的港口，对于国民经济的意义相当重要。总结发达国家、新兴工业国家和发展中国家的成功经验，可以发现，他们都非常重视港口的开发和建设，并充分利用港口带动周边地区及其经济腹地的发展。因此，我们在编制港口货运计划时，必须从国民经济发展的出发，统筹兼顾社会效益和企业。这要求我们在编制港口货运计划时，必须正确地反映客观经济规律，确定港口生产的合理比例和切合实际的速度；必须贯彻合理装卸的原则，精心组织港口生产，在保证完成港口计划任务的前提条件下，最大限度地节约商品流通费用，加速物资周转，节省国家运输能力。

2. 计划指标既要科学,又要留有余地

在编制港口货运计划时,必须坚持调查研究,掌握实际情况,实事求是地确定发展指标水平,保证指标既具有一定的超前性,又具有可靠性、科学性和准确性。但由于计划是对未来行动作出的安排,而未来总含有不确定因素,而且期限越长,未来不确定因素也就越多。尤其对于港口生产而言,其受自然因素影响大,作业点多、线长、面广,不确定因素很多,计划的确定性不是很大。所以,一方面,我们必须进行科学的预测,把计划的风险减少到最小限度;另一方面,必须留有余地,使计划有弹性,也就是使计划具有适应情况变化,进行灵活处理的能为。同时,弹性必须有限,否则,就失去计划的意义。管理者的水平就表现在能否使计划的弹性保持在适度的范围内。

3. 要让计划的执行者参与计划的制订

编制港口货运计划,必须充分调动各方面的积极性,使港口货运计划成为全体职工的共同奋斗目标。因为有效的计划并不是单纯依靠少数管理者所能制订出来的,即使管理者能制订出一套完美的计划方案,毕竟还是需要别人来执行,所以真正聪明的管理者并不把精力放在解释、命令下级按照自己的计划办,而是千方百计地动员计划执行者来参加计划的制订。这样做有两个好处:第一,提高了职工执行计划的积极性。当执行者真正感到计划是他本人参与制订的,他就必然关心计划的实现。即使遇到外界干扰,他也会想方设法,主动排除干扰,完成计划。第二,计划执行者虽然对全局情况了解不多,但对本职工作范围的实际情况了如指掌,因此能弥补管理者了解实际情况不足的缺点。

4. 要抓住薄弱环节

由于港口生产具有连续性、比例性、复杂性、协作性和不平衡性特点,因此,编制港口货运计划时,要考虑所有可能影响港口计划实现的因素的现状和变化,进行仔细地计算和综合平衡,才能使计划建立在可靠的基础上。但是,由于影响港口计划的变量太多,为了节省时间和费用,一般只要抓住对计划具有限制性作用的薄弱环节进行估计和综合平衡就可以了。对薄弱环节必须抓深抓细,认真核算,采取必要措施,切实保证主观与客观,需要与可能的平衡。

5. 要重视信息反馈

制订港口货运计划只是计划工作的开始,大量的工作还在于贯彻和执行计划。所以,在计划工作中必须十分重视信息的反馈。因为港口生产经营企业所处的客观环境,如国民经济大环境、国家政策、消费市场、运输市场、气候条件,以及企业内部因素等,一旦发生了变化,原来的计划在某种程度上就失效了,这时,必须根据变化了的情况及时地调整计划,使计划符合于现实。调整计划是活力的保证,而调整计划,就需要及时地得到各种反馈信息。因此,作为领导人和管理者就必须重视信息反馈。

二、港口货运计划的编制程序

大体上讲,港口生产经营企业货运计划可以划分为以下几个阶段。

1. 编制计划的准备阶段

这一阶段主要是调查研究,收集分析有关资料,这是编制计划的前提条件。内容包括:

①分析宏观环境和行业环境对交通运输的要求,进行货源调查,掌握有关物资订货会议、调拨会议、运输市场及货源变化等各种资料,并在此基础上进行预测,为确定计划目标做准备。

②检查计划执行情况。一方面,总结分析报告期各项计划指标预计完成情况,包括数据及其相互之间的关系,以便找出各项计划指标能否完成的主要原因,这是计划编制的依据之一;另一方面,应研究生产上存在的主要问题,从而找出薄弱环节和瓶颈。

③核定生产运营能力。对现有的生产运营能力进行普查核定,并研究确定编制计划采用的主要定额。现有的生产能力定额是编制各项计划指标的基础,是影响计划质量的重要因素。

2. 确定港口生产经营企业年度生产经营目标阶段

港口货运的年度生产经营目标,主要是经济效益指标,主要包括吞吐量、利润、劳动生产率、质量、消耗等。从港口生产经营企业生产管理角度而言,主要生产目标之一是吞吐量指标,它能综合反映出港口在国民经济中发挥的作用和地位,以及港口企业的生产经营业绩。

3. 综合平衡阶段

港口生产经营企业年度生产经营目标确定后,为了完成和超额完成目标,港口生产经营企业应发动职工进行讨论,并结合本部门具体情况,提出完成计划的分目标及具体措施,以保证整体目标的实现。

港口计划部门根据各部门的分目标及具体措施进行汇总、整理和研究讨论,按照平均先进原则,确定完成生产目标的计划指标。

在核定计划指标的基础上,要对计划进行综合平衡。平衡的内容主要有:港口吞吐任务与港口通过能力的平衡,港口通过能力与船舶运力的平衡,水陆换装与港口的车、船换装能力的平衡,内、外贸货物的任务与能力的平衡,船舶运力与航道能力的平衡,生产任务与物资供应的平衡,运输生产与劳动力的平衡等。平衡应是积极的平衡,平衡的目的是为了达到企业年度生产经营目标的要求。

4. 编制和下达港口的计划阶段

经过综合平衡,港口计划部门即可正式编制货运计划,各有关部门、科室也可编制各类相关计划。这些计划经过企业内部有关会议讨论,作必要的补充和修改后即成为港口货运的正式计划。

5. 计划的执行与修改阶段

港口货运计划一旦确定,就必须采取各项措施,确保计划的真正落实。

计划在执行过程中,要定期进行检查和分析,以保证计划按要求完成。如计划确实需要调整变更,需按规定手续报批,不得自行随意修改。

三、港口货运计划完成情况的检查分析

1. 货运计划指标的完成情况

港口生产的产品是旅客或货物在空间的位移。就货运而言,货物吞吐量是港口货运运企业的主要生产指标;但是一味追求吞吐量指标将会偏向于重数量,轻质量和效益的倾向。因此,在检查、分析月度货运计划完成情况时,要将货物吞吐量指标与企业效益和货运质量指标结合起来研究。如果计划吞吐量已经完成,而效益指标和质量指标未完成时,则计划任务并未完成;反之,企业效益指标已经完成而计划吞吐量未完成时,也同时作为未完成计划任务。通过计划指标的分析,可以了解计划的完成情况,找出计划完成好坏的原因,以便采取措施,改进工作。

2. 重点物资完成情况

重点物资完成情况，表明了执行国家运输政策的实际情况。因此，应按重点物资的类别，逐项进行统计和分析，将货运计划与实际完成数字进行对比，有利于发现存在问题，并为调整以后的货运计划提出依据。

第四节　港口货运市场竞争与合作

随着各国中央政府和地方政府对港口重要性认识的提高，各国、各地区纷纷从本国和本地区的利益出发，建造港口，从而造成了同一国家或同一地区有多家港口竞争同一腹地货源的局面。另外一些转口贸易和中转服务为主的港口之间也可能发生竞争。随着国家保护主义和地方保护主义势力的抬头，中央政府和地方政府以各种不同的形式参与了港口之间的竞争，从而使港口竞争越来越激烈。

一、港口货运市场竞争的3个层次

港口货运市场之间的竞争主要是争夺货源的竞争。争夺的对象又可分腹地货流和转口货流。从港口竞争的主体看，港口货运市场之间的竞争可以分成3个层次：不同的港口群对货运市场的争夺；同一港口群内不同港口对货运市场的争夺；同一港口内不同港口生产经营企业对货运市场的争夺。

1. 港口群

从港口分布的角度看，世界主要大陆的港口都可以划分为不同的港口群。

港口资源整合是世界许多港口增强竞争力的重要手段。港口是区域经济持续发展的战略支点。世界经济发达国家和地区总有相应以一两个港口为核心的港口群。世界一些国家早在20世纪60年代就出现组合港的形式。如日本东京湾的东京港、横滨港、川崎港、千叶港等都已形成松散的组合港；美国的纽约—新泽西港形成紧密型的组合港；欧洲地区随着经济共同体的发展，在港口发展中形成跨越国界的组合港。90年代以来，为应对船舶大型化及航运公司全球联盟，避免港口之间对同一腹地过度竞争造成设施过剩，国际上许多港口实行了跨区域战略联盟、组合、兼并等多种合作。比较典型的是纽约的新泽西湾港、哥本哈根的马尔默港、日本组合港等。

我国的珠江三角洲、长江三角洲、环渤海地区以及广西地区，都具有组合港的特点和条件。

(1)上海组合港

上海组合港作为建设上海国际航运中心的重要措施，根据国务院的决定并经国务院正式批准于1997年9月挂牌成立。其组合范围包括上海市的有关水域、江苏省南京长江大桥以下的长江水域以及浙江省宁波、舟山地区水域内已建集装箱泊位及规划建设集装箱泊位的深水岸线。上海组合港以上海为中心，江苏和浙江为两翼。

上海组合港管理委员会由交通部和上海市、浙江省和江苏省有关领导组成，负责对组合港范围内深水岸线集装箱泊位的规划、建设以及发展布局进行综合平衡，组织协调，避免重复建设；对组合港范围内的集装箱码头的营运和分工进行协调；组织和推动直达运输和多式联运等现代运输方式的实施和发展，避免无序竞争。

上海组合港是上海国际航运中心建设的重要内容，其建立是进一步落实中央关于把上海建设成为国际经济、金融、贸易中心之一的战略决策的需要，是落实上海“一个龙头，三个中心”带动长江三角洲和长江流域发展战略的需要。

(2)珠江三角洲国际集装箱组合港

珠江三角洲地区现有主要海港是：广州(含黄埔)、深圳(含蛇口、赤湾、盐田)、香港、中山和珠海等港。

在珠江三角洲的国际集装箱组合港中，以香港为主枢纽港，深圳为副枢纽港，广州、中山、珠海为骨干港，其他各港为配套港组成珠江三角洲组合港布局体系。它们是我国华南地区国际集装箱枢纽港，也是国际航运中心之一。

(3)环渤海地区洲际集装箱组合港

环渤海地区是指以渤海湾为中心，包括辽东半岛和胶东半岛。这里是我国海港分布比较密集地区之一。辽东半岛有大连、丹东、营口和辽东湾的锦州等港；渤海湾有天津、秦皇岛、京唐、王滩、黄骅等港；胶东半岛有青岛、烟台、威海、龙江等港。其中青岛、天津、大连港形成三足鼎立的局面。它们是东北和华北地区以及环渤海经济圈的海上出口门户，腹地广阔，货源充足稳定，建立以青岛，天津、大连三港为核心的环渤海地区洲际集装箱组合港是很有必要的。

(4)防城港、钦州、北海港口群

广西防城港、北海、钦州是广西乃至整个大西南对外开放的大通道和门户。地理位置相近，在功能上既有趋同点，也有不同点，近年来由于重复建设，造成资源浪费和整体竞争力下降，为发挥集聚效应，建议整合为一个统一的大型现代化组合港，以应对我国西部大开发和中国—东盟自由贸易区建立的挑战。

(5)厦门湾组合港

厦门湾港区功能重新定位的工作已经完成，并获福建省政府批准。按照新的定位，东渡港区、海沧港区和嵩屿港区重点发展中、远洋集装箱干线运输；招银港区重点发展近洋、国内沿海运输，同时兼顾海湾、海峡客滚运输；漳州后石港区发展为大型临港工业区配套码头；对于刘五店港区、和平作业区和五通客滚作业区的功能也做了重新定位。打造厦门湾组合港，使整个厦门湾生产要素得到集聚，推进了厦门湾深水港的建设速度，提升了厦门湾整体优势，各港口能够真正有效、协调服务于区域经济的发展，并为发展海峡两岸经济作出重要贡献。

2. 竞争的3个层次

(1)不同的港口群对货运市场的争夺

由于港口群服务的腹地货运市场之间有一定的交叉，因而港口群之间就有可能发生争夺腹地货运市场的竞争。由于港口群之间一般具有一定的距离，货主通过成本和服务的比较可以理性地选择一条合理的运输路径进行运输，同样也就选择了某一港口群中的港口为之服务。因而一般而言，在内陆交通不太发达的地区，港口群之间的竞争不会非常激烈。然而，随着内陆运输条件的改善，尤其是国际集装箱多式联运的开展，港口群之间运输越来越方便，从而使港口群之间的竞争越来越激烈。随着公路和铁路运输状况的改善，我国港口群之间的竞争也将越来越激烈。

(2)同一港口群内不同港口对货运市场的争夺

港口货运市场竞争的第二个层次是同一港口群内不同港口对货运市场的竞争。这是港口

竞争最为激烈的领域。由于同一港口群港口之间距离比较靠近,各港口服务的腹地市场基本相同或部分交叉,货主选择港口群内的哪一个港口来为之服务,仅就成本而言是没有区别,或者差别很小,这就使个别港口面临货主选择时缺乏地理位置的优势。为了吸引腹地货源和中转货流,港口只能依靠港口的服务质量和服务价格来进行竞争。又由于港口所在地国家和地方政府为了本国或本地的利益参与了港口,从而使这一层次的港口货运市场的竞争变得十分激烈。

(3)同一港口内不同港口生产经营企业对货运市场的争夺

港口货运市场竞争的第三个层次是同一港口内不同港口生产经营企业之间的竞争。在世界上的多数国家,同一港口可以由多家港口生产经营企业来经营。这些企业可以是同一企业集团下的不同公司,可以是分属于不同的企业集团的分支机构,也可以是不同的私人公司。在西欧、北美和日本等多数西方国家,港口内的经营企业属于私人所有较多。出于对利润的追求,港口内的各个经营企业不惜采取各种手段争揽货源,从而同一港口内不同的企业之间的竞争也非常激烈。我国历史上港口生产经营企业是港务局下属企业。港口当局对港口内的企业具有经营调度权和货流分配权,因而港口内的企业之间基本上不存在竞争。随着我国市场经济体制的建立,港口的“政企分开”的改革和港口生产组织的企业化改造进一步加快,现在多数的港口生产经营企业具有生产经营权。为了完成企业的利润指标,各个港口货运经营企业之间的竞争也越来越多。可以确信,随着我国港口“政企分开”的管理体制的进一步明确,港务当局对港口生产经营企业经营干预的减少,港口生产经营企业之间的竞争将会越来越激烈。

二、港口货运市场竞争的主要内容

港口货运市场竞争的主要内容是争夺货源的竞争。由于港口内船舶到达密度和服务水平是吸引货源的重要条件,因而港口之间的竞争还意味着对船舶的吸引。随着我国市场经济体制的逐步建立,港口货源分配的计划性逐步被市场的竞争性所代替。

1. 腹地货源的竞争

在其他条件相同的情况下,服务腹地相互交叉的港口之间存在着竞争。服务腹地的交叉不仅发生在同一港口群内的港口之间,不同的港口群的港口之间也可能发生服务腹地的交叉。因而争夺腹地货源的竞争可以发生在同一港口群的港口之间,也可能发生在不同港口群的港口之间,更有可能发生在同一港口内不同的港口生产经营企业之间。尽管如此,腹地内的货物经过哪一个港口并不是完全无差别的。在其他条件基本相同的情况下,货主会选择运输成本和运输时间上最具有优势的港口。因而,港口之间竞争的货流主要是那些可以通过两港之间任何一港进出口而且成本没有明显差异的货物。

2. 中转货物的竞争

所谓中转货物是指那些经过某一港但并不是以在本港所在城市消费为目的而需要继续运输的货物。对于一个港口而言,看某类货物是否是中转货物,主要看其是否经过内陆运输方式进入港口所在的城市或所在的地区。对于航运业而言,中转货物运输主要是指经过船舶运输进入港口又以船舶运出港口的运输方式。它可以是由船舶到船舶的直取作业,也可以是先由船舶卸下后,再由港口装上船舶的方式进行。由于中转货物不是以中转港为终点的,因而其在哪个港口,中转就不取决于港口与货物的最终消费地之间的距离,很大程度上取决于哪个港口能够为货物中转提供最优良的服务,并且使得货物的整个运输成本最低。港口在吸引中转货物方面并不是无能为力的,一方面,港口可以通过提高服务质量来满足货主的需要;另一方面,港口还可以通过降低中转货物的港口各项费用来吸引货物在本港口进行中转。

三、决定港口竞争地位的主要因素

1. 港口的地理位置

港口的地理位置是决定港口货运市场的竞争地位的最重要的因素之一。由于港口货运市场竞争的主要对象是腹地的货源和中转货源,因而如果港口位于背靠广大的经济发达地区大陆的边缘,并且靠近国际航线,则在与其他港口的争夺腹地货源的竞争中就会处于非常有利的地位。相反,如果一个港口远离经济发达地区,或者远离国际航线,纵然该港口具有先进的现代化的港口设备,也很难与其他港口直接展开真正的竞争。这是因为,货主选择港口往往是以全部运输成本最低为目标的。即使某港口的现代化水平很高,可以提高货物的装卸效率,缩短货物和船舶在港口停留的时间,最终降低船舶和货物在港口的成本,但由于与地理位置优越的其他港口相比,货物在本港装卸需要进行较长距离的内陆运输,这不仅需要花费较长的运输时间(这个时间有时会抵消甚至会超过船舶和货物在本港装卸所节省的时间),而且还要支付内陆运输费用,这个费用也经常会抵消甚至超过其在港口少付的港口费用,所以全部运输成本不一定为最低,也就难成为货主的首选。

对于中转港而言,是否靠近其服务的内陆腹地固然也很重要,但关键是看其是否靠近国际航线。世界著名中转港新加坡就是一个绝好的例子。新加坡作为一个岛屿国家,其长不过42km,宽不过23km,经济腹地极其有限。然而,就是这样的一个岛屿小国却多次成为世界数一数二的集装箱大港。这除了其良好的港口设施和科学的管理外,主要得益于新加坡港得天独厚的地理位置。新加坡港位于沟通南中国海和印度洋的马六甲海峡的东端。马六甲海峡是亚洲最为繁忙的水道,也是东西航线必经的要冲,每年有数以万计的船舶经过该海峡。这为新加坡港提供了极好的争取中转货流的机会。

2. 港口与其腹地的联系

港口与陆向腹地的联系受到两个方面的因素的影响。一是指港口与其腹地之间是否有合适的交通方式联系着,其渠道是否畅通,能力是否足够。港口与腹地之间可以通过公路、铁路、内河、管道以及航空等方式进行连接。但是由于受到历史的、地理的和经济因素的约束,一些港口与其陆向腹地之间没有很好的运输联系渠道,或者渠道不太畅通。这必然会导致一些港口无法与其邻近港口进行竞争。二是这些运输服务的质量以及价格的水平如何。一些港口与腹地之间虽然有运输渠道相连接,但是没有高质量的服务可提供,或者提供服务的价格太高,以致货主通过本港口进行运输的成本过高,货主不得不将货物运往其他港口进行出口贸易。

3. 港口的设施和服务

港口设施包括水上设施和陆上设施。港口的水上设施包括港口的航道、锚地和港池等。影响港口竞争地位的因素包括:航道水深及允许的入港船舶的长度、助航设施如雷达、航标和助航服务如拖轮服务、供应和引航服务等。

港口的陆上设施又分成港口堤岸设施、系船设施(包括码头、栈桥、浮码头、岸壁等)、交通

与补给设施(如港口与内陆交通连接的道路和管道、用于港内货物集疏运的各种车辆和船舶、各类船舶的电力供应、淡水供应、燃料供应等设施)、装卸机械、仓储设施、船舶修造设施等。这些设施的大小、性能以及效率的高低都直接影响着港口对船舶、对货物的吸引力,影响着港口的竞争地位。

除了上述因素外,港口具有的航运服务条件如班轮的挂靠频率、班轮覆盖港口范围,非班轮船舶挂靠的频率,集装箱海运干支线的服务质量,以及港口所在国对其他国籍船舶的政策和态度,都会影响到港口对船舶和货物的吸引,影响到港口货运市场的竞争地位。

4. 港口的费率

港口的费率高低是影响港口货运市场竞争地位的另一个重要因素。在其他条件基本相似的情况下,港口的费率高低起着极其重要的作用。港口费率既是港口之间的竞争手段,也是对企业经营效益检验的重要手段。只有具有较高的经营效率和较低的经营成本的企业才有能力采用较低的港口费率来吸引船舶和货主。港口费率分为具有规费性质的船舶港务费和货物港务费以及与港口经营性质、提供的服务相关的装卸费、堆存费和其他服务费。对于港口生产经营企业而言,提高港口的服务效率、降低服务成本,从而降低港口服务收费是其竞争的主要手段。

5. 码头的生产组织

码头的生产组织包括对人和设备的组织。

码头工人的人数、素质、技术水平、生产积极性是影响港口劳动生产率的重要因素。由于船舶和货物到达港口的随机性,港口的装卸等生产活动具有很大的不平衡性。因而就必须有一部分港口的生产工人(包括码头的装卸工人和装卸机械的驾驶人员)的储备,以备港口生产高峰时使用。对于这部分工人组织,是港口生产组织区别于一般工业企业的主要特性。

码头的生产组织工作除了要做好人的组织和安排外,还应该十分重视生产用的相关机械和设备的调配。由于进港货物的品种和时间具有较强随机性,港口生产机械和设备的安排和使用也必须在时间和种类上适应这种随机性。既要保证港口货物装卸和堆存等作业的需要,又要保证港口的机械设备具有良好的技术状态和较高的使用率。这是港口生产经营企业生产管理中需要解决的重要课题。

6. 港口生产经营企业与港内其他企业及部门之间的协调关系

港口是水陆运输的枢纽。要完成货物在港口的作业过程不仅需港口当局和港口生产经营企业的不懈努力,同时还需要船舶经营人、船舶代理、货运代理、公路运输企业、铁路运输企业、内河运输企业,与政府有关部门和机构如海关、边防、商品检验、动植物检验等部门的密切配合和大力支持。这些部门和企业的服务是否及时周到不仅会影响船舶和货物在港口的停留时间,而且有可能影响船舶和货物在港口的停留成本。因而,作为港口生产活动组织者的港口当局应该充分注意到港内各部门之间的协调作用,主动地与港内其他企业和政府的有关部门搞好协作关系,尤其应该在作业流程、船舶到港时间和离港时间,以及港口发展的重大举措方面征询港内其他企业和政府部门的意见,以取得他们的支持。只有港内所有部门和企业协调一致,港口的生产和作业才能顺利地进行,港口才能有较高的生产效率,才能具有较强的竞争能力和较高的市场占有率。

四、港口货运市场之间合作

如上所述，港口之间的竞争可以带来港口效率的提高，但如果港口之间一直处于无序的或恶性的竞争之中，也可能造成港口生产经营企业无法正常地经营。如果港口为了在竞争中处于有利地位而盲目投资，又可能造成社会资源的极大浪费。因此，对港口的竞争不仅要分析其对国民经济的有利影响和不利影响，还要针对不同状态的港口采取不同的政策，即对正常的港口货运市场竞争要鼓励和支持，但对于无序的和恶性竞争则需要进行宏观的调控。为了防止恶性竞争，港口之间也应该采取各种手段来协调各自之间的关系，以避免两败俱伤。

1. 政府对港口竞争的调控

港口的竞争很多情况下牵涉到国家或地区的经济利益。有些港口的竞争就是不同国家港口之间的竞争。有些竞争是同一国家不同地区港口之间的竞争。因而，为了港口所在国的利益，中央政府对本国港口参与国际间港口的竞争一般都给予鼓励和支持。归纳起来中央政府和地方政府可以通过如下手段对港口之间的竞争进行宏观的调控：

①通过立法确定国家对临水岸线规划权和使用权；

②制定国家统一的临水岸线发展规划；

③明确地方政府的临水岸线使用的权限以及国家对地方使用临水岸线使用权限的审批制度；

④采取严厉的措施制止在港口规划中的地方保护主义；

⑤中央政府在处理国内各港口之间相互竞争问题时应该充分地照顾到地方经济发展的需要，但更应该将港口的发展和整个国民经济的发展联系起来，充分地认识不同的港口对国民经济发展的作用。

2. 竞争性港口之间的联合

港口之间的竞争除了通过国家的各种政策来调整外还可以通过不同港口之间各种不同的形式的联合来实现。港口之间的联合可以采取如下一些形式：行业协会式的联合、港口经营层面的联合以及资产层面的联合。

(1)行业协会式的联合

行业协会式的联合是指各竞争港口之间通过港口协会、装卸公司协会、仓储公司协会等行业协会来调整竞争港口之间及港口生产经营企业之间的关系。在政府制定有关港口政策时，港口协会利用集体的力量来影响政府的政策制定。就港口之间的竞争而言，全国性的港口协会可以通过各种方法让政府制定出有利于港口之间的有序竞争同时又能够抑制港口之间过度的无序竞争的政策。

港口协会可以协调的内容包括：

①制订能够维持港口利润水平的价格。港口之间的最主要的手段就是价格竞争，即竞争的各方竞相压价，以此来吸引货源。但是港口之间价格竞争的后果必然是使市场的平均价格下降。从而使参加港口之间价格战的港口无利可图，两败俱伤。通过全国性的或地区性的港口协会或港口生产经营企业协会来统一制订同一地区港口的费收规则，以此来维护竞争港口的利益。

②制订严密的章程和规则来约束会员港口或会员企业的经营行为，并在协会会员中积极

地推行国家有关的政策的执行。对于违反国家政策、协会规则和行业行为规范的港口或港口生产经营企业,港口协会有权进行处罚。

③协调港口之间的关系,维护会员港口和会员企业的利益和形象。

(2)港口经营层面的联合

目前,国际航运中出现了企业之间联营的浪潮,舱位互租、码头共享、设备互用等联营方式不仅为企业降低营运成本提供了有效的途径,而且还为企业进入其他市场提供了可能。同一港口群的港口之间虽然存在着较多的竞争关系,但同样也可能存在着优势互补的关系。有些港口之间的水深条件不一样,有些港口之间的规模不一样,有些港口的专业化程度不一样。这样就可以形成各港口之间一些分工和合作。

(3)资金层面的联合

港口之间联合的最高形式是资金层面的联合，即用资金的形式将具有竞争性的港口或港口生产经营企业联合起来。

①相互竞争的港口之间的资金联合。即由相互竞争的港口用资金的形式组建新的港口经济实体。该新的港口实体可以是一个港口兼并或购买另一港口,也可以是相互参股共同组建。这种兼并或购买不仅可以发挥港口的规模优势,还可以有效地遏止港口之间的恶性竞争，以保证港口的有效的资源得到充分的利用。但是,由于这种形式的资金联合有可能涉及某些地区某些港口的生存,因而在操作上有较大的难度。

②由相互竞争港口下的货运企业之间的资金联合。这种形式的联合同样具有第一层次资金联合的作用,但因为其回避了港口自身的所属关系,并且港口内的货运企业一般都具有法人资格,因而其实现的可能性较大。

③同一港口内不同港口生产经营企业之间的联合,同样也可以采取资金联合的形式来调节。

案例　连云港港和日照港的发展

1. 连云港

连云港港位于江苏省东北部,太平洋西海岸,中国黄海之滨,地理坐标是北纬34°44′32″,东经119°27′28″。连云港港1933年开港,现为新亚欧大陆桥东桥头堡、中国中西部省区最便捷出海口,是中国25个沿海主要港口之一。连云港港口管理体制几经变迁,从1987年起实行由交通部和连云港市双重领导的管理体制;2003年11月政企分开后,以原连云港港务局企业职能组建国有独资的连云港港口集团有限公司。

连云港港位于港口区位优势显著(图2-3):

①一端连着韩日,与韩国、日本主要港口相距在500n mile的近洋扇面内;海路距青岛港101n mile、大连港339n mile、上海港388n mile;距日本长崎539n mile、大阪825n mile;距韩国仁川383n mile、釜山514n mile。是我国沿海主枢纽港之一,可直达和中转到世界大部分国家和地区。

②另一端连着中西部,横穿中国东西、纵贯南北的连霍、同三两条高等级公路;即将成为建成的纵贯南北的沿海铁路一个重要的节点;作为新亚欧大陆桥的东桥头堡和陇海—兰新线的

起点，以及铁路和公路“两纵两横”主骨架的节点，其作为海陆空交通枢纽的重要地位更加凸显。特别是1992年新亚欧大陆桥开通运营以来，连云港港已经成为中西部地区尤其是中亚诸国最便捷经济的进出海口岸。连云港港也是西部大开发战略的重要通道，其吞吐量中的中西部地区货物和外贸货物均占60%左右，腹地型港口和外贸型港口的显著特点使其成为抢抓机遇的最佳结合点。

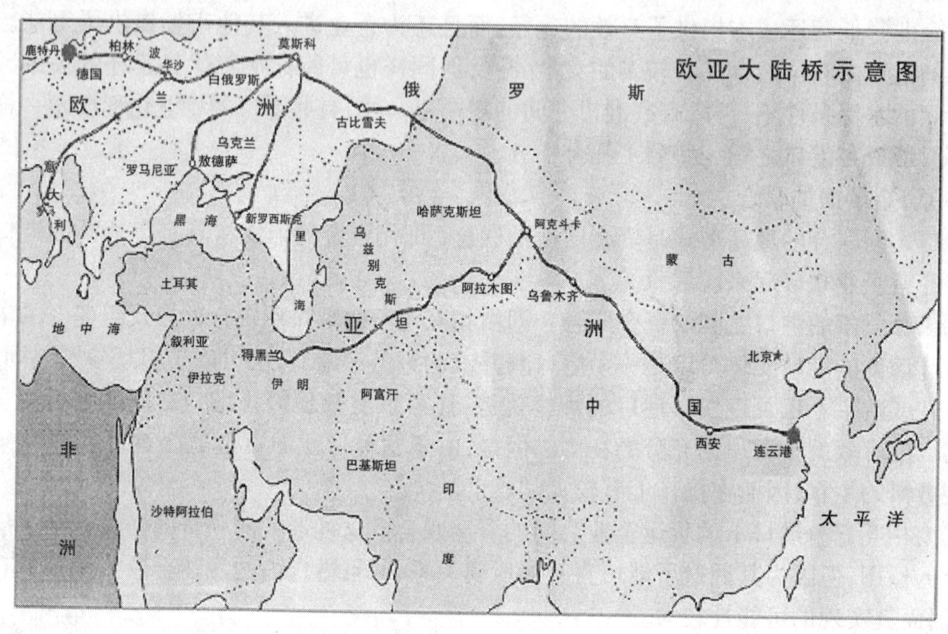

图2-3　欧亚大陆桥示意图

连云港港经济腹地为以兰新、陇海铁路为轴线，沿线大中城市为依托，我国东西两个对外开放窗口为主要口岸的带状腹地。连云港口岸主要货种为煤炭、金属矿、有色金属（主要是氧化铝）、粮食、木材、水泥等散货和集装箱。腹地包括江苏省连云港、徐州、宿迁三市和盐城、淮安两市北部地区，山东省西南部，安徽省淮河以北地区，河南省中部及北部，山西省南部，陕西省中部与南部，宁夏回族自治区中部和南部，四川省北部及甘肃、青海、新疆等省区。从货源构成的腹地分布看，连云港港吞吐量中的绝大部分为间接腹地的货源，直接腹地因其城市规模较小、经济水平较低，货源相对较少。

连云港港口货物吞吐量在“九五”中期突破2 000万t后，仅用2年的时间，于2001年跃上了3 000万t这一新的平台，达到3 058万t；2005年比2003年翻了近一番，吞吐量达到6 016万t；2006全年完成货物吞吐量7 232万t。图2-4为1999～2006年连云港港吞吐量。

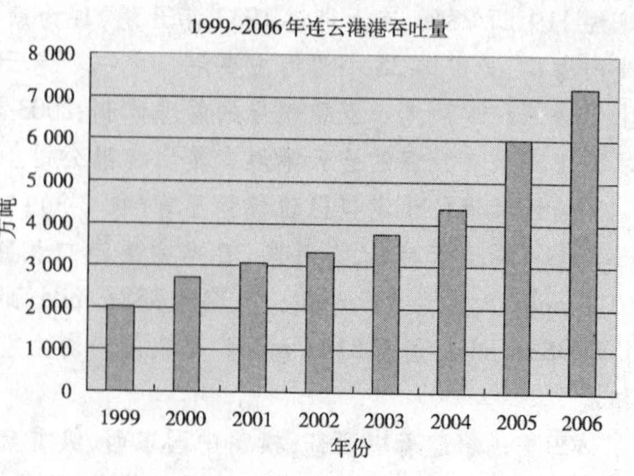

图2-4　1999～2006年连云港港吞吐量

2．日照港

日照港地处山东半岛南翼，面向太平洋，地理坐标是北纬35°23′，东经119°33′。

靠近国际主航线，隔海与日本、韩国相望，水路距连云港港 40n mile、青岛港 67n mile、上海港 385n mile。处于环太平洋经济圈、黄(渤)海经济圈和新亚欧大陆桥经济带的结合部，中国重点开发的沿海主轴线与大陆桥经济带的交会点，在国家生产力布局和大宗散货运输中具有重要战略地位。港区湾阔水深，不冻不淤，陆域宽广，是建设大型深水泊位的天然港址，具备发展临港工业和建设大型物流中心的良好条件。日照港是伴随着我国改革开放诞生、成长起来的新兴沿海港口，1982 年正式开工建设，1986 年投产运营，是我国沿海主枢纽港之一。

日照港港口集疏运条件优越，海陆交通方便。港口陆上铁路经兖石线与全国铁路网相联，与经济腹地实现了煤、矿重来重去的铁路双向节约运输；公路可通往全国各地，疏港高速公路与日东、连霍高速公路相连，与同三、京沪、京福高速公路相交，连接港口的 4 条公路国道干线通往全国各地，形成了四通八达的公路运输网络；水路可直通我国沿海及世界各港，目前已与世界 50 多个国家和地区通航。

日照港是国家实施"西煤东运，北煤南运"战略的重要出口港，是西部大开发战略的重要通道，也是鲁南地区、沿大陆桥经济带、沿黄经济带最便捷的出海口岸。主要货种有：煤炭、铁矿石、散粮、氧化铝、水泥、木材、钢铁等散货和集装箱。其直接经济腹地包括山东南部、河南北部、河北南部、山西南部及陕西关中等地区；间接经济腹地包括甘肃、宁夏、新疆等中原、西北广大地区。腹地资源丰富，经济发展活跃，市场潜力巨大。

日照港吞吐量增长迅猛，2003 年完成货物吞吐量 4 507 万 t；2005 年吞吐量已突破 8 000 万 t 大关，达到 8 421 万 t，吞吐量列全国沿海港口第十位；2006 年已突破亿吨，成为亿吨大港。

案例分析

1. 请使用本章学习的预测方法，收集连云港港和日照港的历年吞吐量数据，分别对连云港港和日照港 5 年后吞吐量进行预测，并比较分析。

2. 请结合本章所学理论，分析这两个港口的货运市场竞争属于哪个层次？竞争的主要内容是什么？

3. 你认为决定这两个港口竞争地位的主要因素是什么？

4. 你认为这两个港口在拓展货运市场方面可以合作吗？如何合作？

复习思考题

1. 港口货运市场的营销环境如何划分？
2. 如何分析港口货运市场的营销环境？
3. 港口货运市场调查的方法有哪些？如何进行港口货运市场调查？
4. 预测的方法有哪些？
5. 请收集某一具体港口的吞吐量数据，并选用两种预测方法对其进行预测，并进行比较。
6. 如何编制港口中长期货运计划？

7. 港口货运市场竞争分为哪三个层次？
8. 港口货运市场竞争的主要内容是什么？
9. 决定港口货运市场竞争地位的主要因素是什么？
10. 请结合实际案例说明港口货运市场应如何合作。

第三章　港口货运商务

第一节　概　　述

随着市场经济的逐步确立,在运输和港口业务中国家的指令性计划日益减少,目前仍然存在的少量的指令性港口作业一般与指令性的运输计划同时下达。与计划经济体制下有所不同的是,作为接受任务的一方当事人,港口经营人不再是无条件地执行计划,而是根据国家有关的法律、法规规定的权利、义务通过合同的形式来履行其作业任务。因此,现在港口的大多数业务已不再由国家下达指令性计划,而是在市场中寻求客户,通过商务洽谈而得到。在现在的港口经营管理中,越来越遵循市场经济的活动规律,港口商务也发挥出越来越重要的作用。

港口的服务对象主要是船公司、船务代理公司、货运代理公司、运输车队、报关公司、收发货人等。显然,港口的商务主要就是在为这些公司或客户的服务经营活动中进行市场开拓、装卸业务合同的签订、溢短卸的处理、各类单证的交接处理、装卸作业收费管理及货物受损的理赔等一系列事务。

港口的商务管理业务是码头企业管理的重要组成部分,也是企业生产经营服务和树立企业形象的主要途径与窗口。码头的商务管理业务归纳起来主要有以下几个方面:港口货运合同、费收业务、保险理赔业务及客户服务业务等。由于集装箱码头业务相对而言比较规范,这里,我们将主要以集装箱码头企业的商务管理为背景,介绍相关的港口货运商务的知识。

第二节　港口货运合同

合同是当事人双方履行各自权利、义务的凭证,一旦发生纠纷,也是仲裁机关、人民法院审理案件时借以判断合同双方是非过错最主要的依据之一。对于每年装卸达数十、百万吨货物或者几百万集装箱的港口来讲,合同是港口经营人进行业务活动所采取的基本法律形式,通过协商签订合同,约定相关主体之间的权利、义务关系也是港口行业发展的必然要求和趋势,是行业长远发展的必然选择。因此,合同关系在港口经营法律关系中占根本性的位置,港口货运活动中应强调依法签订合同、全面履行合同。

从港口作业的实践来看,大多数港口经营人通常采用订立书面形式的合同,这是港口经营人为保护其自身利益以及确保港口长期发展所必然采取的措施。因为比较而言,书面形式具有很多显著的优点,它可以更加明确地表示双方当事人的意思,减少理解上的歧义以及发生纠纷后举证上的困难。同时,书面形式的种类也已日益扩大,不仅包括传统意义上的合同书、信件、电报等,还包括了 EDI(电子数据交换)、电子邮件等。

一、港口货运合同的类型

港口货运的合同主要包括:港口装卸作业合同、费用结算协议和一次性协议书等。

1. 港口装卸作业合同

港口的主要产品是货物的位移,装卸业务收入是港口主要的收入来源。在装卸作业合同中,要明确双方的权利、义务。

为了确保装卸安全、及时地完成,并保证船舶所要求的船期,码头必须有适当的设备配备,合理的生产安排,但这一切都需要船公司(及其代理公司)的紧密联系和配合,一些具体的要求就需要在合同中予以明确规定。如,提供船舶规范,舱单船图,每月船期预报,每艘次预报、确报,危险品、冷冻箱、超码箱清单等。这些较为严格的条款主要针对定航线、定班期的班轮。对于班轮公司的航线操作,详细的操作细节也可以采取另一种合同方式,即在每新开航线前,由港口、船公司及代理共同签订"航线操作备忘录"。

2. 费用结算协议

港口为委托人提供装卸服务,自然要收取相应的服务、劳务费用。由于港口提供的产品较为特殊,装卸服务很难做到"一手交钱,一手交货",通常委托人是在港口生产经营企业提供装卸服务结束后,根据费用结算协议支付码头已发生的装卸等劳务费用,在支付上是有一定的滞后性的。为了确保港口的利益,签订费用结算协议是相当必要的。

在费用结算协定中首先要明确采用什么样的费率来进行结算。如何交接账单,用什么方式支付,船公司(代理公司)收到账单后多少天内付清账单,对无异议的账单若在合同规定期限内仍未付清,按账单金额的多少比例支付滞纳金等等。

港口生产经营企业在保证服务质量的同时要注意保护自己的合法权益。由于在港口作业中,操作与结算是息息相关的,费用结算协议的内容也可合并在港口装卸作业合同中,作为码头服务及费用结算的一个大合同。

3. 一次性协议书

港口除了长期的服务对象以外,还有一些临时出现的业务,对这些业务,需要在作业前与委托人商谈清楚,如集装箱码头中的大件作业。

二、港口装卸作业合同的主要法律特征

1. 作业合同的标的是作业服务的行为

作业合同的主题是港口经营人和作业委托人,作业对象是投入水陆运输的货物。港口经营人受作业委托人的委托,使用自己所具有的设施和劳务,对货物实施装卸、仓储等相关作业,使其能顺利完成运输的全过程。港口经营人所提供的劳务正是作业委托人所需要的,因此作业合同的标的是港口经营人提供的作业行为。

2. 作业合同是诺成合同

作业合同的订立需要经过要约和承诺两个阶段。这种要约和承诺的过程有两种形式:一种形式是作业委托人向某港口经营人发出要约,港口经营人则在回答有关设备、能力、效率等问题之后,向对方发出反要约,了解有关作业的货物性质、作业要求等,双方经过几次的要约和反要约,达成一致后,港口经营人作出承诺。一旦承诺作出,合同即告成立。另一种形式是港

口经营人作出要约邀请，向社会公布自己的设施设备、航线密度、装卸效率等要素，作业委托人接受后提出要约，港口经营人作出承诺则合同成立。所以作业合同具备诺成合同的构成要件。

3. 作业合同是双务有偿合同

作业委托人为运输货物，需要港口经营人提供港口作业的劳务。港口经营人通过付出的劳务从作业委托人处获取报酬，双方都有所求，为此也表示愿意有所付出，权利和义务是对等的。因此，港口作业合同是双务性的有偿合同。

4. 作业合同与运输合同密切相关

作业合同的货物只能是投入运输的货物，而且是只能在港口区域内进行的作业。作业合同与水路运输合同的关系，在某种意义上将是一种从属依附关系。这种关系就决定了两个合同当事人之间的某种特定的联系，作业委托人必须是运输合同的一方当事人或运输合同中的相关人，否则，该作业委托人就不具备订立港口作业合同的主体资格。

5. 国际运输货物作业合同受国际海上运输法规的制约

港口生产经营企业同时为国际海上货物运输和国内水陆货物运输提供作业服务。在从事航行国际航线船舶的货物装卸作业时，国际海上货物运输的有关公约、规则和国际航运惯例，以及我国《中华人民共和国海商法》的有关规定对港口作业产生直接的影响。港口经营人在与作业委托人订立作业合同时也必须按照国际海上货物运输的规则来确定双方的权利、义务关系。

6. 作业合同通常采用格式合同

港口经营人按照自身业务的经营范围和提供服务的作业项目，在采用合同书形式订立作业合同时，通常会将一些重复使用，向不特定的委托人提出的内容，用格式条款来表示。由于这些条款是港口经营人单方面提出的，作业委托人没有太大的协商或选择的余地，因此港口经营人在使用格式条款合同时要严格按照《合同法》中关于格式条款的规定。

三、港口经营人的基本权利和义务

港口经营人的权利和义务主要考虑以下几方面：

1. 配备合适的机械设备及库场

根据作业货物的性质和状态，配备合适的机械、设备、工属具、库场，并使之处于良好状态。这是港口经营人的一项基本义务。

2. 接收作业货物

履行港口作业合同的过程中，港口经营人有权要求作业委托人按照合同的约定正确、及时地交付货物，这是港口经营人的权利。与此同时，只要作业委托人正确、及时地履行了其交付货物的义务，港口经营人就相应地负有按照约定接受货物的义务。

3. 关于货物的保管责任

货物在装船前通过港区库场集并，以及卸船后向收货人或有权接管货物的人交付前，需要在港区库场储存，港口经营人对此期间的货物负有保管责任。这是港口经营人的又一基本义务。对于有特别要求的货物，可在合同中特别另列。

4. 关于作业期间的规定

港口经营人应当在约定期间或者在没有这种约定时在合理期间内完成货物作业。严格按照合同的约定为委托人提供优良的作业服务是港口经营人开展其业务的最基本的承诺。

5. 拒绝作业的权利

从确保运输安全和货运质量考虑，对于委托人的货物包装不符合国家规定标准或不能保证货物质量，以及危险货物不符合有关运输规定的，港口经营人可以拒绝作业。

6. 危险货物处理的权利

对于危险货物，若作业委托人未按规定、约定及时通知港口经营人或者通知有误，港口经营人可以在任何时间、任何地点根据情况采取停止作业、销毁货物等行为，而不承担赔偿责任。作业委托人对港口经营人因作业此类货物所受到的损失，应当承担赔偿责任。

港口经营人得知危险货物的性质并且已同意作业的，仍然可以在该货物对港口设施、人员或者其他货物构成实际危险时，停止作业、销毁货物，而不承担赔偿责任。

7. 货物交接的原则

在作业货物的各个环节交接上，除另有约定外，散装货物按重量交接，其他货物按件数交接。在交接集装箱空箱时，应当检查箱体并核对箱号；交接整箱货物，应当检查箱体、封志状况并核对箱号；交接特种集装箱，应当检查集装箱机械、电器装置、设备的运转情况。集装箱交接状况，应当在交接单证上如实加以记录。

四、作业委托人的基本权利和义务

1. 关于货物运输有关证明文件的准备

为保证港口作业安全、国家行政管理上的需要，以及及时准确完成装卸的需要，对于进出口货物，国家限制流通、获准后方能投入运输的货物，危险品，特种货物等，作业委托人必须在相关主管部门办理各种手续或者取得相关的证明文件，并交送港口经营人，以表示该货物的合法性。

按照相关要求办理各项手续及证明文件是作业委托人的义务，所以当作业委托人办理各项手续或文件不及时、不完备或者不准确时，可以认定为作业委托人具有过错。当因这种过错造成港口经营人损失时，作业委托人应当就此损失向港口经营人承担赔偿责任。

2. 货物准备的责任

作业委托人确保货物与合同约定相符，特别是对一些有特殊保管要求的货物、重大件、笨重货等，包括货物的品名、件数、重量、体积、包装方式、识别方式等都应与约定相同，否则即构成作业委托人的违约。

3. 货物运输包装的责任

运输货物必须按照规定的标准进行包装，作为运输全过程的一个重要环节，港口货物作业也同样如此，并且二者执行的包装标准应当是一致的。作业货物的包装应当能够保证作业安全和货物质量，这是对作业货物的最基本的包装要求，也是作业委托人的义务。

4. 危险货物作业的规定

危险货物是指具易燃、易爆、有毒、腐蚀性、放射性等性质，在运输及作业过程中含有潜在威胁，容易造成人身伤亡和财产损失，需要采取特别防范措施的物品。危险货物作业委托人应当按照有关危险品的规定妥善包装，制作危险品标志和标签。

5. 关于保价作业的规定

对于某些货物的作业，由于其价值巨大或无法确定，从而使承运人或港口经营人承担了过大的风险，于是订立港口作业合同时，除按规定收取费用之外，由货方支付一笔按货物价值一定比率的费用。这完全是订约双方自愿原则下的作为。

6. 因货物性质及病虫害防治的处理

在港口经营人为作业做好一切准备，并使所有设施、设备处于良好情况下，如因货物性质或携带虫害等情况，需要对库场或者货物进行检疫、刷洗、熏蒸、消毒的，应当由作业委托人或者货物接收人负责，并承担相关费用。

7. 对第三方责任的规定

作业合同约定港口经营人从第三方接受货物的，作业委托人应当保证第三方按照作业合同的约定交付货物；作业合同约定港口经营人将货物交付第三方的，作业委托人应当保证第三方按照作业合同的约定接受货物。

8. 支付作业费用

支付费用是作业委托人的责任。

9. 接收和交付货物的要求

根据作业合同的约定，作业委托人应当在约定的期限内将需要装船的货物送进港区，超过限期，港口经营人可以拒绝接收。船舶进港卸货后，超过规定提货期限的，收货人提货时要支付额外产生的费用。港口经营人认为有必要时可以将货物转栈或疏往港外堆场，收货人应当支付相关费用。

第三节　港口费收

港口费收业务既是港口商务活动的重要环节，也是港口生产经营企业实现主营收入的主要手段。目前港口生产经营企业的费收业务主要是根据现行的《港口费收规则》向船方或货方收取劳务、服务费用的业务活动。迄今为止，我国主要港口的装卸费率仍实行政府指导价或政府定价，但随着码头投资、运营主体多元化的发展，南方部分码头企业已根据自身情况和市场的供求关系，自行确定装卸费率。

一、港口费收种类和结构

港口费收是船舶和货物进、出港口时，船方或货方向港口生产经营企业或港口管理当局所缴纳的费用。从我国目前的情况来看，港口费收项目主要是按《港口费收规则》中规定的项目收取，另有一些根据本地区港口的特点而增设的一些劳务性费收项目。总体上我国的港口收费项目可按两种方式来分类，即按收费对象分和按是否提供劳务分。

按收费对象分，可分为船舶类费用和货物类费用。

船舶类费用是向船方征收的费用，包括船舶港务费、引航费、检验费、拖轮费、停泊费、系解缆费、开关舱费、装卸费、港口保安费等与船方有关的一些杂项作业费；货物类费用是向货物拥有方征收的费用，包括货物港务费、港口建设费、货物保管费/堆存费等。

按是否提供劳务分，可分为劳务性费收和非劳务性费收。

港口劳务性费收项目主要包括引航费、检验费、拖轮费、停泊费、系解缆费、开关舱费、装卸费、港口保安费、货物保管费等项目;非劳务性费收项目主要包括船舶港务费、货物港务费、港口建设费等。

我国目前主要港口费收项目的具体情况大体如下:

(1)船舶港务费

船舶港务费是为了补偿用于保持港口水域水道经常畅通,保证船舶安全进出港口和停泊所需的支出,而向使用水域、水道的船舶征收的费用。船舶港务费由海事部门收取,船舶每进港或出港一次,各按船舶净吨征收船舶港务费。对避难船舶、非载运客货的船舶,以及没有装卸作业和上下旅客的船舶免征港务费。

(2)引航、移泊费

引航也称引水,是指在一定的港口或内河水域,由熟悉该港口或内河水域航行条件及相关规定的专业人员登轮,为船舶进出港口或内河、离靠泊或者离泊,向船长提供航行建议或忠告,或者在船长监督下,代替船长实际操纵船舶。

由引航员引领船舶进港或出港,按规定收取引航费。引航距离由各港务管理部门自行公布,报交通部备案。引航费按第一次进港和最后一次出港分别计收。

(3)货物港务费和港口建设费

货物港务费是为了补偿用于保持港口水域和相关水道经常畅通,保证船舶安全停泊所需支出而对使用港口的货主在港装卸的货物征收的费用。

为了加速港口建设,国务院发〔1985〕124 号文件通知,对某些港口的进出口货物增收港口建设费。港口建设费是由港口生产经营企业代国家征收的用于港口建设的一种费用,其范围是对进出口开放的口岸港口辖区范围的所有码头、浮筒、锚地及从事水域过驳等装卸作业的货物征收港口建设费。

从使用角度来看,货物港务费主要用于港口水域的维护保养,而港口建设费则主要用于整个港口的新建和扩建。这两种费用都是有港口生产经营企业代国家相关管理部门征收的规费。

(4)装卸费

装卸费是船舶进出港口携带的货物由港口进行装卸作业,并按规定计收的费用。装卸费是港口最主要的劳务收入。交通部制定的《港口费收规则》基本是按货类和货物装卸作业过程分别规定费收标准(费率)。同时费率又按内贸货物和外贸货物分别制定了标准。所以,通常将内贸装卸费率简称为《内规》,而外贸装卸费率称为《外规》。目前码头企业执行的《内规》是 2005 年 8 月 1 日由交通部和国家发改委颁布实施的,《外规》是 2002 年 1 月 1 日发布施行。其中对集装箱在码头的装卸作业,制定了集装箱装卸包干费,并规定了集装箱装卸包干作业的过程和范围。

(5)开、关舱费

《港口费收规则》规定,使用集装箱专用吊具进行全集装箱船开、关舱作业,不分开、关次数,每块舱盖分别以卸船计收开舱费一次,装船计收关舱费一次;只卸不装或只装不卸的,分别计收开、关舱费各一次。

(6)拖轮费

使用港方拖轮时,按《租用船舶、机械、设备和委托其他杂项作业费率表》的规定,以拖轮

功率和使用时间,向委托方计收拖轮使用费。

拖轮使用时间由委托方签认,按实计算;辅助作业时间实行包干,由各港务管理部门综合测算确定,报交通部备案。

(7)系、解缆费

由港口工人进行船舶系、解缆,按规定,以每系缆一次或解缆一次计收系、解缆费。船舶在港口停泊期间,每加系一次缆绳计收一次系缆费。

(8)停泊费

停泊在港口码头、浮筒的船舶,由码头、浮筒的所属部门按规定征收停泊费;停泊在港口锚地的船舶,由港务管理部门按规定征收停泊费;船舶在港口码头、浮筒、锚地停泊以24h为1日,不满24h按1日计。

(9)工时费

港方委派装卸技术指导员在船上指导成组车辆、危险货物、超长货物、笨重货物的装卸作业,按规定计收装卸技术指导员工时费。

(10)堆存费

堆存在港口仓库、堆场的货物,按日计收堆存费。

(11)节假日、夜班附加费

船舶到达港口,由港口统一安排作业,在国家法定节假日,星期六、日以及夜间进行引航、移泊、系解缆、开关舱等有关人工劳务的费用均加收附加费。

节假日附加费,按基本费率的100%加收,夜班(每日以8h计算)附加费按基本费率的50%加收。

(12)租用设备及委托杂项作业费

货方或船方租用港口的船舶、机械、设备,委托港口工人进行杂项作业,均按费收规则中《租用船舶、机械、设备和其他杂项作业费率表》的费率计收费用。

租用港口设备,按租用设备的数量、功率、负荷及使用时间计算。

其他杂项作业包括码头供水、一般扫舱、特殊平舱、拆防护板、倒垃圾、污水处理等。

(13)港口保安费

凡取得有效《港口设施保安符合证书》的港口经营人,对进出对外开放港口的外贸进出口货物(含集装箱)收取港口设施保安费。

上述费收项目基本构成了我国港口费收的总体结构,而各项费收在实际运作过程中由不同的管理和经营部门根据不同的实际情况收取。

二、港口费收业务流程

港口费收的方式主要有两种:一种是能够当场结算的,特别是对于一些提货人或发货人在提离或送货至港区时,针对所提离或送达的货物而产生的费用当场结算。这种结算环节清晰明了,过程简单,一般的结算对象是货代、运输车队、报关行等,无需签订长期协议。另一种是根据合同,事后结算。主要是针对托运人、船公司或船代,通常要等到整个装卸过程全部结束后,就期间发生的费用,经过双方的确认后再进行结算。这种结算方式所涉及的环节较多,过程复杂,涉及面广,又是事后结算,所以,一定要以合同为基础,并严格控制费收业务流程，以防止漏收、错收的发生。以集装箱的装卸作业为例，每当一艘集装箱班轮装卸作业完毕开航之后，码头的费收核算部门就要根据操作部门提供的各种原始单证和签证，按照交通部的《港口费收规则》，计算该船舶在码头进行装卸作业的各项费用。具体业务流程如下：

1. 操作部门应提供原始单证和签证

当一艘集装箱班轮装卸作业结束之后，操作部门应将该船舶装卸作业过程中所形成的各种原始单证、报表、签证等资料进行汇总，并对相关数据核实无误后，移交给费收核算部门，同时办理交接手续。提供的资料主要有：

①船名，进出口航次；

②进出口实卸实装单船小结；

③集装箱卸船清单；

④集装箱装船清单；

⑤出翻舱联系单；

⑥出口中转报关通知书；

⑦出口中转清单；

⑧出口空箱资料；

⑨改配箱资料；

⑩改港口箱资料；

⑪国际中转箱验放单/清单；

⑫清关箱起驳费用确认单；

⑬船舶系解缆签约单；

⑭船舶供水签证单；

⑮装卸作业签证；

⑯其他特殊作业签证。

2. 核对数据

费收核算部门根据操作部门提供的原始资料与电脑费收管理子系统所显示的数据进行核对确认。如发现不一致，与操作部门联系查询，并按正确数据进行更正。

3. 开票复核

费收核算部门根据费收管理子系统中核准数据，分船公司开出各类装卸作业费用和港口规费的账单。每份账单共有4联，分别为存根联、发票联、记账联和备查联，经开票员和复核员审查签名后，将1～3联附上相关原始资料(复印件)送交财务部门登记签收。

4. 整理归档

费收核算部门按照船名、航次，将每一艘船舶所开账单的备查联与有关原始资料，整理、编号、归档，以备查询。按照有关规定，费收账单资料保存3年。

三、港口收费管理

对于港口码头而言，收费管理水平的高低直接影响到码头的经济效益及发展前景，因此必须十分重视。收费管理是一个较大的范畴，内容广泛，包括了码头费率制订，费目、费率的管

理,收费标准的管理及收费监督。

1. 码头费率的制订,费目的管理

廉价永远是消费者的追求,低价政策是市场竞争中常用的手段,也是最为有效的政策,港口的费率高低是影响港口地位的一个重要因素。在其他条件基本相似的情况下,港口费率的高低起着极其重要的作用。费率制订要考虑的主要因素有:利润因素、市场因素以及成本因素(包括工资总额、机械设备及零配件、码头仓库、场地、办公设施的投资及维修、管理费用、税金、固定资产折旧和其他类成本)。

港口费率作为港口市场竞争中敏感而有力的杠杆,应根据市场的供求情况予以适当的调节。对于一些有着长期合作、箱量大的船公司或托运人,码头可根据具体情况在港口费率上予以优惠。总体而言,只有具有较高的经营效率和较低的经营成本的港口经营人才有能力采用较低的港口费率来吸引船舶和货主。对于港口经营人来说,提高服务效率、降低服务成本,从而降低港口费率是竞争的重要手段。

港口费目的制定要合理,既要考虑到国家有关部门的规定,又要符合港口实际,不能只考虑自身利益而巧立名目,费目百出,确实有新的服务、新的情况出现,也要慎重从事,要得到认可。

2. 收费标准的管理

不管是执行交通部部颁的费率,还是执行自订的费率,只要一经公布,港口专业部门应该严格按照标准执行,不能随意变更,让外界无所适从。

随着港口管理水平的提高,若整个码头作业管理采用计算机系统,则各项费用、费率应进入计算机数据库,实施规范、标准化的管理。计算机数据库中还应记录所有停靠船舶的基本数据,如:净吨、靠离泊时间、作业量、作业时开关舱盖板数量、出舱翻舱量、散装重大件重量尺码等数据。作业完毕后,计算机系统即可根据所拥有的数据,精确地开出账单。

3. 收费监督

①监督、检查的内容主要看港口是否按照费率标准计收费用;是否有漏收、错收;是否在规定期限内开出账单;是否按照合同规定进行欠款的催收;是否进行费收资料的流转、归档和存档。

港口装卸作业环节多,周期较长,且费收规则较复杂,港口生产经营企业的生产管理人员对费收规则不够熟悉或管理工作中发生差错,往往会造成费收方面的多收、错收、少收、漏收等问题。“不多收不该收的费用,不漏收应该收的费用”,这是企业诚信的准则。如果港口生产经营企业少收了客户的费用,客户通常不会感激,而会认为是该企业管理水平低而导致,反而对企业总体素质产生不良看法。因此港口生产经营企业应加强生产管理人员的业务培训和考核,减少和杜绝上述情况的发生。一旦发生费用方面的纠纷,港口生产经营企业的管理部门应及时与客户沟通,尽快查明原因,本着实事求是的原则,多退少补,防止呆账和坏账的产生,尽力维护港口的利益。

②监督、检查往往通过日常的自检、定期的综合性督促检查、不定期的专项突击检查和社会监督的形式进行。

第四节　港口货运保险

港口的建成需要投入巨额资金，如码头泊位、堆场货运站、车间、检查口以及生产业务办公楼等工程的建造，各种装卸机械设备的购置都需要大量的资金，而港口的运作，又承担了事故高发的风险，易对生命、财产带来损害和损失。因此，港口货运行业是一个高投入和高风险的行业。为此，港口货运保险业务是港口经营管理中必不可少的一个重要组成部分。

港口生产经营企业将装卸作业生产中可能发生的和不可预测的意外风险转移给保险公司，码头企业只需支付少量的保险费，就能享受任何出险事故而造成企业经济损失的补偿权利，而由保险公司承担事故的经济损失。这样，港口生产经营企业就能有效地规避因重大事故或灾害带来的风险，从而确保企业的稳定经营和持续发展。因此，有人形象地将保险比作“鞋”，认为光着脚也能走路，却走不远；但穿上鞋就可以走得更远更稳健。作为一种有效的风险防范机制，保险既体现了分散社会资源集中运作的优势，又体现出现代社会互助精神的价值。

一、港口生产经营企业的保险意识

保险是指投保人根据自己的需求与保险公司或通过保险经纪人签订保险合同，并按规定的保险费率向保险公司支付保费，当投保人遭受合同约定的自然灾害或意外事故时，能够及时得到经济补偿。这是一种商业行为。对港口生产经营企业而言，保险提供给港口码头的是一种在一定期间内，当某种突发的、不可预料的意外风险发生时的经济保障承诺，具有很强的专业性。通常人们无法全面了解各种保险产品，但是却存在着规避各种灾害风险的需求。保险的需求愿望取决于人们面临的风险态度、风险水平和躲避风险的方法，还有对所买保险的了解以及支付保费的能力。而人们这种愿望要转变成为实际的购买，往往需要一个从感性到理性的认识过程，这就是对保险意识不断提高和认识的过程。

随着市场经济的不断发展，人们对风险的意识加强了，对保险的认识也大大提高，保险产品层出不穷，保险市场兴旺繁荣。对港口生产经营企业的资产、人员进行投保，这也是码头资金安排和业务管理的一大进步。保险能使码头的各种风险责任分摊到保险公司，从而便码头企业的经营稳定发展。当然，保险的主要功能是分散风险和降低损失，保险并不能从根本上阻止风险的发生。对于损失概率很高的一些风险，码头企业可以先进行有效的管理降低风险，然后采取保险的方式予以防范。对于因自然灾害、意外事故以及虽经有效管理但仍不能避免的因素产生的风险，则应采用保险的方式来解决。

二、码头经营面临的主要风险

1. 自然灾害

指雷电、飓风、台风、龙卷风、风暴、暴雨、洪水、水灾、潮水、海啸、冻灾、地崩、山崩、雪崩、火山爆发、地震、地面下陷下沉以及其他人力不可抗拒的破坏力强大的自然现象。

2. 意外事故

指不可预料的以及被保险人无法控制并造成物质损失的突发性事件，主要包括：

①火灾、爆炸。

②抢劫、偷窃或盗贼暴力侵犯而造成的危害与损失。

③码头装卸工人、技术业务人员包括管理人员的操作管理失误、缺乏技术和经验、疏忽过失等违反常规制度的恶性行为。

④人员的意外伤害和伤亡事故。

⑤设备的超负荷、超电压运行产生走电、电弧造成的损害。

⑥码头改造、工程建设造成的意外损失。

⑦箱损、箱差、货损、货差和船舶机器设备的损坏。

⑧任何意外事故或某种不可抗拒行为造成码头营运中断以致利润的损失。

三、各种风险的防范

①制订业务操作规范、集装箱码头装卸工艺、码头安保和岗位责任等安全生产管理机制。

②做好重点防范工作,例如对风、雨、寒、暑、水、电、火、危等灾害防范和检查落实工作。

③制订码头装卸服务条款,采用免责免赔和限额赔付方式,加强理赔和索赔的业务管理。

④控制风险的发生,完善码头企业内部管理制度,建立必要的监督检查机构。

⑤对可能发生且无法控制的难以预料的风险,设法转嫁给保险公司。

⑥提高码头服务质量,设立货运保险代理公司,杜绝未经保险的装卸业务。

四、码头保险业务

随着世界海运集装箱化率的不断提高,集装箱码头已成为港口码头的主流,以下以集装箱码头为例,介绍港口货运保险的主体业务。

集装箱码头的保险,除了法律法规规定的员工养老、医疗和失业保险等项目之外,还应根据码头企业的具体业务需求与保险公司约定保险权利义务关系的相关协议。按照码头在集装箱装卸经营中可能发生的风险与保险公司订立保险合同,保险合同一旦签署,保险公司应及时向码头签发保险单或其他保险凭证,并在其中载明当事双方确认的合同内容,主要包括:

①保险险种。

②被保险人名称和地址。

③保险项目及保险金额。

④保险责任和责任免除。

⑤保险期间和保险责任起止时间。

⑥保险费率及保险费。

⑦保险费支付方式。

⑧保险金赔偿和给付方式。

⑨有关扩展条款。

⑩违约责任和争议处理。

⑪订立合同的时间。

在保险合同的有效期内,码头企业如需变更保险合同的有关内容,应及时与保险公司联系协商,当事双方应在原保险单或相关凭证上批注或者附加批单,或者订立更改的书面协议。总之，码头企业与保险公司当事双方必须信守承诺，履行合同协议的各自权利和义务。

五、码头企业投保的主要保险险种

保险公司所立险种多种多样，港口生产经营企业要根据自身的需求，与保险公司协商，量身定做制订险种，保险策略主要体现：控制保费成本，保障重大风险。

1. 财产一切险

该险种对码头的装卸机械设备、机动车辆、机电设施、通信器材、堆场码头仓库、库存物资、车间及办公用房等财产进行投保，不但其承保范围最宽，除明确列明的除外责任以外，承保一切自然灾害或意外事故造成的保险财产的直接物质损坏或灭失，而且该保险条款实行的是由保险公司承担举证责任。

2. 人身意外险

人身意外伤害保险具有较强的福利色彩，是完全适用于企业员工自身需求的一个险种。码头企业为员工投保人身意外伤害险，主要目的是当员工在发生意外事故的时候，能够解除企业的后顾之忧，从而提高员工的工作积极性，同时通过保险来减少与员工的赔偿纠纷，解除企业的法律责任。

3. 雇主责任险

虽然企业为员工投保了人身意外伤害险，但员工除了可以从保险公司得到赔偿外，仍可根据劳动法和劳动合同的约定向企业提出赔偿要求。因此尽管企业已出资为员工办理了人身伤害保险，也不能免除其应负的企业责任。码头企业应投保该险种，以转移法律责任。

4. 机器损坏险

对集装箱码头机械设备来说，除了可能因自然灾害和意外事故遭受损失以外，还可能会由于设计制造、电气原因或操作失误造成损失，由于上述原因导致的损失在财产保险中属于除外责任，保险公司是不负责赔偿的。因此，投保机器损坏险，可以减少机械设备类资产的风险。

5. 公众责任险

企业在固定场所或地点从事生产经营或其他各种活动时，由于意外事故造成他人（第三方）的人身伤害或财产损失，企业依法应承担相应的经济赔偿责任。公众责任保险将依据法律判决承担的经济损失以及由此而支出的诉讼费用。财产险的标的可事先以货币衡量其价值，而责任险的标的是被保险人的民事损害赔偿责任，而且受损的第三方是不确定的，损害的后果更无法事先预知，因此对责任险保险公司往往会设有最高责任限额予以限制。

6. 利润损失险

利润损失险是一种附加险种，企业只有投保了财产一切险和机器损坏险后才能进行保险，因此该险种全称为"财产（机损）险项下利润损失险"。投保该险种主要是考虑到企业在发生重大事故，影响甚至终止企业营运时，由此带来的利润方面的损失是十分可观的，而这部分风险可通过向保险公司进行风险转移的形式，在合理的范围内得到赔偿。

企业的利润损失主要有两部分，一是营业利润的损失，即由于事故原因，造成企业因生产经营停止，产生合同不能正常执行等情况，给企业带来的直接损失；二是成本费用的增加，即企业为防止损失扩大，采取相应措施使成本费用增加的部分。保险金额的确定主要包括3方面，涉及毛利润、工资、审计师费用。企业在出险后，估计合理的恢复重置时间，确定赔偿期限。

面对众多的保险公司和种类繁多的保险险种，集装箱码头企业除了选择保险公司的标准保单外，还可根据集装箱码头的风险转移的需求，拟定保险条件，约定保险内容、保险办法，增添附加险、扩展条款、附加补充协议等方面的事项，以确保码头得到完善的保险条件和合理的保险价格。

码头企业一旦发生保险项目的出险事故，应立即通知保险公司。保险公司在接到出险通知后必须立即派人或委托出证机构到现场勘查、定险出估。保险公司收到码头的赔偿或给付保险金的请求后，应当及时作出决定，对属于保险责任的，保险公司在与码头达成有关赔偿金额的协议后10天之内，履行赔偿义务。保险公司未能及时履行的，除支付保险金外，还应当赔偿码头因此而受到的损失。在保险合同的履行过程中，任何单位和个人都不得干预保险公司履行赔付的义务，不得限制码头取得保险金的权利。

面临竞争激烈的保险市场，码头也可委托专业的保险经纪公司为企业量身定制保险方案，进行市场询价，确定最佳方案。当保险事故发生后，保险经纪公司可凭借专业的经验，协助企业向保险公司索赔，确保企业的合法权益，使企业的保险利益得到实现。

第五节　港口货运理赔

港口货运中一旦发生事故，就必须依据合同及保险条款，尽量将事故的经济损失降到最低限度，从而减少港口生产经营企业的经济损失，并维护码头的信誉。以下仅以集装箱码头的货运理赔为例解释港口货运中的理赔业务。

一、港口货运的理赔和索赔业务概述

受理和处理他人提出的事故经济损失的赔偿要求，就是一般所说的理赔。理赔的基本程序主要有确认事故损失、明确理赔依据、审核理赔金额、代位追偿等方面。

所谓索赔通常是指向他人提出的因事故造成损失的赔偿要求。索赔的一般原则是，提出赔偿要求的索赔方必须能够证明：

①索赔人是正当的索赔人。

②索赔的对方负有赔偿责任。

③索赔人提出的索赔金额是合理的；按照惯例索赔方只有备齐并提交上述3项内容的单证、证明和明示索赔金额的索赔书，才认为是正式提出了索赔要求。

二、事故处理与施救措施

每天24h连续进行集装箱装卸作业和业务往来的集装箱码头，在安全生产防范措施方面无论有多完善，总会有事故发生，而且生产越繁忙，发生事故的概率就越大。即使码头企业本身没有发生负有责任的意外事故，也没有造成他人损失，但他人伤害码头的事故也时有发生，例如集装箱船舶撞坏码头前沿设施；运输公司集装箱卡车撞坏码头装卸机械设备等。所以，一旦发生事故，码头应做好以下各项工作：

①保护现场，维护秩序，拍照录像，记录事实。

②事故责任部门或涉及者应立刻向上级主管部门报告。

③通知事故涉及方,包括负有保险责任者或保险公司。

④立即采取行之有效的施救措施,减少事故损失,防止损失扩大。

⑤当事人之间约定事故损失,无法约定的可请第三者参与。

⑥确定事故责任,按责任承担经济赔偿。

⑦码头对事故负有责任的因根据责任大小、有关法律条款及定损公估报告等事实依据,给予赔偿。

⑧事故类别涉及相关风险责任保险的,编制向保险公司提出经济补偿的索赔报告,并根据保险合同追索损失补偿。

⑨召开事故分析会。

⑩根据事故分析报告,落实整改和防范措施,抓好安全生产,杜绝重复事故,遏制重大、大事故的发生。

三、事故损失计算的范围

事故的损失分为两类,一类是直接损失;另一类是间接损失。一般情况下间接损失不予计算在内,例如因事故而造成的利润损失以及影响到第三方以外的经济收入(另有约定的除外)。直接损失的范围主要有:

①事故本身的实质性的资产损失。

②事故现场保护、抢救、清理等施救费用。

③修理费以及因修理而产生的其他必要的费用。

④定损公估鉴定费。

⑤事故处理的必要行政费用。

⑥银行贷款利息。

⑦如需重新进口的货物,则需增加该货物的运输、保险、理货、检验、装卸和仓储等相关费用。

⑧如提出诉讼或仲裁的,则产生律师费、诉讼费以及其他相关的费用。

⑨如果事故发生之前,当事人已与第二方订立合同或协议的,其违约责任也在计算范围内,但是当事人发生事故虽有违约而未产生或可以补救以致无损失的,可以不计算在内。

⑩事故中有人身意外伤害伤亡的,则涉及抢救、医疗、护理、营养、误工、伤残补贴、生活困难补助、丧葬、抚恤、抚养等相关费用。

四、理赔和索赔的有关材料

在处理事故的理赔和索赔过程中,口头承诺或口头约定一般不予采纳接受,必须以书面形式的材料(包括照片、录像等)进行谈判沟通,当事人之间互相提供、收集的材料必须整理归档,以便审阅查询。这些材料主要有以下几方面:

①事故现场的记载,要求内容真实、原始。

②现场录像、照片,要求从各个不同角度拍摄。

③事故报告,要求详细说明书事故的发生时间、地点环境、当事人、涉及者和目击者、事故原因、损失物品、目测损坏或伤害程度,初步处理意见。

④商检报告或公估行的鉴定报告或理货报告。

⑤事故损失的货品清单、价值、合同、发票等有效凭证。

⑥向责任方追索赔偿的索赔报告或受理损失方提出赔偿要求的理赔报告。

⑦发生货损、货差、箱损、箱差、机损、船损等事故，则需提供进出口舱单、装箱单、船舶规范等业务流程中的相关单证。

⑧发生道路交通事故，则需公安交通机关的责任认定书、裁决书、调解书、损失清单等有关费用单证。

⑨发生人身伤亡事故，则需要医疗报告、病史记录、医药费凭证、伤残、死亡等医院证明。

⑩其他与事故有关的各种有效凭证。

五、理赔和索赔操作流程

在理赔和索赔操作过程中，要将事故损失降低到最小程度，应该充分运用好操作流程，必要时还应进行适当的技术处理。对于码头的理赔业务流程来说，事故一旦发生，应立即通知事故受损方、保险公司等有关部门，到现场进行查看，确定损失事实，然后对受损的主体进行检查、测试、鉴定、定损。如果受损的是人体生命，应立刻送医治疗至康复。如伤残或死亡的，则根据国家有关赔偿规定办理。最后由受损方向码头出具索赔报告。首先，如果在该事故中，码头确定为事故的责任方，码头应按事故责任的比例进行赔偿；如能应用有关免责或有限责任(码头服务条款、提单条款或国家有关法律)条款，码头可按条款的规定进行赔偿。其次，如果事故类别属于码头责任保险范畴的，码头应编制索赔报告，将码头赔偿金额的损失向保险公司提出补偿。在处理该业务的过程中值得注意的是：假如该事故的损坏主体本身已购买了相关的风险责任保险，其受损方应首先向该受损主体的保险公司提出赔偿，由保险公司先对该受损主体进行赔偿，然后由得到赔偿的受损方出具权益转让书给保险公司，再由保险公司凭权益转让书和其他有关凭证向码头提出追偿。码头根据国际惯例或经协商一次性向该保险公司赔偿。之后，码头仍可按赔偿的金额向负有码头责任保险的保险公司提出经济补偿，保险公司将根据与码头签订的保险合同要求，赔付给码头。

索赔业务流程与之相反，码头是事故的受损方，因此一旦发生受损事故，码头除了紧急施救，收集有关证人的证词、事实证据、物权凭证、残损记录、货损价值等有关技术部门的测定报告之外，还需要编制一份严密的具有事实依据的合情合理的索赔报告，并向事故责任方提出全额赔偿。除此之外，也可以向投保责任险的保险公司提出索赔。但是必须考虑到的是，如果向保险公司提出赔偿，将遭受保险合同中有关免赔额的损失，所以一般不急于采取该方案，除非是该事故的责任方无能力赔偿或无法得到应有的赔偿金额。

六、时效问题

在集装箱码头发生的各种事故，任何一方都应以书面形式及时告知另一方。经事故施救、损失鉴定、分清责任、确定损失大小后，受损方应及时向责任方或保险公司提出赔偿。如延误时间，将会受到时效限制，受损方将会由此产生很大麻烦，甚至蒙受更大损失。各种事故损失的索赔时效规定不尽一致，受损方应详细了解有关法律法规合同条款的规定，提前做好各项准备工作。现列举有关时效的规定如下：

①财产保险项下的资产物资遭受损失之日起,必须在一年内提出索赔,如遭遇盗窃应在通知保险公司后10天内提出索赔要求。

②海洋运输的保险货物,从被保险货物在最后卸货港全部卸离船舶后起算,向保险公司提出索赔最多不超过2年;向承运人提出索赔,最多不超过1年;在时效期间内或时效期间加满后,向第三人提出追偿请求的,时效为90天。

③因集装箱码头责任造成的货物、集装箱或船舶损失的,索赔时效从码头编制"货运记录"或"箱损船损记录"的次日起算,不超过180天,涉及国外的不超过1年(另有约定或法律规定的除外)。

④码头内道路交通事故的车辆索赔时效,自车辆修验或交管部门对事故处理结束之日起算,不超过3个月。

⑤码头员工的意外人身伤害应在事故发生之日起30天内通知保险公司;2年内必须以书面形式提出索赔申请,否则作自动放弃权益处理。

⑥当事人之间相互索取的各种违约金、滞纳金、速遣费或滞期费的时效,按有关规定或当事人的约定执行。

七、集装箱码头无法交付的集装箱货物处理业务

为了确保集装箱码头堆场、仓库的畅通无阻,提高集装箱周转速度,减少箱货损失,码头企业应根据国家有关规定加强对超期堆存集装箱和库存货物的管理。我国《海上国际集装箱运输管理规定实施细则》要求:

①集装箱卸船后,在港口交付的货物超过10天不提货,港口生产经营企业可将集装箱或货物转栈堆放,由此发生的集装箱或货物的转栈费用由收货人负担。

②收货人超过规定期限不提货或不按期限和指定地点归还集装箱的,应当按照有关规定或合同约定支付集装箱和货物堆存费以及集装箱超期使用费。

③自集装箱进境之日起3个月以上不提货的,海上承运人或港口可报请海关按国家有关规定处理货物,并从处理货物所得的款项中支付有关费用。因此,码头按照国家有关规定处理了无法交付的集装箱货物之后,如果该收货人要求归还货物或货款时,通常码头可以不予受理。

第六节　港口生产经营企业客户服务

一、概述

港口生产经营企业的客户服务是其参与港口市场竞争的重要途径和手段。港口作为一个公共平台,它服务的对象非常广泛,大到各船公司、船舶代理公司、货主等,小到送、提货的驾驶员,甚至快递。港口生产经营企业要为众多的客户提供满意的服务,不仅是自身发展的需要,同时也是创造通畅、和谐口岸的需要。

从广义上说,港口的客户服务涉及港口所有客户的需求,也就是说整个港口有关业务的所有操作都是属于港口生产经营企业客户服务的内容。为了满足市场经济的要求,确立港口生

产经营企业的优势竞争地位，港口必须树立起以客户需求为导向的观念，培养企业全员的客户满意观，培植港口与客户之间的“共同利益”，建立保证客户满意的管理机制，真正把握并有效地满足客户需求，不断创造客户喜欢和期望的服务，健全客户服务系统。例如，设立客户服务中心或客户服务部等专门的机构，充分授权处理客户的问题，专人负责接待和处理客户的不满意举报与投诉，并定期进行服务质量跟踪和走访客户，提供24小时热线服务和网上查询等。

由于港口商务工作是直接面对企业客户的，特别是一些重要的船公司或货主，所以客户服务对于港口商务而言更加直接，也更为重要。虽然港口商务并不能为客户提供直接的服务性操作，但是港口商务应该能在第一时间了解到客户的需求，从而成为客户与港口操作之间有效的沟通桥梁。

港口生产经营企业的客户服务业务主要包括：客户服务标准的制订、客户关系的维护及管理和港口服务质量监督等内容。

二、港口客户服务标准的制订

港口码头作为一个公共的服务平台，在投入装卸服务经营之前，应根据国家对水路运输的方针政策、经营管理要求，并结合码头的实际情况，制订相应的服务标准或服务指南，为客户提供规范有序的各项服务。主要内容包括：码头情况简介，客户服务内容，客户服务承诺，收费标准，业务流程，业务联系电话和网址，举报、监督、投诉处理办法等方面。

1. 编写码头简介

码头简介主要是介绍码头的所处地理位置、岸线长度、泊位数量、前沿水深、经营范围，其次要对码头所拥有的机械、设备，如：各类作业机械数量（桥式起重机、轮胎起重机、集装箱卡车、铲车等），以及计算机管理系统、工业电视监控系统、EDI信息网络系统等软件服务系统有个清晰明确的介绍，同时还可以附上码头的位置图和平面图。如果码头设施发生重大变化后，应及时修正。

2. 客户服务内容

客户服务内容一般按港口码头为客户提供服务的职能部门来分别制订。以集装箱码头为例，主要提供以下服务内容：

(1)进口受理台服务内容

①审核客户提供的提货单及相关业务单证，确认其是否有效。

②受理持有效单证客户的进口整箱车提（进口重箱、直通箱、海铁联运中转箱）、整箱落驳、拆箱落驳、拆箱车提、船边直提、海关进口查验等集装箱作业申请。

③受理持有效单证客户的海关出口箱查验、出口退关箱提运等集装箱作业申请。

④办理上述各项集装箱作业费用的结算，并开具发票。

⑤回答客户关于集装箱作业方面的业务咨询。

(2)《场站收据》签单室服务内容

①在截关前，收到《场站收据》后，对集装箱及时校核放行。

②在截关后，根据码头情况和船公司要求接收《场站收据》。零星《场站收据》由中控室配载人员处理。

③在集装箱放行时，核对船名、航次、提单号、货物件数等相关信息，按照海关放行原则放

行《场站收据》。

④客户将《场站收据》送到码头,必须进行登记和排序,进行清晰的交接记录。

⑤签单人员要做好《场站收据》的保密工作(即船公司只能查阅该公司订舱的《场站收据》;客户抽回余单应凭报关单复印件和船公司联系单)。

(3)箱管计划室服务内容

①客户(货运代理公司、物流公司、集装箱卡车运输公司等)应凭提运空箱的报关单证(提单、工作联系单),办理提空箱计划。

②审核提运空箱单证,如报关箱数与码头实际卸船箱数不符,原则上不予受理。

③完成空箱提运受理计划后,向客户提供空箱预约计划和箱号清单。

(4)船舶计划室服务内容

①合理安排船舶靠离码头泊位计划,确保船舶班期。

②确保船舶配载合理,准确无误,因码头差错造成客户损失,应按规定予以赔偿。

③按客户要求提供准确的集装箱堆场信息。

④优先安排中转箱的装卸作业,做好干、支线船舶的衔接工作。

⑤开航前 2 小时向客户(船公司或船舶代理公司)提供准确的积载图和开航报告。

⑥为客户解决应急、特殊需求和业务咨询。

(5)中央控制室服务内容

①合理安排装卸作业,满足客户装卸要求,船舶准班率和外来集装箱卡车达标率(自然因素影响除外)为 95 % 以上,确保生产进度。

②认真做好直装直卸箱的衔接工作,满足客户需求。

③认真落实各项管理制度,杜绝野蛮装卸,确保货运质量,做好各项签证。

④加强现场管理,防止缺卸漏装,因码头责任造成的箱损箱差、货损货差,按有关规定处理。

(6)检查口(道口)服务内容

①办理进出箱单证手续熟练无误,每辆集装箱卡车办理时间不超过 1.5min。

②认真做好集装箱的检验工作,残损集装箱做好签证记录,以明确责任。

③认真做好集装箱称重工作,集装箱实际重量和箱号准确输入电脑,防止超重箱进入码头堆场。

④对初次到码头的客户发放《服务指南》,为客户办事提供方便。

(7)查验场服务内容

①负责查验场的现场理货,包括收箱、核箱、自动透视箱转场等。

②负责审检查验计划,联系协调集装箱移箱定位和码头内运输事务。

③负责受理掏箱、取样、开关箱、施封、扣箱、扣货、暂存、查验留箱,以及监管部门确认的倒箱、分唛、更换包装等业务。

④负责为客户提供现场摄影、电话通信、单证复印、箱位查询、货物称重丈量,以及提供包装等商务服务。

⑤负责查验集装箱资料的收集整理、统计归档和查询业务,确保客户货物在查验过程中完好无损。

(8)费收核算部门服务内容

①审核作业签证和电脑数据,根据准确数据及时开具船舶装卸费及相关费用账单。

②审核出口集装箱相关数据,分别向代理或营运人开具出口集装箱港杂费账单。

③对持有有效更改单证的客户,以及申请拆箱作业的客户,进行费用结算,并开具发票。

④对持有船公司联系单的客户,进行改配、改目的港的费用结算,并开具发票。

⑤回答客户有关费用方面的咨询。

⑥将有关资料、账单按时归档,向客户提供查询服务。

随着中国进出口贸易不断创出新高,港口生产经营企业也得到了迅猛的发展,除了上述所陈列的一些基本服务功能外,港口也应根据客户的需求和国际港口发展的趋势,不断更新和增加港口服务的内容,例如:港口安保、反偷渡、成套设备或大型工程设备的进出口流程等。

3. 客户服务业务流程

港口码头的服务业务相对专业化程度高,有着自己特定的规范和流程,为了方便客户前来码头洽谈、办理业务,对于码头常见、通用的服务业务流程应有明确规范,如:

①进口提货业务流程。

②进口重箱拆箱车提业务流程。

③提 CFS 货物业务流程。

④出口重箱进场业务流程。

⑤重大件货物业务流程。

⑥进出口集装箱查验业务流程。

⑦出口箱改配业务流程。

⑧提运出口退关箱业务流程。

上述各项客户服务业务流程可以用文字表述,也可用流程示意图标明。

4. 监督举报投诉处理办法

这部分内容主要包括客户举报投诉处理的宗旨、有关举报投诉处理的部门、处理程序、举报投诉途径、权利和义务、对外公开的举报投诉电话、传真号码、电子信箱等方面内容。

5. 其他方面

此外,港口码头应根据自身的实际情况、发展方向、方针目标、企业形象和企业精神等制订相应的服务承诺、服务规范,对外公布各业务部门的联系电话、电子信箱和网址,便于客户联系业务和查询相关信息。

三、客户关系的维护及管理

客户关系管理是一个通过详细掌握客户有关资料,对企业与客户之间关系实施有效控制,并不断加以改进,以实现客户价值最大化的协调工作。客户关系管理源于“以客户为中心”的新型商业服务模式。客户关系管理中很重要的一项就是客户关系维系,在顾客关注的十条黄金法则中,第一条就是获得一个新客户比留住一个已有的顾客花费更大。客户关系管理强调的是:不断加强与客户交流,不断了解客户需求,不断对产品或服务进行改进和提高,以满足客户的需求的连续的过程。它要求向企业的生产、销售、服务等部门和人员提供全面的、个性化的客户资料,并强化跟踪服务和信息分析能力,与客户协同建立起一系列卓有成效的“一对一关系”,以使企业得以提供更快捷和更周到的优质服务,提高客户满意度,吸引和保持更多的客户。

港口生产经营企业作为服务性行业,提供的产品和服务又相对单一,客户对于企业而言就更为重要。随着客户的期望越来越多样化,使得服务水准的门槛越来越高,这对于港口生产经营企业而言既是挑战也机遇。因此,很多企业逐渐开始转而重视客户关系管理,以求拉近与客户之间的关系。客户关系管理的应用就是将这一过程自动化并改善操作环节、客户服务等与客户关系相关的业务流程,目的是为了提高作业效率、降低营运成本、增加收入、拓展新的市场,并通过提供个性化服务来提高客户满意度,赢得客户忠诚。港口的客户关系管理的主要业务活动包括:

1. 客户分析

该项工作主要分析谁是企业的客户,客户的基本类型,客户的需求特征和购买行为,并在此基础上分析客户差异及对企业利润的影响等问题。

2. 企业对客户的承诺

承诺的目的在于明确企业提供什么样的产品和服务。企业的承诺必须明明白白地向客户公布,并请客户予以监督。港口码头通常在安全保障、装卸作业效率、确保船期等方面对外发布承诺。

3. 客户信息交流

这是一种双向的信息交流,其主要功能是实现双方的互相联系、互相影响。从实质上说,客户管理过程就是与客户交流信息的过程,实现有效的信息交流是建立和保持企业与客户良好关系的途径。目前港口生产经营企业多采取定期走访客户的形式,与客户进行信息沟通交流,主要由码头的业务部门与客户的相关业务部门进行联络协调,解决装卸服务工作中矛盾,提高双方互动的效率。高层次的双向信息交流则对企业的发展有着更直接的促动作用。

4. 取得客户的信任

为建立和保持与客户的长期稳定关系,必须以客户能够感受到的实际行动来取得客户的信任。这些行动包括对承诺的兑现、合同的严格履行、对客户意见或抱怨的切实改进等,同时要区别不同类型的客户关系及其特征,采取有针对性的特殊措施来满足客户的特别需求,保持码头企业与客户的长期友好关系。

5. 抓好信息反馈管理

客户信息反馈对于衡量企业承诺目标实现的程度,及时发现在为客户服务过程中的问题等方面具有重要作用。要建立信息反馈管理制度和考核办法,使客户的意见能得到及时处理,直到客户真正满意为止。同时还要从信息反馈过程中,善于抓住具有普遍性和规律性的问题,采取系统措施从根本上加以解决,并增强预见性,提高管理效果。

在对客户关系管理中,一般的运作流程如下:

1. 收集客户资料

利用新技术与多种渠道,将收集到的客户情况、消费爱好、历史资料等储存到客户资料库中,并将不同部门的客户资料整合到统一的客户资料库内。这样有利于全面客观地了解客户,可以巩固与客户的长期关系。

2. 对客户进行分类

每一个客户的关注重点是有所不同的,凭借分析工具与程序,及以往操作的经验积累,将客户按消费服务特征进行分类,这样可以预测在各种营销活动情况下各类客户的反应。这些前期工作,能够有效地找到适当的营销目标,降低营销成本,提高营销效率。

3. 规划和设计营销活动

根据对客户的分类,为各类客户设计相应的服务与促销活动方案。传统上企业对于客户通常是一视同仁,而且定期进行客户活动,但在客户关系管理业务中,这是不经济的,钱要花在刀刃上,以产生更大的效益。通常对港口货物吞吐量或经济收入贡献度大的客户,在设计服务上也应得到港口生产经营企业的格外关注。

4. 建立标准化分析与评价模型

通过对客户资料的综合分析,建立一套标准化的模型,对经营状况和绩效实施分析评价。目前客户关系管理的技术,已经可以对处理客户关系的每一项活动或过程作出评价,而在出差错时,标准化模型可自动、实时地显示出问题发生在哪个部门、哪个员工、哪个环节,以便迅速采取措施加以解决。以上的各种程序必须环环相扣,形成一个不断循环的运作流程,从而以最适当的途径,在正确的时点,传递最适当的产品和服务给真正需求的客户,创造企业与客户双赢的局面。

四、港口服务质量监督

港口服务质量的好坏直接关系到客户的满意度,甚至涉及货运事故的理赔,事关港口生产经营企业的生存。对港口服务质量的有效监督是确保港口生产经营企业提高客户满意度,提升企业自身的作业和管理水平,提高效率和效益的重要途径。

港口服务质量监督主要通过外部和内部两个途径。外部,即接受客户和社会公众的监督,通过对投诉意见的处理及后续措施的跟进,不断完善服务流程,提高服务质量。内部,即通过参与实施 ISO 9002 质量认证,实施内部监控,并不断地更新、再造服务作业流程以提高港口的服务质量。

总之,客户的要求日益复杂,通常客户不愿意无端地多付钱,也不愿意在服务质量上作出任何妥协,这就意味着企业必须学会换位思考,自始至终都要站在客户的立场上,从客户的角度看问题。如今已是全球市场和全球报价体系,对于港口货运管理而言,客户需要的是业务解决方案,而不是千篇一律的大众化服务,这也是码头企业处理客户关系的方向和今后发展的动力。

复习思考题

1. 港口商务管理业务主要有哪几个方面?
2. 港口货运合同有哪几种类型?分别适用于哪些业务?
3. 简述港口装卸作业合同的法律特征。
4. 港口经营人具有哪些权利?需承担哪些义务?

5. 作业委托人具有哪些权利？需承担哪些义务？

6. 通过查找资料，了解我国港口生产经营企业目前按照政府《港口费收规则》收费的执行情况，并予以分析和评述。

7. 我国主要的港口费收项目有哪些？

8. 为什么内贸装卸费率和外贸装卸费率存在差异？谈谈你对此的看法。

9. 装卸作业结束后，码头操作部门应将哪些资料进行汇总？

10. 在阅读了“港口收费管理”这部分后，你对收费管理方法的改进有何建议？

11. 为什么港口货运需要保险？

12. 码头经营面临的主要风险有哪些？除了书上所列以外，你还可以举出哪些风险？

13. 了解港口业务中的各种风险防范的措施。

14. 码头企业主要投保哪些险种？

15. 在理赔中，提出赔偿要求的索赔方必须能够提供哪方面的证明？

16. 在码头货运过程中，一旦发生事故，为便于理赔，应做好哪些工作？

17. 在理赔中，哪些可记入直接损失的范围？

18. 理赔和索赔中应提供哪些材料？

19. 港口的客户关系管理主要有哪些业务活动？

第四章　港口货物装卸搬运工艺

第一节　港口装卸搬运工艺系统合理化原则

所谓工艺,指社会生产中改变劳动对象所采取的方法。港口装卸搬运工艺是指在港口实现货物从一种运载工具(或库场)转移到另一种运载工具(或库场)的空间位移的方法和程序。

国内外港口生产实践表明,合理的装卸搬运工艺应该符合一些基本的原则。揭示这些原则将有助于人们去理解为什么这样的工艺要比那样的工艺合理。原则的存在无疑将激励人们对现行生产方法进行不间断的深入的分析、思考,其结果将促成设备和人力的更好利用。

港口装卸搬运工艺的合理化原则可以分为五个方面,本节将重点讨论这些原则。

一、社会和劳动保护方面

1. 安全质量原则

安全质量原则是指在港口生产过程中,防止货物损坏和差错,保护人员的生命,以及设备、设施的正常运行。

在安全方面,要注意采用的设备、工具和操作方法是否符合安全的要求。例如,散货卸船,在清舱阶段用网络时,若在漏斗边用人工摘钩,就不够安全,应该用自动摘钩代替。在质量方面,装卸搬运工艺的设计和安排必须保证货物的搬运和储存质量。例如,如何保证散粮作业过程中不发生变质,采用现代化的散粮筒仓便能较好地保证散粮的质量。当然,在强调质量的同时也应指出,任何质量都是和费用的支出联系在一起的。装卸搬运和堆存质量标准的确定要实事求是。

2. 环境保护原则

环境保护原则是指在装卸搬运工艺的设计和改造中,应采取有效措施,防止在作业过程中对周围环境产生的有害影响。

装卸搬运某些货物时会因货物的性质不同而产生各种不同的污染。如尘污染、油污染、毒性污染、噪声污染等。为了消除污染,保护人民健康,要认真找出造成污染的原因,积极采取措施。例如,在散货装卸搬运过程中可以根据不同情况采用吸尘、喷水等方法解决尘雾飞扬问题。油船装卸搬运时周围要用围油栏挡住,以免油污扩散。

二、设备方面

1. 充分利用机械设备原则

充分利用机械设备原则是指对于劳动强度大、工作条件差、装卸搬运频繁、动作重复的环

节，尽可能采用有效的机械化作业方式。

港口装卸搬运作业，劳动强度很大。因此用机械代替人力从事装卸搬运作业具有特别重要的意义。装卸搬运工作机械化不仅是减轻体力劳动繁重程度的根本途径，同时也是保证作业安全，提高劳动生产率的重要手段。例如，目前在件杂货装卸搬运中，普遍采用的是在标准货板上堆放货物，然后用叉车搬运货物的方式，代替原先货物堆码时用人力堆放的作业，大大减轻了工人的劳动强度。

2. 减少终端站停留时间原则

减少终端站停留时间原则是指在作业过程中，增加作业的流动时间所占比重，而减少作业两端的停留时间所占比重。

这里的终端站是指货物在港口和库场内位移时滞留时间。该原则表明，在终端站停留的时间越短，设备的效率越高。一台装卸搬运机械只有在确实是搬运货物的时间里才真正地创造"利润"。这个原则可用来指引管理人员去评价不同类型机械的优缺点。当别的条件基本上相同时，能将终端站停留时间缩减到最小的系统便是最优的。这个思想适用于所有装卸搬运设备，不论其大小。正是这个原则使叉式装卸搬运车与货板的结合远胜于其他装卸搬运系统。

3. 专业化原则

专业化原则是指尽可能采用专门的工艺，专用的设备进行货物的装卸搬运、搬运和储存。

专业化，是社会化大生产的产物，是现代化大工业发展的客观规律和基本特征。运输方式的几次重大的工艺变革，都是和专业化的发展有关的，第一次革命性变化是石油从一般件杂货中分离出来，实现专业化液体运输。第二次革命是粮谷从一般件杂货中分离出来，实现散粮运输。第三次革命，在某种意义上讲是件杂货本身的专业化，实现了集装箱专业化运输。与运输工具专业化相适应，港口装卸搬运工艺也大大提高了专业化程度。现代化港口的装卸搬运设备是以专业、大型、高效为特征的。不过在一定时期内，专业化到什么程度合适，要看生产发展的需要与组织协作的可能而定。专业化要符合大批量、专业化、高效率的原则。经济效益是决定专业化程度的唯一衡量标准。

4. 适应性原则

适应性原则是指采用的工艺方案或者装卸搬运设备应尽可能地能运用于不同的种类的货物的装卸搬运作业要求。

当设备的适应性增加的时候，它的应用范围就可以相应扩大，使用比较方便。例如叉式装卸搬运车就比升降式搬运车优越，因为升降式搬运车只能和货台配合使用，而叉式装卸搬运车既可用于货台，也可用于货板。此外，叉式装卸搬运车还可配备各种各样的工属具装卸搬运捆、桶、管等各种货物。

究竟以采用专业化设备有利，还是采用适应性大的设备有利，关键在于对货物和车船类型等作业条件，以及未来变化的可能进行调查和预测，对经济效益作出科学的评估。

5. 标准化原则

标准化原则是指在装卸搬运工艺方案以及装卸搬运设备的选择时，应尽可能采用标准化的成熟方案和设备系列，以及标准化的货物单元。

设备标准化是符合经济原则的，设备标准化可以大大减少备件的数量，提高维修人员的技

术熟练程度和维修质量、降低维修费用。不仅大的装卸搬运设备需要实行标准化，即使是小型的、简单的吊货工属具和成组工具也需要标准化，例如，货板标准化以后不仅可以降低制造成本，还可以减少维修费用。标准化既指设备设计制造的标准化，也指装卸搬运作业的标准化，前者，通过标准化可以减少备件，从而降低成本，后者则可以提高工人操作的熟练程度。

6. 充分利用空间的原则

充分利用空间原则是指在不影响作业有效性的前提下，货物堆存应充分利用库场允许的空间高度。

随着经济的发展，土地价格会越来越昂贵，特别是城市土地显得更加珍贵。因此，港口容量的扩充靠增加土地面积是不经济的，应该注意充分利用空间的堆存能力的发展。在已定的库场面积条件下，当高度被充分利用时，可以堆存更多的货物。在有的集装箱码头，为了提高堆场的单位面积堆存量，用能堆5～6个集装箱高度的龙门吊替代堆货高度较小的跨运车和底盘车。

三、工艺布置与流程方面

1. 减少作业数原则

减少作业数原则是指在实现同样作业需求的前提下，应采用工序数和人工作业量尽可能少的作业方案。

当按一定的操作过程完成货物的装卸搬运时，要完成许多作业。例如工人在船舱内组成货吊、挂摘钩、起重机吊到岸上、岸上工人挂摘钩、叉式装卸搬运车叉货、搬运、在货场码垛等。除了主要作业外，还有许多如捆绑、分票等辅助作业。一般说来，如作业少，则所消耗的人力就少，几个环节的配合也容易紧密。最少的装卸搬运是最好的装卸搬运。因此，要力求用自动的成半自动的吊货工属具（如抓斗代替网络，自动摘钩代替一般的钩头等），以及进行成组装卸搬运等方法减少作业数。

2. 直线原则

直线原则是指港口和库场物流路线设计应尽可能走直线，以缩短货物位移的空间和时间。

这个原则反映了一个显见的事实：两点之间直线为最短。由于运动意味着费用，因此，直线运移是最经济的物流方式。货物没有按照装卸运输工具的需要在库场堆放，库场设置离港口过远，皮带机布置不合理等均会形成在装卸搬运工作中发生交叉搬运、迂回搬运和过远搬运。

3. 作业线各环节相互协调原则

作业线各环节相互协调原则是指组成装卸搬运作业线的前后工序的作业能力应该平衡。

装卸搬运作业线是各作业环节的有机组成，只有各环节相互协调，才能使整条作业线产生预期的效果。装卸搬运作业线各环节相互协调有3方面的含义：

①指作业线上前后工序所配备的机械要力求系统化。实践证明，作业线上只要有一个工序没有机械化，就往往会大大影响其他几个工序所配备的机械效率的发挥。

②作业线所包含的各种辅助作业，如计量、过秤、测温、灌包、缝包等均应机械化、电子化。这些作业虽不属主要工序，但往往成为影响货物质量或作业线生产率充分发挥的薄弱环节。

③指各工序的生产率要协调一致，各工序机械的起重量要相互适应，因为如果各工序的生

产率不能协调一致,各工序机械的起重量不能相互适应,则整条作业线的生产率就会下降到最薄弱环节生产率的水平。应该把注意力集中在薄弱环节生产率的提高上。

4. 保证运输工具高效作业原则

保证运输工具高效作业原则是指装卸搬运作业线的工艺设计应保证运输工具和车辆的装卸搬运能力能得到充分地发挥,以缩短车船在港停留时间。

港口装卸搬运工艺的重要特点之一,是不仅要使货物在港口的换装最经济,而且要尽力缩短运输工具在港口的停留时间。因此,加速车船装卸搬运是港口作业的主要目标之一。散货装卸搬运最常用的方法是采用储货存仓。如散货装车往往利用储货存仓,以减少因堆场作业干扰而影响车船在港作业效率。在件杂货和集装箱装卸搬运中,往往采用在装船前将货物集中在前方操作场以提高装船效率的方法。

5. 防止工艺中断原则

防止工艺中断原则是指装卸搬运工艺设计应保证防止在作业过程中,出现物流的不合理中断和运输工具的不合理等待。

在装卸搬运过程中，作业中断的原因很多，有的是组织工作不良造成的，如等车、等船、等货等，有的则是工艺安排上的问题造成的。在分析工艺时，要力求采取相应的措施以减少工艺中断。例如，高效的散货港口为提高装卸运输工具的效率，宁愿采用两次操作的工艺方案。

6. 灵活性原则

灵活性原则是指工艺流程中物料可以通过多种渠道按照一定的操作过程进行装卸搬运。

灵活性原则对皮带机工艺流程特别重要,具有灵活性的皮带机工艺流程可以使由于某一部分机械发生故障或需要检修而造成的影响限制到最小程度。

四、作业方面

1. 扩大单元原则

扩大单元原则是指在装卸搬运工艺选择时,应尽可能扩大货物一次装卸搬运、搬运和储存的单元(重量和尺寸),以提高装卸搬运作业的效率。

装卸搬运效率随货物单元尺寸的扩大而提高。港口装卸搬运作业和运输业的某些最根本的变化都是建立在这个原则基础上的。成组运输、集装箱运输、车辆轮渡、载驳船等先进运输方式均体现了这个原则。

2. 提高机动性原则

提高机动性能原则是指在经济性合理的条件下,尽可能提高货物从静止状态转变为流动状态的容易程度。

移动货物时的机动性大小反映出货物搬运的合理化程度。评价物流机动性能可以采用“机动指数”的方法。一般而言,应尽可能使货物处于机动指数高的状态。当然,当提高机动性所支付的成本达到不合理的程度时,盲目追求机动性是不恰当的。

3. 利用重力原则

利用重力原则是指在装卸搬运作业中,凡能利用重力运移货物的要尽可能利用。

高站台、低货位、滑溜化的作业方法在我国运输工具和铁路装卸搬运作业中被广泛应用。

散货、散粮、石油等货物均可利用重力装船和装车。

4. 利用工属具原则

利用工属具原则是指尽可能使用既有利于操作安全、简便，又能充分利用装卸搬运、搬运设备能力的工属具，以提高装卸搬运、搬运的作业效率。

港口使用的机械难以经常变化，而吊货工属具可以随货种的不同而随时变换适应。实践表明，吊货工属具选用得当，以及它的有效改进，往往会对整条作业线效率的提高起到显著的效果。因此，应对吊货工属具的选择特别注意。对吊货工属具的选用和改进应以保证安全质量，充分利用机械的起重量，工人操作方便，利于成组装卸搬运，延长吊货工属具使用寿命等要求全面考虑。

5. 充分发挥设备效能原则

充分发挥设备效能原则是指通过合理的生产组织和工艺设计，使装卸搬运、搬运设备在既定的技术性能条件下发挥其潜在的效能。

机械的生产能力并不是在任何营运条件下都能充分发挥出来的。即便在相同的客观营运条件下，作业组织不同，操作方法不同，同一台机械的生产率也会有很大的不同。现场管理者的一项重要任务就在于精心进行作业组织，善于总结和推广驾驶员和工人的先进操作经验。

6. 人、机作业时间充分利用原则

人、机作业时间充分利用原则是指通过合理的作业安排，使作业线上的人力和设备都得到充分的利用，消除闲置和浪费。

在人机联合作业时，在工作周期内，工人在舱内、车内或库场内装卸货物和拆分货组供起重机起吊时，工人和起重机都有可能出现空闲时间。减少或消除这些空闲时间就能提高装卸搬运的效率。

五、成本方面

1. 系统评估原则

系统评估原则是指对装卸搬运工艺方案的评价应从与港口作业相关的整个大系统（由运输工具运输成本、港口装卸搬运成本以及货物在港费用等方面构成）的经济性来考虑。

先进的工艺要能在生产中得到推广应用，发挥作用，那就不但要在技术上是先进的，而且要在经济上是合理的。没有成本指标，那就很难从经济的观点去评估哪个工艺方案合理。在进行成本分析时，不能仅局限于港口角度，而应从系统的观点考虑。即评价港口装卸搬运工艺的经济效果要顾及港口、运输工具、车辆、货物等各方面。因为往往有这样的情况，生产率高的工艺方案，虽然港口装卸搬运成本增加，但由于能加速装卸搬运和货物周转，运输工具在港停留的费用和货物在途资金的积压都能相应地减少。因此从港口来看是不可取的方案，从全社会，大系统评估，经济效果却可能是好的。

2. 规模效益原则

规模效益原则是指装卸搬运工艺方案的选择应有利于形成一个合理规模的装卸搬运作业能力，以利于获得规模经济上的效益。

同一工艺流程，当装卸搬运量增加的时候，装卸搬运成本就可能下降。这是因为生产成本由两部分组成，一部分是变动成本，它随着装卸搬运量的增加而要相应增加；另一部分是固定成本,它并不随装卸搬运量的变化而变化。因此随着装卸搬运量的增加,单位产品成本就会下降。当然,规模效益也并非绝对,其应用要根据具体条件。在实践中确实也有增加装卸搬运量不一定经济效果好的情况。例如,为了争取更多的装卸搬运货源,装卸搬运费率降低或超时工作,导致变动成本增加,造成亏损。

第二节　件杂货装卸搬运工艺

一、件杂货的定义及作业要求

件杂货是指在运输、装卸和保管中成件的有包装(或无包装的大件)货物。

件杂货不是一个固定的概念,它相对于散货而言的。随着物流方式的发展,件杂货物流方式正在向以下两个方向发展:

①散装化方向:对颗粒状(或粉末状)货物,去掉包装,采用裸露方式进行货物的装卸、搬运和运输。

②集装化方向:将成组运输单元扩大,采用标准容器进行货物的装卸、搬运和运输。

然而,由于发展的不平衡,时至今日,在我国乃至世界范围,仍有大量的物流形式是采用传统的件杂货的方式,但是其装卸搬运作业的本身仍在不断地变化。

在运输、装卸、保管中,件杂货根据其包装方式不同,可以分为以下几类:

①袋装货物:主要有袋粮、袋化肥、袋糖等。一般其包装和单件重量控制在人力能够搬动的范围内。例如袋粮,包装尺寸为90cm×60cm×30cm,重量为100kg。

②捆装货物:例如棉花包、布匹、烟草等。棉花包的包装尺寸在170cm×80cm×50cm,重量为180kg。

③桶装货物:主要是存放液体货物,分铁桶和木桶等;标准油桶尺寸为ϕ58cm×90cm,如装柴油,重量约为138kg。

④箱装货物:采用木箱和纸箱包装,货物类型有:百货、食品、家电、小五金和设备等。

⑤筐、篓、罐装货物:主要是水果、蔬菜等货物。

⑥无包装大件货物:如汽车、型钢等。

在对运输件杂货的船舶和车辆装卸中一般有如下要求:

对船舶的装卸作业要求:

①充分利用船舶舱容、货物重量,但不能超载,因此在装卸中应该轻重货物合理搭配;

②保持船体稳定性和前后吃水的平衡;

③保证船体强度的安全(不能集中受载);

④避免货物挤压损坏和相互污染,为此,应该重货在下,轻货在上。

对车辆装卸作业要求:

①充分利用车辆容积、货物重量,但不能超载,因此在装卸中应该轻重货物合理搭配;

②装货分布要均匀;

③不准超限装车。

二、件杂货装卸工作特点

1. 批量少

件杂货的品种多，但每批货的运量较少，这样，进出口的件杂货都需要在港口或库场聚集和积载，积累到一定的货运量时，才能装船装车，因此，大多数经过港口或库场装卸的件杂货均要在库场内堆放。件杂货的货票多，就容易在装卸运输和保管的过程中发生货损货差。为了防止差错，堆放在库场内的件杂货必须分票保管，这样就导致了件杂货库、场面积利用率降低。

2. 货物的双向性

件杂货往往存在进出港口(或库场)同时并存的现象,这就是货流的双向性。这个特性要求装卸搬运设备同时具备装货和卸货作业的双向性功能。

3. 货物贵重

在装卸搬运贵重货物时,特别需要注意防止损坏和失窃。

总之,由于件杂货是散件装卸运输的,所以在装卸时一定要保证其完整无损,因此,在港口或库场对件杂货装卸搬运作业时必须要注意:

①工作地点要整洁,注意保持吊货工属具、设备的工作机构和工作人员的清洁;

②选用合适的、牢固的吊货工属具;

③正确地将货物安放在吊货工属具上;

④平稳地升降货吊;

⑤将件杂货整齐地安放在水平运输设备上,必要时对货组进行捆扎,以免在运输过程中振落受损。

三、件杂货装卸搬运工属具

由于件杂货品种的多样性,所以件杂货码头通常是配置通用性强的装卸设备,为了使通用性设备能适应各种不同外形、不同种类的货物装卸,就必须应用各式各样的件杂货吊货工属具。而件货的吊货工属具的革新与创造也是件杂货装卸研究的内容之一。因为吊货工属具的改进不仅可以减轻工人的劳动强度,发挥装卸设备的效能,提高劳动生产率,而且还可促进和推动件杂货装卸工艺的改革。为了保证吊货工属具能有效地配合设备的装卸作业,并能保证装卸工作的高效安全地进行,吊货工属具的选用应具备一定原则。

1. 选用装卸搬运工属具的一般原则

(1)保证货物的完整无损

港口或库场装卸作业必须要确保货物的质量,不合理地选用吊货工属具就会产生货损货差。如装卸袋粮时,应使用网络,因为在起吊网络时,网络与袋粮的接触面大,网中袋粮的受力分散,不易发生破包。又如装卸纸箱香烟和纸袋装水泥所选用的货板要与纸箱和纸袋的货组相匹配,避免货板四角的起吊绳索破损包装箱袋。

(2)牢固可靠,工作安全

这是选择件杂货吊货工属具最基本、最重要的原则,也是港口或库场安全生产的重要保证。港口或库场装卸作业的事故隐患常常是由于在选择吊货工属具时忽略了它的牢固安全性产生的。

(3)尽可能保证起重机的起重量得到充分利用

由于装卸搬运设备的额定起重量是吊具自重加允许被装卸搬运货物的重量,因此,在保证装卸生产安全、可靠的前提下,选用自重轻的吊具可以充分利用设备的起重量并提高装卸效率。对于轻泡货,可以用采用成组装卸搬运技术,使每组装卸搬运的货物重量接近于设备的允许起重量。

(4)工人操作方便,减少工人劳动强度

一种装卸搬运工属具应该保证工人操作的简便,既减轻工人的劳动强度,又可以提高装卸搬运作业效率。但是,往往在考虑工属具的安全性能时会带来使用上的不便,如何解决好这对矛盾是选择和设计工属具的关键。

(5)装卸小件货物时应避免多次堆叠

为了提高作业效率,减轻工人的劳动强度,对于小件货物应采用成组方式进行装卸和搬运,例如可以采用货板、网络等成组工具将多件货物成组堆放,成组搬运和装卸。

2. 件杂货主要装卸搬运工属具

装卸搬运工属具大致可分为两类:通用型工属具和专用型工属具。

通用工属具是指适用于装卸多种货物的工属具,这种工属具较专用工属具的工作效率低,所耗费的人工劳动量也较大,但适用性强。件杂货码头常用的通用工属具主要有吊钩、吊索、网络和货板等。

专用工属具是指只适用于某种货物的工属具,这种工属具使用安全方便、省力省时、装卸效率高,但工属具的利用率较低。常见的专用工属具有油桶钳、钢板夹、成捆铝锭夹、卷筒纸吊具、卷钢板夹以及卡车等重大件专用吊具等。

四、件杂货港口装卸搬运方法

根据件杂货的装卸搬运特点,件杂货在港口的装卸搬运设备包括装卸设备、水平搬运设备和库场作业设备等。

1. 装卸设备

(1)门座起重机

门座起重机是装卸件杂货的大型设备,其作业机构包括:起升机构、旋转机构、变幅机构和运行机构(图 4-1)。门座起重机工作的特点是:起升高度大,作业空间大,减少了码头前沿车辆和起重机的拥挤程度,有利于装卸作业现场的生产组织管理。臂幅大、工作区域大。使用灵活、定位性好。起重量大,通常为 5 ~ 10t 以上,便于进行重大件货物的联机装卸作业,也有利于开展成组运输,提高装卸效率。通用性好,适合于不同货物的装卸作业。但是,门座起重机的价格高,使用的成本、维修费用和能耗都较大。此外,由于门座起重机的自重大,装卸作业时的轮压大,同时还可以沿轨道移动,因而对基础结构强度的要求高。

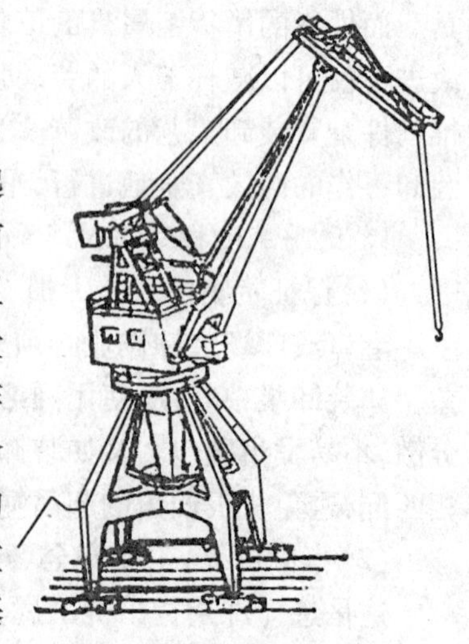

图 4-1　门座起重机

(2)轮胎式起重机

轮胎式起重机是港口常用的流动式起重机。轮胎式起重机具有机动性好、适用性强的特点,使用时不受轨道的限制,灵活机动,服务区域相对较大,既可用于码头前沿,又可作堆场设备使用,一机多用,设备利用率得到充分发挥。轮胎起重机的造价比门座起重机低廉,维修保养的费用较门座起重机少。轮胎式起重机操作方便,由于驾驶员视线好以及吊货索长度小等原因;轮胎式起重机更适宜装卸小型运输工具。但轮胎式起重机的起重量要随着臂幅的增大而变小,通常称呼的轮胎起重机的最大起重量是指其臂幅最小时的起重量。在装卸作业时,由于使用的臂幅较大,所以实际使用的起重量比标明的最大起重量小。一般来说,轮胎起重机的装卸效率较门座起重机低。

2. 水平运输设备

件杂货码头水平运输设备的选型,应根据货物港口内的运距、组合形式、货件的重量等因素确定。由于件杂货码头的水平运输设备的工作受码头区域和作业场地的限制,所以件杂货码头的水平运输设备要符合一定的要求。

对所选用的件杂货码头水平运输设备的工作特性的要求是:设备的转弯半径要小,其载重量应与装卸设备的起重量相适应。水平运输设备的选择应根据货种、装卸工艺流程、路面情况、运输距离而定。目前,港口或库场常用的水平运输设备主要有牵引车挂车(俗称拖头平车)、货车、蓄电池搬运车(也称电瓶车)和叉式装卸车(简称叉车)等。在相同的装卸工艺条件下,这些水平运输设备的选择与货物在港口内运输的距离有关。

(1)蓄电池搬运车

电瓶车的特点是小巧灵活,操纵方便,轮压小。适宜在运距小于100m,柱距小、通道狭窄、地面承载能力小、路面平坦和坡度不大的仓库内使用。随着现代件杂货仓库发展,电瓶车已经不再是主要的水平运输和库内运输的机型了。

(2)叉式装卸车

叉式装卸车也称叉车,它是一种既可作短距离水平运输,又可堆拆垛和装卸卡车、铁路平板车的设备。叉式装卸车的主要取物装置是货叉。使用货叉作业要配备必要的工具,如垫木、货板等。在选择用于装卸卡车或铁路平板车的叉式装卸车机型时要注意货叉的长度、叉架的宽度和起升高度。近年来我国港口或库场为扩大叉式装卸车的使用,不仅制造了多种型号和不同类型的叉式装卸车,并配置了各种不同的叉具和多种多样的工属具,以提高叉式装卸车对不同货种堆拆垛和水平运输的适用性。叉式装卸车用作水平运输时,其适用的运输距离一般在100~200m。

(3)牵引车挂车

牵引车挂车也称拖头平车。牵引车挂车的工作特点是拖带量大,牵引车和挂车转弯运行的轨迹相同,节省了其水平运输的工作面积,也是件杂货港口效率最高的一种水平运输设备。通常牵引车挂车的重载配置是1台牵引车拖带3个挂车,最多可拖带4~5个挂车,空载运行时1台牵引车最多可拖带6个以上的挂车。

在件杂货港口装卸作业中,合理使用牵引车的方法是循环拖带,充分利用牵引车的牵引能力。循环拖带的配机一般采用1台牵引车配备3组挂车,进行作业方式是一组在码头前沿;一组在库、场堆、拆垛;另一组在运行。在采用船舶吊杆进行装卸船舶作业时,码头边应设置电动绞车，因为船舶吊杆作业点是固定的，在作业过程中需要依次移动挂车。

(4)货车

货车的工作特点是运输速度快，机动性好，爬坡能力强，能作长距离运输，适用于运输工具的直接换装作业和400~500m或以上的长距离运输。一般的小型货车进行运输作业的缺点是，对长大件货种的适应性差，货车的维修费用大。

3. 港口库场内堆拆垛设备

港口库场内堆拆垛和装卸车辆除了使用叉车外，还可以用各种流动起重机，如轮胎起重机、汽车吊、履带式起重机和电吊等。流动设备的库场作业的特点是堆货高度高，使库场单位堆存面积的利用率高；进行库场装卸车作业时，可将货直接装上(卸下)车，装卸效率较其他库场内设备高；流动设备进行库场作业时，需要和其他水平运输设备配合使用，所以在短距离运输和库内作业时，采用叉车较合适；卡车则常用于配合堆场作业。电吊结构简单，制造方便，造价低又能适合库场使用，所以在不要求高效作业的情况下，选用电吊也是一种合适的选择。

第三节　大宗干散货装卸搬运工艺

一、装卸搬运中干散货的定义

在运输、装卸和搬运中的“干散货”是指呈松散颗粒(或者粉末)状态的货物。干散货往往是原材料货物，一次装卸搬运的数量较大，属于大宗货物；目前主要货种包括：干散货、黄砂等，还一些货物也正在逐步实现散装化，如：散化肥、散粮、散糖、散水泥等。

二、干散货装卸搬运的特点

与件杂货装卸搬运相比，干散货在装卸搬运中有其特殊之处，归纳起来有以下3个方面。

1. 货物的批量大

在整个物流系统中，干散货的流量占很大的比重。流量大造成运输的批量也大，这就使干散货港口的装卸搬运量较大。港口的装卸搬运量大有利于采用专业化的作业方式，提高作业效率。

2. 运输工具的大型化

大批量的干散货运输促进了运输工具的大型化，对于船舶而言，已经使一次装载量达到10多万吨，甚至更大。同时，干散货列车也趋向于重载化运输。船舶的大型化和列车重载化对港口作业方式和作业设备造成较大的影响，通过设备的高效化和尺寸的大型化来不断满足运输工具大型化发展的需求。

3. 港口的特点

为了满足大批量的作业需要，港口的作业系统呈以下发展趋势：

(1)专业化、高效化趋势

现代化的大型干散货港口主要采用连续作业方式，生产效率很高，带式输送机将各个作业环节连成一个整体，且实现作业的全程自动控制。

(2)堆场的大容量化趋势

由于进出干散货的流量非常大，在专用的干散货港口设置大储存量的堆场变得非常必要。

为了满足干散货大进大出，在堆场用高效、大型的堆取料设备是非常必要的。

(3)间接换装趋势

货物在港口从一种运输工具转移到另一种运输工具的作业活动称为换装作业；在运输工具之间进行的直接转移是直接换装，而货物在运输工具之间通过库场后再进行转移则为间接换装。随着干散货专用港口货物流量的增加，有效衔接各种运输工具之间的换装作业变得越来越困难，间接换装成为主要的作业方式。

三、干散货船舶装船作业方法

干散货装船设备根据其结构形式和装船工艺，主要有固定式装船机和移动式装船机两大类。

1. 固定式装船机

这是一种整机不能沿码头岸线移动的装船机型。为了适应装船的需要，扩大物料的抛撒面，这类机型的悬臂可作旋转、俯仰和伸缩的动作，所以这种装船机也称为悬臂转动式皮带装船机。由于这类装船机的性能全面，装船效率高，对码头的承载能力要求低，可节约码头的建造费用，因此成为国内外干散货码头的主要装船机型之一。

在固定式装船机中，转盘式装船机是一种我国长江中下游干散货出口码头上传统的、应用效果较好的装船设备(图4-2)。固定转盘式装船机可作200°旋转，悬臂的伸缩距离为7m以上，并可以作±20°~60°的上下俯仰，以适应装载1 000~5 000t级的驳船。

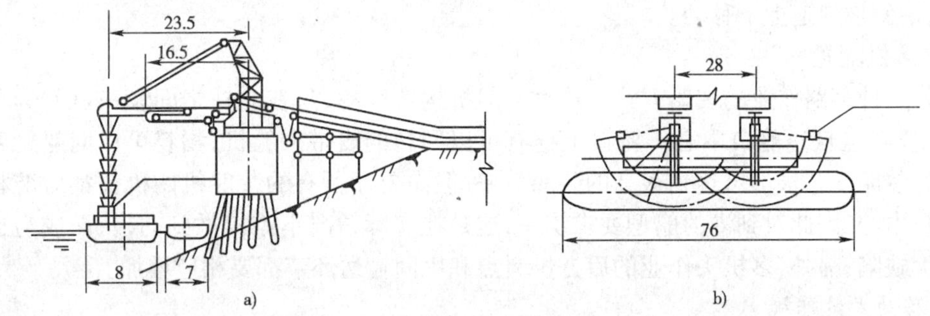

图4-2　固定转盘式装船机(单位:m)

该系统的装船作业是这样进行的，从锚地送到码头前的空驳，系缆后，机头对正舱口，顺次由前到后开动带式输送机，将堆场或卸车线的物料，经过一系列中间带式输送机传递到悬臂带式输送机，通过溜筒装入舱内，装船过程中为满足船舶平衡和驳船强度方面的要求，悬臂要经过几次水平方向的摆动和伸缩，将物料均匀地分配到各舱内。

这种装船机的装船效率较高，在装载重量小的驳船时，驳船容易过载。因此在装船过程中要注意驳船水尺变化。当驳船装满后由拖船或绞盘将重驳拖出，并再次送入空驳。

在低水位时，应该将悬臂降下，使投送物料的高度降低，避免物料的冲击和粉尘的飞扬。在高水位时，为避免悬臂碰撞驳船的上层建筑和拖船的桅柱，在驳船靠离时，应将悬臂转向一边。

转盘式装船机的主要参数的确定需考虑下列因素：

①要保证在各种情况下都能靠驳装货；

②能将物料送入舱口上任一点；

③装船效率要与驳船吨位相适应。

选用固定转盘式装船机的装船泊位配机方案可有3种：双机、单机和多机配置。

（1）双机配置

即一个泊位上配置2台转盘式装船机，这样配置的理由一是为保持装船的平衡；二是为减少装船机悬臂的长度。2台装船机的距离根据船型和它所服务的几个船舱的中心而定。

（2）单机配置

在码头的水位差大的情况下，将转盘装船机固定在墩柱上，不仅水工建筑投资大，而且作业上也存在问题。例如在枯水季节，物料投送高度大，驾驶室的视线不好。所以在大水位差的港口码头一般不采用固定墩柱，而是采用浮式装船机，即把装船带式输送机装在趸船上，斜坡码头上可设随水位升降而上下移动的供料带式输送机，见图4-3。此时的装船机的悬臂上装有带式输送机和卸料小车，这样就可避免悬臂带式输送机上的无效区域，因而不需要再设置靠驳趸船。装船机是绕尾部带式输送机的支点，沿浮趸上的弧形轨道移动的，由卸料小车沿带式输送机方向的水平移动和整机沿弧形轨道移动的两个动作，可以把物料投送到驳船上的所有舱口内。俯仰功能是用来调整投送物料高度。当水位变化时，所有斜坡上的带式输送机，沿斜坡轨道上下移动。

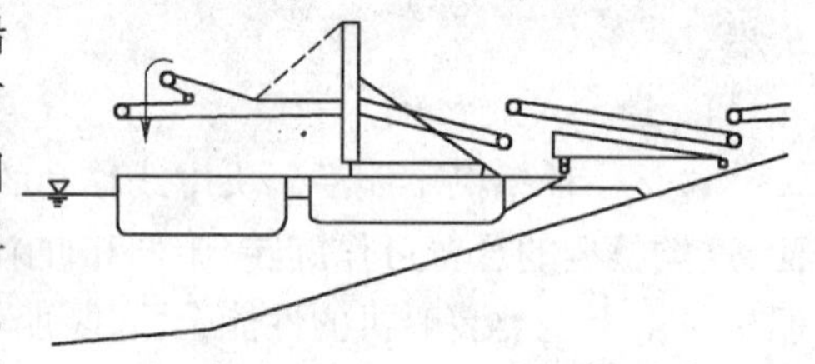

图4-3　浮趸装船机示意图

（3）多机配置

这是一种多路作业的装船方式。这种装船机构造简单，只在立柱之间设一可俯仰和回转的悬臂，投料点仅达舱口中心。舱口上挂有可以回转的皮带平舱机，物料可以向船舱四周抛射。这种装船工艺虽然可达到很高的装船效率，但需要让所有的装船机的机头都对准相对应的船舱口中心，因此对到港的船型要求统一，这是在实际情况下难以做到的，从而成为这种系统的一大缺陷；另外，多机头作业的后方供料点和中间输送环节都要相应增加。

2. 移动式装船机

移动式装船机是一种整机可沿泊位前沿轨道全长行走的装船设备。这类装船机性能完善，可适应在各种干散货船的任一船舱装载，但构造比较复杂。为了供料，需要沿码头设置高架栈桥和带式输送机，配备可与装船机一起移动的卸料车和供料带式输送机等设备，因此，对码头结构强度的要求高。

移动式装船机（图4-4）具有灵活、机动、工作面大、对船型变化的适应性强的优点，是国内外干散货出口码头最常用的一种装船机型，选用这种装船机的装船采用定船移机工艺。

3. 摆动式装船机

这种装船机是由绕中心转动的桥架装置和在桥架上前后移动的臂架装置所构成。桥架借助于前端回转台车，沿栈桥上的轨道运行和桥架本身绕后端墩柱的支承中心回转而摆动，而整机不沿码头线移动。装船机的臂架装置是由伸缩架前端设有悬臂的构架所组成，内设带式输送机，伸缩架下有轨轮，可沿桥架上的轨道移动。悬臂的俯仰和伸缩架的前后移动，分别通过各自的绞车和钢丝绳的牵引来实现的。摆动式装船机按前端栈桥轨道的形式不同，分为两种，

一种是弧线式装船机，另一种是直线式装船机。

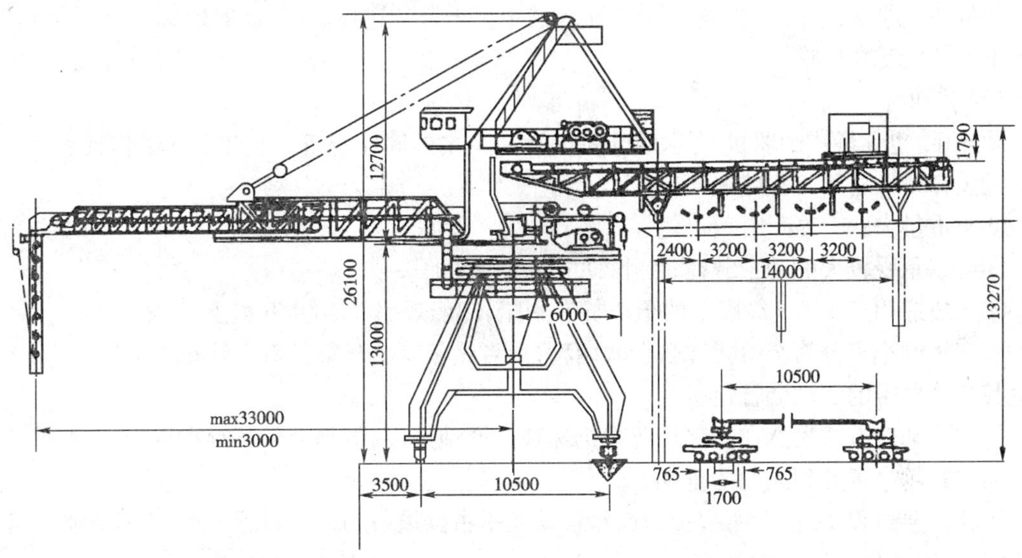

图 4-4　移动式装船机(单位:mm)

四、干散货船舶卸船作业方法

干散货卸船设备按其工作特点可分为间歇式卸船机和连续式卸船机两类，从卸船方式分又可以分为船舶自卸和非自卸。这里，我们仅讨论非自卸方式。

1. *间歇式卸船*

间歇式干散货卸船设备主要有船舶吊杆、普通门机、带斗门机、装卸桥等，专业化干散货码头常用的间歇式卸船方式是带斗门机和装卸桥。间歇式干散货卸船的特点是利用抓斗抓取干散货卸船，因为抓斗卸船的工作循环周期中有一个空返回程，因此称之为间歇式卸船机。

间歇式卸船一般采用双索抓斗，这是一种专为各种起重机配置的干散货装卸吊具。所谓双索抓斗，即是在抓斗上有两根钢丝绳分别拴在起重机的两个卷筒上，其中一根钢丝绳固定在抓斗的上承梁上的钢丝绳称为支持索，其作用是承受抓斗重量；另一根钢丝绳绕过下承梁的滑轮后，也固定在头部，称为开闭索，其作用为开闭抓斗。当抓斗下落到货堆上时，开闭索和支持索松开，抓斗打开，准备抓货；然后开闭索渐紧，抓斗抓货，抓斗慢慢关闭，抓货结束；开闭索和支持索皆紧，抓斗上升，卸船机吊臂旋转至卸货点；支持索紧，开闭索松，抓斗张开，卸货结束，吊臂旋转至货堆，抓斗下降；开闭索和支持索皆松，准备抓货。重复卸货循环。

专用干散货码头所使用的间歇式卸船设备主要有带斗门机和装卸桥，它们各自的作业特点如下：

(1)带斗门机

这是一种在门机的门架下设置可伸缩漏斗的干散货卸船专用设备，带斗门机的工作特点是：

①门架下的漏斗可根据抓斗行程调节伸缩，使抓斗带货运行的行程缩短；

②作业中几乎不用采用旋转动作，而旋转动作的惯性较大，动作较慢；

③带斗门机比普通门机的变幅合起升速度高约50%以上;

④带斗门机适用于船型不超过5万t级的中型干散货进口码头,卸船效率在700t/h以下,适用于5万t级的船舶。

(2)装卸桥

装卸桥,也称桥式卸船机,是大型干散货码头主要的卸船设备。装卸桥的工作特点是:

①装卸桥抓斗的行程路线简单;

②起重量大;

③可以承受较大的动量载荷,使小车的工作速度加快;

④一般适用于5万t级以上的干散货专用船,卸船效率在700t/h以上。

装卸桥的小车分为牵引式和自行式两种,前者是依靠钢丝绳的牵引使小车运行,而后者则是由其自身携带的驱动装置运行。

间歇式卸船方式虽然在实际作业中仍然被广泛地采用,但是由于其存在以下问题,使连续式卸船方式越来越受到人们的重视。

①在作业过程中,由于所携带的抓斗自重几乎占据设备的起重量近一半,而且作业中存在回程空驶,因此作无用功较多。

②清舱量大。卸船作业中,当作业接近舱底时往往需要进行集料作业,我们把需要集料的作业阶段称之为清舱阶段。作业在此阶段时因集料而产生作业过程的断断续续;对于采用抓斗作业方式时(特别是随着抓斗容量的增加),清舱阶段会延长,使清舱量增加,由此降低了作业效率。

③在作业过程中,随着货位和货层厚度的下降,抓斗效率会逐渐下降,使得设备的作业效率比设计效率明显下降;根据作业经验,一般平均作业效率只有设计效率的40%。

④间歇式卸船设备的装卸效率进一步提高比较困难。这是因为起重量、速度的增加必须相应增加整机的重量,这将导致码头荷载要求的增加,由此造成码头的投资提高。

⑤由于间歇的动作,使作业瞬时效率变化较大,这对于后面接运的连续输送设备的效率选择带来困难。

2. 连续式卸船

目前使用的连续卸船设备主要有:链斗式卸船机、斗轮卸船机、螺旋式卸船机、夹皮带卸船机、埋刮板卸船机以及气力输送机等多种。其中,螺旋式卸船机和埋刮板卸船机的原理与后面堆场作业的相应设备相似,这里,我们重点讨论链斗式卸船机、斗轮卸船机以及气力输送机等设备的作业方式。

(1)链斗式卸船机

链斗式卸船机主要由作垂直提升的斗式提升机和水平输送的皮带机两大部件组成(图4-5)。链斗卸船机的工作过程是,物料由链斗提升机提取,卸到回转转盘附近的料槽内,由臂架皮带机送进大车中的中心料斗,再经过下

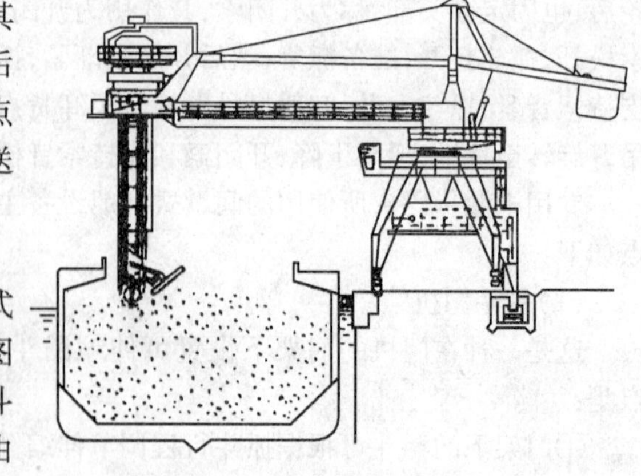

图4-5　链斗式卸船机示意图

面的双料斗流到皮带机小车上，经皮带机转运堆场存放。

取料是链斗式卸船机能否顺利工作的关键之一，为此在链斗提升机下端装有供料刀片，其倾斜角度可用油缸调节成与料堆坡度相同，刀片以一定厚度在料堆中切开一条槽，槽内物料即自然流下，从而不断地为链斗供料。取料过程可以分为两个阶段，先在料堆中挖出 V 形沟槽，然后由链斗向前或成一定角度向侧面分层取料。

清舱时，舱内物料通常要分两次或者三次卸清，这样就有清舱的铲斗车与卸船机分开作业的可能，铲斗车在一个舱内把货物收集到舱口下方，卸船机可以在另一个舱口作业。这种作业组织方式，可以避免铲斗车和卸船机互相等待的空闲时间，减少卸船延续时间。

链斗式卸船机的工作关键是舱内取料。为了获得良好的取料效果，一种为 L 形取料机头被较多地采用。图 4-6 是该机头舱内作业的示意图。机头可以上下摆动改变水平角度，也可在油缸的作用下增加机头水平取料部分的长度，这样可以抓取舱内各角落的物料。

链斗式卸船机主要的优点是：

①适用范围广。就货物而言，可用于从磷酸盐、煤（粒度在 100mm 以下）、矾土等轻物料直至铁矿、石灰石等重物料的卸船作业。就船舶而言，可适用从河驳到大、中型海船的卸载；

②卸船效率较高，工作稳定，卸船时的物料损失量低于抓斗起重机的 2%，能量消耗也比用效率抓斗机低 1% ~2%；

③易于实现卸船作业自动化；

④防污染问题解决较好。

（2）斗轮式卸船机

斗轮卸船机（图 4-7）的作业特点是由双排斗轮取料，物料落入中间皮带机上，输送到链斗提升机将物料提升到悬臂皮带机，转送到岸上。由于驾驶员易于观察物料的抓取情况，机动性较好，抓取效率较高，也可以减少整机移动和悬臂转动的次数。

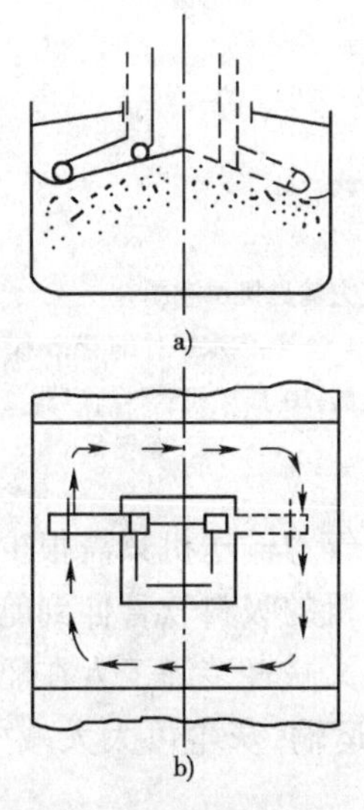

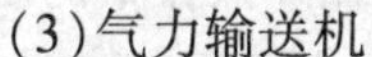
图 4-6　L 形取料机头舱内

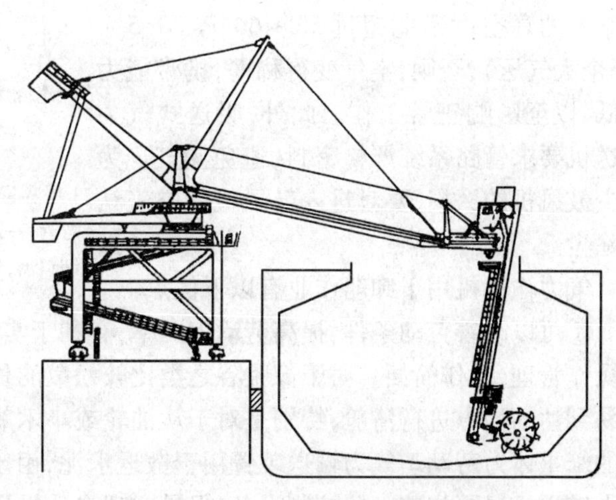
图 4-7　斗轮式卸船机示意图

（3）气力输送机

运用风机使管道内形成气流来输送散粒物料（如粮食、水泥等）称为气力输送。它在港口主要用于粉粒状货物的卸船作业。悬浮气力输送机是利用具有足够速度的气流使物料处于悬浮状态而进行输送的。

所谓悬浮状态是指垂直管道内的物料颗粒在气流的空气动力作用下,呈现出既不落下也不被向上的气流带走,而在某一位置上下浮动的状态。

物料在垂直管中主要受到重力和空气动力的作用。当气流速度很小时,作用在物料上的空气动力不足以克服重力的作用,物料颗粒将向下沉降;当气流速度逐渐增大,使作用在物料颗粒上的空气动力 P 和重力 mg 相平衡,这时物料颗粒就可脱离管壁而在管内处于悬浮状态。在垂直管中,使物料处于悬浮状态的气流最小速度称为悬浮速度 v。只有当气流速度大于悬浮速度时,物料才能被悬浮输送。因此,悬浮速度是悬浮气力输送的重要参数。

在水平管道内,物料颗粒的受力情况比较复杂,但当输送气流速度足够大时,也能使物料颗粒克服自身重力而悬浮在气流之中。

悬浮气力输送机可分为吸送式、压送式和混合式 3 种。其中用于卸船作业的主要是吸送式气力输送机。

见图 4-8,吸送式气力输送机运用鼓风机从整个管路系统中抽气,使管道内的气体压力低于外界大气压力(即形成一定的真空度),吸嘴外的空气透过物料间隙与物料形成混合物,从吸嘴被吸输料管、并沿管路输送,到达卸料点时,由分离器把物料与空气分离出来,物料从卸料器卸出,空气则通过风管经除尘器除尘后再通过鼓风机、消声器等排入大气中。

吸送式气力输送机在港口中用于卸船,它可以装一根吸料管,也可装几根吸料管而从几个供料点上吸取物料。由于真空的吸力作用,供料简单方便,吸料点不会粉尘飞扬。但输送距离不能过长,因为随着输送距离增加,阻力将会加大,这就要求提高空气的真空度,而吸送系统的真空度不能超过 50 ~ 60kPa(0.5 ~ 0.6个大气压),否则,空气变得稀薄,携带能力降低,以至影响正常工作。此外,吸送式气力输送机要求管路系统严格密封,避免漏气。为减少鼓风机的磨损,要对进入鼓风机的空气认真除尘。

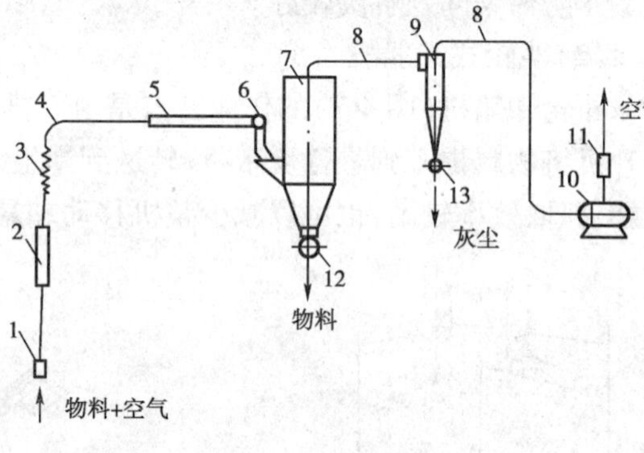

图 4-8　吸送式气力输送机示意图

1-吸嘴;2-垂直伸缩管;3-软管;4-弯管;5-水平伸缩管;6-铰接弯管;7-分离器;8-风管;9-除尘器;10-鼓风机;11-消声器;12-卸料器;13-卸灰器

气力输送机用于卸船作业有以下优点:

①可以改善劳动条件,提高劳动生产率,有利于实现自动化。采用气力输送机只需很少工人操作管理,操作简便。对于像粮谷之类比较松散的货物,可以把吸粮机的吸料软管伸到舱内不易到达的地方进行清舱,特别是对于从油轮或小木船内卸粮,可以大大减轻装卸工人在船舱内的笨重体力劳动。气力输送装置用于散运水泥,由于在密闭系统内运输,灰尘可大大减少。气力转送机只要加装一些控制设备,很易实现自动操作。

②可以减少货损,提高货物质量。例如采用吸粮机卸船,不仅避免了抓斗操作中的洒漏,还可使粮食通风冷却和减少虫害。又如袋装水泥常因纸袋破损或倒不干净,使平均损耗达 2% ~3% ,用气力输送装置散运可降至 1% 以下。

③结构简单,输送管道断面尺寸小,没有牵引构件,不需空返分支。各部件加工方便,重量轻,投资少,且设备故障少,维修方便。

④生产率较高,一般不受风浪条件影响。现代的大型吸粮机单机生产率最高达 1 000t/h,还可用多台同时操作,因而能够缩短卸货时间,加速车船周转。

⑤有利于实现散装运输,节省包装费用,降低成本。

气力输送机的缺点是:功率消耗较其他输送机大,如生产率为 200t/h 的吸粮机,其鼓风机的电动机功率为 240kW,被运物料的块度、粘度和湿度受到一定的限制,怕碎的物料也不宜采用气力输送;鼓风机的噪声大,若消声设备不好,会造成噪声公害;在输送摩擦性大的物料时,弯管等部件容易被磨损。

(4)连续卸船方式的共同特点

连续卸船方式虽然种类越来越多,但是与间歇式卸船方式相比,它们有一些共同的特点:

①清舱量较小。连续卸船方式取料单元较小,对作业过程中的集料要求较小,有效设备几乎不需要集料(如气力输送设备),即使是链斗式卸船机,其清舱量也只有 8% 左右。

②效率较高。已有的连续卸船设备已经达到较高的作业效率,如在国外链斗机效率已经达到 3 000 ~6 000t/h,而且连续卸船机的效率进一步提高的空间还很大。

③对环境的影响较小。由于连续卸船设备采用密闭条件下的物料输送,因此避免了间歇式卸船难以解决的物料粉尘对环境的影响。

④卸船效率基本不受货位下降的影响。这也是由于取料单元较小,使取料单元满载较为容易。

⑤码头投资小,装卸成本低。一般而言,连续卸船设备的自重并不随作业效率的提高而明显增加,因此其自重较轻,使码头荷载要求降低,码头投资减少。

但是,就目前而言,连续卸船设备的机构和技术相对复杂,一些机种的可靠性还较低,使得设备的维修量较高;同时,一些机种对货物的块度有较严格的限制。然而从发展趋势看,连续卸船方式正在越来越多地得到应用。

五、干散货车辆装卸作业方法

港口卸车作业是指将火车运抵港口的干散货从车上卸下的作业环节。铁路车辆的类型与构造,车辆到港的运行组织形式,对港口装卸作业有着重要的影响。装运干散货的铁路车辆主要有敞车和自卸车两大类。敞车是一种通用型的车辆,敞车装运干散货时,物料是从车辆上方敞开部分装入;卸料时,既可以从车辆的上方敞开部分卸出,也可以打开侧边的车门卸出。敞车除装散煤和散矿外,还可用于装运各种包装杂货,车辆的利用率高,所以装运干散货的铁路车辆中大部分是敞车。自卸车是装运干散货的专用型车辆,自卸车装运干散货时,物料也是从车辆上方敞开部分装入,卸料时,打开自卸车的底开门,物料自流卸出。自卸车的卸车效率高,造价也高,不适于装运其他货物,因此自卸车的回程的载重量利用率低,所以在干散货散运的车辆中,自卸车的比例较少。

在作业量大的港口,干散货列车多采用专列直达,一般由 30 ~50 节车组成。

1. 卸车作业

根据干散货车型不同,干散货卸车作业主要有:翻车机卸车、螺旋卸车机卸车、链斗卸车机卸车和底开门自卸车卸车等几种。

(1)翻车机卸车作业

翻车机是一种翻卸敞车效率最高的专用卸车设备。翻车机卸车作业过程是这样的:当车辆进入翻车机后,翻转165°~180°,将物料翻卸到翻车机房下的漏斗中,漏斗下设有板式给料机,或皮带给料机,或振动给料机,把已卸下的物料均匀地转送给翻车机下的输出带式输送机,通过皮带输送机系统将物料送入堆场,或送去装船。

翻车机形式有两种:转子式和侧倾式。转子式翻车机的翻转轴线和车辆中心线重合。翻转角度一般为165°~180°,这种转子式翻车机卸车彻底,但翻车时对车部的压力大,车辆易损坏。侧倾式翻车机的翻转轴线位于车辆的侧向,翻车时对车部的压力较小,不易损坏车辆,但结构复杂,翻转角度较转子式翻车机小,卸车不易彻底。

翻车机翻车形式也分为两种:单翻式和串翻式。单翻式翻车时,翻车机每次只能翻一个车辆。串翻式翻车时,翻车机每次可翻两节或三节串联的车辆。

对于一列不用旋转车钩的重载的敞车来说,车辆进入翻车机卸车前,列车需解体,解体后的车辆一节一节依次进入翻车机卸车。在一列车的全部车辆卸空后,再重新编组,然后离港。使用带旋转车钩的一列重载敞车,进翻车机卸车,列车不需要解体,列车的全部车辆卸空后,也不用重新编组即可离港。这种翻车形式的卸车效率显然比前者高。

形成一个有效的翻车机系统,除翻车机外,还需要相应的铁路线、空车线、重车线,以及翻车机下方的漏斗和接运皮带输送机等。

翻车机卸车系统中的卸车线布置形式有两种:折返式和贯通式。

使用翻车机卸车有以下特点:

①系统的设备化程度高,卸车效率高,卸车后车内余量少;

②对货种及物料块度的适应性强;

③系统的设备多,投资费用高,所以翻车机系统需另设置辅助卸车设备,用作不能使用翻车机的车辆卸货;

④对车辆的适应性差,对车辆的损害大,所以翻车机不适用于平车、低帮车或结构不好的车辆的卸车作业。

(2)螺旋卸车机卸车作业

螺旋卸车机(图4-9)是使用多年行之有效的卸车机型,也是我国干散货卸车量不太高的港口较为广泛使用的一种卸车机型。螺旋卸车机也是翻车机卸车系统的主要辅助设备,用于卸那些不能使用翻车机卸车的车辆的货载。

螺旋卸车机卸车的基本方法是将螺旋分层插入物料中,由螺旋斜面将物料从敞车的侧边门推出。螺旋卸车机卸车系统主要有螺旋卸车机,坑道漏斗,坑道收料带式输送机,铁路停车线,移动牵引绞车等。

螺旋卸车机卸车系统的作业过程如下:

①物料由螺旋卸车机分层卸下。在卸货过程中,车辆不动,螺旋来回往复分层卸下物料,螺旋随物料的下降而逐渐下降。螺旋下降分两种形式:一种是垂直下降或上升;另一种是以弧形摆动完成升降。弧形摆动,可使两个螺旋处于不同高度,一次可卸两层物料,从而能减少大车走行次数。

②卸下的物料由螺旋一侧或两侧落到收货槽,再由受料带式输送机输送出。由于收货槽

只起集料作用,所以容量不需很大,且可以不设闸门。车上卸下的物料通过收货槽,再由槽下的带式输送机输送出。带式输送机的效率,要适合卸车线上的螺旋卸车机的台数和台时效率的乘积。收货槽不设闸门固然可以降低造价,但在使用中也有因物料突然大量流下来将带式输送机压死的缺点。

螺旋卸车机卸车系统的工艺布置一般为:

①一台螺旋卸车机工作范围为2、3个车位;

②卸车线的长度,需要根据每次到港列车车辆数决定,可以设一线、二线或三线,可视场地条件而定。一般情况下,每线可配两台螺旋卸车机;

③铁路线两侧要有收货槽和坑道带式输送机;

④轨道高出地面200~300mm,使物料不压轨。

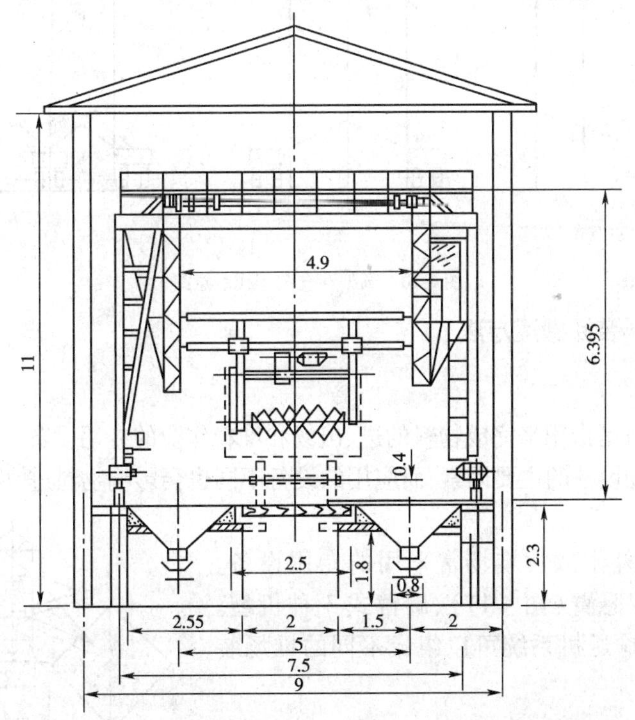

图4-9　螺旋卸车机(单位:m)

与翻车机卸车相比,螺旋卸车机结构简单,投资少,效率高;对车辆的适应性好。在维修保养方面,螺旋卸车机的配置较多,设备同时发生故障的机会少,而且维修保养也较翻车机简单,对车辆的损坏率也较翻车机低。但螺旋卸车机对货种的适应性不如翻车机好,特别是螺旋卸车机不适用于卸块径大于螺距的物料。防尘方面,翻车机布置紧凑,容易解决,而螺旋卸车机作业面大,还需要清舱作业,所以扬尘性大,且较难解决防尘问题。在卸车自动化程度方面,螺旋卸车机也不如翻车机,相比之下,螺旋卸车机的卸车效率较低,特别是在物料的湿度大时,卸车的效率就更低。

在使用方面,根据使用经验,当年卸车量超过400万t时,翻车机卸车的经济性较螺旋卸车机好。这是因为,当卸车量增加时,螺旋卸车机的工作线数也要增加,整个工艺布置就显得复杂,同时也扩大了环境污染面,增加了清扫车厢的工作量,螺旋卸车机的缺点越发显示出来。

(3)底开门自卸车卸车作业

底开门自卸车是一种卸车效率很高的干散货专用列车。卸车时,可打开专用列车两侧的底部门,列车边行进边卸货至铁道两旁的收货槽或货堆,货槽的底部设有漏斗和带式输送机,可将物料运出卸货点至堆场(通常可设坑道)。

2. 装车作业

在装车量较大的港口,可使用高架存仓装车系统。高架存仓下方可设一线、二线或三线停车线,见图 4-10,每条线上有若干车位可以同时装货,每一辆车只要几分钟就可装满。

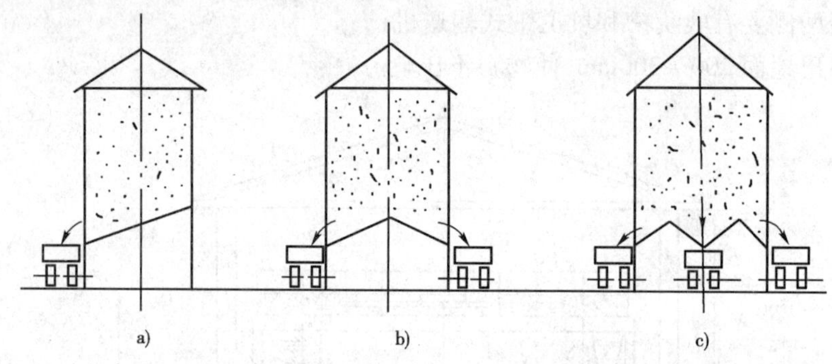

图 4-10　高架存仓装车线示意图

六、干散货库场装卸搬运方法

1. 堆场作业设备

干散货堆场设备是指用来完成物料的进、出场和堆料作业的专用设备。物料品种、特性和堆存量是决定选用堆场设备的主要因素,而应用的设备不同也会影响物料进、出场和堆存形式。

(1)堆料机

堆料机是国内外干散货堆场常采用的专用设备。堆料机有单悬臂、双悬臂(图 4-11)、旋臂式 3 种机型。堆料机与堆场带式输送机系统可以组成不同的堆场装卸形式。

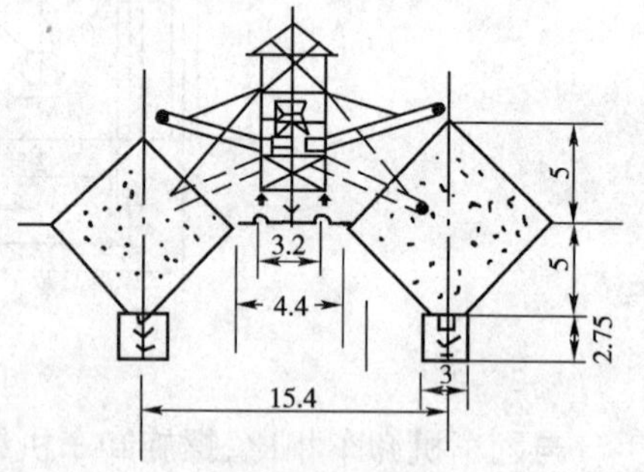

图 4-11　双悬臂堆料机

(2)取料机

取料机是专用于堆场取料的设备,常见的是与水平固定式带式输送机配合使用的取料机,但也有流动式取料机。如美国明尼苏达州双港球团矿码头用履带式斗轮取料机,台时效率为 4 500t。加拿大罗伯茨煤码头堆场使用的 2 台斗轮取料机,效率为 4 000t/台时。我国秦皇岛煤四期选用的斗轮取料机和门式滚轮取料机的取料效率都为 6 000t/台时。

取料机通常是和堆料机配合使用来完成物料进出堆场的作业,这种堆取分开作业的营运费用较低,但土建部分的投资大,所以在一般情况下适用于堆场外形尺寸长而宽的堆场。图 4-12 为门式滚轮取料机示意图。这种设备的特点是两端支承在轨道上,中间是带式输送机和滚斗桥架,整机可跨堆场移动,滚斗也可沿桥架移动,由滚斗从货堆上取料,在将料转到上部卸入桥架上带式输送机转到平行轨道设置的固定带式输送机上。

(3)堆取料机

堆取料机是一种配合堆场地面固定皮带输送机系统，既能堆料又能取料的专用设备。由于这种设备具有堆料、取料的性能，因此是堆场作业性能全面的一种设备，采用此种机型时，可使整个干散货装卸设备化系统机种少，工艺布置简单，加上该机型取、堆料效率高，是现代化干散货堆场地面系统的常用设备。如挪威纳尔维克港铁矿石码头(年通过能力 2 300 万 t，堆场容量 400 万 t)，安装了两台斗轮堆取料机，平均台时效率为 9 000t/h(堆、取)。我国宁波北仑矿石中转码头选用的斗轮堆取料机的堆、取平均效率为 4 200t/h，最大效率为 5 250t/h。

堆取料机与取料机类似，有斗轮和门式滚轮两种结构类型。门式滚轮取料机和门式滚轮堆取料机的特点是设备受力合理，自重轻，投资省；但由于设备的门架跨度大，所以要求设备的门架在堆场作业时运行的同步性好。另外，这类设备的扬尘问题较大。

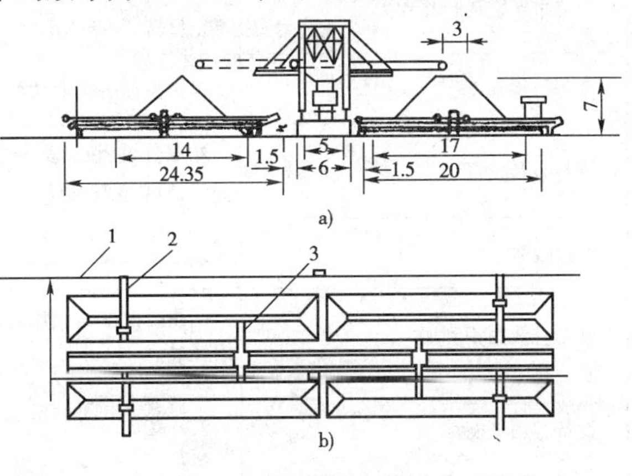

图 4-12　门式滚轮式取料机

2. 堆场作业系统

堆料机、取料机和斗轮堆取料机与地面带式输送机输送系统构成了干散货堆场系统，国内外大型干散货堆场大多采用这样的地面系统。

采用地面堆场作业工艺系统基本上有两种工艺方式：一种形式称为堆取分开，即采用堆料机堆料，取料机取料；另一种形式是堆取合一，即堆料和取料由堆取料机完成。各种堆场设备的性能参数可在有关资料中查得。

在堆取分开的堆场系统中，堆场上的带式输送机通常只需单向转动，而在堆取合一的地面堆场系统中的堆场带式输送机要能作正反双向转动。

图 4-13 是堆取合一的地面堆场布置断面示意图。在堆取分开时，堆料机投送下来的物料按堆积角可以形成较宽的货堆，而斗轮取料机的斗轮必须要达到货堆的另一边才能将堆场物料全部取出，否则会形成取不到料的“死角”。

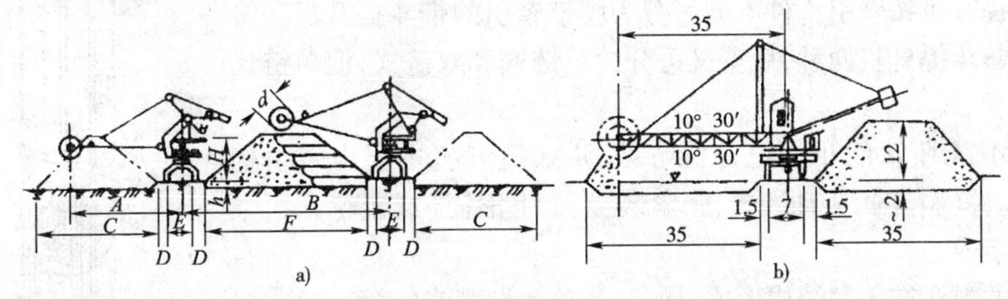

图 4-13　堆取合一堆场作业方式示意图(单位：m)

堆取分开和堆取合一两种形式的各自特点见表 4-1，对于具体采用何种形式，应作具体分析，通过各方面因素综合考虑并对具体方案的设计要求作经济论证后方可确定。

3. 干散货仓库作业设备

一些小颗粒或者粉末状的干散货一般放置在仓库内。在干散货仓库内作业可以采用一些专门的装卸搬运设备。干散货仓库作业设备种类较多,这里我们重点介绍斗式提升机和链式输送机两大类。

堆取分开和堆取合一两种形式的特点比较　表4-1

比较项目	堆取分开	堆取合一
作业的干扰性	堆取采用不同的设备,不会发生作业干扰	堆取采用同一台设备,一台设备不能同时进行堆和取的作业
悬臂带式输送机作业方式	作业流向单一,悬臂带式输送机不需要正反转	双向作业,悬臂带式输送机需要正反转
设备结构	仅考虑单一作业功能,结构较简单	需要兼顾堆和取作业,结构较复杂
设备数和投资	堆取分设,设备数较多,尽管单机投资低,但总投资较大	堆取合一,设备数较少,尽管单机投资较大,但总投资较小
作业线数	设备多,造成作业线增加	设备少,作业线少
堆场有效面积利用	作业线占据面积较大,使有效面积利用较低	作业线占据面积较小,使有效面积利用较高
设备利用平衡性	不平衡(中间设备比两边设备作业频繁)	平衡
设备利用率	堆取分开,使每台设备的利用率降低	堆取合一,每台设备的利用率增加

(1)斗式提升机

斗式提升机是在垂直或接近垂直的方向上连续提升小颗粒或粉粒状干散货的装卸搬运设备。它的牵引构件(胶带或链条)绕过上部和底部的滚筒或链轮,牵引构件上每隔一定距离装一料斗,由上部滚筒或链轮驱动,形成具有上升的有载分支和下降的无载分支的无端闭合环路。物料从有载分支的下部供入,由料斗把物料提升至上部卸料口卸出。

斗式提升机按牵引构件不同可分为胶带牵引的带斗提升机和链条牵引的链斗提升机两种,后者又可分为单链式和双链式,但单链式的用得很少。

从图4-14所示的斗式提升机可见,斗式提升机主要由牵引构件、承载构件(料斗)、驱动装置、张紧装置、上下滚筒(或链轮)、机架与罩壳等组成。

常用的料斗有3种结构形式:深斗、浅斗和导槽斗(三角斗)。根据斗式提升机的运转速度和载运物料特性的不同,可采用不同的料斗形式。

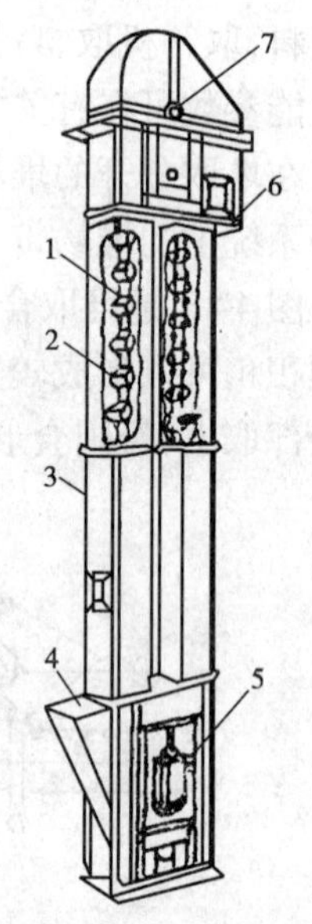

图4-14　斗式提升机

1-牵引构件(链条);2-料斗;3-罩壳;4-供料口;5-张紧装置;6-卸料口;7-驱动装置

从以上所述可见,斗式提升机的优点是结构比较简单,可在垂直或接近垂直的方向上提升物料,横向尺寸小,因而可节约占地面积,并可在全封闭的罩壳内工作,减少灰尘对环境的污染。必要时还可把斗式提升机底部插入货

堆中自行取货。斗式提升机的缺点是，对过载较敏感；斗和链易磨损；被输送的物料受到一定的限制，只宜于输送粉粒状和中小块状的干散货，如粮、煤、砂等。此外，斗式提升机不能在水平方向输送货物。

斗式提升机的生产率变化范围很大，但一般小于600t/h，提升高度受牵引构件强度的限制，一般在80m以下。近年来，由于夹钢绳芯胶带的发展，使牵引构件的强度大大提高。国外有采用夹钢绳芯胶带作牵引构件并以小提升机对大提升机进行定量供料的例子，使斗式提升机的生产率达到2 000 t/h，提升高度达到350m。

(2)链式输送机

链式输送机的特点是：用绕过若干个链轮的无端链条作牵引构件，由驱动链轮通过轮齿与链节的啮合将圆周牵引力传递给链条，在链条上固接着一定的工作构件以输送货物。链式输送机的类型很多，用于仓库货物装卸的有链板输送机、刮板输送机和埋刮板输送机等，而输送干散货的主要是刮板输送机和埋刮板输送机。

刮板输送机是利用相隔一定间距而固定在牵引链条上的刮板，沿敞开的导槽刮运干散货的设备。工作分支可采用上分支或下分支。前者供料比较方便，可在任一点将物料供入敞开的导槽内；后者卸料比较方便，可打开槽底任一个洞孔的闸门而让物料在不同位置流出。当需要向两个方向输送物料时，则上下分支可同时作为工作分支(图4-15)。

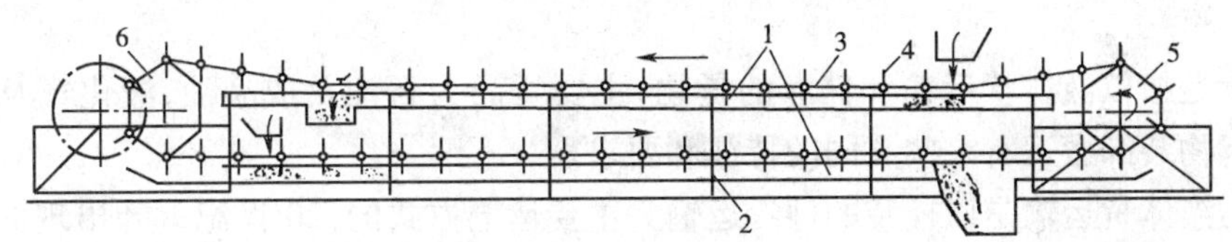

图4-15　刮板输送机

1-导槽；2-机架；3-链条；4-刮板；5-驱动链轮；6-张紧链轮

刮板输送机适于在水平方向或小倾角方向上输送煤炭、砂子、谷物等粉粒状和块状物料。它的优点是结构简单牢固，对被运物料的块度适应性较强，改变输送机的输送长度较方便，可在任意点装载或卸载；缺点是：由于物料与料槽和刮板与料槽的摩擦，使料槽和刮板的磨损较快，输送阻力和功率消耗增大，因此，常用在生产率不大的短距离输送。在港口可用于干散货堆场。

埋刮板输送机(图4-16)是由刮板输送机发展而来的一种链式输送机，但其工作原理与刮板输送机不同。在埋刮板输送机的机槽中，物料不是一堆一堆地被各个刮板刮运向前输送的，而是以充满机槽整个断面或大部分断面的连续物料流形式进行输送。工作时，与链条固接的刮板全埋在物料之中，刮板链条可沿封闭的机槽运动，可在水平和垂直方向输送粉粒状物料。物料可由加料口供入机槽内，也可在机槽的开口处由运动着的刮板从料堆取料，因此，在港口常用作散货卸船设备。

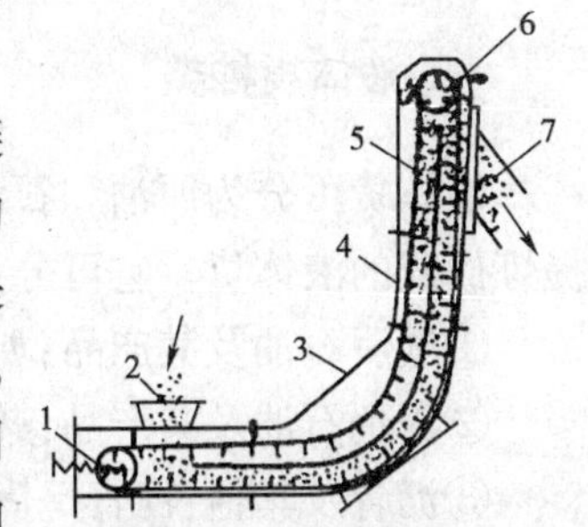

图4-16　埋刮板输送机

1-张紧装置；2-加料斗；3-弯道；4-机壳；5-刮板链条；6-驱动链轮；7-卸料口

埋刮板输送机是利用散粒物料具有内摩擦力和侧压力等特性来工作的。

在水平输送时，由于刮板链条在槽底运动，刮板之间的物料被拖动向前成为牵引层。当牵引层物料对其上的物料层的内摩擦力大于物料与机槽两侧壁间的外摩擦力时，上层物料就随着刮板链条向前运动。

在垂直输送时，机槽内的物料不仅受到刮板向上的推力和下部不断供入的物料对上部物料的支撑作用，同时，物料的侧压力会引起运动物料对周围的物料产生向上的内摩擦力。此外，物料还有起拱的特性，有利于随刮板运动。当以上的作用能够克服物料与槽壁间的外摩擦力及物料自身的重力作用时；物料就形成连续整体的料流随刮板链条向上输送，但由于刮板链条在运动中有振动，料拱会时而破坏时而形成，使物料在输送过程中对于链条产生一种滞后现象，影响生产率。

埋刮板输送机构造简单，体积小，重量较轻；密封好，输送易扬尘的物料时可防止环境污染，它的输送线路布置灵活，安装维修比较方便，可多点加料、多点卸料。

埋刮板输送机的缺点是：链条埋在物料层中，工作条件恶劣，因而磨损严重，机槽也易磨损，不宜输送粘性、磨磋性很大和易结块的、怕碎的物料。此外，输送速度和生产率较低，功率消耗较大。

第四节　液体货装卸搬运工艺

液体货是指以液体状运输和储存的货物，主要货品为石油及成品油、液化气及液体化学品。液体货物装卸搬运有一些共同的特征和要求。

传统的液体货运输是以桶装的件货运输为主要运输方式的，20 世纪上叶出现的散装液体货运输，导致了现代化超级油轮的诞生和港口液体货作业的专业化，带来了运输工艺的第一次革命，同时也进一步促进了世界液体货运输的发展。

众所周知，液体货以及液体货产品是具有易燃烧、易爆炸、易产生静电等特性的特殊液体。这些特性会给装卸搬运带来危险，因此从事液体货运输和装卸生产工作的人员，必须要熟悉和掌握液体货的特性，并针对这些特性采取一些相应的措施，才能在液体货运输和装卸过程中做到安全生产。

一、液体货种类

液体货可分为原油和石油产品两大类。原油是未经提炼的液体货。石油产品是原油经过提炼而成的液体货。它可分为：

①透明石油及其产品：如汽油，煤油等轻质液体货。

②深色石油及其产品：柴油，润滑油等。

③沥青及其他：沥青呈固体状，是石油经提取液体货后的剩余物。在运输和装卸时，以件杂货处理。

二、液体货装卸搬运设备

液体货的装卸搬运设备主要包括输油泵、管线及附加设备。

1．输油泵

液体货装卸搬运用输油泵。输油泵的作用是产生压能，使液体货在压差的作用下流动。输油泵一般要求排量大，扬程较低；扬程高时，采用多级离心泵；扬程低的采用单级离心泵。

输油泵主要有离心泵、往复泵、齿轮泵和螺杆泵等几种。液体货粘度大,流动阻力大,流量较小(30m³/h 以下),只能用容积泵(活塞泵,齿轮泵和螺杆泵)输送;新建的大型油库,因粘油的收发量大,采用螺杆泵,流量通常为 90m³/h 左右。港口输油实际中通常采用的是离心泵(图 4-17),前两种输油泵适用于精度较大的液体货,如润滑油,也可用于冲洗管道。装卸粘度较大的液体货时,也可用往复泵。

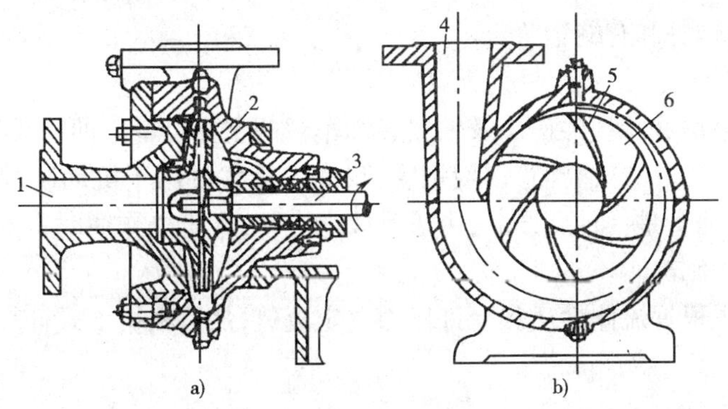

图 4-17　离心泵结构

1-吸入接管;2-泵壳;3-泵轴;4-扩压管;5-叶瓣;6-叶轮

输油泵的型号,应根据原油性质和输油参数进行选择,一般宜选用离心泵,同一泵房内,泵型应尽量一致。配用电机应优先考虑防爆型,电压力求一致。

输油泵的流量,应根据装船、装车、管道输送等不同情况分别确定:

(1)装船

$$Q = \frac{P}{nv}$$

式中:Q——每台泵的流量(m^3/h);

P——同时装油的油船装船效率之和(t/h)。油船的装船,可取油船载重量的 1/10 或稍多;

n——泵并联工作的台数(台);

v——液体货的密度(t/m^3)。

(2)装车

$$Q = \frac{NV}{tn}$$

式中:N——每次最大装车辆数(辆);

V——每辆油罐车平均容量;

n——泵并联工作的台数;

t——一次装油时间,指一列罐车的净装油时间。

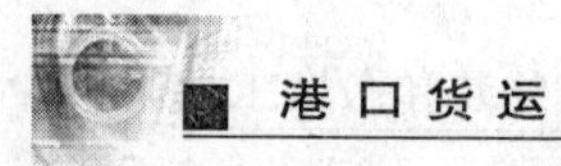

(3)管道输送

$$Q = \frac{Q_{年}}{24T_{年}\ nv}$$

式中:$Q_{年}$——年原油进口量(t);

T——输油管线年工作天数。

输油泵的扬程应能满足在设计流量下,原油从起点至终点所需要的扬程,输油泵的扬程一般为1.2倍输油管的计算扬程。

2. 管线及附加设备

油港内的管线有油管线、气管线(如压缩空气管线、真空管线)、水管线(冷水、热水管线)几种,一般都用无缝钢管和有缝钢管。

(1)油管线的种类

油管线是联系泵房、油罐、油码头及铁路装卸车台的主要设备。油管线的种类有:钢管、耐油胶管、软质输油管等。固定输油管多用钢管;耐油胶管主要用于机动装、卸、输油设备,连接的活动部位;软质输油管是一种新产品,由于其收卷方便,在野外作业时得到广泛应用。

(2)油管管径的确定

管径的确定是先根据流体性质和允许压力选定流速,然后根据下式计算:

$$D = 18.8\sqrt{\frac{Q}{v}}$$

式中:D——管内径(m);

Q——管线中的最大流量;

v——管线中的允许流速(m/s)。

根据计算结果,最后应按国家标准取值。管径的选择应充分考虑操作要求,技术可能和经济合理,油管线推荐流速见表4-2。

油管线推荐流速　　表4-2

运动粘度(cSt)	吸入管线流速(m/s)	排出管(扩压管)流速(m/s)
10~11.4	1.5~2.0	2.5~3.0
11.4~28.4	1.3~1.8	2.0~2.5
28.4~74.0	1.2~1.5	1.5~2.0
74.0~148.2	1.1~1.2	1.2~1.5
148.2~444.6	1.0	1.1~1.2
444.6~889.2	0.8	1.0

(3)油管的伴热措施

为了使液体货在输送过程中不冷凝和温降不要过大,油管需采用伴热措施。伴热保温常有蒸汽管伴热或电加热,目前国内采用蒸汽管伴热较为广泛。

3. 车船装卸搬运的连接设备

油罐车的装卸都设置装车台和鹤管(图4-18),装车台根据液体货的性质和操作要求不同而分设。

装车台的规模可按下式确定:

$$N = \frac{GK}{\gamma nVA}$$

式中：N——每次最大装车辆数（辆）；

G——平均装车量（t/d）；

K——铁路装液体货日不均衡系数，取1.2～2.0；

γ——液体货重度（t/m^3）；

n——日装车次数；

V——每辆油罐车平均容积，取$50m^3$；

A——油罐车装满系数，取0.9～0.95。

根据每次装车的辆数确定鹤位数及栈台长度。为了减少占地和投资，一般采用双侧台。

装车台的规模不完全取决于装车量，油罐列车的组成、编组和调车方式等也必须考虑。

油船装卸可用橡胶软管作为码头和船舶之间的油流通道，橡胶软管具有挠度大，适应性强的特点，但橡胶软管的维护费用较高，而且进一步增大橡胶软管的口径尺寸和液体货流速也受到一定限制。因为流速增大到一定程度，就会使软管产生剧烈振动，影响生产的安全。因此橡胶软管已不适宜作为大型油轮的高速、高效的装卸输油管线。

输油臂是一种新型的油港装卸设备。输油臂具有俯仰和旋转的功能，臂上油管为有活动接头的钢管，见图4-19。输油臂的特点是生产安全可靠、省力、使用年限长、效率高、维修费用低，有利于油港装卸自动化。

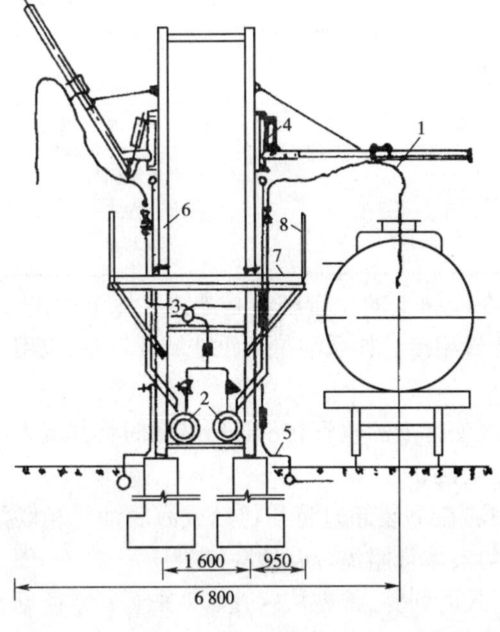

图4-18　装车台

1-小鹤管；2-汇油管；3-扫线管；4-气动阀；5-回水管；6-栈桥架；7-平台；8-栏杆

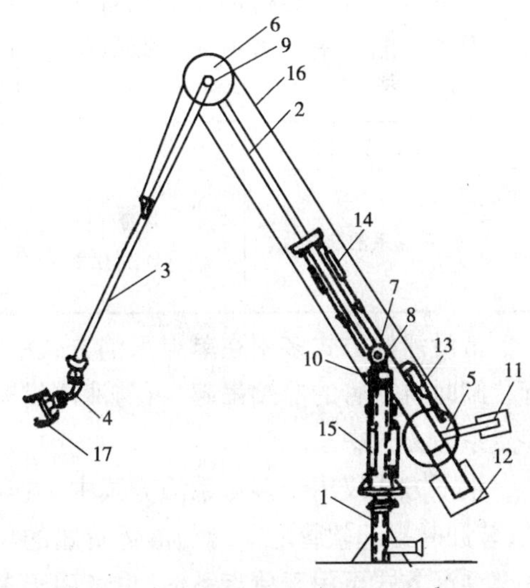

图4-19　输油臂

1-竖管；2-内伸臂；3-外伸臂；4-三向接头；5-尾部绳轮；6-头部绳轮；7-中部绳轮；8、9、10-回转接头；11-外臂平衡重；12-平衡重；13-外伸臂回转液压缸；14-内伸臂回转液压缸；15-水平回转液压缸；16-拉索；17-液压快速接合与脱离装置

三、液体货装卸搬运技术

港口液体货的装卸作业包括液体货的装卸船和装卸车等作业。

1. 液体货船舶装卸

在国内外液体货港口,液体货船装卸方式可分为:

①靠码头直接装卸,目前我国大部分液体货码头均采用这种方式。

②通过海上泊地装卸,海上泊地可理解为在离开陆域较大水深地点设置的靠船设施。液体货船的海上泊地,按其构造形式及输油管方式分类时见表4-3。

按构造方式及输油方式分类 表4-3

构造形式		输油管方式	构造形式		输油管方式
固定式	靠船墩式	海上或海底油管	浮标式	单点系泊	海底油管
	栈桥式	海上油管		多点系泊	海底油管

靠船墩方式是将具有靠岸机能的设施(靠船墩)、具有系船机能的设施(系船墩)、具有装卸机能的设施(装卸栈桥)等各自独立地设置,以系泊船舶,通过输油管进行装卸作业。

栈桥方式则为上述独立设施的全部或一部分由栈桥承担的方式。

单点系泊方式是液体货船的船首系在一个浮筒上的方式。这种装卸方式随着风、潮流的变化,油轮可绕浮筒作360°自由旋转,具有代表性的IMODCO浮筒,其名称是来自发明此种浮筒的公司(International Marine and Oil Development Cor.,瑞典)的字头缩写。此方式是用一根或数根水下软管将海底油管接至浮筒;浮筒与液体货船的集合管之间则用海上软管相接。

多点系泊方式是将油轮的船首与船尾用数个浮筒保持在一定方向的系泊方式。海底输油管与液体货船的集合管由一根或数根软管相接。这些方式按软管体系分类见表4-4。

按软管体系分类 表4-4

系船方式	软管体系	系船方式	软管体系
单点系泊	常设浮标方式 浮沉方式	多点系泊	常设浮标方式 水下方式 浮沉方式

常设浮标方式多用在单点系泊方式中。联接在浮筒上的软管经常是漂浮在海上的,当进行装卸时将软管的前端吊起,再与液体货船的集合管相接。如系泊位置距陆域较近时,也用于多点系泊方式中。

水下方式仅用于多点系泊方式中。连接在海底油管上的软管在不进行装卸时将其沉入海底,装卸时提起软管的前端与液体货船的集合管相联接。

浮沉方式可用于单点系泊,也可用于多点系泊。在不装卸时将与浮筒或海底油管相联接的软管沉入海底;装卸时使之浮出水面,吊起前端与液体货船集合营相联接。

海上船舶泊地具有各种构造形式,各种构造形式的利弊,首先从软管体系来看其特征见表4-5。其次从构造形式看,栈桥方式可认为是靠船墩方式的变形,除非在特殊的使用条件下,很少用于超大型液体货船。另外多点系泊是在单点系泊尚未得到发展,而靠船墩方式的各种缺点尚未得到解决的阶段中,作为权宜之计采用的。它有靠船墩和单点系泊两者之缺点,故对超

大型液体货船今后将逐渐减少。

各种软管体系的特征　　　　表 4-5

软管体系	特　　征
常设浮标方式	1. 装卸中,液体货船的摆动亦引起软管在海面摆动,故不能托在海底上,然而又由于经常浮在海面,故会暴露在恶劣的海况和气象条件之下; 2. 在船舶来往频繁的地方易发生故障; 3. 为使软管浮在水面上,要设有浮子,软管体系的造价极高
水下方式	1. 水深、潮流等当地条件优越时,设计比较简单并且造价亦极低; 2. 当软管不使用时,可以沉入海底,故对软管的损伤较小,对其他船舶的航行亦无影响; 3. 装卸结束后,将软管沉入海底时,因被吊起的部分较长,如操作错误,易引起软管的弯折
浮沉方式	1. 能弥补常设浮标式及水下方式的缺点,适合船舶航行频繁的港湾状况; 2. 需要有浮沉装置,故软管体系的造价较高

结果,作为海上泊地的构造形式,事实上仍限于采用靠船墩和单点系泊两种形式,但从占有优先的地位而言,虽然随规划地点的条件、规划规模而不同,特殊情况除外,一般说来,今后靠船墩方法仍将占有优先的地位。

上述各种构造形式的利弊见表 4-6 所示。

各种构造形式的利弊　　　　表 4-6

构 造 形 式	栈桥靠船墩方式	多点系泊方式	单点系泊方式
船舶挂、解缆的难易	(比较)困难	(比较)困难	容易
系泊中的安全度	高	低	低
管线的安全性	高(固定的)	低(低柔性)	低(低柔性)
水域占有面积	窄	中等	广
吞吐量的大小	大	小	小
拖船的需要数	多	多	多
装卸能力	高	低	低
泊位利用率	高	(比较)低	(比较)低
泊位造价	高	廉	中等
维修管理费	少	多	多
综合评价顺序	1	3	2

③水上直接装卸。水上直接装卸指在水上货物直接从一艘船舶装卸到另一艘船舶的作业。海上大量液体货运输是专用液体货船来进行的,液体货船都备有高效率的油泵;现在国外液体货船每小时装油或卸油能力多选用液体货船载重量的 1/10 或稍多。我国液体货装船一般用设在岸上的油泵;向 10 万 t 级液体货船装油用 4 台油泵,每台生产率为 3 000 m^3/h,用 10 个多小时可装满。装原油、重油及轻油多用离心泵,所装重油的流量较小时,也有用活塞泵的;装卸润滑油用齿轮泵。

2. 油罐车装卸

(1)装车方式

目前我国大部分铁路轻油罐车均无下卸口,故采用鹤管上装为主。罐装方法有泵装和自流装车,自流装车是在有条件的地方,利用地形高差自流罐装。用小鹤管(Dg100)每车的装油时间为25~30min,流速为3.5~4.2m/s,极限最快20min,流速为5.2 m/s。每批车的装车时间是25~120min。每批车的进出调车时间0.5~1.0h。

(2)卸车方式

油罐车卸车分原油及重油卸车和轻油卸车两种方式。原油及重油卸车时,采用密闭自流下卸方式,敞开自流下卸方式与泵抽下卸方式。轻油卸车均采用上卸方式,所以要设卸油台,卸油台与装油台基本相似。

上卸的方式又分为虹吸自流卸油和泵抽卸油两种。虹吸自流上卸应用于当油罐位于比油罐车更低的标高时,可利用卸油竖管作为虹吸管将油罐车中的液体货卸入油罐中,虹吸管中的负压由真空泵来达到。虹吸泵抽上卸则应用于当油罐车的标高及位置无法使液体货自流入油罐时采用。需要注意的是,如采用非自吸式离心泵卸油,则必须装置真空泵,使吸入管造成真空,如采用自吸式的泵,则可不装真空泵。

3. 原油和成品油装卸作业流程

原油和成品油装卸一般有下列几个主要作业流程,设计时应根据具体条件予以考虑。设计时可先画出方框图,然后根据方框图画出流程图。

(1)装船流程

装船根据来油情况是卸罐车,还是长输管线来油,液体货是进油罐,还是直接装船,是否要进加热炉加热等不同情况组成各种作业流程图,见图4-20。

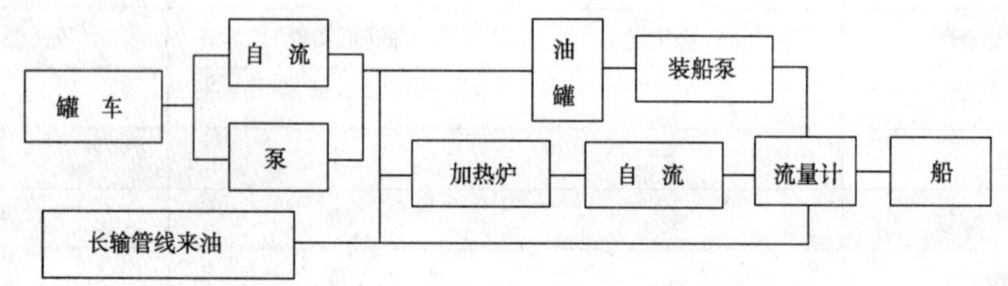

图4-20 装船作业流程

(2)卸船流程

卸船一般用船上泵,根据液体货是否进油罐,以及去向是装卸车,还是进炼油车间等情况组成不同的作业流程,见图4-21。

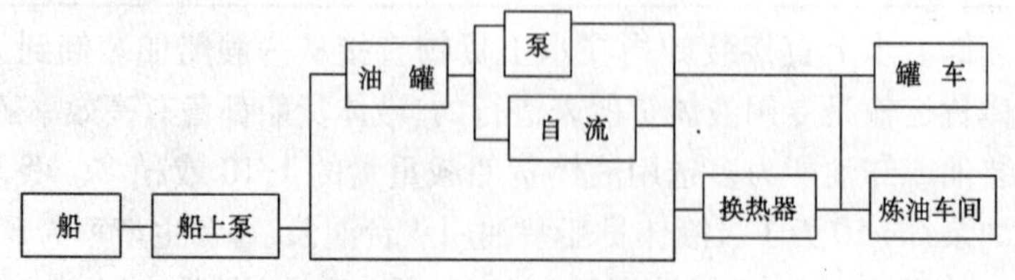

图4-21 卸船作业流程

(3)循环流程

油区建成后,在正式投产前要进行试运转,将液体货在油区打循环,检查各环节是否运转良好。在投产后,为避免原油在油管内凝固,在不进行船舶装油作业时,也需保持港口油库及油管内原油不断循环流动,见图4-22。

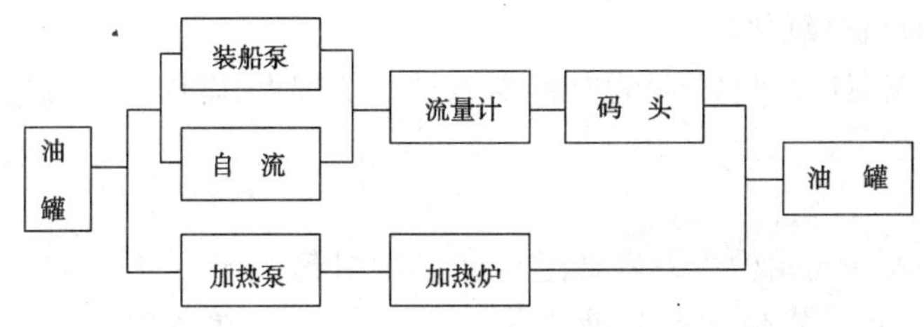

图4-22　循环作业流程

(4)卸车流程

①原油及重油卸车:有密闭自流下卸方式,敞开自流下卸方式与泵抽下卸方式。

密闭自流下卸流程:油罐车—下卸鹤管—汇油管—导油管零位罐—转油泵油罐。

敞开自流下卸流程:油罐车—卸油槽—集油沟(或导油管)—零位罐—转油泵油罐。

泵抽下卸流程:油罐车—下卸鹤管—集油管—导油管—卸油泵—油罐。

②轻油卸车:轻油卸车均为上卸,设卸油台,卸油台与装油台基本相似。

第五节　危险品货物装卸搬运工艺

一、港口危险品货物及其特性

1. 港口危险品货物的定义

港口危险货物是指列入国家标准GB 12268《危险货物品名表》和国际海事组织制定的《国际海运危险货物规则》,具有爆炸、易燃、毒害、腐蚀、放射性等特性,在港口装卸和储存等过程中,容易造成人身伤亡和财产毁损而需要特别防护的货物。

2. 港区内危险品货物的特性及其危害

(1)爆炸物品

爆炸物品一般不储存在港区,但爆炸物品在港口运输、装卸等过程中如果受到摩擦、撞击、震动、高温等外界因素的激发,就极易发生火灾和爆炸事故。例如,易燃液体化工品泄漏后,当其蒸气与空气混合达到爆炸极限时,一旦遇火,就会发生爆炸。

(2)压缩气体和液化气体

在港区,压缩或液化气体以集装罐或以储存在特殊压力包装容器件装于集装箱的形式出现。在压力容器里,气体压力较高,碰撞、受热或受火焰熏烤。容器极易发生爆裂,气体泄漏,很可能引起人员中毒、燃烧和爆炸事故。

(3)易燃液体

大多数易燃液体闪点低、燃点低、易挥发、沸点低、点火能小、极易燃烧和爆炸。泄漏后,遇明火、静电放电或金属撞击产生的火花,会发生燃烧。例如环氧丙烷、丙烯腈、甲醇等。在港区,这类货物既可以通过管道散装于港区储罐,也可以以包装件形式在港区出现。

(4)易燃固体、自燃物品

有些易燃固体、自燃物品(如:二硝基苯甲醚、二硝基萘、萘、黄磷等)受热脱水会发出易燃蒸气。

(5)氧化剂和有机过氧化物

氧化剂本身不能燃烧,遇易燃物品或酸碱腐蚀品能起火、爆炸。有机过氧化物本身就能着火、爆炸。

(6)毒害品

主要经口鼻吸入蒸气或粉尘或者通过皮肤接触引起人体中毒。毒害品有些本身不易燃烧,有些可以燃烧。港口装卸的散装液体化工品一般具有毒害性,例如丙烯腈、氯仿、煤焦油等。

(7)放射性物品

这类货物能放射出对人体组织造成伤害的,感觉器官不能觉察的射线。有些货物还具有易燃、爆炸、毒性,与水反应性等危险。

(8)腐蚀品

腐蚀品,例如硫酸、苯酚等对人体有一定危害,它主要通过皮肤接触使人体形成化学灼伤。有一些腐蚀品本身可以着火,有一些不能着火,但能与其他易燃物品接触后起火。

二、港口危险品货物作业的条件

根据交通部制定的《港口危险货物管理规定》,从事危险货物港口作业的港口经营人,应当具备以下条件:

①符合《港口法》规定的港口经营许可条件;

②具有符合国家标准的应急设备、设施;

③具有健全的安全管理制度和操作规程;

④至少有一名企业主要负责人应当具备与本单位所从事的危险货物港口作业相关的安全生产知识和管理技能;

⑤配备足够的具有上岗资格证书的管理、作业人员;

⑥具备事故应急预案;事故应急预案的主要内容应当包括:危险货物作业码头、库场、储罐、锚地等港口设施的概况、重点部位、应急队伍的组成及职责、应急措施、应急救援流程图、指挥序列表、通信方式、应急人员联络表等。

⑦取得消防、环保部门核准意见。

三、港口危险品货物的分级管理

根据危险品货物的危险特性、港口装卸能力和储存条件及运力情况,也可以对危险品货物进行分级管理。一般可以分为四级。

第Ⅰ级:诸如非常敏感的爆炸品、放射性极强的物品和其他对装卸条件或储存环境要求极高的极其危险一级危险品货物。对于这些货物,港口应不予接收,各装卸企业不得受理。

第Ⅱ级:仅在特殊装卸区(专业码头、边远泊位或锚地)接收的诸如较钝感的爆炸品和其

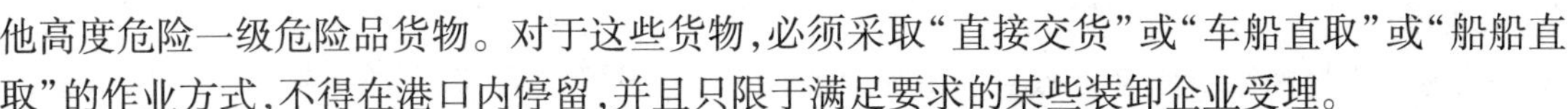

他高度危险一级危险品货物。对于这些货物,必须采取"直接交货"或"车船直取"或"船船直取"的作业方式,不得在港口内停留,并且只限于满足要求的某些装卸企业受理。

第Ⅲ级:允许在普通码头、泊位、锚地装卸的高度或中度危险的一、二级危险品货物。装卸这些货物时,优先考虑"车船、船船直装直取"的原则。烟火性制品、一级易燃物品、一般放射性物品、有机过氧化物、剧毒物品等应遵照"最后装,最先卸"的原则作业。

第Ⅳ级:指允许在港区储存的危险品货物。对于这类危险品货物应储存在专用的库、罐、场区或具备一定条件的临时库场。但必须进行限量、限期,并具有相应配套完善的储存条件,加强管理。

四、港口危险品货物装卸搬运作业方法

1. 设置专门的危险品作业区域

爆炸品、压缩气体和液化气体、易燃液体、易燃固体、自燃物品和遇湿易燃物品的港口作业,企业应当划定作业区域,明确责任人并实行封闭式管理。作业区域应当设置明显标志,禁止无关人员进入和无关船舶停靠。作业期间严禁烟火,杜绝一切火源。

2. 危险品装卸搬运过程注意事项

在危险品装卸搬运过程中,产生危险事故的原因主要有:

①因吊索断裂出现事故的危险;

②危险品货物包装材料的性质所产生的危险;

③货物本身性质所造成的危险。

所以,在港口装卸搬运危险品时应采用特别严格的规定来进行管理。为此,在港口危险品装卸搬运过程中,在现场管理上应该注意以下事项:

①任何危险品在装卸前,应让装卸工人知道危险品的一般性质,货物受损可能造成的危害,并由装卸作业的现场指挥人员采取一切必要的预防措施。

②当位于港内容器中的危险品出现泄漏时,能及时采取应急措施,提供及时有效的指导,以防止危害的扩散。例如,如何对被危险品伤害的受害者进行抢救和治疗,如何对被危险品污染地区进行有效的控制和消毒,如何防止被污染地区蔓延到其他地区并造成其他物资损失,更多的人受到伤害等等。

③装卸作业现场负责人应保证在危险品装卸时,向装卸工人提供个人防护用品,诸如手套、围裙、护目镜、防尘面罩等,并应保证这些装卸工均能熟悉有关危险品的特殊装卸作业。此外,作业后,应采取一些有利健康的预防措施,如对作业现场进行彻底清洗等。

④在装卸难度不大的情况下(例如,装卸金属桶装的危险品),仍有可能会发生事故,这时,应指挥装卸工人迅速离开污染现场,直到:危险品造成的污染的性质已明确,提供了专门的个人防护设备及服装,提供了防火设备,以确保码头工人不受危害,码头工人已知道清除污染和处理溢漏物和易泄漏容器的安全方法等。

⑤被污染的现场的实际清除和处理工作应在专家监督下进行。

除了以上现场管理应采取的相应措施外,对于危险品的装卸搬运作业本身的技术方法,以下几点可供参考:

①金属桶哪怕是满装的,只要端部桶沿十分牢固,可使用圆桶钳进行吊装而不会出现任何

危险;否则还是采用吊索起吊为好。

②圆桶应将桶塞一面朝上放置,每一层都不应与船甲板接触,底下的一层圆桶应用木垫板隔开。

③带有塑料衬套的金属桶容器装卸时,要求特别小心。它们必须竖着进行装卸以防止撕破衬套,否则,腐蚀性物质就会使金属遭到腐蚀,导致容器泄漏。

④袋状包装材料容易破损,装卸时切忌使用手钩。

⑤使用木箱装货时,需要了解木箱的哪一面可置放朝下,哪些部位可供吊索钩挂。

⑥对于采用新型包装的危险品货物,需要特别小心,要了解包装物性质后再采取相应的装卸方式。

⑦有些危险品(特别是酸性的和其他腐蚀性的危险品)一般装在聚酯容器内。这类容器如果堆放太高,易受压变形,造成破裂而泄漏。所以聚酯容器必须垂直堆放,除非另有说明外,至多堆放3层。在这些容器之上不许堆放其他货物。装船时,它们应放置在甲板上或集装箱内,而且只作一次性海运使用。为防止损坏聚酯容器,禁止对其进行野蛮装卸和将提手挂在吊钩上。还应注意的是,应检查容器盖是否拧紧,以防止通气部位可能出现的泄漏。

⑧装有爆炸物的货箱应小心装卸,堆放高度不能超过1.8m。高压容器严禁碰撞,更不允许在地上滚动。

⑨为防止货损,必须做到:避免野蛮装卸和猛烈碰撞;堆放稳定、安全并注意最高允许堆放度;避免在陡峭边缘位置附近堆放危险品;避免在危险品上面运载杂货。否则,对于危险品必须采取强有力的保护措施。

⑩包装过危险品的不洁包装材料,应视作具有潜在危险的物料。例如,盛装诸如弹药的容器内可能存在残余物,更加容易燃烧。空的、不洁包装材料仍可能具有一定的危险性,例如,装过易燃液体的圆桶或被氧化物料污染过的麻袋等。所以,对于具有一定危险性的空的、不洁包装材料,因其受先前包装货物性质的影响,应该进行密封并按其所具有的危险性质进行处理。

3. 不同危险品的装卸注意事项

①装卸爆炸品:装卸机具按额定负荷降低25%,应根据货物的性质和状态,在船—岸,船—船之间设置双层双幅安全网,装卸人员应穿戴相应的防护用品,搬运时应轻拿轻放,绝对禁止翻滚、肩扛、就地拖拉,避免摩擦,防止滑跌。

②装卸气瓶:气瓶的防护帽必须齐全紧固。装卸气瓶不得肩扛、背负、冲击和溜坡滚动,钢瓶气阀应避免对准人身。

③装卸易燃易爆物品:装卸作业现场必须远离火种、热源,操作人员不得身带火种和穿着有铁钉的鞋。

④装卸遇水反应的危险货物:禁止雨雪天作业。茶水桶不得带入作业现场。

⑤装卸散装易燃液体:船舶满载或卸空后若舱内仍有大量气体,应悬挂危险信号。

⑥堆装氧化剂:堆装之前,必须检查堆装氧化剂的舱面不得有任何酸类、煤木屑、糖面粉、硫磷金属粉末等及其他各种可燃物质的残留物。

⑦装卸有毒物品:作业过程中以及完工后手脸未经清洗消毒前不准进食、饮水、吸烟。

⑧装卸放射性物品:装卸机具按额定负荷降低25%。作业人员应穿戴口罩、防目镜、围裙、胶鞋等,凡皮肤破伤、体弱,孕妇、哺乳期妇女不得参加作业,不得与食物、饲料及其他危险

货物同时进行装卸。

⑨装卸腐蚀性物品：工具不得沾有氧化剂、易燃品。作业人员要穿戴口罩、工作服、手套。装卸强腐蚀品，应使用防腐的橡皮或塑料围裙、手套、护目镜等防护用品，严防接触皮肤，以免灼伤。轻装轻卸，防止撞击、跌落，堆码整齐、牢固，桶口、箭头朝上。禁止肩扛背负，拖钩、倒钩，对木格箱装的酸坛要用绳索套底作业，以免脱底发生事故。

五、港口危险品货物储存与保管方法

1. 危险品货物储存方式的选择

在港口，危险品货物大多以包装件、集装箱、散装方式出现。储存危险品货物要根据危险品货物出现方式和危险特性采取不同的储存方法。

(1)建造危险品货物仓库

有条件的港区，可根据近几年危险品货物包装件的种类和数量，确定危险品货物仓库的规模和分区。仓库应选择远离重要建筑、设施和人员密集地带。仓库应设置必需的防雷、防火、防爆、防晒、防雨、防潮、防漏、防水、防毒、泄压、调温、消除静电、防护围堤、通风等相应安全设施。配齐相应的消防器材和设施。配备急救器材和应急处理装置。危险品货物要按其性质和不同的消防方法分类分项分堆存放。各堆垛之间要有足够的安全距离，并限量、限期存放划定仓库周围区域防火界限。要求专人负责，昼夜值班管理。

(2)设置危险品货物集装箱堆场

集装箱作业公司要根据箱量及货物性质设置危险品货物集装箱堆场。堆场要远离重要设施建筑物和人员密集区域。用隔离围栏将堆场封闭。堆场要有避雷、防台设施和相应消防器材、设施。可根据需要设置遮阳棚、雨棚。堆场的照明设备为安全防爆型。要配备应急器材。要有降温设施。进入堆场的机械设备要采取防火防爆措施。严格控制火源，设定禁火区域。爆炸品、放射物品、压缩、液化气体和某些控温性物品应直装直取，不得在堆场存放一级易燃易爆物品，集装箱堆放不超过二层箱高，其他类集装箱可允许堆放四层箱高。不同性质危险品货物集装箱间积载和隔离要满足安全的要求。要求专人负责，昼夜值班管理。

(3)设定散装危险品货物储罐(筒)

在港区后方可根据生产需要设定散装危险品货物储罐(筒)区。储罐的大小与罐区的规模可根据生产需要而定。不同性质的危险品货物储罐之间必须保持足够的安全距离。罐顶与罐区必须采取有效的避雷措施。储罐应配备液面液位检测、温度检测、液位报警、可燃气体预警装置等仪表设备。各储罐采取设防护堤、排液沟等防护措施。所需的管道和设备须满足货物的性质和耐压的需要，要分别设置防泄漏、防腐蚀、防静电等设施。罐区的电气线路和设施要满足防火、防爆及防腐蚀的需要。配备消防器材和设施。配备降温喷淋装置或预热装置。配备应急器材。划定禁火区域。要求专人负责，昼夜值班管理。

2. 危险品货物保管注意事项

①易燃或易挥发的货物和那些遇热即分解的货物，必须储存在通风良好的阴凉处，并注意要远离火源。

②装有气体的容器应存放在阳光直接照射不到的地方。同样，人工合成材料制成的听装容器，也应避免放置在阳光直接照射的地方。因为，在日光直接照射下，内部压力的增加会导

致爆炸的发生。

③与水接触即会产生易燃气体的化学品,必须储存在干燥的地方。

④对于有缺陷的包装应有合适的危险标记。

⑤危险品堆放应格外小心。桶装危险品的堆放应在其旁边用销片或楔块加以固定,以防止滚动。

⑥危险品之间应相互隔离,以防起化学反应。这种化学反应可能导致有毒气体的产生或火灾、爆炸的发生。为防止此类事故的发生,联合国的海事组织提供了一种隔离标准表,这对仓库内的货物堆放同样适用。

⑦危险品必须与食品隔离开。

⑧危险品不能存放在有人停留的地方。

六、港区危险品装卸搬运中的设施设备安全要求

港口在装卸危险品品过程中涉及港区码头上的多种设施设备,这些设施设备的质量是否达到安全要求是确保装卸作业安全无事故的基础条件。在日常工作中常见的设施设备危险因素有:

①设施设备自身存在质量问题引发事故。

②管线焊接的交叉口、角焊缝里面有气孔、夹渣或没有焊好,使用过程中出现裂纹,导致液体化工品泄漏。

③设施设备使用不当或管理不到位造成变形或失效。如使用的软管与装卸的介质不匹配或法兰端面、管道接口处变形,致使危险品飞溅给人体造成伤害。

④管道腐蚀。长期的海边环境腐蚀和管道内液体化工品的腐蚀使管壁变薄,特别是管道内易积聚货物部位的局部腐蚀,在一定的作业压力下会导致突发性的液体化工品泄漏或火灾爆炸事故。

⑤船岸连接软管磨损或疲劳使用致使管壁变薄与法兰连接处松动,在作业压力升高时易造成管线爆裂事故,危及码头和人身安全。

第六节　集装箱装卸搬运工艺

一、集装箱

集装箱是一种用于货物搬运的标准容器,分为国际标准集装箱和非标准集装箱。国际标准集装箱的外型与结构通常见图4-23。

目前使用的国际集装箱规格尺寸主要是第一系列的4种箱型,即A型、B型、C型和D型。它们的尺寸和重量见表4-7。

为了便于计算集装箱数量,可以以20ft的集装箱作为换算标准箱(简称TEU,Twenty-foot Equivalent Units)。即:

40ft集装箱 = 2 TEU

30ft集装箱 = 1.5 TEU

20ft 集装箱 = 1 TEU

10ft 集装箱 = 0.5 TEU

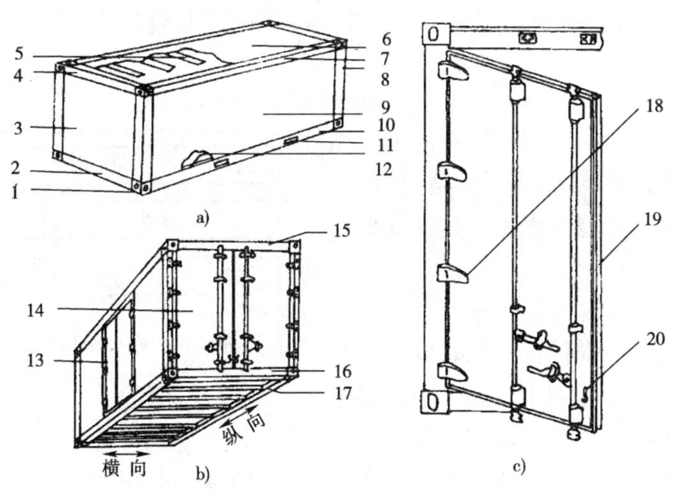

图 4-23 集装箱结构图

1-角件;2-下端梁;3-端壁;4-上端梁;5-顶梁;6-顶板;7-上侧梁;8-角柱;9-侧壁;10-下侧梁;11-叉槽;12-底板;13-侧门;14-端门;15-门楣;16-门槛;17-底梁;18-门铰链;19-箱门密封垫;20-箱门搭扣件

第一系列集装箱规格尺寸和总重量 表 4-7

规格(ft)	箱型	长		宽		高		最大总重量	
		公制 mm	英制 ft in	公制 mm	英制 ft in	公制 mm	英制 ft in	kg	LB
40	1AAA 1AA 1A 1AX	12 192	40′	2 438	8′	2 896 2 591 2 438 <2 438	9′6″ 8′6″ 8′ <8′	30 480	67 200
30	1BBB 1BB 1B 1BX	9 125	29′11.25″	2 438	8′	2 896 2 591 2 438 <2 438	9′6″ 8′6″ 8′ <8′	25 400	56 000
20	1CC 1C 1CX	6 058	19′10.5″	2 438	8′	2 591 2 438 <2 438	8′6″ 8′ <8′	24 000	52 900
10	1D 1DX	2 991	9′9.75″	2 438	8′	2 438 <2 438	8′ <8′	10 160	22 400

第一系列集装箱长度之间的比例关系见图 4-24。

除了标准箱以外,在铁路和航空运输中还使用一些小型的集装箱,如我国铁路运输中已使用较长时间的 1t 箱、2t 箱、3t 箱以及 5t 箱等。

二、集装箱装卸搬运吊具

集装箱专用吊具(Spreader)是用于起吊集装箱的属具,主要有3种类型:固定式、自动式和组合式。

1. 固定式吊具

是一种只能起吊一种集装箱的吊具(图4-25),其特点是结构简单,自重轻,价格便宜,但是对箱体类型的适应性较差。更换吊具往往要占用较多时间。

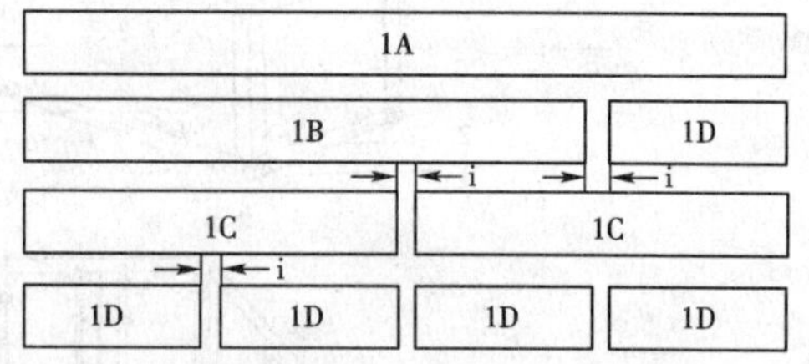

图4-24 第一系列各类型集装箱长度之间比例关系示意图

2. 自动式吊具

通过伸缩臂,可以改变吊具的臂长,以达到起吊不同尺寸集装箱的要求。其特点是,变换起吊不同集装箱所需时间较少,使用灵活性较强,但是自重较大,一般可达9~10t。这是目前在集装箱港口大型装卸桥上使用最为普遍的一种集装箱专用吊具。图4-26是自动式吊具结构图,图4-27是自动式吊具尺寸图。

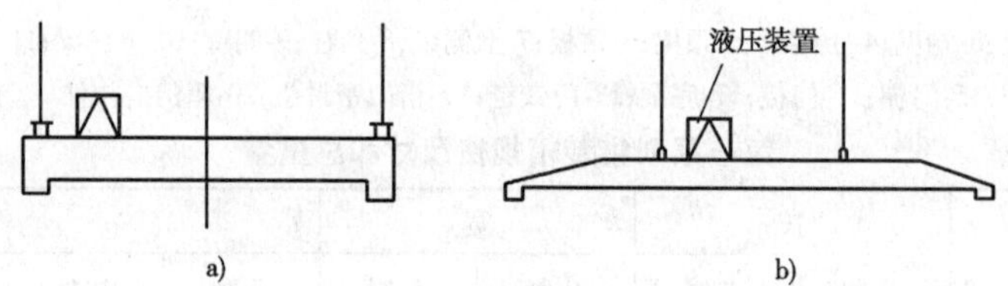

图4-25 集装箱固定式吊具

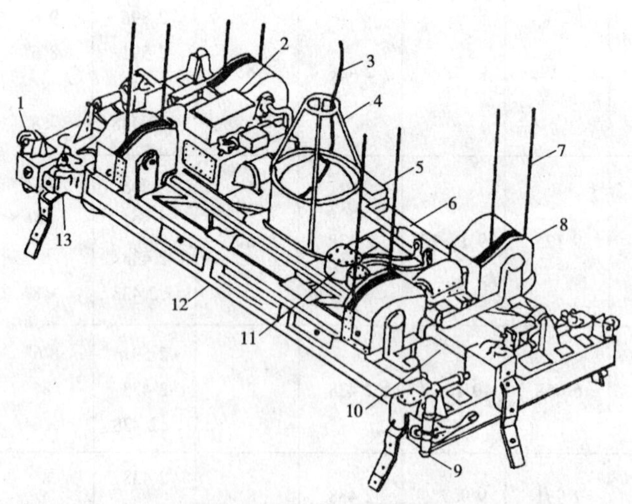

图4-26 集装箱自动式吊具结构图

1-导辊;2-液压装置;3-电缆;4-电缆笼;5-灯座;6-指示灯;7-提升钢丝绳;8-提升滑轮组;9-扭锁;10-伸缩液压缸;11-插座箱;12-吊具框架;13-导手驱动装置

3. 组合式吊具

将起吊不同尺寸的集装箱的吊具组合使用的一种集装箱专用吊具(图4-28)。其特点是

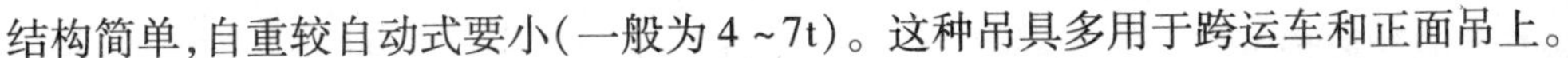

结构简单，自重较自动式要小（一般为 4 ~7t）。这种吊具多用于跨运车和正面吊上。

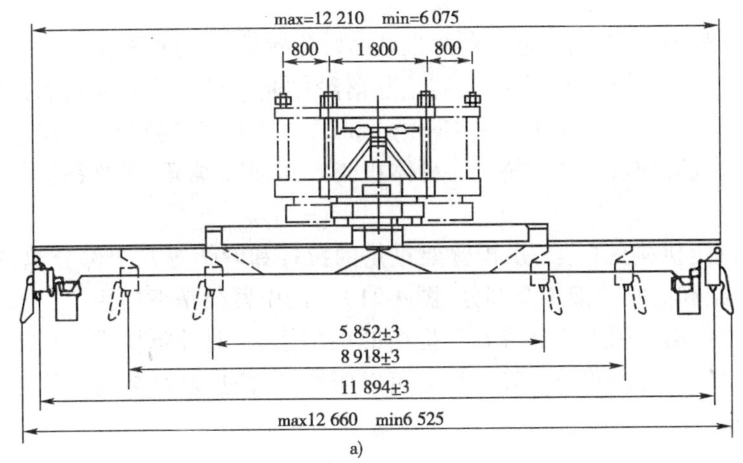

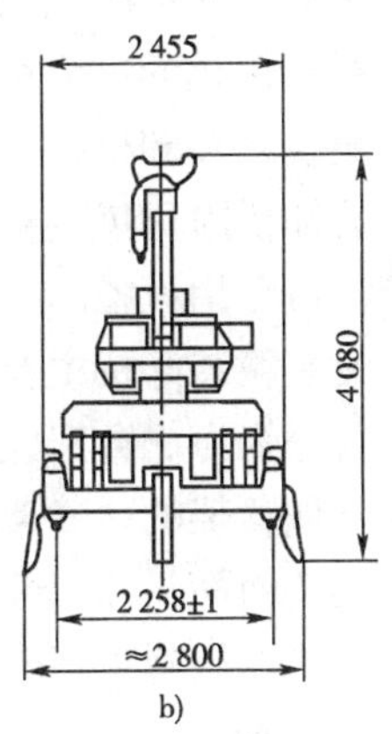

图 4-27　集装箱自动式吊具尺寸图（单位：mm）

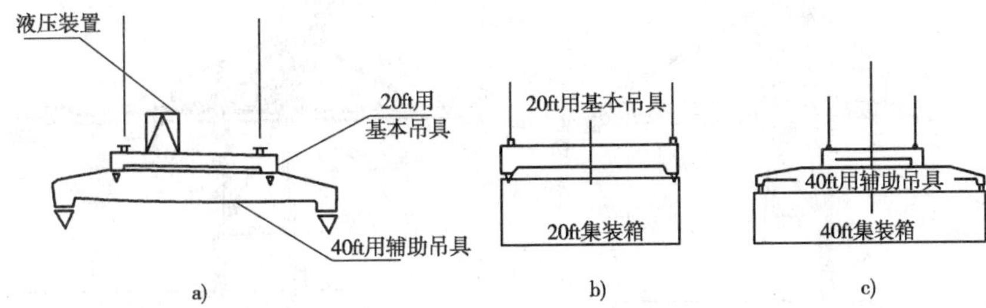

图 4-28　集装箱组合式吊具

4．双箱吊具（Twin-lift mode）

用一个集装箱吊具可同时起吊 2 只 20ft 的集装箱的一种专用吊具（图 4-29）。在双箱吊具的中部增加可收放的 4 只旋锁，当吊具伸到 40ft 位置时，可同时起吊 2 只 20ft 集装箱。这种吊具也可以起吊 1 只 40ft 的集装箱。采用这种起吊方法要求集装箱港口装卸桥的起重量要达到 60t 左右。但是，双箱起吊方法可以大大提高运输工具的装卸效率。图 4-30 则是一种最新型的，可以起吊 3 只 40ft 集装箱的专用吊具。

图 4-29　集装箱双箱吊具

图 4-30　集装箱三箱吊具

三、集装箱船舶装卸设备

集装箱的标准化和集装箱船的专用化,为港口装卸机械高效化提供了良好条件。

在现代化的集装箱港口上,目前从事港口前沿集装箱起落舱作业的设备普遍采用的是岸壁式集装箱装卸桥(Ship-to-shore crane, Quay crane, Gantry crane)来装卸集装箱船舶。岸壁集装箱装卸桥简称集装箱装卸桥或装卸桥。装卸桥是一种体积庞大,自重非常重,价格昂贵的集装箱港口专用设备。

集装箱装卸桥主要由带行走机构的门架,承担臂架重量的拉杆和臂架等几个部分组成。臂架可分为海侧臂架、陆侧臂架和门中臂架3个部分(图4-31)。门中臂架是专门用于连接海侧和陆侧臂架的。臂架的主要作用是用来承受带升降机构的小车重量,而升降机构又是用来承受集装箱吊具和集装箱重量的。海侧臂架一般设计成可以俯仰,以便集装箱装卸桥移动时与船舶的上层建筑不会发生碰撞。

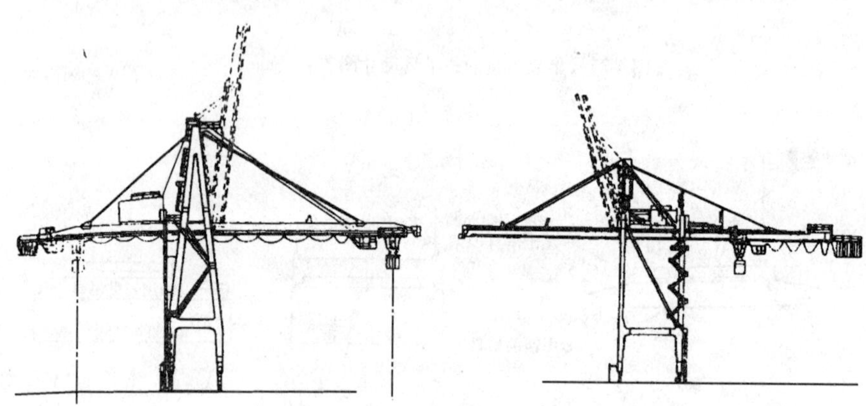

图4-31 岸壁式集装箱装卸桥外形结构图

装卸桥作业时,由于集装箱专用船舶的船舱内设有箱格,舱内的集装箱作业对位非常方便,无需人工协助,因此,在作业中没有了像件杂货那样的舱内作业工序。

根据世界集装箱港口营运经验,一般情况下一个集装箱泊位平均可配备装卸桥1~3台。集装箱装卸桥的有关参数可按以下方法确定。

1. 起重量

它是表示集装箱能力的指标,根据额定起重量和吊具重量确定。即:

$$Q = Q_t + W$$

式中:Q——岸壁集装箱装卸桥的起重量(t);

Q_t——额定起重量(t);

W——吊具重量(t)。

所谓额定起重量是指所起吊的集装箱的最大总重量,例如ISO的1A、1AX、1AA型40ft集装箱最大总重量为30.5t。集装箱装卸桥的起重量是指额定起重量加集装箱吊具的重量。确定集装箱装卸桥起重量一般要考虑以下作业条件:

①起吊集装箱船舱盖板的需要;舱盖板的重量一般不超过28t,但个别的舱盖板有重达35.6t的,其尺寸为14m×14m。

②考虑装卸非国际标准箱的需要;非国际标准集装箱的最大总重量可达38t,甚至更大。

③考虑有可能采用同时起吊2个20ft型集装箱的作业方式,2个20ft型的集装箱最大总重为40.6t。

④兼顾装卸其他重大件货的需要。

2. 主要尺寸参数

集装箱装卸桥的尺寸参数的确定与所装卸的集装箱船型和箱型、港口作业条件,以及堆场作业方式有关。

(1)起升高度

集装箱装卸桥的起升高度由两部分组成;轨顶面以上的高度(H_1)和轨顶面以下的高度(H_2)。它取决于集装箱船的型深、吃水、潮差、甲板面上装载集装箱层数、港口标高以及船体倾斜等因素。在确定巴拿马型集装箱船装卸桥的起升高度时,应保证船舶轻载高水位时能通过3层集装箱,并能堆高到4层:在满载低水位时,能吊到舱底最下一层集装箱。允许装卸作业时船体向外横倾3°。

(2)外伸距

所谓外伸距,是指集装箱装卸桥海侧轨道中心线向外至集装箱吊具铅垂中心线之间的最大水平距离。外伸距主要取决于到港集装箱船的船宽,并考虑在甲板上允许堆放集装箱的最大高度,当船舶向外横倾3°时,仍能起吊甲板上外舷侧最上层的集装箱。

(3)内伸距

内伸距是指集装箱装卸桥内侧轨道中心线向内至吊具铅垂中心线之间的最大水平距离。确定内伸距主要考虑两个问题,一是放置集装箱,即当港口前沿搬运机械(如跨运车、底盘车等)不能及时搬运时,内伸距可把箱子暂放在港口上,起缓冲作用;二是放置舱盖板,即在确定内伸距距离时,应注意不同供电方式需要占用的距离。

(4)轨距(又名跨距)

轨距是指起重机两条行走轨道中心线之间的水平距离。轨距的大小影响到装卸桥的整机稳定性。考虑到装卸桥的稳定性和为了更有效地疏运岸边的集装箱,轨距内至少能安排3条接运线。将几种集装箱搬运机械进行比较,以用跨运车时一条接运线所占用的宽度最大,如考虑轨距内布置3条跨运车接运线,则其轨距应为16m。目前,大型装卸桥的轨距一般为30m,可以满足6条接运线的布置。

四、集装箱堆场作业设备

集装箱堆场作业的机械主要有底盘车、跨运车、叉车、轮胎式龙门起重机、轨道式龙门起重机以及正面吊等,其中一些机械类型可同时用于车辆的装卸作业。

1. 底盘车(Chassis)

底盘车方式(Chassis System)又称“海陆公司方式”(Sea-Land System),它是由陆上拖车运输发展起来的。而集装箱堆场上采用的底盘车堆存方式是指将集装箱连同起运输集装箱作用的底盘车一起存放在堆场上。这种堆存方式的集装箱所处机动性最大,随时可以有拖车将集装箱拖离堆场,而无需借助于其他机械设备。因此,底盘车方式比较适合于门—门的运输方式,特别是海运部门承担的是短途运输(如海峡运输等),也是一种集疏运效率较高的港口堆场作业方式。但是,采用这种堆存方式,集装箱堆存高度只有一层,而且需要留有较宽的车辆通道,因此需要占用较大的堆场面积,使堆场面积利用率较低。图4-32为一个底盘车堆存方式的平面布置图,这是日本神户港一个集装箱港口底盘车的布置模式。

采用底盘车方式有如下优点:

①除铁路换装作业外,集装箱港口上所有作业只使用结构简单的底盘车,不需要其他辅助机械,因此装卸过程中发生机械故障而影响装卸作业的可能性很小;

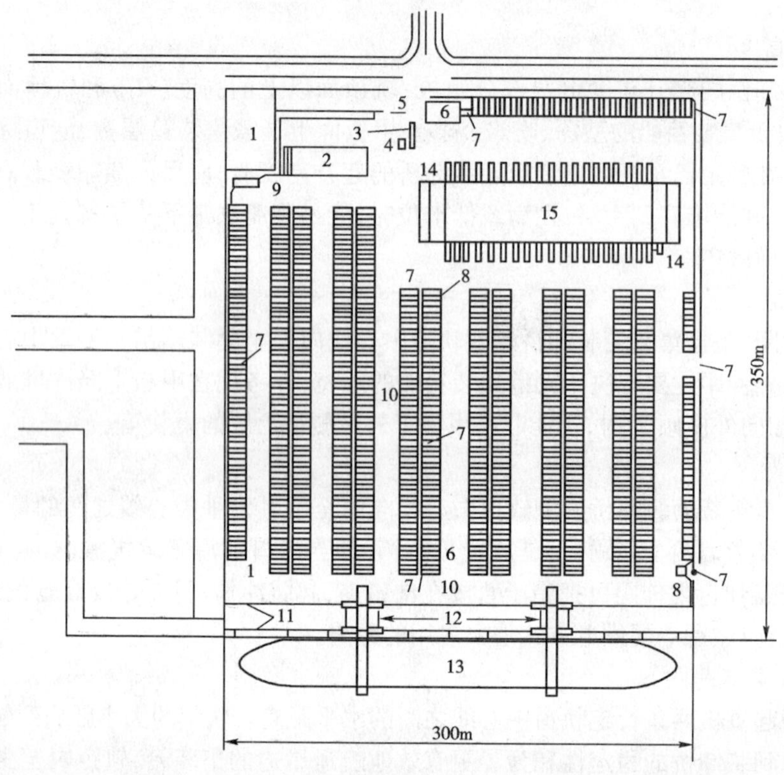

图4-32 底盘车堆存方式

1-综合配电所;2-维修车间;3-地秤;4-门卫室;5-大门;6-管理室;7-照明塔;8-变电所;9-配电所;10-冷藏集装箱堆场(插头80个);11-岸壁集装箱装卸桥轨道;12-岸壁集装箱装卸桥;13-全集装箱船;14-照明灯;15-集装箱货运站4 800m^2

②由于底盘车不能重叠堆装,集装箱处于能随时提取的状态中,放实现“门—门”运输十分方便;

③便于装卸桥实现往复装载式的作业方法;

④由于只需要使用场地牵引车,不需要其他大型装卸搬运设备,故对场地结构的要求低,一般考虑轮压时以6t计。对各种地面的适应性较强;

⑤即使集装箱堆场的位置离运输工具的装卸作业点较远,也不会影响集装箱运输工具的装卸效率;

⑥在装卸作业时,作业场地处不需要有作业人员的协助;

⑦吊箱次数少,集装箱损坏率低;

⑧便于与货主交接,减少交接时的差错。

这种方式的缺点是：

①全部集装箱都放置在底盘车上，不能堆装，故需要巨大的场地面积；

②每一个集装箱需要一台底盘车，故需要备有大量的底盘车，因此初始投资费用极高；

③作业时一般内陆运输人直接把车辆拖进场地内，如场上发生事故时有时难于明确事故责任；

④如果一个港口有两个以上的船公司使用时，各公司所提供的底盘车混杂在一起，在业务上将产生困难；

⑤在集装箱装卸作业时，都需要对位，故装卸作业的效率提高受到影响。

布置底盘车时，底盘车尾部应相对放置，其间距约为1.22m；主通道应相距19～20m；场地的纵深度可考虑为118～245m，见图4-33。如果堆场的底盘车采用斜线布置（或称为鱼骨排列方式，见图4-34），可以减少对道路通道的宽度要求，进而提高堆场的利用率。

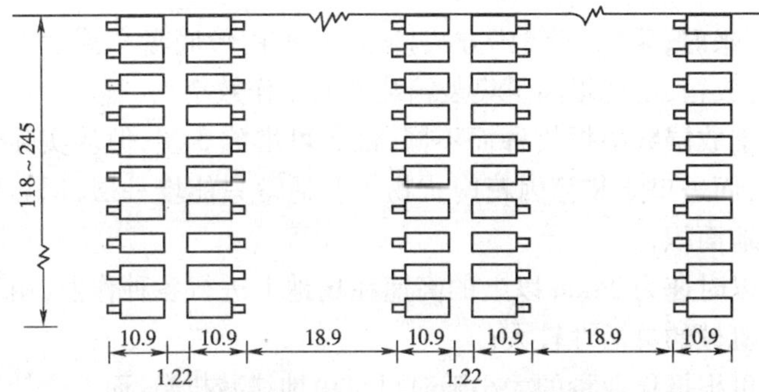

图4-33　底盘车方式的平面布置（单位：m）

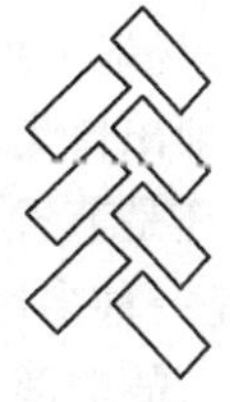

图4-34　集装箱的鱼骨排列

2. *跨运车*（Straddle carrier）

跨运车方式（Straddle Carrier System）又称麦逊公司方式（Matson System），是一种具有搬运、堆垛、换装等多功能的集装箱专用设备，其外形结构见图4-35。跨运车采用旋锁机构与集装箱接合或脱开；吊具能够升降，以适应装卸和堆码集装箱的需要。吊具也能侧移、倾斜和微动以满足对位的需要。

跨运车工艺系统在欧洲应用比较广泛。法国的勒阿佛尔港（Port of Le Havre）是法国最大的集装箱港口，承担法国60%集装箱运量，拥有18个集装箱泊位，港口岸线长超过5km，是欧洲典型的集装箱跨运车系统。还有德国的汉堡港、荷兰的鹿特丹港等都积累了一套成熟的跨运车装卸搬运系统的使用和管理经验。

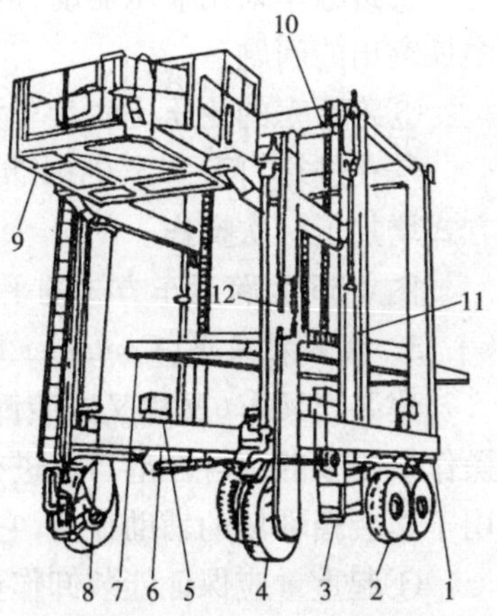

图4-35　跨运车外形结构示意图

1-底架；2-从动轮；3-燃油柜；4-驱动轮；5-保持水平装置；6-转向装置；7-集装箱吊具；8-制动器；9-平台；10-起升链；11-升降油缸；12-驱动链

在集装箱港口上，跨运车可以完成以下的作业：

①集装箱运输工具装卸作业点与堆场作业点之间的装卸和搬运。

②前方堆场与后方堆场之间的装卸和搬运。

③后方堆场与货运站之间的装卸和搬运。

④对底盘车进行换装。

由此可见,采用跨运车工艺比其他工艺有以下两大优点:

①跨运车既可进行水平搬运,又可用于运输工具的装卸,中间不需要其他机械的协助;

②由于不需要换装,可节省换装所占用的场地。

跨运车一般被认为是一种故障率较高的设备,在有些国家使用时,故障率高达30%~40%,由此造成维修费用上升,但是随着技术进步,以及操作管理得当,使跨运车在一些港口上使用得相当成功,如日本的集装箱港口有不少便采用跨运车方式。在比利时的集装箱港口上,采用运行24h,保养6h的方式,可以使故障率降至5%~10%。在中国,采用跨运车方式的很少。

跨运车是一种价格昂贵的集装箱专用机械,为了减少港口上跨运车的使用量,节省港口设备投资,降低装卸成本,目前有许多采用跨运车方式的港口从港口前沿到场地这一段搬运过程的操作改用场地运输车来拖带。这样,跨运车只负责在场上进行堆放作业。

跨运车方式有如下优点:

①由于集装箱从运输工具上卸下来时,采用“落地”方式接运,故不用像底盘车接运方式那样要对准着底盘车上的蘑菇头才能放箱,由此提高了集装箱装卸的工作效率;

②集装箱在场地上可重叠堆放,堆放层数根据机种而不同,最高可堆放3层,但从实际作业情况来看,一般出口集装箱堆两层,而进口集装箱因箱内货物不明通常只能堆一层,但与底盘车方式相比,还是节省了一定的场地面积;

③跨运车是一种多用途机械,它以时速为24km以上的高速在场地上进行各种作业,由于港口上机种单一,故向薄弱环节调配机械的灵活性较大;

④在港口每天作业量不平衡时,可根据作业量的大小随时可自由地增减机数,而不会使装卸作业混乱。

跨运车方式的缺点是:

①跨运车本身的价格较贵,采用跨运车进行换装和搬运时可能会提高装卸成本;

②跨运车采用液压驱动,链条传运,容易损坏,故修理费用高,完好率低,这是跨运车方式中最突出的问题;

③跨运车的轮压比底盘车大,一般轮压以10t计,故要求较厚的场地垫层;

④在进行“门—门”的内陆运输时,需要用跨运车再一次把集装箱装上底盘车,比底盘车方式增加了一次操作。

图4-36为跨运车方式的平面布置。

3. 集装箱叉车(Container forklift)

集装箱叉车(又称叉式装卸车)是集装箱港口上常用的一种装卸设备(图4-37),主要用于操作量不大的综合性港口上进行集装箱的装卸、堆垛、短距离的搬运和车辆的装卸作业,也有用于集装箱堆场的辅助作业,它是一种多功能的机械。其性能应符合下列作业需要:

①起重量应保证能装卸作业所需的各种箱型;

②起升高度应符合堆垛层数的需要;

③负荷中心(货叉前壁至货物重心之间的距离)取集装箱宽度的1/2,即1 220mm;

④为适应装卸集装箱的需要,除采用标准货叉外,还应备有顶部起吊的专用吊具;

⑤为便于对准箱位,货架应能侧移和左右摆动。

叉车搬运集装箱可以采用以下两种方式:

①吊运方式:即采用顶部起吊的专用吊具吊运集装箱。

②叉运方式:利用集装箱底部的叉孔用货叉起运,一般这种方式主要是搬运20ft 的集装箱或空箱。

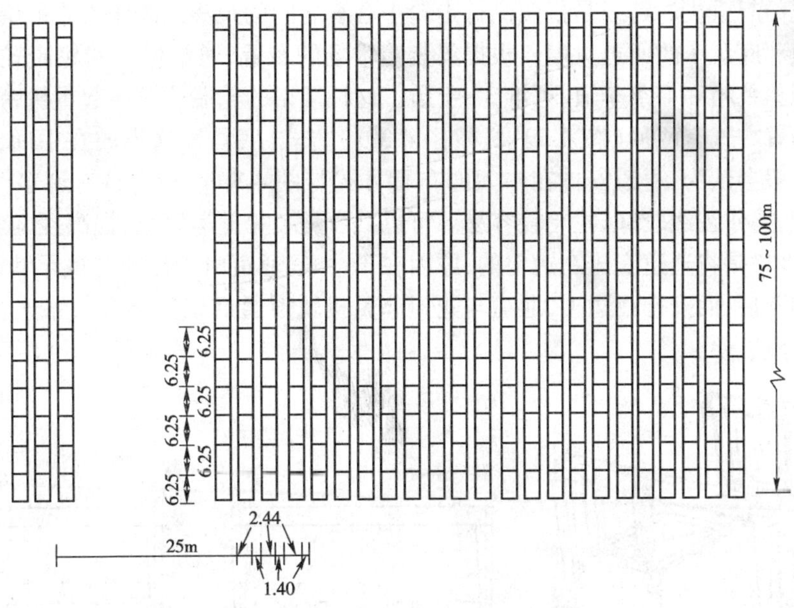

图4-36　跨运车方式平面布置(单位:m)

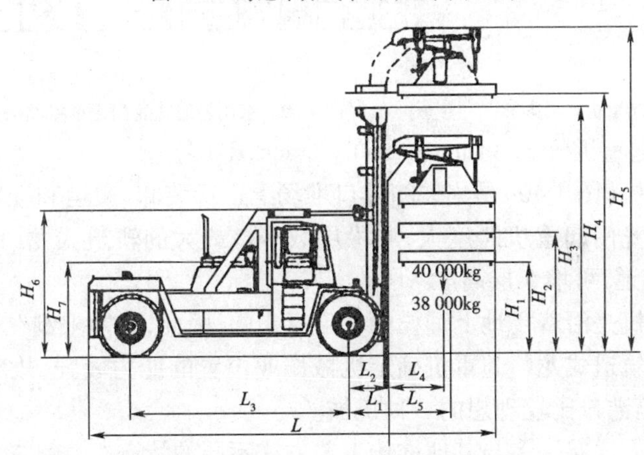

图4-37　集装箱叉车外形图

4. 龙门起重机(Gantry Crane)

龙门起重机简称龙门吊,龙门吊系统(Gantry Crane System)工艺是荷兰阿姆斯特丹港建设港口时最先采用的,又称“集装箱海上运输公司方式”(Container Marine Lines System,CML)。它是一种在集装箱场地上进行集装箱堆垛和车辆装卸的机械。龙门起重机有轮胎式(又称无轨龙门吊)和轨道式(又称有轨龙门吊)两种型式。这种工艺方式是把从集装箱船上卸下来的集装箱一般用场地底盘车(或其他机械)从船边运到场地,在场上采用轮胎式龙门吊或轨道式龙门吊进行堆装或对内陆车辆(公路集产或铁路货车)进行换装。

（1）轮胎式龙门起重机（Rubber tired gantry crane，RTG）

轮胎式龙门起重机（图 3-38）主要特点是机动灵活，通用性强。它不仅能前进、后退，而且还能左右转向 90°，设有转向装置，可从一个堆场转向另一个堆场进行作业。

轮胎式龙门起重机的跨距是指两侧行走轮中心线之间的距离。跨距大小取决于所需跨越的集装箱列数和底盘车的通道宽度。根据集装箱堆场的布置，通常标准的轮胎式龙门起重机横向可跨 6 列集装箱和 1 条车道，可堆 3 ~4 层。这种规格的轮胎式龙门起重机跨距内的集装箱和车道的布置方式有两种（图 4-39）。按图 4-39a）方式，底盘车通道放在中间，两边各排 3 列集装箱。一般会认为，通道安排在中间的布置方式与图 4-39b）相比较有许多优点，如小车行走距离较短，操作视线较好，找箱较容易。可以减少集装箱搬运距离，提高搬运效率。但是，实际上，许多港口是将通道安排在边上的，原因在于，中间通道由于行驶在箱弄里，集装箱牵引车驾驶员操作不便，而安排在边上，通道与龙门起重机轨道通道或者场区道路连在一起，驾驶员驾驶车辆比较方便。

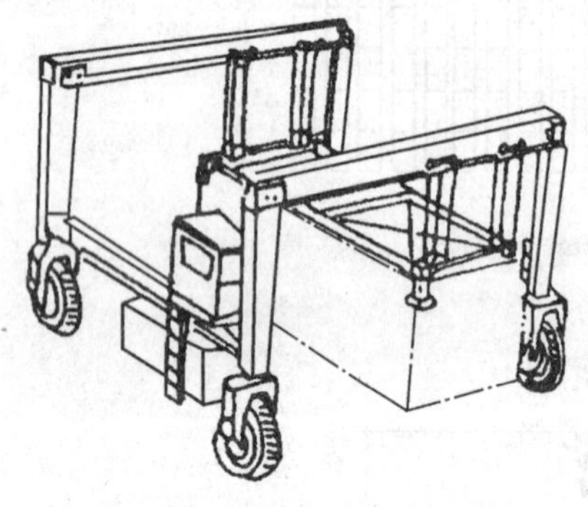

图 4-38　轮胎式龙门起重机外形图

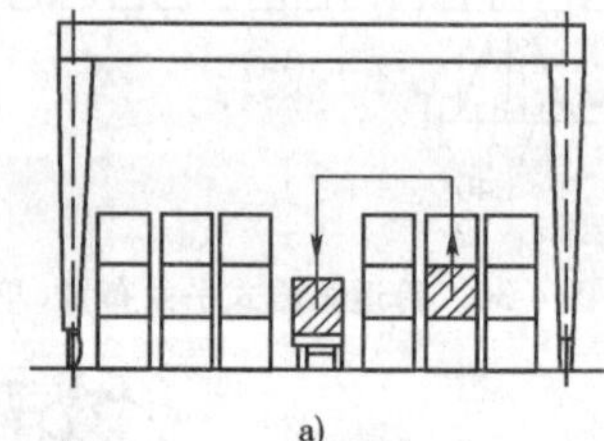

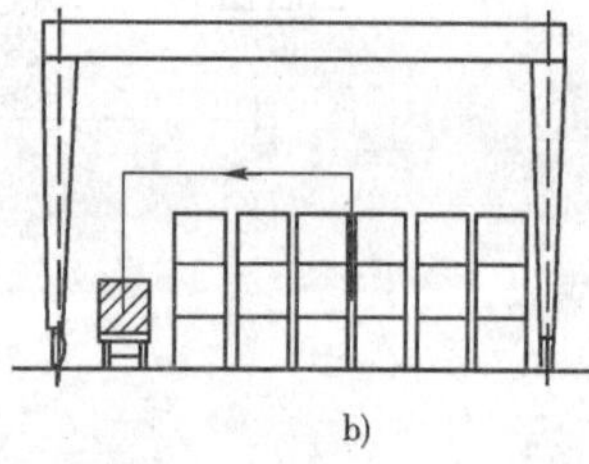

图 4-39　采用轮胎式龙门起重机的两种堆存方式

（2）轨道式龙门起重机（Rail mounted gantry crane，RMG）

轨道式龙门起重机（图 4-40）是集装箱港口堆场上进行装卸、搬运和堆垛作业的一种专用机械。一般比轮胎式龙门起重机跨度大，堆垛层数多。最大的轨道式龙门起重机，横向可跨 19 列集装箱和 4 条车道，可堆 5 层高。

轨道式龙门起重机是沿着场地上铺设的轨道行走的，因此，只能限制在所设轨道的某一场地范围内进行作业。轨道式龙门起重机确定机械作业位置的能力较强，故较易实现全自动化装卸，是自动化集装箱港口比较理想的一种机械。

龙门起重机工艺方式有许多与其他堆场工艺方式不同的特点。

其优点是：

①运行时稳定性好，维修费用低，即使初始投资稍大，但装卸成本会降低；

②搬运起重机方式箱列间可不留通道紧密堆装，因此在有限的场地面积内可堆存大量的集装箱，场地面积利用率很高；

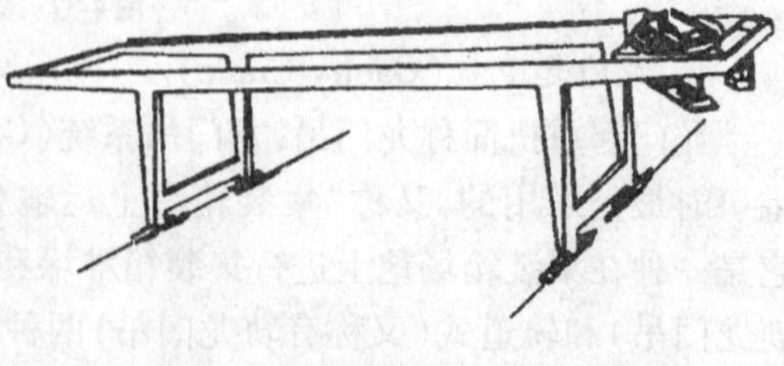

图 4-40　轨道式龙门起重机外形示意图

③在场上搬运起重机的运行方向一致、动作单一，故容易采用电子计算机控制，实现操作自动化。因此在现代化集装箱港口上是一种比较

理想的机种。

其缺点是：

①由于堆装层数较高，如需取出下层的进口集装箱时就要经过多次倒载才能取出，在操作上带来许多麻烦；

②场上配机数量一般是固定的，故不能用机数来调整场地作业量的不平衡，因此，当货主交接的车辆集中时，可能会发生较长的待机时间，如搬运起重机发生故障，就会迫使装卸桥停止作业；

③搬运起重机自重较大，轮胎式搬运起重机的轮压一般为20t，轨道式搬运起重机比轮胎式的轮压更大，而且堆装层数多，故场地需要重型铺装；

④大跨距的搬运起重机由于场地不均匀下沉，可能会产生轨道变形，有时会影响使用，故跨距太大不一定有利。

5. 正面起重机(Front-handling mobile crane)

正面起重机是一种目前在集装箱港口堆场上得到越来越频繁使用的专用机械，其外形结构见图4-41。虽然这种集装箱堆存设备由于运行方向与作业方向垂直而需要占据较宽的通道，但是它的堆箱层数较高，并且可以为多排集装箱作业。设备的灵活性又较强，因此普遍较受欢迎。采用正面吊可以堆存3～4层重箱，或7～9层的空箱。因此，堆箱场地的利用率较高。目前，正面吊主要还是作为集装箱堆场的辅助作业机械，但是确实是一种很有前景的集装箱装卸的专用设备。

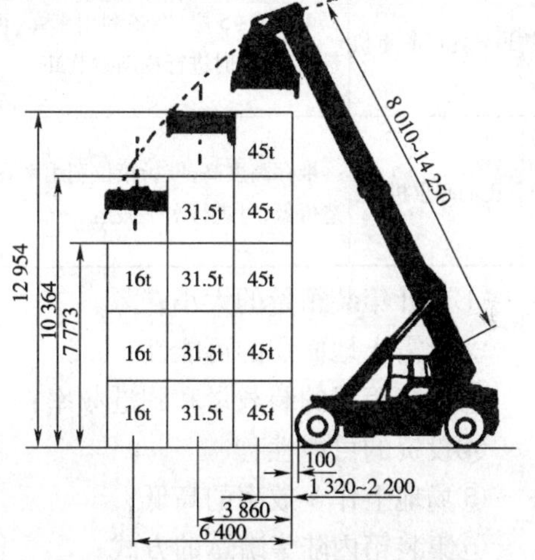

图4-41　集装箱正面起重机作业图(单位:mm)

6. 混合系统

从经济性和装卸性能来看，上述工艺系统各有利弊，目前世界上有些港口(或库场)采用了前述工艺方案的混合系统。例如：

①轮胎式龙门起重机-轨道式龙门起重机混合系统；

②跨运车-轮胎式龙门起重机混合系统；

③跨运车-轨道式龙门起重机混合系统。

跨运车-轮胎(或轨道)式龙门起重机混合系统的主要特点是：进口集装箱的水平运输、堆码和交货装车由跨运车完成；出口集装箱的水平运输由牵引平板车完成；堆场的装卸和堆码由轮胎(或轨道)式龙门起重机完成。

由于混合系统能充分发挥各种机械的特点，扬长避短，使系统更加趋于合理完善。目前世界上已有不少港口采用这种方式。

7. 各种堆场作业方式的比较

通过对上述各种堆场集装箱作业方式的特点进行比较，可以归纳出表4-8所示的集装箱堆场各种作业方式的特点比较。

五、集装箱港口装卸搬运系统

在决定采用何种装卸搬运方式时，取决于下列因素：

集装箱堆场各种作业方式比较　　表 4-8

设 备	优 点	缺 点
底盘车	机动性强,进出场效率高,无需装卸,适用于滚装船作业	单层堆放,堆场利用率低,占用大量底盘车
跨运车	适用于水平搬运和堆存作业,灵活性强,翻箱率低,单机造价低,工艺系统简单	故障率高,维修量大,堆层少,使堆场利用率低,对驾驶员操作要求高
叉车	适用于短距离水平搬运和堆存作业,灵活性强,翻箱率低,单机造价低	一般只适用于小型箱的搬运,堆层少,并需留有较宽的通道,使堆场利用率降低
轮胎式龙门起重机	可堆 3 ~ 4 层,堆场利用率较高,可靠性较强,比轨道式使用灵活,是目前主流设备	翻箱率较高,只限于堆场使用,堆场建设投资较大,作业效率比跨运车低
轨道式龙门起重机	可堆 4 ~ 5 层,堆场利用率高,可靠性强,堆存容量大,可同时进行铁路线装卸	翻箱率高,只能沿轨道运行,灵活性差,堆场建设投资大
正面起重机	堆存高度高,堆场箱位利用率高,使用灵活,单机造价低,可进行水平搬运	需留有较宽的通道,使堆场用于堆箱的面积减少

①预计年装箱量的大小;

②所需土地面积的可能性;

③集装箱船的装载量和到港频率;

④投资的可能性;

⑤场地上作业效率的高低;

⑥集装箱内陆集疏运的方式;

⑦集装箱损坏率的高低;

⑧装卸机械的维修费用;

⑨港口作业的灵活性;

⑩实现自动化作业的要求。

对于集装箱港口而言,装卸搬运方式目前主要有以下两种方案。

1. 装卸桥-跨运车工艺方案

图 4-42 所示是装卸桥-跨运车工艺方案。这一方案又称为麦逊公司方式。该方案中,"船—场"作业是由装卸桥将集装箱从船上卸到港口前沿地面上,然后用跨运车再把集装箱搬运到集装箱场地的指定箱位上。其中,"场—场"、"场—集装箱拖运汽车"、"场—货运站"等作业,均可由跨运车承担。

该系统的优点是:

①港口前沿装卸船的接运采用“落地”作业方式，装卸桥从船上卸下的集装箱不需要对准跨运车。因此，提高了装卸桥的装卸效率，节省了作业时间。

②机动灵活。跨运车是一种流动性较强的机械，当港口（或库场）各种作业在时间上出现不平衡，在某一处作业量大时，可以相应多配几台跨运车。

③机种少，适应性强。跨运车具有自取、搬运、堆垛以及装卸车辆等多种功能，一种机械可完成多种作业。

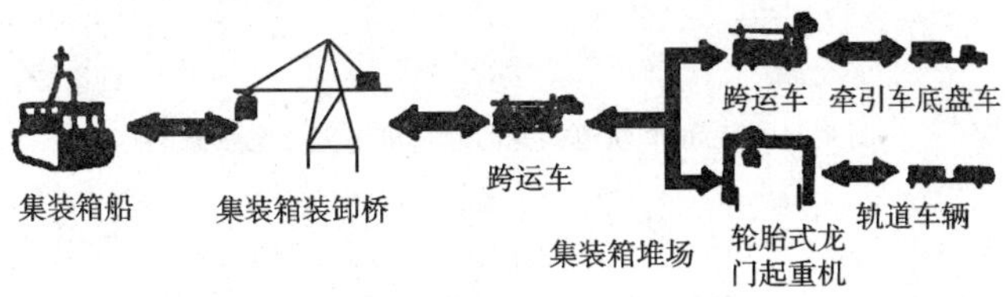

图 4-42　装卸桥-跨运车工艺方案示意图

④能在场地上将箱子重叠堆垛，一般可堆高 2～3 层，与底盘车相比，可节省堆场面积。

本系统的主要缺点正是跨运车的缺点所引起。为了克服这些缺点，要求港口场地要平整，驾驶员的操作技术要求更高，并且注意加强对跨运车的维护和保养。

2. 装卸桥-龙门起重机工艺方案

龙门起重机可以是轮胎式，也可以是轨道式的，目前在中国的集装箱港口上主要采用轮胎式龙门起重机。

由于龙门起重机不能直接与装卸桥配合交接集装箱，所以这个方案还需要配牵引车挂车。即在港口前沿与堆场之间，前方堆场与后方堆场之间，堆场与货运站之间需要牵引车挂车作水平搬运集装箱之用。

本系统的优点是：

①单位面积堆存量大。由于龙门起重机堆箱层数多，因此单位面积堆存量较大。这在陆域较小的港口上特别显得重要。

②堆场面积利用率高。由于集装箱在龙门起重机跨距内可紧密堆垛，不留通道，因此堆场面积利用率高。

③营运费用低。本系统虽初始投资大，但机械设备的维修管理费用低。

④易于实现自动化控制。龙门起重机的动作易于程序化，便于电子计算机控制。

本系统的缺点主要是龙门起重机作业的缺点，相对而言，轮胎式龙门起重机比轨道式龙门起重机具有更多的优点，故目前采用较多。

图 4-43 反映的是装卸桥-轮胎式龙门起重机工艺方案示意图，图 4-44 所示的是装卸桥-轨道式龙门起重机工艺方案示意图。

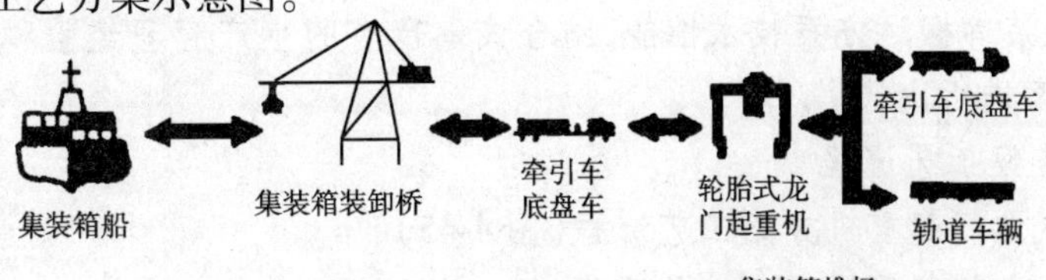

图 4-43　装卸桥-轮胎式龙门起重机工艺方案示意图

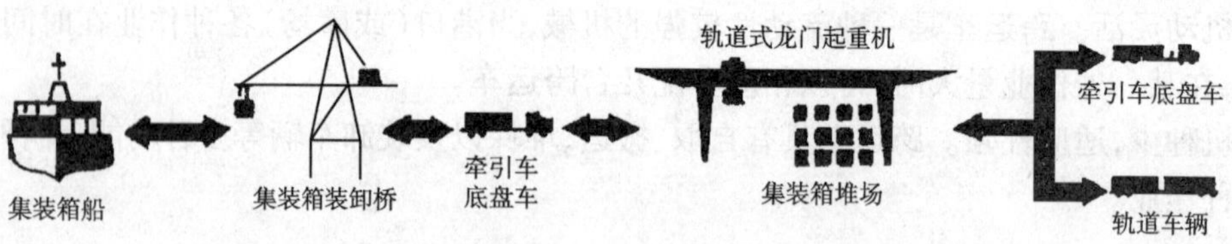

图4-44 装卸桥-轨道式龙门起重机工艺方案示意图

案例　集装箱装卸搬运方案的确定

这里，我们用一个新建集装箱码头的装卸搬运方案的选择为例，从中我们可以看出，在集装箱码头装卸搬运方案选择时的依据和基本思路。

1. 码头基本概况

某港区的集装箱码头岸线长1 250m，拟建设4个可停靠第四代集装箱船舶的泊位，设计吞吐能力为120万TEU/年。港区后方陆域宽约1 350m，纵深约1 220m，陆域面积为163万m^2。码头顺岸布置，前沿水深－10m，码头与后方靠引桥连接，港区陆域前方为生产作业区，布置集装箱堆场，后方为生产辅助区，布置集装箱调配中心，拆装箱库、停车场等。

2. 主要设计参数

码头岸线总长:1 250m

年吞吐集装箱量:175万TEU

堆场年工作天数:350d

港口生产不平衡系数:1.25

3. 装卸搬运方案拟定

装卸搬运系统是建成高效、节能、高自动化、环保型现代化集装箱港区的关键。对此结合该港的具体情况，拟定3个集装箱堆场的装卸搬运方案。

方案1:轮胎式龙门起重机方案;

方案2:轨道式龙门起重机方案;

方案3:轮胎式龙门起重机-轨道式龙门起重机组合方案。

对这3个装卸搬运方案进行比较，见表4-9。

综合分析上述装卸搬运方案技术性能，结合该港已有的生产管理经验和码头工程工况具体条件，对3个方案进行比选。

4. 装卸搬运方案工艺流程

方案1:轮胎式龙门起重机方案工艺流程(图4-45)

方案2:轨道式龙门起重机方案工艺流程(图4-46)

方案3:轮胎式龙门起重机-轨道式龙门起重机方案工艺流程(图4-47)

3个装卸搬运方案优缺点比较表　　表4-9

序号	方案名称	优　点	缺　点
1	轮胎式龙门起重机方案	装卸效率较高,操作简单,机动灵活,作业面积大,故障率低,堆场利用率较高	不易实现自动控制,环保效果差
2	轨道式龙门起重机方案	装卸效率高,机构简单,操作容易,故障率低,维修方便,堆场利用率高,易于实现自动控制,环保效果好,综合营运成本低	机动性能差,作业范围受限制
3	轮胎-轨道式龙门起重机方案	综合了轮胎式龙门起重机和轨道式龙门起重机的优点	堆场机型多,对生产管理水平要求高

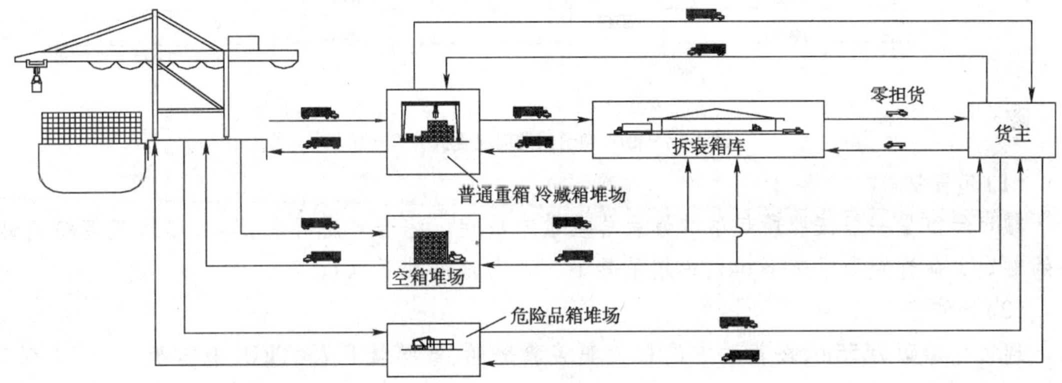

图4-45　轮胎式龙门起重机工艺方案

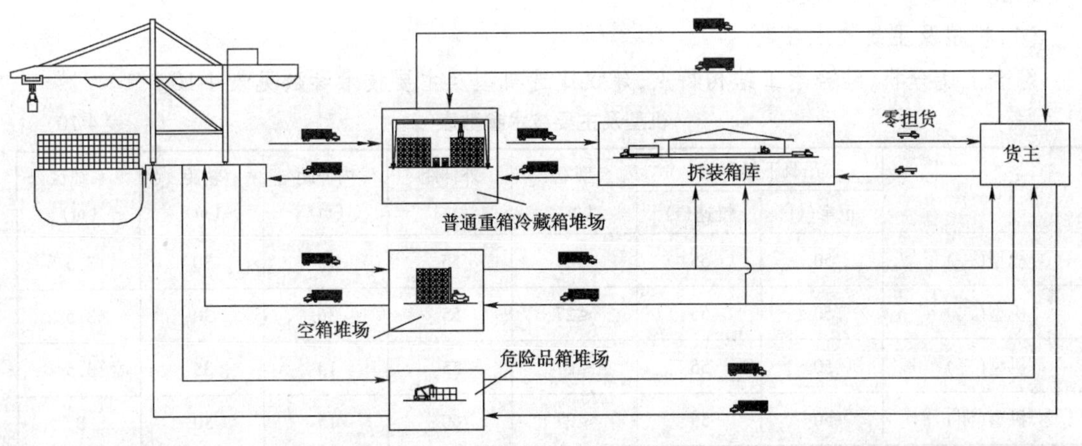

图4-46　轨道式龙门起重机工艺方案

5. 岸边集装箱装卸桥选型

目前,专用集装箱码头的装卸作业大多采用岸边集装箱装卸桥。岸边集装箱装卸桥有单小车和双小车之分,近几年,国外少数集装箱码头采用了双小车岸边集装箱装卸桥,理论上单机效率可达60TEU/h,但实际效率仅比普通岸边集装箱装卸桥增加15%左右,单机造价高于普通岸边集装箱装卸桥30%~40%。因此绝大部分新建集装箱码头岸边集装箱装卸桥仍采用单小车形式。

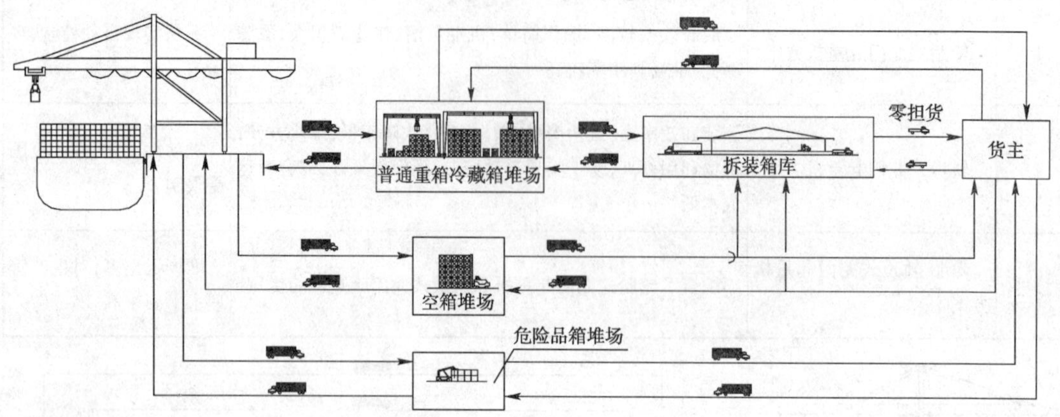

图4-47 轮胎-轨道式龙门起重机工艺方案

(1)起重量

额定起重量一般按照所起吊的最大总重量来决定。综合考虑各种因素,岸边集装箱装卸桥的额定负荷选定为吊梁下64t,单箱吊具下50t,双箱吊具下50t。

(2)外伸距

选定外伸距为55m,按营运中的最大集装箱船舶,载箱量8 736TEU、舱盖板上堆17列7层高集装箱计算所得。

(3)轨距和码头面宽

(略)。

(4)机型及主要技术参数

综合上述分析,结合水工结构特点,建议比选机型及主要技术参数见表4-10。

机型及主要技术参数表

表4-10

机型	吊具下起重量		型宽(m)	外伸距(m)	内伸距(m)	轨距(m)	系缆区(m)
	正常(t)	慢速(t)					
机型(一)	50	55	≤27	55	15	30	3.5
机型(二)	50	55	≤27	55	36	30	3.5
机型(三)	50	55	≤27	55	15	35	3.5
机型(四)	50	55	≤27	60	15	30	8

6. 轮胎式龙门起重机

集装箱专用码头堆场轮胎式龙门起重机一般按6列集装箱和1条集装箱卡车通道设计,跨距为23.47m。

堆高,多数集装箱轮胎龙门起重机是“堆三过四”和“堆四过五”机型。堆层多虽然在很大程度上提高了堆场利用率,但倒箱率增大。本案例的轮胎式龙门起重机推荐选用“堆四过五”

机型。

7. 轨道式龙门起重机

随着计算机管理、自动化控制技术的不断完善,集装箱专用轨道式龙门起重机经过几十年的发展,由于跨距大、堆箱层数多、堆场利用率高、节能、环保条件好、易实现全自动控制作业的优点,在近几年新建的一些大型集装箱码头堆场装卸设备均选用了高自动化性能的轨道式龙门起重机。

轨道式龙门起重机跨距在30~50m范围内比较合理,即10列集装箱加2条拖挂车通道或13列集装箱加3条拖挂车通道。这里,推荐选用轨道式龙门起重机跨距为41m,堆高为堆五过六。

8. 主要装卸设备规格及数量

根据对工艺系统的要求和可行性分析,我们将各方案所需配置的主要装卸设备的规格和数量经计算,见表4-11。

各方案主要装卸设备的规格和数量　　表4-11

序号	设备名称	规　格	数量(台)		
			方案1	方案2	方案3
1	岸边集装箱起重机	吊具下50t,外伸距55m,轨距30m	14	14	14
2	轮胎式龙门起重机	吊具下40t,跨距23.47m	42		30
3	轨道式龙门起重机	吊具下40t,跨距41m		28	10
4	集装箱牵引车	40″	84	84	84
5	集装箱正面吊	吊具下42t	4	4	4
6	空箱堆高机	6层箱	6	6	6
7	集装箱叉车	42t	2	2	2
8	叉车	16t	2	2	2
9	箱内叉车	3t	18	18	18
10	集装箱半挂车	40″~45″	120	120	120
11	汽车衡	80t×20m	12	12	12

9. 主要技术经济指标

各工艺方案的主要技术经济指标见表4-12,指标的计算过程略。

10. 推荐方案

通过以上各方案的综合比较,结合该港多年来对轮胎龙门起重机的使用、管理经验和目前轨道式龙门起重机的发展趋势,前方堆场选用轮胎式龙门起重机进行重箱及冷藏箱的装卸作业,确保完成120万TEU/年吞吐量的作业要求。后方堆场布置一定数量的轨道式龙门起重机,完成未来增长部分的作业要求。通过对轮胎式龙门起重机和轨道式龙门起重机的对比使用,积累自动化控制管理方面的经验。为此,推荐装卸搬运方案3,即轮胎式龙门起重机-轨道式龙门起重机方案。

工艺方案的主要技术经济指标　　表 4-12

<table>
<tr><th rowspan="2">序号</th><th rowspan="2" colspan="2">项　目</th><th rowspan="2">单位</th><th colspan="3">数　量</th></tr>
<tr><th>方案 1</th><th>方案 2</th><th>方案 3</th></tr>
<tr><td>1</td><td colspan="2">年吞吐量</td><td>万 TEU</td><td colspan="3">175</td></tr>
<tr><td>2</td><td colspan="2">泊位数</td><td>个</td><td colspan="3">4</td></tr>
<tr><td>3</td><td colspan="2">码头年通过能力</td><td>万 TEU</td><td colspan="3"></td></tr>
<tr><td rowspan="2">4</td><td rowspan="2">堆场容量</td><td>堆场实际布置容量</td><td rowspan="2">TEU</td><td>49 645</td><td>53 028</td><td>49 238</td></tr>
<tr><td>堆场平均箱位数</td><td>18 922</td><td>17 268</td><td>17 946</td></tr>
<tr><td>5</td><td colspan="2">设计堆场通过能力</td><td>万 TEU</td><td>186.6</td><td>200.6</td><td>185.3</td></tr>
<tr><td>6</td><td>拆装箱站、场面积</td><td>设计需要面积</td><td>m^2</td><td colspan="3">6 200</td></tr>
<tr><td rowspan="2">7</td><td rowspan="2">直接生产人员</td><td>驾驶员</td><td rowspan="2">人</td><td>776</td><td>678</td><td>762</td></tr>
<tr><td>装卸工人</td><td>328</td><td>328</td><td>328</td></tr>
<tr><td>8</td><td colspan="2">堆场面积</td><td>m^2</td><td>597 807</td><td>518 586</td><td>536 120</td></tr>
<tr><td>9</td><td colspan="2">装卸设备投资</td><td>万元</td><td>87 376.4</td><td>85 633.8</td><td>88 870.8</td></tr>
<tr><td>10</td><td colspan="2">单位直接装卸成本</td><td>元/TEU</td><td>138</td><td>126</td><td>136</td></tr>
</table>

案例分析

1. 仔细研读该案例，理解每一个步骤和解决问题的方法。在此基础上，尝试改变其中参数，并采用前面学过的相关知识，自己确定一个集装箱码头装卸搬运方案。

2. 本案例拟定了 3 个集装箱堆场的装卸搬运方案。如果采用轨道式龙门起重机，将有什么优点？为了克服其可能的缺点，应该在工艺系统上作哪些考虑？

3. 如果码头按此设计，你认为在未来使用中可能会出现什么问题？今后使用中将如何解决这些问题？

复习思考题

1. 什么叫“港口装卸搬运工艺”？

2. 在工艺合理化原则中，如何理解“安全质量原则”？请举例说明。

3. 什么叫“减少终端站停留时间原则”？

4. 举例说明“作业线各环节相互协调原则”。

5. 试比较集装箱码头堆场几种作业方式的特点，我国主流工艺采用什么方式？

6. 请比较图 4-39 两种轮胎式龙门起重机作业方式的差异。

7. 试比较两种集装箱港口装卸搬运系统的各自特点，你能构建一个新的集装箱港口装卸搬运系统吗？

8. 干散货在港口的装卸搬运特点对工艺系统的构建产生什么影响？

9. 请比较散货装卸采用固定式装船机和移动式装船机的各自特点。

10. 为什么在散货卸船作业时装卸桥比带斗门机更适合于大型船舶?

11. 过去在散粮卸船作业中采用了气力输送机,而现在则较少使用这种方式,为什么?

12. 连续卸船方式与间歇式卸船方式比较有何优点和缺点?

13. 在散货堆场作业中采用堆取合一和堆取分开方式各自的特点是什么? 目前我国主要采用哪种方式? 为什么?

14. 在散货卸火车作业中,一般认为采用翻车机方式优于螺旋卸车机方式,但我国有些港口却认为使用螺旋卸车机卸车更好,为什么?

15. 请解释码头油品装卸作业的流程。

16. 简述港区内危险品货物的分类及其危害分析。

17. 港区危险品货物如何分级管理?

18. 在港区,危险品装卸搬运过程中应注意哪些事项?

19. 在集装箱堆场的作业方式中,如何体现"提高机动性原则"?

20. 在码头上的件杂货装卸搬运中,有哪些作业环节难以实现机械化? 有什么好的解决方法?

21. 在件杂货装卸搬运中,工属具起什么作用?

22. 20ft 的集装箱长度为什么是 19ft10.5in?

23. 集装箱专用吊具有哪几种? 常用的是哪种?

24. 集装箱码头装卸桥的外伸距长度主要根据什么来确定?

第五章　港口生产计划与调度

港口生产管理是港口生产经营企业管理的一个重要组成部分，它与企业管理中的战略管理、技术开发管理以及营销管理的关系见图5-1。其中，生产管理是根据战略决策所确定的在一定时期内经营意图和任务，制订生产计划，组织生产活动，而技术开发管理是生产管理顺利进行的前提条件，营销管理则向生产管理提供市场信息。

港口生产管理主要包括：港口生产计划的编制和港口生产调度组织与决策。

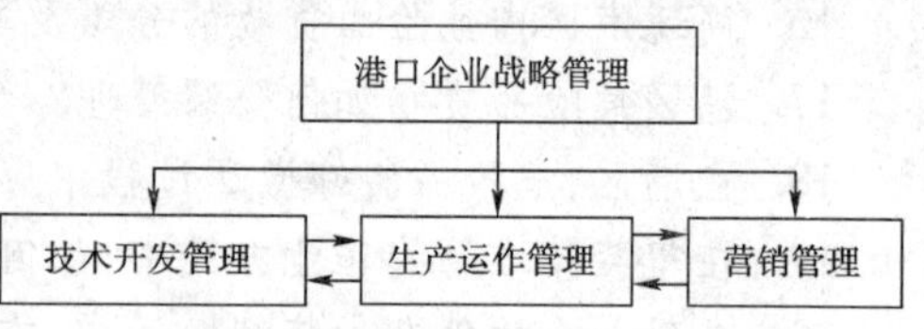

图5-1　港口生产经营企业管理系统的构成

第一节　港口生产过程概述

一、港口生产经营企业生产过程概念及其组成

港口生产经营企业的生产组织是从接待车、船开始，送走车、船为止为一个生产周期。车流、船流连续不断地到达，并经过装卸之后离去，因此，港口生产经营企业的生产是以为车船服务，一个周期连一个周期循环进行着。港口生产经营企业生产过程的组织就是研究从车、船到达，在港进行装卸等各项作业、货物在不同运输方式之间完成的换装组织过程。

生产过程组织得合理与否，对提高效率、节约装卸成本起着重要作用。所谓科学、合理地组织生产过程，就是通过组织工作，使港口生产经营企业在保证人身安全和货运质量的前提下，使整个生产过程各个环节相互衔接，协调配合，保证企业资源、空间、时间都得到最合理利用，使整个生产过程获得最佳经济效益。

港口生产经营企业生产过程，按其程序可划分为：生产准备过程、基本生产过程、辅助生产过程和生产服务过程4个阶段。

(1)生产准备过程

是指基本生产活动之前，港内所进行的全部技术准备和组织准备工作。主要包括：编制出装卸作业计划，并且根据计划完成货物操作过程及装卸工艺的确定；装卸地点、库场、接运工具的确定与准备，装卸机械的准备，以及货运文件的准备等等。这些工作是确保基本生产过程顺利进行的前提。

(2)基本生产过程

就是货物在港里所进行的装卸过程，又叫货物的换装过程，系指货物从进港到出港所进行的全部作业的综合，是直接完成船、车货物的装卸过程。它包括：卸船过程、装船过程、卸车过程、装车过程、库场作业过程、港内运输以及其他生产性作业等，由此可见，港口生产经营企业的生产过程最少由一个以上操作过程所组成。

货物在港内储存时间，根据需要可进行库场之间搬运，这类作业应视为一个独立操作过程，但货物在同一库场内的倒垛、转堆属库场内整理性质，与翻舱、散货的拆、倒、灌、绞包、摊晒货物等同属装卸辅助作业，均不计为操作过程。

港口为了便于抓好各环节之间的衔接与配合，实现装卸工作机械化和合理的劳动组织以实现港口生产全面质量管理，港口又将操作过程划分为若干个工序。

工序是组成港口基本生产过程的最小单元，是指在一个完整的操作过程中，能起独立作用的部分。通常港口的作业过程可划分为以下几个工序。

①舱底作业工序。包括装船和卸船时在舱内的摘挂钩、拆码货组、拆码垛及平舱、清舱等全部作业。

②起落舱作业工序。包括装船和卸船时船舱到岸、岸到船舱、船舱到车辆、车辆到船舱以及船舱到船舱的作业。

③水平搬运作业工序。包括码头、库场、车辆之间水平搬运作业。

④车内作业工序。包括装卸车时的上、下搬动，做关、拆关，车内的拆码垛作业。

⑤库内作业工序。包括库场内的拆码垛、拆码货组、供喂料作业。

在既定的作业工序中，完成一吨货物的操作，计算一个工序吨，使用机械操作的计算机械作业工序吨，使用人力操作的计算人力操作工序吨，工序吨的计算是衡量机械化程度的重要依据。

在进行基本生产过程组织时，要使组成操作过程各装卸工序的生产能力协调一致，否则，整个操作过程的装卸效率将受到最薄弱环节的装卸作业工序能力的制约。因此，所谓保证基本生产过程（或操作过程）的协调性和连续性，就是要保证其他非主导工序向主导工序协调，以保证主导工序的连续性。所谓主导工序是指对整个装卸作业过程起主导作用的工序。例如组织船—库（场）作业过程，其主导工序就是指卸船（或装船）机械的效率。

（3）辅助生产过程

是保证基本生产过程正常进行所必需的各种辅助性生产活动。它包括：装卸机械的维修与保养、装卸工属具的加工制造与管理、港口各项设施的维修，以及动力供应等。此外，在一条船或一列车装卸结束后所需进行的码头、库场整理工作等，这些均属辅助生产活动。

（4）生产服务过程

是指为保证基本生产过程和辅助生产过程顺利开展所进行的各种服务性活动。它包括：理货业务、仓储业务、计量业务。为船舶服务的有技术供应、生活必需品供应、燃物料、淡水供应、船舶检验与修理，以及压舱水的处理等；为货主服务的有货物鉴定、检验、包装等。此外，还有集装箱清洗与检修、港内垃圾与污水处理等。在港口生产过程中，服务性生产活动也是港口生产活动不可缺少的组成部分。

在组织生产过程时，既要组织好基本生产过程，也应组织好其他三个过程，特别值得注意的是，在组织生产过程中，不但要注意物质（即各项设备）的组织，而且要抓好信息的组织。在港口生产过程中，由于信息不畅通而产生的生产中断，在总的中断时间中占有很大的比重。例如，船舶积载图未能在船舶到港前收到，港口无法提前做好准备工作；外贸出口货虽然到港，但由于某些手续没有办妥而不得不退关的现象也时有发生。

二、港口生产过程组织的基本原则

港口装卸工作比一般工业企业生产更为复杂,影响因素也多,如何科学、合理地组织生产过程,就是要通过良好的生产组织工作,使整个生产过程的各个环节相互衔接、协调配合,保证人力、物力、空间和时间得到最充分、最合理的利用,多、快、好、省地完成运输生产任务;以达到最佳经济效果。为达到这目的,在组织生产过程中必须遵循以下几个方面的原则:

1. 生产过程的连续性

港口生产过程的连续性主要表现为:

①港口生产过程的组织是以运输工具为对象的,因此,只有对运输工具从进港开始,直到完成了全部作业之后,将货物运出港为止,才算结束了港口的生产过程。因此,作业一旦开始,就要保证作业的连续性。但这并不意味着所有的作业都必须连续进行,主要是要保证关键作业连续进行。例如,一艘海船有若干个舱口,在组织作业时,只要保证重点舱装卸作业的连续性,至于其他非重点舱的装卸作业则不一定要求连续进行,但要注意非重点舱的结束作业时间不得晚于重点舱的结束作业时间。

②一艘船舶的装卸,一般都由若干条作业线组成,而一条装卸作业线又是由若干个作业工序按照一定的程序连接起来的,某一工序的中断将引起整个作业线的中断。为保证装卸作业线的连续性,必须保证各作业工序的能力与协调。

③港口生产过程的连续性还应表现为四个阶段之间,即生产准备过程、基本生产过程、辅导生产过程以及生产服务过程之间组织平行作业或合理安排顺序,以避免在作业过程中由于衔接不好而使生产作业中断。

④根据港口生产活动的不平衡性特点,港口生产经营企业要具备一定后备能力,而后备能力在任务非高峰期间是以闲置状态存在的,因此,不能要求港口所有资源都处于连续工作状态,特别是港口的主要生产资源——泊位,必须会有一定工作中断时间,应该允许。

⑤港口生产过程的连续性还表现为货物在港作业的连续性,也就是要以最大限度地缩短货物在港停留时间,尽快实现其使用价值。

2. 生产过程的协调性

港口生产过程的协调性,是指港口生产各主要环节之间,作业线上各作业工序之间,在生产能力上,也即在人员、设备等各个方面配合得当。同时,还要保证装卸各种运输工具之间配合得当。虽然,在港口装卸船舶是其主要任务,但也不应忽视对其他运输工具的装卸组织工作。因为,对其他运输工具的装卸同样占据了港口生产经营企业的很大一部分资源,如果组织得不好,配合不当将会导致资源的浪费;而且,对其他运输工具的装卸若组织得不好将会影响到船舶的装卸。

3. 生产过程的均衡性

港口生产过程的均衡性,是指在相同的间隔时间内下达的任务均衡,同时,也包括各个阶段、各个作业工序所完成的任务相同(或相接近)或稳步上升。由于港口生产活动受多种因素的制约,有自然的、政治的、经济的以及技术等原因的影响,因而在不同时期生产任务都有可能发生变化,导致不均衡,除此之外,由于港口并不是孤立而存在,一般总是与若干个港口相联系

着，即使对某个港口，某种货物的发运是均衡，而几个港口的装卸点合在一起会引起对方港口的生产任务不均衡。因此，组织好港口生产过程的均衡性是生产过程组织水平的集中表现，能给港口生产经营企业带来良好的经济效果，能避免前松后紧，防止赶任务，防止货损、货差、设备损坏，有利于安全生产和保持企业的正常秩序。例如，港口可以加强横向联系，及时把握各种信息流，把运输工具和货物到港的不均衡程度减小到最小；也可以通过合理组织作业以及合理安排港口的资源，把不均衡对港口所起的不良影响减少到最小程度。例如，由于台风船舶不能到港，可以争取更多一些铁路货车到港，备足装船的货物，台风后船舶密集到港时，就不会因等货造成船舶装货的中断；当运输工具和货物到港都较少时，可以组织一些整理库场的作业，改善装卸作业环境和条件，以利于提高装卸效率，缓和不均衡的影响；当运输工具密集到港口时，也可以通过合理组织，以减少它们的等待时间。

4. 生产过程的经济性

港口生产过程的经济性，是指在组织港口生产过程中不仅要考虑生产效率，而且还要全面考虑其经济效益，这也是港口管理由生产型转为经营型的重要标志。为此，在船舶装卸时间相等的条件下，应该尽量采用装卸成本低的装卸工艺方案；在货物堆存的库场比较分散时，要通过方案比较确定船舶是否应该移泊等等。在这里，既要避免片面加速运输工具的装卸而不考虑港口生产经营企业经济效益的倾向，同时也要避免片面追求港口生产经营企业的经济效益而损害社会效益的倾向。

应该看到，追求经济效益是港口生产经营企业经营的目标，也是生产过程组织优劣的重要标志。以最少的投入获得最大的产出，这一指导思想在组织港口生产过程中应自始至终得到最具体的体现。

港口生产过程组织中的连续性、协调性、均衡性和经济性是相互联系的，只有四个方面都抓好了，才能算真正组织好港口生产经营企业的生产过程。

三、生产过程组织的任务

1. 保持港口畅通，加速车、船、货的周转

港口是运输网络上的各种运输工具之间换装点，港口的畅通是保证各条运输线路畅通的关键。如果港口发生堵塞就会在各条运输线路上立即反映出来，并将引起连锁性的反映，因此，保持港口畅通是生产组织的首要任务。只有港口畅通无阻，才能够保证车、船、货物的加速周转。

2. 保证按期、按时、安全优质地完成车、船装卸任务

车、船装卸是货物在港口实现换装的中心环节，也是生产过程组织的主要任务。它通过各种作业计划落实到具体的车、船、班组，当港口出现任务不平衡的时候，首先应当保证重点物资的运输，重点船舶的装卸。

3. 充分合理运用港口资源和一切技术手段完成生产任务

在港口生产组织中，如何使投入的物化劳动和活劳动消耗最少是一项重要任务，因为它是关系到港口经济效益高低的主要原因。所以，无论是生产过程的空间组织，还是生产过程的时间组织，都应该把提高港口经济效益，不断降低装卸成本放到重要的地位。

4. 加强港口生产过程相关的各部门间的合作

生产过程组织的另一项重要任务是与港口生产过程有密切关系的各个部门(铁路、航运、外贸、货主等)之间的组织配合与全面协作,是保证港口生产顺利进行不可缺少的条件。因为港口生产过程从输入到输出以及各个生产环节都涉及港、航、路、货等各个部门在技术、经济、管理、组织上的联系,因此,没有它们之间的配合与协作,港口生产过程组织也是难以实现。

第二节 港口生产经营企业生产计划编制

一、港口生产作业计划的基本内容及分类

港口生产作业计划是港口生产经营企业计划的具体执行计划,它以企业计划为总目标,结合各阶段(月、旬、日、工班)的生产具体情况,规定各阶段作业的具体任务和实施办法。

港口生产作业计划都是以装卸对象编制的阶段性计划,通常涉及以下内容:

①船舶泊位的安排;

②装卸工艺流程的确定;

③根据确定的装卸工艺流程,合理地分配港口生产资源,确定各项作业的生产进度、安全质量要求以及相应的责任者;

④根据船方、货方的有关要求,确定与作业有关的协作单位,向他们提出协作要求,以保证装卸作业的顺利进行。

目前的港口生产作业计划一般分为月度生产作业计划、旬度生产作业计划和昼夜生产作业计划。其中:月度生产作业计划主要由吞吐量计划和装卸工作计划组成,吞吐量计划是依据港口综合通过能力和月度货源组织落实情况而编制的,反映月度进出港口的各类货物的数量并以此确定港口月度生产任务。装卸工作计划是在吞吐量计划确定后编制的,集中反映港口装卸作业以及与装卸作业有关的各项工作的数量与质量指标,目的是为了保证吞吐量计划的顺利完成。

旬度生产作业计划是月度生产作业计划的具体化,考虑10天内的船舶到港情形,具体安排各公司的旬度进出任务,根据本旬度来港船舶资料基本确定船舶的装卸货种、数量、流向与作业泊位,并初步确定船舶在港装卸停泊时间。通过旬度生产作业计划,较早发现月度生产作业计划在均衡性等方面存在的问题,便于港口各级领导及时采取调整措施。此外,旬度生产作业计划也是航运部门安排运力、调整船舶到港密度的依据。

昼夜生产作业计划是港口各级生产调度部门组织和指挥生产的主要依据,也是协调港口内部各生产环节、协调港口与其他有关单位的配合,保证港口尽可能连续均衡生产的重要手段,该计划不但对车、船的装卸顺序、作业地点、操作方法等作了明确规定,而且对每艘船、每辆车的作业方法,使用机械设备、劳动力配备等方面作了详细安排,对昼夜各工班装卸的数量以及船舶车辆作业完工时间等也作了具体规定。

二、港口月度生产计划

港口月度生产计划是年度生产计划的具体化,是为了保证年度生产计划任务的完成而制

订的。它主要包括港口月度吞吐量计划和港口月度装卸工作计划。

1. 港口月度吞吐量计划

港口月度货物吞吐量计划，由港口计划部门会同生产调度及货运商务等部门，根据月度货物托运计划，月度外贸进出口船货计划(外轮到港计划)，各航运企业的船舶运力资料，以及港口码头泊位、仓库堆场、机械设备、劳动以及集疏运能力等资料，经综合平衡后编制。

港口月度吞吐量计划中规定的主要内容，有分货种、分流向、航线的货物吞吐量和旅客发运量。货物吞吐量的货类构成及其主要流向，反映了地区之间的经济联系、腹地生产配置以及对外贸易的情况，也反映出港口在国内、外物资交流中的地位和作用。

港口月度生产计划既是编制港口月度生产方案和其他作业计划的依据，又是年度计划与作业计划之间承上启下的纽带。因此，只有确定了月度生产计划，才使港口与航运、铁路、货主之间建立起严密的协作关系。

为了提高月度吞吐量计划水平和质量，应对计划的编制、贯彻执行以及检查分析、反馈评价等工作予以足够重视，提高计划的预见性和指导性。同时，也要强调计划的严肃性，计划指标的确定、修改都必须按程序办理。

在编制计划之前，应进行运输形势分析，并对上月计划完成情况、原因和问题进行分析研究，找出工作中的强弱环节，以便编制计划时参考。计划的编制必须按程序进行，编制计划所依据的各项数字，应具有可比性。货物吞吐量计划大致格式见表5-1。

港口货物吞吐量计划　　表5-1

货类	本期计划														
	总计	外贸			内贸										
		其中			其中						其中				
		合计	进口	出口	合计	进口	北方沿海	南方沿海	长江	内河	出口	北方沿海	南方沿海	长江	内河
合计															
煤炭															
石油															
金属矿石															
钢铁															
矿建															
水泥															
非金属矿石															
化肥															
盐															
粮食															
其他															

2. 港口月度装卸工作计划

港口月度装卸工作,是港口为保证完成月度吞吐量计划任务而对港口装卸作业所作的计划安排,并确定企业为保证企业吞吐量计划的完成,各方面工作应达到的水平。

港口月度装卸计划,由港口计划部门或调度部门编制,包含的计划指标较多,各港也不尽相同。它的主要指标有按自然吨或吞吐量计算的生产任务,有按操作吨计算的装卸工作量及一系列反映效率及港口生产要素利用程度的指标等等。

三、港口昼夜生产作业计划

昼夜生产作业计划是港口生产作业计划体系中最基本也是最具体的计划,港口生产经营企业的旬度、月度以及年度计划的完成,都有赖于每个昼夜计划的完成;另外由于港口生产具有多环节、多工序、涉及面广和情况多变等特点,所以编制昼夜生产作业计划就显得特别重要而又比较复杂,要成功地编制好昼夜生产作业计划需要准确掌握以下资料:

①上级指示、相关单位的协作情况和船方、货主要求等;

②货物资料,包括:货种、数量、流向等;

③船舶资料:船型、到港时间、装卸设备、船舶积载情况等;

④集疏运工具的供应情况:集疏运列车、卡车以及驳船等运输工具的到港密度与载货量;

⑤水文气象:天气、海浪、潮汐等情况;

⑥港口自身的实际情况:码头泊位能力、机械设备的备有量、库场堆存能力以及员工的素质和出勤情况等等。

表 5-2 是我国某港装卸公司的“昼夜作业计划表”样式,表 5-3 为某集装箱装卸公司的昼夜船舶作业计划表。有关在港口生产调度过程中的昼夜作业计划的编制方法与工作流程将在后面详细介绍。

一些港口生产经营企业根据生产作业需要,将昼夜生产作业计划再进一步细分为工班计划,更详细地给出了在一个工班时间内,港口生产经营企业生产组织的安排方式。表 5-4 为某集装箱装卸公司制订的工班任务书(即工班作业计划)。在该工班任务书中,详细地规定了该工班各泊位上作业的船舶,需要完成的装卸集装箱数量(分 40ft 和 20ft),每小时各船舶完成的装卸量(船时量),作业的路线,以及所使用的设备。特别是在任务书中列出了作业中应注意的工作事项。

某港装卸公司昼夜作业计划表　　表 5-2

作业类别	作业地点	船名航次	作业过程	货名	总箱		吨位	工作时间				船舶动态	上昼夜剩余			第一工班									第二工班	第三工班	昼夜合计			昼夜剩余		
					20	40		靠泊	开工	完工	离泊		20	40	吨位	舱口	计划与实绩			配工		当班剩余					20	40	吨位	20	40	吨位
																	20	40	吨位	工人	机械	20	40	吨位								
吞吐箱吨合计																																
车驳库场火车作业																																
操作箱吨合计																																

昼夜完成总数	班次	操作箱吨			吞吐箱吨			昼夜箱吨合计			火车	昼夜工人出勤	班次	出勤	多缺	备注	昼夜机械出勤	机械名称	现有台数	出勤台数			备注	安全生产注意事项
																				第一班	第二班	第三班		
		20	40	吨	20	40	吨	20	40	吨								桥吊						
	第一班												第一班					轮胎吊						
	第二班												第二班					…						
	第三班												第三班					…						
	合计												合计					…						

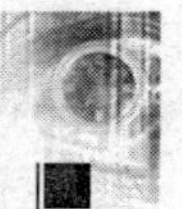

某集装箱装卸公司昼夜船舶作业计划表

表 5-3

昼夜船舶作业计划表

多云转阴有时有小雨。明阴到多云。东北风 4~5 级。今天最高温度 14 度，明天最低温度 9 度。

计划日期：2006. 11. 29 22:00-30 22:00
生成日期：2006. 11. 29 14:00:00
打印日期：2006. 11. 29 14:15:45

意太 30/1800-01/1800 1130 935 2065
伊朗法罕 30/0600-30/1700 1130 788 1918
北欧亚进取 30/0800-01/0530 90 939 1029
北欧亚天梭 29/0550-30/0500 140 687 827
永善 29/1930-30/0400 975 1539
向济 29/1245-30/0430 1760 2298
海军上将 30/1830-01/1800 2170 902 3072
达飞阿贾克斯 29/2000-30/1730 2400 850 3250
东方澳洲 30/1830-01/0630 3175 864 4039
芙蓉岛 30/0700 3350 3823
现代主权 29/1830-30/0430 3350 997 4347
新黄埔 30/0630-01/0600 4140 864 5004
晓湖 29/1930 4460 4767
3600 4600

200 400 600 800 1000 1200 三海码头 | 0 200 400 600 1 泊位 | 800 1000 1200 1400 1600 2 泊位 | 1800 2000 2200 2400 2600 3 泊位 | 2800 3000 3200 3400 4 泊位 | 3800 4000 4200 4400 5 泊位 | 4800 5000 5130

船员 航次	装卸	总箱量				作业时间				动态	上昼夜剩余				第一班					第二班					第三班					昼夜合计					昼夜剩余			
		20' F/E	40' F/E	45' F/E	吨位	靠泊时间	开工时间	完工时间	离泊时间		20'	40'	45'	吨位	20'	40'	45'	桥吊	吨位	20'	40'	45'	桥吊	吨位	20'	40'	45'	桥吊	吨位	20'	40'	45'	TEU	吨位	20'	40'	45'	吨位
北欧亚天梭 645E	I	0/906	0/645		4390	29/05:00	29/05:30	30/04:00	30/05:00	进口	196	145		970	196	145		123	970											196	145		488	970				
北欧亚天梭 645W	E	50/0	30/0		1100	29/05:00	29/21:00	30/04:00	30/05:00	开船	40	20		800	40	20		123	800											40	20		80	800				
北欧亚进取 646E	I	320/88	152/149		7010	30/08:00	30/08:00	30/22:00		进口	408	301		7010						308	171		123	4120	100	130		123	2890	408	301		1010	7010				
北欧亚进取 647W	E	550/0	300/0		11500	30/08:00	30/14:00			开船	550	300		11500											300	70		123	5250	300	70		440	5250	250	230		6250
永善 001EB	E	0/50	0/615		2560	29/19:30	29/20:00	30/03:00	30/04:00	开船	30	455		1840	30	455		456	1840											30	455		940	1840				
伊朗法罕 502E	I	114/12	1/280		2300	30/06:00	30/06:30	30/14:00	30/17:00	进口	126	281		2300						126	281		4567	2300						126	281		688	2300				
伊朗法罕 502W	E	450/80	50/0		5660	30/06:00	30/08:00	30/16:30	30/17:00	开船	530	50		5660						350	20		4567	5400	180	30		4567	260	530	50		630	5660				
意太 046W	I	13/263	342/1650		14090	30/18:00	30/18:30			进口	276	1992		14090											156	362		45678	2330	156	362		880	2330	120	1630		11760
向济 2336N	E	55/166	101/180		3620	29/10:00	29/14:00	30/03:00	30/04:30	开船	121	81		850	121	81		789	850											121	81		283	850				
达飞阿贾克斯 60W	I	57/68	285/1335		11740	29/20:00	29/20:30	30/14:00	30/17:30	进口	105	1420		10880	75	1050		89ABCD	7030	30	370		89ABCD	3850						105	1420		2945	10880				
达飞阿贾克斯 67E	E	550/0	950/0	53/0	25560	29/20:00	30/02:00	30/17:00	30/17:30	开船	550	950	53	25560	40	70		89ABCD	1800	450	610		89ABCD	8700	60	270	53	89ABCD	6060	550	950	53	2569.25	25560				
海军上将 149W	I	106/2	114/600	13/142	6570	30/18:30	30/19:00			进口	108	714	155	6570											38	194	155	9ABC	2320	38	194	155	774.75	2320	70	520		4250
现代主权 058E	E	210/0	530/0	60/0	13900	29/18:30	29/21:00	30/04:00	30/04:30	开船	190	480	60	12700	190	480	60	EFGHM	2700											190	480	60	1285	12700				
芙蓉岛 177W	I	25/71	35/79		1400	30/07:00	30/07:30	30/14:00	30/17:00	进口	96	114		1400						96	114		EF	1400						96	114		324	1400				
芙蓉岛 178E	E	140/0	120/0		3800	30/07:00	30/10:00	30/16:30	30/17:00	开船	140	120		3800						60	80		DE	2200	60	40		DE	1000	140	120		380	3800				
东方澳洲 001S	E	550/0	500/0		15500	30/18:30	30/19:00			开船	550	500		15500											150	200		DEF	4500	150	200		550	4500	400	300		11000
晓湖 L0247N	I	120/0	68/0		2560	29/19:30	29/20:00	30/02:00	30/05:00	进口	60	22		1160	60	28		JK	1160											60	28		116	1160				
晓湖 L0248S	E	90/0	90/0		2700	29/19:30	29/22:00	30/04:00	30/05:00	开船	90	90		2700	90	90		JK	2700											90	90		270	2700				

表 5-4

工 班 任 务 书

作业时间:30 日 日班　　　　交班 2　　　　接班 1

泊位	靠泊尺码		船名	靠离泊时间	卸船	装船	船时量	重点路		单船	船控	作业路
	靠	迄			20′/40′	20′/40′		行位	台时量			
1	165	1 029	新黄埔	01/06:00 开	825/1217	850/643	165					101 102 103 104 105 106
2	1 130	1 918	伊朗法罕	30/17:00 开	126/281	530/50	118					106 107 108 109
2	1 130	2 065	意太	30/18:00 靠 01/18:00 开	2268	1650	170					104 105 106 107 108
3	2 400	350	达飞阿贾克斯	30/16:00 开	620	1030	210					108 109 110 111 12 113 114
3	2 170	3 072	海军上将	30/18:30 靠 01/18:00 开	977	1045	88					109 110 111 112
4	3 350	3 823	芙蓉岛	30/17:00 开	200	260	52					115 116
4	3 175	4 039	东方澳洲	30/18:30 靠 01/06:30 开		1050	95					113 114 115 116
5	4 130	5 069	北欧亚进取	30/10:00 靠 01/05:30 开	709	850	80					117 118 119 120

保养机械

机械	时间
212/261	08:00～16:00
203/245/246	修理
275	钢丝绳调整
324/364/403/472	08:00～16:00
501	08:00～16:00
519	故障修理
626	事故修理

机械、驾驶员出勤

	计划出勤		实际出勤	
桥式起重机	25	25	37	36
轮吊	78	72	79	76
集装箱卡车	165	158	160	154
堆高车	13	12	12	12
铲车	4	3	4	4
捆扎工			100	103
场业控制员				
TPS 调度员				
冷藏箱管理员				

工作要点

1. 船舶开靠系解缆人员、桥吊注意避让,作业人员要注意站立位置。
2. 机械驾驶员作业时要注意控制车速不要盲目操作。桥吊关路下严禁站人。进入现场要戴好安全帽、严禁烟火。现场作业人员要注意做好各项安全工作。
3. 码头上靠泊的大船进口箱都较多,请桥边对进口箱要注意加强验残、验封、验箱型,单船上船后要仔细核对进口的特种箱。东方澳洲系首次靠泊,请上船摸清船舶规范及积载要求后再开工。
4. 芙蓉岛出口有危险品 20FX9(D4.2 黄磷);伊朗法罕出口有危险品 20FX12(D2.2 空罐)20FX1(D6.1 剧毒品)都定于 30 日 14:20 直装船。晓湖出口有危险品 20FX7(D3 化工品)定于 30 日 03:00 直装船。具体作业要求见安全措施。道口要注意加强验残、验封,桥吊作业时要注意轻吊轻放。
5. 工作重点:注意做好危险品装卸船的安全工作。
6. W102(从 11 月 17 日开始进行油漆修补工作,每日施工作业时间从 07:00～19:00 时结束,共计需要 25 天,动大车提前通知工程部),请中控和驾驶员配合好。
7. CSI 截关船:(30)－无－。请中控道口注意。
8. 穿梭巴士(计划预靠三海)集海永强:30/08:00～11:00。请当班在靠泊前做好各项准备工作。

制表人:

第三节　港口生产调度

一、港口生产调度工作的任务和要求

港口生产调度是港口生产管理系统的核心,其主要任务落实在港口生产调度岗位。港口生产调度工作质量直接影响到企业的经济效益,所以如何做好港口生产调度工作已成为港口生产经营是否成功的关键。港口生产调度的任务归纳起来有:

①根据国家的有关法律和政策,以及企业领导的指示,到港车船和货物以及自身的码头专业化程度等情况,与航运、铁路、物资、货主、商检、海关等港外有关单位密切联系,加强协作配合,使装卸作业连续不断地进行。

②根据货源、运输工具、机械设备、仓库场地以及劳动力等情况,配置生产作业线,具体确定采用装卸操作方法、选用机械类型、配备劳动力和确定作业起止时间等。

③掌握生产作业情况及其进度,预见和及时发现生产调度中的不平衡现象,采取事前计划、过程控制和事后补救相结合的方法,以保证正常的生产秩序。

鉴于上述港口生产调度任务,提出以下对港口生产调度工作的要求:

①预见性:预见包括两个方面:一是采取预控措施,消除港口生产中的隐患;二是事先准备,采取有效的应急措施。有了预见性才能保证港口生产调度工作的主动性。

②计划性:计划是为达到既定目标而预先规定的工作进度及其措施,计划性是港口生产调度工作的基础和依据。

③集中性:为了有效地维护港区生产经营的统一领导,保证生产资源合理配置,以及生产活动有条不紊地正常进行,在港口采用集中管理方法是必要的。当然,这种集中管理的有效性有赖于港口两层管理之间的协调性。

④及时性:发现问题迅速,信息反馈及时,解决问题果断。

⑤经常性:生产一开始,就必须不间断地进行生产调度、协调和平衡,这正是港口现场生产调度指挥系统的工作。

⑥全面性:既要全面掌握港区内部人、财、物的资源配置和生产作业计划等情况,又要掌握各协作单位的与港口生产密切相关的信息。

二、国内现行港口生产调度的方法

目前,我国港口生产调度工作主要是通过编制生产作业计划,召开各类生产调度会议以及现场调度指挥来开展的。

1. 港口生产调度会议制度

港口生产调度会议制度是根据港口生产经营的特点和要求确立的,是做好港口生产调度工作的重要保障,其作用在于:

①协调港、航、车、货等各方面的联系与配合,保证装卸运输的顺利进行;

②通过各种生产会议布置港口的月度、旬度和昼夜等生产作业计划;

③检查和总结各生产作业计划的完成情况以及安全质量情况;

④抓好重点船、重点舱和重点货的装卸任务。

由于港口生产调度会议是围绕着港口生产作业计划的制订、布置和生产作业计划完成情况的反馈而召开的，所以港口生产调度会议也相应划分为：月度生产会议、旬度生产会议和每日生产会议（包括：交接班会、生产计划预编会和生产会等），另外根据港口特殊的装卸任务也可临时召开一些生产会议。

港口生产调度会议制度与港口生产管理中的调度机构相对应，而港口的生产调度机构的设置又与港口生产经营企业管理机构的设置相一致，港口生产经营企业管理机构是根据港口规模、港区分散或集中程度、码头专业化程度以及各自的生产经营特点等情况设置，一般采用两层管理机构："集团公司—装卸公司"，相应地在生产调度中也采用集团生产调度会议和公司生产调度会议两层调度会议制度。

2. 现场生产调度

一般港口除了集团与下属公司两层调度部门外，在现场生产调度中还配有值班调度人员和装卸指导员（也称单船指导员），负责港口装卸生产的现场直接组织和指挥工作。

现场生产调度总的任务是：以昼夜生产作业计划和调度部门布置的任务为依据，具体负责所承担船舶的劳动力和机械设备的配置、装卸工艺和流程的落实，努力做到使各装卸生产任务能平衡、安全地进行。

我国现行的港口生产调度决策过程（主要体现在生产作业计划的制定过程）是一个多环节过程，决策中参与的人员较多。长期以来，我国港口生产调度决策与生产调度的手段落后，已沿用几十年的传统方式是按照一种规范化的程式进行，经验和生产会议是其中的关键。在信息变化迟缓的环境下，按这种方式运作还是有效的，几乎几十年没有发生什么大的改变。

企业过程是指为完成企业某一目标（或任务）而进行的一系列逻辑相关的活动的有序集合。港口生产经营企业生产过程则应是指港口生产经营企业为完成装卸、搬运、储存等生产任务而进行的一系列活动。我国港口生产经营企业生产过程目前主要采用的是两层生产管理模式，这种模式已经通过几十年的运作，形成了一套较稳定的职责分工方法。

在港口两层生产管理过程中，集团公司一层主要负责以下生产安排的决策：

①船舶到港后作业泊位的指定（指泊），即负责全港船舶作业任务分配；

②确定重点装卸船舶的优先权，保证重点物资装卸；

③确定船舶作业总体进度及要求，对现场生产调度提出指示；

④全港性资源的调配（如：拖轮、浮吊、铁路专用线、二线库场等）。

装卸公司一层主要负责以下生产安排的决策：

①针对集团公司下达的生产任务，制订具体的生产作业计划；

②根据公司可以调配的生产资源，合理安排人力、设施、设备，以最经济的方式组织生产；

③向集团公司申请全港性生产资源的使用；

④负责生产过程中的现场指挥；

⑤及时反馈公司生产进度，对于生产中所遇到的重大问题请示集团公司。

三、一层（集团公司）生产调度决策的过程与方法

1. 港口生产计划安排

目前我国港口为了做到生产过程的预见性，有效地在不同层次、不同职能部门之间传递生

产信息,而采用的是名目繁多的计划报表方式。经对上海港调研,整理出与生产有关的主要计划、统计报表(表5-5),这些报表均以纸张形式体现。计划、统计报表的缮制成为生产调度人员一项重要工作。

我国某港生产调度中所用各类计划、统计表　　表5-5

序号	表　名	制作者	使　用　者	编制时间	备　注
1	集装箱船舶月度计划	集装箱科	业务处、集团领导 有关处室、业务员		
2	船舶装卸三日计划草表	分区计划	分区计划		作台账用
3	旬度外贸出口计划	外贸出口计划	业务处内有关科室	逢8、18、28日做	
4	月度潮汐表	指泊调度	值班调度、计划调度、业务处长		
5	月度全港和集团货源计划	综合计划	业务处、集团领导、各公司		
6	海运进口到船卸港安排表	北京会议带回	业务处长、市场科、计划调度科		
7	月度全港吞吐量计划表	综合计划	业务处、集团领导、各公司	26日左右	
8	外贸进口到货统计表	综合计划	业务处长、交通部	完成以后	
9	吞吐量月度计划区站分配表	综合计划	分区计划、业务处		
10	外贸船舶在港动态日报	夜班值班调度	集团领导、各处室、交接班与会者,交办	上午8:00以前	
11	生产日报	夜班值班调度	集团领导、各处室、交接班与会者,交办	上午8:00以前	
12	船舶代理提供的5日船期表	船代提供	业务处长、值班调度、计划调度科,交接班与会者	上午8:00以前	
13	装卸公司昼夜作业计划表	分区计划	值班调度、综合分析科		
14	装卸综合记录表	值班调度			
15	浮筒日报表	指泊调度	引航站、拖起公司、装卸公司		
16	船舶综合计划表	综合计划	综合计划员		作台账用
17	船舶昼夜进出港与在港移泊动态记录	指泊调度	值班调度	昼夜计划表之后	泊位由综合计划员填

2. 港口生产管理中的会议制度

港口生产过程中的协调很重要的是依赖于港口生产调度中的会议制度。表5-6是目前某港一层(集团公司)生产管理中所安排的例行会议。

港口一层(集团公司)生产管理中的会议表　　表5-6

会议名称	会 议 时 间	参 加 人 员	解决的问题
交通部月度生产平衡会	12~21日	集团公司:综合计划员、市场科 其他:交通部:货运处、调度处,各部委,公司,航运企业,港口,专业公司等	1. 汇报各港上月生产完成情况; 2. 确定港间的任务平衡; 3. 确定大宗散货计划; 4. 货源组织; 5. 了解各港情况,港间货物交流
集团业务会	每月上旬	各下属公司党政一把手,集团各处室负责人,集团领导	
旬度会	每月11、21、30日	各下属公司生产经理,集团与生产有关的处室 负责生产的副总经理主持	1. 通报全港生产情况; 2. 布置下旬货源情况; 3. 表扬先进
业务处处务会	24日左右	业务处各科室负责人,业务处处长主持	1. 为集团业务会、旬度会作准备; 2. 汇报部平衡会情况; 3. 对原计划任务兑现情况分析; 4. 对各公司问题进行分析; 5. 业务处工作布置
交接班会	上午8:30	生产副总经理、业务处正副处长、综合计划员、分区计划员、计划调度科长、进口计划、出口计划、值班调度、指泊调度、市场科科长、集装箱科科长、其他有关科室人员	1. 汇报天气情况; 2. 汇报本昼夜至夜班结束时的生产进度与计划任务相差的原因,各公司完成的实绩,表扬先进; 3. 市场科汇报货运市场情况; 4. 处长布置白天任务及下昼夜主要任务,注意事项,指出问题; 5. 生产副总经理给出指示
预编会	上午10:45	业务处分管副处长、综合计划员、分区计划员、值班调度	1. 各分区计划员汇报各公司生产进度安排、开工情况,船舶靠离情况; 2. 处长提出修正意见; 3. 综合、值班调度提出意见
船前会	船舶作业前	进口计划员等	对特殊货物研究装卸方法
进出港船舶情况通报会	15:00	指泊调度、船代、联检等	通报进出港口的船舶情况

3. 港口生产调度中各生产职能岗位人员的主要工作

在港口一层生产指挥系统中参与生产调度的岗位人员(和部门)主要有:业务处处长(或称调度室主任)、副处长、计划调度科科长、综合计划员、分区计划员、进口计划员、外贸出口计划员、速遣员、指泊调度、值班调度、市场科、集装箱科、商务理赔科、疏运科等。表5-7反映出各岗位(部门)所从事的主要工作,从中也反映出各岗位相互间的工作协作关系。

某集团公司生产调度各岗位(部门)所从事的主要工作　　表5-7

<table>
<tr><th colspan="2">岗位人员(部门)</th><th>主要工作</th></tr>
<tr><td colspan="2" rowspan="3">业务处处长</td><td>交接班会:布置任务,估计白天生产进度,提出生产注意事项,指出问题,评价业绩</td></tr>
<tr><td>主持每月的处务会,为集团业务会、旬度会作准备</td></tr>
<tr><td>确定月度生产任务,审定下昼夜生产计划</td></tr>
<tr><td colspan="2" rowspan="2">业务处主管调度的副处长</td><td>采用按月值班负责制</td></tr>
<tr><td>参加交接班会,主持8:50的到港船舶停泊安排,主持预编会</td></tr>
<tr><td colspan="2" rowspan="2">计划调度科科长</td><td>参加交接班会,平衡到港船舶停泊的公司</td></tr>
<tr><td>负责计划调度业务管理工作</td></tr>
<tr><td rowspan="5">综合计划员</td><td rowspan="4">当班</td><td>8:30之前 弄清到港船舶情况</td></tr>
<tr><td>8:30 参加交接班会</td></tr>
<tr><td>8:50 分配、平衡到港船舶停泊的公司,对明天到港的船舶做台账,并了解船舶、货物、工具、码头等情况</td></tr>
<tr><td>10:45 参加预编会,通知港监港作船调配情况,掌握明天靠泊船舶动态,根据客户及客观情况调整进度</td></tr>
<tr><td>不当班</td><td>分析上月生产情况,分类汇总成表
参加北京生产平衡会,反映本港情况,将北京会议情况带回</td></tr>
<tr><td colspan="2" rowspan="3">分区计划员</td><td>8:30之前 弄清在港船舶装卸进度</td></tr>
<tr><td>8:30 参加交接班会</td></tr>
<tr><td>10:45 参加预编会,对船舶作业的泊位进行安排,对所管公司的作业进度、开工作业线进行安排,与公司协调,下达下昼夜任务,确定下昼夜生产计划,负责转达下属公司需要集团解决的问题</td></tr>
<tr><td colspan="2" rowspan="2">进口计划员</td><td>负责对进口船舶的积载图的检查,了解重大件、危险品等特殊货物的进口及积载情况,主要收货人,进港船舶的船型,确定减载要求,核算减载费用并告代理</td></tr>
<tr><td>对于特殊货物,组织召开船前会,讨论货物装卸方法,有关单位参加</td></tr>
<tr><td colspan="2" rowspan="3">外贸出口计划员</td><td>每月8、18、28日排船(船期信息来自各船代),整理后交综合计划员</td></tr>
<tr><td>为货物装船前的集并作准备,催促货主抓紧报关</td></tr>
<tr><td>确定外贸货物的装卸公司,作外贸货物出口计划台账</td></tr>
<tr><td colspan="2" rowspan="3">速遣员</td><td>对到港船舶签延时速遣条款,并负责向船方催款</td></tr>
<tr><td>对外谈判,核对装卸事实记录,抓截单,抓进站</td></tr>
<tr><td>配合进口计划员工作</td></tr>
<tr><td colspan="2" rowspan="4">指泊调度
(2人轮班)</td><td>根据代理公司的船期,对到港船舶进行登记</td></tr>
<tr><td>填报“浮筒日报表”,通知引航站、拖轮公司、装卸公司</td></tr>
<tr><td>每天15:00召集开会,通报港口进出港船舶情况(引航站、船代、联检等单位参加)</td></tr>
<tr><td>向引航站提出引航要求</td></tr>
</table>

续上表

岗位人员(部门)	主 要 工 作
值班调度 (采用12h轮班制)	对分区计划汇总的昼夜计划进行核对,并记入自己的台账
	根据交接班的情况,及时修正生产调度计划
	负责9:40的电话会议,向各公司传达调度交接班会上的重要精神,上昼夜情况通报以及安全质量等问题(遇重大问题由值月处长或主管生产集团生产副总裁负责召开)
	保持与公司的联系,了解进度,及时处理生产中遇到的问题,提出生产安全措施(电话)
	24:00,收集各公司上报的14:00~22:00已完成的任务
	编制下一班计划,确定计划期内装卸任务计划、劳动力配备以及机械配备,安排收集、汇总各船代的船期表
	根据各公司汇报的生产完成情况以及发生的问题,制作生产日报表
	在调度日记上,记录各公司反映的情况
	参加交接班会,汇报大气情况,上昼夜生产进度,至夜班结束时计划落实情况
	参加计划预编会
市场科	争取货源,对外签约,与大货主保持联系
	参加部月度生产平衡会
集装箱科	研究,并支持开辟新的航线
	每天10:00开联办会(口岸、SCT、海关、货代、集管、运输等单位参加)进行箱务管理(使集团公司堆场尽可能得到充分的利用)
	制订《集装箱船舶月度计划》(每月25日左右制订,30日发)
商务理赔科	处理船舶在港作业中的货损、货差,制订商务理赔方面的法规
	与保险公司联系,处理无主货物
疏运科	解决船舶压港、春运和军运任务,防台、防汛

四、二层(装卸公司)生产调度决策的过程与方法

在港口二层生产指挥系统中参与生产调度岗位人员主要有:公司负责生产的副经理公司、调度室主任、作业计划员、公司值班调度、单船指导员等。表5-8反映出各岗位所从事的主要工作。

装卸公司生产调度各岗位人员所从事的主要工作　　表5-8

岗 位 人 员	主 要 工 作
公司生产经理	出席交接班会,主持生产会,并作生产指示
	对公司生产安排作出决策
	对生产中遇到的重大问题作出指示

续上表

岗位人员	主要工作
公司调度主任	主持交接班会,参加生产会,对生产调度作具体指示
	及时处理生产调度中遇到的问题
	与集团调度保持联系,及时掌握集团生产调度的精神
	主持计划的预编
	协调生产调度中各部门的关系
公司作业计划员	参加交接班会、计划预编会、生产会
	根据集团分区计划员下达的下昼夜任务,向集团分区计划员上报下昼夜预编计划数(进度安排、开工作业数、各船完成的吞吐量、完工船舶时间、新开工船舶时间、需要集团帮助解决的问题等)
	具体落实作业线、机械、人员、库场等安排,制订出公司下昼夜作业计划
	在下午生产会(15:30)上提供下昼夜作业计划
公司值班调度(12h 轮班)	处理当班时生产调度中的问题,向集团分区值班调度汇报生产进度以及遇到的问题
	根据现场情况,编制一个工班计划
	参加计划交接班会、预编会、生产会
单船指导员	现场指挥生产,处理船舶装卸生产中遇到的问题
	与值班调度保持联系

五、两层生产调度决策过程

目前,港口生产调度过程采用的是由两层指挥系统、多人协同工作和决策、组织过程为串行的生产调度模式。这种模式主要由上述人员参加,按所列各岗位的职责分工协作,并将生产计划、生产会议以及现场生产调度进行有机地结合,通过长期实践,形成了一套按部就班的串行式生产调度过程。经对现行我国港口生产调度过程进行分析、归纳,可以画出图 5-2 所示的以船舶为服务对象的港口生产调度过程流图(图中流程是以某港的具体生产调度过程为背景,我国各港口的生产调度模式与此类似)。

六、港口生产调度方法

1. 采用滚动计划方法编制港口生产调度计划

所谓滚动计划是指每次制订和调整计划均以一个计划期为周期向前推进一个实施期,一个计划期包括近期、中期、远期 3 个执行期,但各执行期内容的详细程度不同。近期为实施计划期,中期为准备计划期,远期为预计计划期。

滚动计划的主要特点为:

①计划分为若干个执行期,如长期计划以年为执行期,年计划以季为执行期,季计划以月为执行期,月度生产计划以旬为执行期,同理,24h 计划可以 8h 为执行期。近期的计划部分,其内容要求详细具体,是计划的具体实施部分;远期的计划部分则较粗,它是计划期准备实施

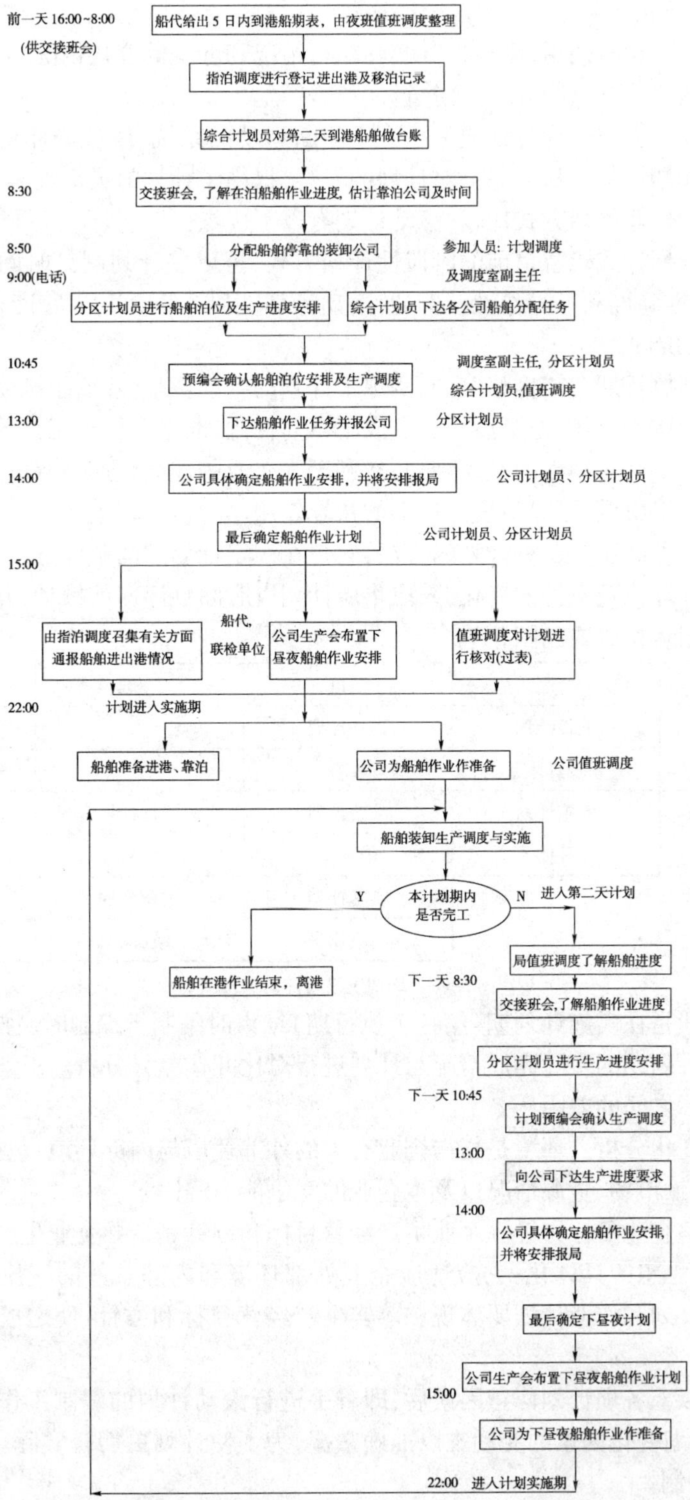

前一天 16:00~8:00（供交接班会）　船代给出 5 日内到港船期表，由夜班值班调度整理

指泊调度进行登记进出港及移泊记录

综合计划员对第二天到港船舶做台账

8:30　交接班会，了解在泊船舶作业进度，估计靠泊公司及时间

8:50　分配船舶停靠的装卸公司　参加人员：计划调度及调度室副主任

9:00(电话)　分区计划员进行船舶泊位及生产进度安排　综合计划员下达各公司船舶分配任务

10:45　预编会确认船舶泊位安排及生产调度　调度室副主任，分区计划员 综合计划员,值班调度

13:00　下达船舶作业任务并报公司　分区计划员

14:00　公司具体确定船舶作业安排，并将安排报局　公司计划员、分区计划员

最后确定船舶作业计划　公司计划员、分区计划员

15:00　由指泊调度召集有关方面通报船舶进出港情况　船代，联检单位　公司生产会布置下昼夜船舶作业安排　值班调度对计划进行核对(过表)

22:00　计划进入实施期

船舶准备进港、靠泊　公司为船舶作业作准备　公司值班调度

船舶装卸生产调度与实施

本计划期内是否完工

Y　船舶在港作业结束，离港

N　进入第二天计划

局值班调度了解船舶进度

下一天 8:30　交接班会,了解船舶作业进度

分区计划员进行生产进度安排

下一天 10:45　计划预编会确认生产调度

13:00　向公司下达生产进度要求

14:00　公司具体确定船舶作业安排,并将安排报局

最后确定下昼夜计划

15:00　公司生产会布置下昼夜船舶作业计划

公司为下昼夜船舶作业作准备

22:00　进入计划实施期

图 5-2　以船舶为对象的生产计划制订与生产实施过程流图

的部分；

②当计划执行一定时期后，则根据其实际执行情况和环境的变化情况，对以后各期内容进行适当的修改和调整，并向前延续一个执行期；

③使生产计划或生产作业计划成为一个不间断运动的系统，使整个计划处于变化和发展之中，因此，滚动计划加强了从动态上对计划的考察，提高了计划的灵活性和适应性。

与阶段式生产作业计划方式比较，滚动计划有以下优点：

①采取滚动计划方式代替目前的阶段性计划方式，可以使计划制订时间更贴近计划实施期，以提高计划的准确性和可操作性。例如，滚动计划期以 3 班 24h 为跨度，滚动计划间隔期可以为一个工班(8h)；

②由于在计划执行期向前推移滚动，实现了计划的主动调整，改变了被动调整的局面；

③减少了事后协调工作，把事后控制变成了事前控制，改善了计划工作的被动局面；

④由于形成了一个连续性的滚动计划，有利于为企业的连续生产经营创造条件，有利于保持前后期工作的衔接协调，更好地发挥计划的指导作用。

滚动计划是一种编制与调整计划的方法，它是在固定计划期的条件下，根据计划的执行情况，综合企业内、外环境及条件的变化，采取将原计划以时间顺序向前推动，并确定延长期的计划内容。滚动计划运作方式见图 5-3。

一班	二班	三班	一班	二班
实施计划	准备计划	预计计划		
具体	较具体	较粗		
	实施计划	准备计划	预计计划	
	具体	较具体	较粗	
		实施计划	准备计划	预计计划
		具体	较具体	较粗

图 5-3　3 班调度滚动计划示意图

滚动计划一般是在实施计划期(第一个执行期)结束时编制。编制时应按下列方式进行：

①应对实施计划期的实际完成情况与计划进行对比并作差异分析。所谓差异是指实施计划期的计划和实际之间的差距。

②进行环境变化分析。环境是指与企业有关的外部环境与内部环境，包括国家的方针、政策、法律、科技、运输市场、货源情况以及本企业的竞争能力等因素。

③适时地调整企业目标方针。企业生产经营目标和方针是指导企业生产经营活动的行动纲领，是企业经营思想的具体化；它应适应企业外部环境和内部条件的变比而进行相应的调整。企业的生产计划和作业计划要体现和落实生产经营目标和方针，使之成为企业日常生产经营活动的依据。

④在掌握了以上各项计划修正因素后，即着手进行滚动计划的编制工作。在具体编制计划过程中，由于计划变化因素的变动难以准确掌握，为了使计划更切合实际，可采取“近期细，远期粗”的办法编制。

2. 在单船作业安排中平衡各舱作业时间

平衡作业船舶各舱作业时间的方式是为了能充分发挥泊位设备的能力，合理安排船舶作

业线的生产能力，追求各舱作业的同时完成，可以在同等资源的条件下，提高船舶的装卸效率，缩短船舶的在港停留时间，充分发挥泊位潜力。这种方法体现了并行工程的思想。

根据码头设备是否与船舶起重设备联合作业，平衡舱时方式可以分为以下两种：

(1)码头设备与船舶起重设备联合作业

设：q_i——第 i 舱载货量(t 或 TEU)；

$p_{吊}$——船舶起重设备生产率(t/h 或 TEU/h)；

t_i——仅用船舶起重设备时，第 i 舱装卸时间(t)：

$$t_i = \frac{q_i}{p_{吊}}$$

$Q_{船}$——船舶载货量(t 或 TEU)；

$p_{船}$——船时效率(t/h 或 TEU/h)；

当一个舱口上允许船舶起重设备与码头设备同时作业：

$$p_{船} = n_{吊} p_{吊} + n_{岸} p_{岸}$$

当一个舱口上不允许船舶起重设备与码头设备同时作业：

$$p_{船} = (n_{吊} - n_{岸}) p_{吊} + n_{岸} p_{岸}$$

$n_{吊}$——船舶起重设备数；

$n_{岸}$——码头设备；

$p_{岸}$——码头设备生产率(t/h 或 TEU/h)；

$T_{小}$——船舶最小装卸时间(h)：

$$T_{小} = \frac{Q_{船}}{P_{船}} = \frac{\sum q_i}{p_{船}}$$

$p_{差}$——码头设备投入后装卸效率之差；

当一个舱口上允许船舶起重设备与码头设备同时作业：

$$p_{差} = p_{岸}$$

当一个舱口上不允许 $p_{吊}$ 同时作业：

$$p_{差} = p_{岸} - p_{吊}$$

确定船舶起重设备与码头设备在各舱的作业时间和作业量的计算步骤见图 5-4。

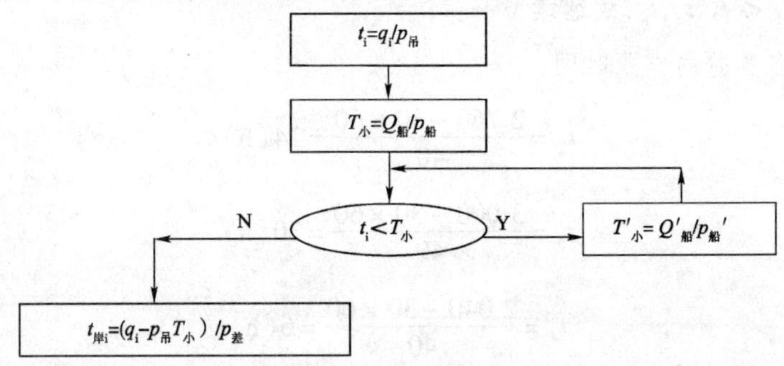

图 5-4　平衡船舶作业舱时计算步骤图

(2)码头设备单独作业

有关变量定义同前。

各舱口用一台码头设备作业所需时间(h)：$t_i = \frac{Q_i}{p_{岸i}}$

船舶作业最小时间(h)：$T_{小} = \frac{\sum t_i}{n_{岸}}$

算例 5-1

已知到港船舶各舱载货量见表 5-9,采用船吊与门机联合作业,计算作业时间。

表 5-9

舱 别	1	2	3	4	5	合计
载货量(t)	1 600	2 760	3 000	2 040	1 700	11 100

船舶各舱配有 1 台船舶吊杆,效率为 30t/h,另在岸上配有 1 台门机,效率为 40t/h。作业时允许同时使用。

根据上述方法,可按以下步骤计算:

①仅考虑使用船吊,各舱所需的作业时间分别为:

第一舱:$t_1 = 53.3(h)$

第二舱:$t_2 = 92(h)$

第三舱:$t_3 = 100(h)$

第四舱:$t_4 = 68(h)$

第五舱:$t_5 = 56.7(h)$

②计算最小作业时间:

$$T_{小} = \frac{11\ 100}{30 \times 5 \times 40 \times 1} \approx 58.42(h)$$

③比较 $T_{小}$ 与 t_i,由于 $T_{小} > t_1$ 和 t_5,故需重新计算 $T_{小}$。

$$T'_{小} = \frac{11\ 100 - 1\ 600 - 1\ 700}{30 \times (5-2) \times 40 \times 1} \approx 60(h)$$

因为满足 $T'_{小} < t_2, t_3, t_4$,故继续下一步;

④计算门机在各舱的作业时间:

$$t_2 = \frac{2\ 760 - 30 \times 60}{40} = 24(h)$$

$$t_3 = \frac{3\ 000 - 30 \times 60}{40} = 30(h)$$

$$t_4 = \frac{2\ 040 - 30 \times 60}{40} = 6(h)$$

⑤根据计算结果,可以绘制配机图(图 5-5)。

算例 5-2

已知到港船舶各舱载货量见表 5-10,采用 5 台门机,确定各台门机在各舱的作业时间。

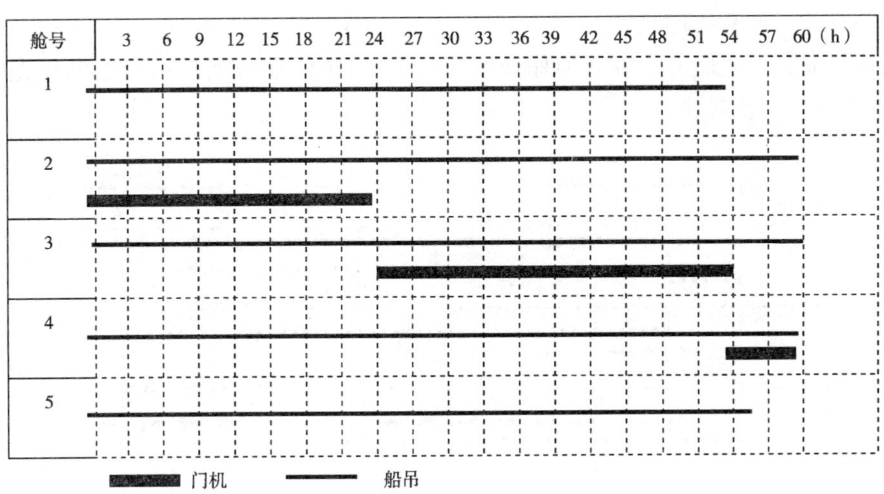

图 5-5　算例 5-1 配机图

表 5-10

舱　别	货　种	载货量 (t)	装卸效率 (t/h)	作业时间(h) $t_i=Q_i/P_i$
1	小五金	1 600	40	40
2	棉花	1 000	25	40
3	钢材	3 000	60	50
4	袋粮	1 500	30	50

按步骤计算如下：

①计算各舱作业时间：

$$t_1=\frac{1\,600}{40}=40(\text{h});t_2=\frac{1\,000}{25}=40(\text{h});t_3=\frac{3\,000}{60}=50(\text{h});t_4=\frac{1\,500}{30}=50(\text{h})$$

②计算最小需要作业时间：

$$T_{小}=\frac{40+40+50+50}{5}=36(\text{h})$$

③绘制配机图(图 5-6)。

3. 缩短船舶在港总停留时间

港口在对船舶服务时，并不是追求某一艘船舶的服务效率，其绩效评价应该是在一段时间内船舶的在港总停泊时间最小。根据泊位与到港等待作业的船舶关系，研究缩短船舶在港总停留时间的问题可以分为：单泊位服务与多艘船舶的排序问题以及多泊位与多艘船舶之间的指泊问题等。以下分别进行介绍。

(1)单泊位服务于多艘船舶的排序问题

在泊位上的船舶装卸作业中确定哪一艘船舶先作业的过程是一个优化排序问题。在确定排序时，首先要规定优先调度规则。一般而言，排序优化规则主要有以下一些：

①先到先服务。按照船舶到港的先后次序进行装卸作业，这是码头最常用的，也是最容易

被接受的一种调度作业排序规则。

②最短作业时间先服务。在等待作业的船舶中,选择作业时间最短的船舶优先安排装卸作业,并依次由短到长排序。

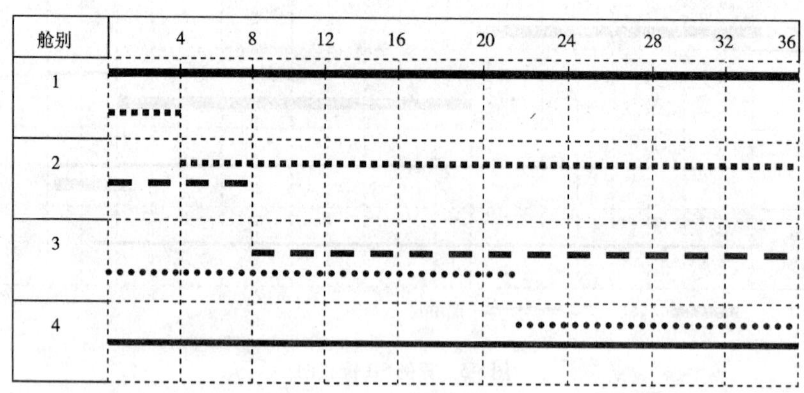

图 5-6　算例 5-2 配机图

③最早离港先服务。将要求离港时间最早的船舶安排优先作业,并依各船舶离港时间的先后排序,这种规则往往用于有速遣要求的情况。

④最早开始作业先服务。开始作业时间等于要求的离港时间减去需要的作业时间。开始作业时间最早的船舶优先作业,并依次排序。

⑤剩余松弛时间最短先服务。所谓剩余松弛时间是指船舶离港时间前所剩余的时间减去剩余的作业时间的差值;该排序规则是指剩余松弛时间最短的船舶优先作业。

⑥排队比率最小先服务。排队比率是指计划中的剩余松弛时间除以计划中的剩余排队时间;按排队比率最小的作业先进行。

⑦后到先服务。指后到港的船舶先进行装卸作业;这在一些应急情况下会被采用,如战备物资、抢险救灾物资等。

评价采用哪一种排序优化规则主要根据整个船舶作业时间最短为目标,当然有时根据实际需要进行选择。

算例 5-3

假设有 5 艘船舶 A、B、C、D、E,需要在一个泊位上安排作业顺序,优化目标是整个作业流程时间最短。各船舶需要的作业时间和要求的离港时间见表 5-11。

表 5-11

船舶	装卸作业时间(天)	要求离港时间(天)	船舶	装卸作业时间(天)	要求离港时间(天)
A	3	5	D	6	9
B	4	6	E	1	2
C	2	7			

方案 1:先到先服务(表 5-12)。

表 5-12

作业顺序	装卸作业时间	要求离港时间	作业流程时间
A	3	5	0 +3 =3
B	4	6	3 +4 =7
C	2	7	7 +2 =9
D	6	9	9 +6 =15
E	1	2	15 +1 =16

总流程时间 =3 +7 +9 +15 +16 =50(天)

平均流程时间 =50/5 =10(天)

每艘船舶平均延期时间 =(0 +1 +2 +6 +14)/5 =4.6(天)

方案 2:最短作业时间先服务(表 5-13)。

表 5-13

作业顺序	装卸作业时间	要求离港时间	作业流程时间
E	1	2	0 +1 =1
C	2	7	1 +2 =3
A	3	5	3 +3 =6
B	4	6	6 +4 =10
D	6	9	10 +6 =16

总流程时间 =1 +3 +6 +10 +16 =36(天)

平均流程时间 =36/5 =7.5(天)

每艘船舶平均延期时间 =(0 +0 +1 +4 +7)/5 =2.4(天)

方案 3:最早离港先服务(表 5-14)。

表 5-14

作业顺序	装卸作业时间	要求离港时间	作业流程时间
E	1	2	0 +1 =1
A	3	5	1 +3 =4
B	4	6	4 +4 =8
C	2	7	8 +2 =10
D	6	9	10 +6 =16

总流程时间 =1 +4 +8 +10 +16 =39(天)

平均流程时间 =39/5 =7.8(天)

每艘船舶平均延期时间 =(0 +0 +2 +3 +7)/5 =2.4(天)

方案4:后到先服务(表5-15)。

表5-15

作业顺序	装卸作业时间	要求离港时间	作业流程时间
E	1	2	0+1=1
D	6	9	1+6=7
C	2	7	7+2=9
B	4	6	9+4=13
A	3	5	13+3=16

总流程时间=1+7+9+13+16=46(天)

平均流程时间=46/5=9.2(天)

每艘船舶平均延期时间=(0+0+2+7+11)/5=4.0(天)

方案5:剩余松弛时间最短先服务(表5-16)。

表5-16

作业顺序	装卸作业时间	要求离港时间	作业流程时间
E	1	2	0+1=1
A	3	5	1+3=4
B	4	6	4+4=8
D	6	9	8+6=14
C	2	7	14+2=16

总流程时间=1+4+8+14+16=43(天)

平均流程时间=43/5=8.6(天)

每艘船舶平均延期时间=(0+0+2+5+9)/5=3.2(天)

很显然,在该例中,由于按最短作业时间排序的总流程时间、平均流程时间以及每艘船舶平均延期时间最短,因此,选择最短作业时间先服务规则比其他规则要好。

(2)多泊位与多艘船舶之间的指泊问题

由于港口所拥有的泊位往往适用于不同的船型和货物的装卸,泊位作业能力不同,因此为了获得船舶在港最小停留时间,就必须对到港船舶情况进行分析,选择最适合的泊位为之作业。在进行这类问题的分析时,我们可以建立0-1规划模型,并采用匈牙利法进行求解。该方法是由匈牙利数学家Konig提出,是一种用于解决指派问题(Assignment Problem)的简便方法。

设有 m 条不同载货量的船舶到达港口,而港口则拥有 n 个作业能力不同的泊位,如何合理地对船舶和泊位进行配置,使船舶在港总的作业时间最短,这是实现缩短船舶在港总停留时间所关心的问题。根据所解问题,可以建立以下0-1规划模型:

船舶总停时:$S=\min\left(\sum_{i=1}^{N}\sum_{j=1}^{N} C_{ij}X_{ij}\right)$

约束条件:$\sum_{j=1}^{N}X_{ij}=1(i=1,2,\cdots,N)$

$\sum_{i=1}^{N}X_{ij}=1(j=1,2,\cdots,N)$

$$X_{ij}=\begin{cases}1 & \text{当} j \text{船靠} i \text{泊位时}\\ 0 & \text{当} j \text{船不靠} i \text{泊位时}\end{cases}$$

式中：C_{ij}——效率矩阵元素，即第j艘船在第i泊位上作业的时间。

当$n=m$时：$C_{ij}>0, N=n=m$

当$n\neq m$时：对于$i\in N-n$或$j\in N-m$部分元素：$C_{ij}=0, N=\max(m,n)$

其余元素：$C_{ij}>0$

对于该模型的解法可采用匈牙利法，即通过对效率矩阵进行变换，使效率矩阵中出现位于不同行不同列的零元素值，并以零元素所对应的$X_{ij}=1$，令其余$X_{ij}=0$，即得最优解。在解决指泊问题时要给出一个效率矩阵，矩阵中的元素的内容随着所追求的目标函数的不同而变化。例如可以是船舶总停泊艘时数最小，此时矩阵的元素是每个泊位装卸每条船的时间。如果目标函数是船舶停泊总吨天数最小时，矩阵元素为每条船靠不同泊位时的停泊吨天等等。

以下我们结合一个算例来介绍采用匈牙利法求解这样的指泊问题。

算例 5-4

已知某港有5个泊位空闲，而同时有5条船等待靠泊，各船停靠各个泊位所需占用泊位的时间见表5-17（单位：小时），要解决的问题是如何指泊可以使船舶总的占用泊位时间最短。

表 5-17

泊位＼船舶	1	2	3	4	5
A	48	44	58	32	37
B	41	38	48	26	33
C	58	53	71	36	43
D	88	79	108	57	67
E	68	62	83	40	44

第一步：使效率矩阵出现0元素，其方法是：

①从效率矩阵的每行元素中减去该行的最小元素；

②再从所得矩阵的各列中减去该列的最小元素；

如果该行（列）已有0元素，则不用再减。根据表5-17给出的数据，我们可以进行以下矩阵换算：

$$(C_{ij})=\begin{bmatrix}48&44&58&32&37\\41&38&48&26&33\\58&53&71&36&43\\88&79&108&57&67\\68&62&83&40&44\end{bmatrix}\begin{matrix}-32\\-26\\-36\\-57\\-40\end{matrix}\rightarrow\begin{matrix}-15&-12&-22&&-4\\ \begin{bmatrix}16&12&26&0&5\\15&12&22&0&7\\22&17&35&0&7\\31&22&51&0&10\\28&22&43&0&4\end{bmatrix}\end{matrix}$$

第二步：虽然至此已使每行、每列均有0元素，但是并不一定有足够的0元素进行分配。为了检验是否有足够的0元素用于分配，可采用覆盖线数检验方法。当覆盖线数等于效率矩阵的阶数时，即有足够的0元素供分配。从面矩阵中用4条覆盖线可覆盖全部0元素，而矩阵阶数为5，故需继续变换。

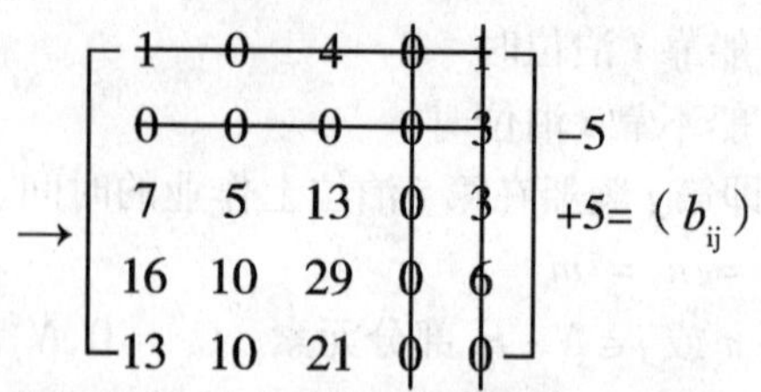

第三步：增加0元素：从未被覆盖的元素中找出最小的元素（本例中为5），再将所有未被覆盖的元素减去该最小元素值（-5），而在两条覆盖线相交处的元素加上该最小元素值（+5）。重复这一步骤，直至覆盖线数与矩阵阶数相等（本例中需要继续-1和+1）。

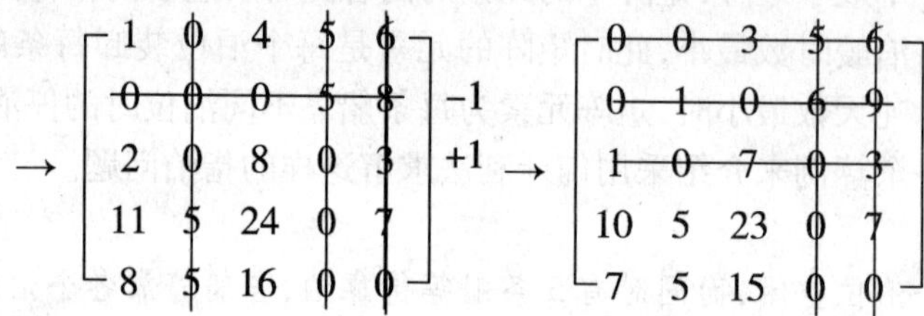

第四步：确定最优方案。先对只有一个0元素的行（列）进行分配，然后将这个元素所在的行（列）划去，这样便可获得最优解。

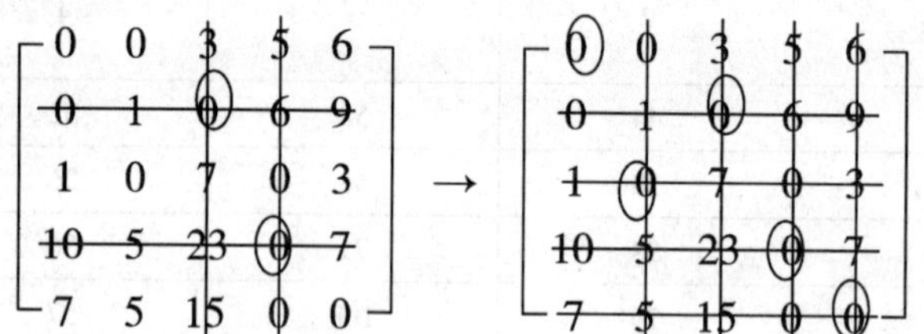

得最优方案为：船舶1靠泊位A，船舶2靠泊位C，船舶3靠泊位B，船舶4靠泊位D，船舶5靠泊位E。

将该解代入目标函数，得：

$$\min z = \sum_i \sum_j c_{ij} x_{ij} = c_{11} + c_{23} + c_{32} + c_{44} + c_{55} = 48 + 48 + 53 + 57 + 44 = 250(\mathrm{h})$$

（1）目标函数为最大化时的求解

根据前述可知，当目标函数追求最小化时：

$$\min Z = \sum_{i=1}^{n} \sum_{j=1}^{n} C_{ij} X_{ij}$$

为了求解最大化问题，可以作一个新的矩阵：

$$B = (b_{ij})$$

$$b_{ij} = M - C_{ij}$$

其中，M是一个足够大的常数，事实上，只要取C_{ij}中最大的元素即可，即C_{ij}越大，b_{ij}越小，这使追求最大化问题转化为追求最小化问题，且保证$b_{ij} \geqslant 0$，符合匈牙利法求解的条件。

前述算法是典型情况下的求解方法，即待作业的泊位数与待作业的船舶数相等，且泊位空闲时间同时出现，目标函数为最小值，矩阵元素均为正数的情况。那么，对于一些非理想状态的指泊问题的求解，也可以采用匈牙利法来解。以下分几种情况分别介绍。

算例 5-5

设上例中效率矩阵元素不是船舶停泊时间，而是各泊位在装卸不同船舶时，可获得的速遣费（单位：百元）。追求速遣费最大时，效率矩阵需要变换。即从原先矩阵中找出最大元素（108），并用该元素减去矩阵中的所有元素，得新的矩阵：

$$\begin{bmatrix} 60 & 64 & 50 & 76 & 71 \\ 67 & 70 & 60 & 82 & 75 \\ 50 & 55 & 37 & 72 & 65 \\ 20 & 29 & 0 & 51 & 41 \\ 40 & 46 & 25 & 68 & 64 \end{bmatrix}$$

后面的解法同前。

（2）几个泊位非同时空闲的求解

在这种情况下，可以将船舶等待泊位开始空闲的时间看成是船舶在这个泊位上停泊时间的一部分。因此，只需增加效率矩阵的元素数值，便可用匈牙利法求解。即以最先开始空闲的泊位为准，在其他泊位的停泊时间上再加上该泊位比最先开始空闲的泊位晚开始空闲的时间差。

算例 5-6

假设各泊位开始空闲时间为：

A　10 月 20 日 16:00

B　10 月 19 日 24:00

C　10 月 19 日 12:00

D　10 月 18 日 24:00

E　10 月 20 日 6:00

以 D 为准，计算出 A 泊位开始空闲时间比 D 泊位晚 40h，B 泊位晚 24h，C 泊位晚 12h，E 泊位晚 30h，则效率矩阵可变换为：

$$\begin{bmatrix} 48+40 & 44+40 & 58+40 & 32+40 & 37+40 \\ 41+24 & 38+24 & 48+24 & 26+24 & 33+24 \\ 58+12 & 53+12 & 71+12 & 36+12 & 43+12 \\ 88+0 & 79+0 & 108+0 & 57+0 & 67+0 \\ 68+30 & 62+30 & 83+30 & 40+30 & 44+30 \end{bmatrix} \rightarrow \begin{bmatrix} 88 & 84 & 98 & 72 & 77 \\ 65 & 62 & 72 & 50 & 57 \\ 70 & 65 & 83 & 48 & 55 \\ 88 & 78 & 108 & 57 & 67 \\ 98 & 92 & 113 & 79 & 74 \end{bmatrix}$$

后面的解法同前。

（3）泊位数与船舶数不相等时的求解

待泊传播数量与泊位数不相等时，需对这类问题进行调整，再用前述方法求解。其方法是：增加假设的行（列），使船舶数与泊位数相等。当追求的目标函数为最小值时，所增加的行（列）的元素都为 0。如果是最大化问题，则增加的行（列）的元素值为原效率矩阵中的最大元素的数值。

算例 5-7

如果是有 5 个泊位空闲，而等待的船舶只有 4 艘，泊位停泊时间见表 5-18。

表 5-18

泊位＼船舶	1	2	3	4
A	48	44	58	32
B	41	38	48	26
C	58	53	71	36
D	88	79	108	57
E	68	62	83	40

为了求总停泊时间和最小，可以增加一列假设的列，该列元素取0。即：

$$\begin{bmatrix} 48 & 44 & 58 & 32 & 0 \\ 41 & 38 & 48 & 26 & 0 \\ 58 & 53 & 71 & 36 & 0 \\ 88 & 79 & 108 & 57 & 0 \\ 68 & 62 & 83 & 40 & 0 \end{bmatrix}$$

当追求得到是最大值（如速遣费），则应增加一列，其元素为原矩阵中元素的最大数值（108），矩阵变换为：

$$\begin{bmatrix} 48 & 44 & 58 & 32 & 108 \\ 41 & 38 & 48 & 26 & 108 \\ 58 & 53 & 71 & 36 & 108 \\ 88 & 79 & 108 & 57 & 108 \\ 68 & 62 & 83 & 40 & 108 \end{bmatrix}$$

然后再按求最大值或者最小值的方法求解。

(4)矩阵元素正负同时存在时的求解

在解具体问题时，会出现这样的问题，当船舶靠泊装卸时，有些泊位可获得速遣费，而有些泊位则将付出延期罚款；这是，效率矩阵中会同时出现正数和负数，因此，如果要采用前述方法求解，必须使元素变换为正数。变换方法是从所有的元素中找出最大的元素，然后用这个元素减去所有的元素，得一个新的效率矩阵，然后再用前述方法求解。

算例 5-8

设有5个泊位，5艘船舶等待装卸，靠各泊位装卸各船装卸的速遣费或者是延期罚款费见表5-19。

表 5-19

泊位＼船舶	1	2	3	4	5
A	+20	+24	+16	+30	+27
B	+26	+28	+22	+34	+41
C	+15	+30	+10	+28	+24
D	-15	-18	-20	-17	-29
E	+10	+14	+3	+27	+24

将矩阵中所有负元素消除,该矩阵中的最大元素为 +41,则作如下变换:

$$\begin{bmatrix} 41-20 & 41-24 & 41-12 & 41-30 & 41-27 \\ 41-26 & 41-28 & 41-22 & 41-34 & 41-41 \\ 41-15 & 41-30 & 41-16 & 41-28 & 41-24 \\ 41-(-15) & 41-(-18) & 41-(-20) & 41-(-17) & 41-(-19) \\ 41-10 & 41-14 & 41-3 & 41-27 & 41-24 \end{bmatrix} \rightarrow \begin{bmatrix} 21 & 17 & 25 & 11 & 14 \\ 15 & 13 & 19 & 7 & 0 \\ 26 & 11 & 31 & 13 & 17 \\ 56 & 59 & 61 & 58 & 60 \\ 31 & 27 & 38 & 14 & 17 \end{bmatrix}$$

再用前述方法求解,获得使速遣费最多的指派方案。

4. 根据船舶到港密度确定泊位设备调配方式

在港口主要生产性资源的调配（泊位以及泊位拥有的装卸设备）中，有一个集中使用和分散使用的选择问题。集中使用确定了船舶的先后串行作业的安排，分散使用是实现船舶的并行作业。而在实际的资源调配时，应根据作业任务的密度进行不同选择。当船舶到港密度较低，船舶等待时间较少的情况下，设备集中使用是合理的；而当船舶到港密度较高，船舶在港等泊时间明显增加时，则采用设备分散使用是合理的。由此可见，在码头能力不富余的情况下，采用各泊位并行作业的方式比集中作业方式更为合理，它可以减少船舶在港等待作业的时间，提高泊位的利用率。而在泊位能力较富裕的情况下所采用的集中作业方式是以增加港口资源投资为代价的。因此，从港口本身利益考虑，设备的集中作业方式的投资绩效较低。

5. 充分利用码头装卸设备

港口完好设备的充分利用可以在不增加投入的情况下,增加生产作业的能力,并实现并行生产线的开设,所以它体现了过程并行的思想。在港口的码头前沿,一般按泊位配置装卸船设备。当然,在有些泊位处于空闲状态时则应该集中码头设备为正在作业的船舶服务,这就是泊位设备的柔性调配方式。即允许设备在各泊位间进行调配,以提高设备的利用率,充分挖掘港口生产资源的潜在能力,提高船舶的装卸效率,从而可以缩短船舶在港的时间。

第四节　集装箱码头生产作业流程

一、集装箱码头进口业务流程及其具体操作

在集装箱进口货运业务中,码头堆场主要负责进口集装箱的卸货、集装箱的暂时堆存、货物的交付等业务。

1. 进口集装箱卸船前准备工作

(1)进口资料预报

为了确保集装箱船舶能及时靠泊和顺利卸货,船公司或代理需在规定的时间内向集装箱码头提供进口集装箱资料,以便为进口卸船作业做好充分的准备工作。因此,对于远洋航线定期班轮,一般要求船公司或其代理在船舶到港前 96h,向集装箱码头提供如下进口集装箱货运单证资料:

①进口舱单(Cargo Manifest);

②进口船图(Bay Plan);

③集装箱清单(Container List);

④危险货物清单(Dangerous Cargo List);

⑤集装箱残损单(Exception List)。

对于近洋航线船舶,则要求船舶抵港前48h,能通过电传或电报形式,向集装箱码头发送货物报和箱位报。其内容如下:船箱位、提单号、箱型、箱号、货名、重量、整拼箱货情况、收货人、合同号、特种货物资料等。

如果船舶载有危险品货物,船公司或代理必须向口岸所在的海事局,申请办理"危险货物载运申报单"手续,将其中的一份交码头计划部门。

(2)制订船舶靠泊计划

船公司在收到船舶从最后装运港寄来的集装箱货运资料后,应预计船舶到港时间,并将预计到港时间通知码头。同时船公司按集装箱码头要求,在规定时间内,尽早将有关进口集装箱货运资料送交集装箱码头。

(3)进口集装箱货运资料的签收

集装箱码头单证管理员收到船公司提供的进口集装箱货运资料后,要核数、签收、复印和分发。

(4)编制卸船计划

码头计划员收到有关进口集装箱的货运资料后,应认真及时地进行分析、核对,然后根据计划安排船舶靠泊方向,按船图编制集装箱卸船计划,即编制集装箱卸船顺序单。集装箱卸船顺序单按照集装箱的船箱位编制。编制的原则是由后往前、由上到下、由里向外,逐层编制。为了避免卸船作业出差错,要求最好一次编完。

为能尽量缩短船舶在港停泊时间,码头堆场必须制订进口卸船计划。全集装箱船卸船作业与装船作业往往同时进行,因此,在制订计划时,必须同时考虑装船作业与卸船作业。

(5)安排堆存计划

进口箱在码头堆场堆放的合理与否,不但会影响卸船计划的顺利进行,而且还会影响货主提箱,即交货计划的进行。码头堆场必须充分考虑进口集装箱的箱量、箱型、危险品、交货地等因素,制订合理的堆存计划(Yard Plan)。如果是卸空箱,在制订堆存计划时,还要考虑空箱的集装箱经营人(Container Owner)。

码头堆场计划员在船舶到港前,应根据码头堆场的实际情况。做好进口集装箱堆存计划。在制作堆存计划时,一般要考虑以下几点堆存原则:

①不同尺寸的集装箱分开堆放;

②空箱与重箱分开堆放;

③整箱和拼箱分开堆放;

④同一提单号的大票货集中堆放;

⑤中转箱单独堆放;

⑥特种箱堆放在特种堆场;

⑦危险品箱堆放在危险品堆场;

⑧冷藏箱堆放在冷藏箱堆场。

堆场计划员根据上述堆存原则,在船舶作业开工前至少4h,完成卸船堆存计划。

2. 卸船作业流程

(1)进口卸船

为了使集装箱船舶在短时间内完成卸货工作,防止卸船计划发生差错,防止货物在集装箱码头滞留时间过长,造成码头生产的混乱和延迟交货,船公司需随时同收货人、集装箱码头及其他有关部门保持密切联系,作好向收货人交货的准备工作。

(2)进口集装箱生产管理业务

①核对计划。船舶到港后,码头进口业务员或船舶指挥员上船向船方领取随船到港资料,包括船图、舱单资料,并向船方了解有关进口箱货位的实载情况。如果实载情况与原始资料有出入,应迅速调整卸船计划,同时更正相应的堆存计划。

②开工准备。综合控制员在开工前将卸船顺序单、船图各一份交船边验箱员;其余交船舶指挥员、堆场指挥员、外轮理货员。

卸船作业开始前半小时,装卸工拆除船上的绑扎,并协助验箱员和理货员检查箱子的外表状况。如发现集装箱有残损,验箱员和理货员要做好残损集装箱记录并缮制设备交接单。双方确认后,各持一份。

③卸船作业。卸船作业开始,船边验箱员按卸船顺序单上列明的卸船顺序,核对桥式起重机下的集装箱箱号,检查外表及铅封的完好。如果箱号正确,外表及铅封完好,则在卸船顺序单上填上该箱的实卸时间;如果箱号有误或铅封有损,则应在该集装箱号后注明异常情况,并立即会同理货员向船方提出,请船方确认。然后,由外轮理货员加封、作好记录,并缮制设备交接单。

集装箱如在装卸过程中有残损,应认真填制集装箱设备残损报告单,并由负责人签字。

④移入指定箱位。桥式起重机驾驶员将集装箱吊到等在码头前沿的集装箱拖车上,拖车将箱运到指定堆场。

堆场员在接箱时,应严格按卸船顺序单核对箱号,并检查箱体外表情况,经检查核对无误后,即可指挥轮胎式龙门起重机驾驶员按指定的箱位堆放,然后由堆场员在卸船顺序单上填写实际箱位。堆场机械驾驶员在箱落地后,及时通知控制室,以便控制室实时监控。

如果堆场员在接箱时,发现箱子有残损,应立即向船边验箱员联系。如属漏检,船边验箱员应会同外轮理货员到堆场进行复验,并补办设备交接单缮制手续。

⑤复核、验箱、交接。工班结束后,各当班人员应认真做好单证的复核、验箱和交接,上一班应向下一班交接完成情况以及未完成的作业。

3. 卸船结束后的工作

(1)编制进口集装箱单船小结

船舶卸船结束后,船舶指挥员应对填有实绩卸船顺序单验箱员和堆场员二联,进行总复核,并与进口资料进行核实,然后编制进口集装箱单船小结。小结的内容包括有:船名、航次、靠泊时间、总卸箱数、开工和完工时间、溢缺清单、残损清单等。

(2)编制进口卸船清单

进口卸船清单的内容有:船名、航次、进场日期、箱号、提单号、货名、收货人、重量、件数、交付条款等。

(3)资料汇总、分发、归档

码头进口业务员做完上述两项工作后,接着就要做交接工作,将全部单船进口资料和全部单证报表列明清单交单证管理员。单证包括有：

①进口船图；

②进口舱单；

③卸船顺序单；

④进口卸船清单；

⑤残损箱“设备交接单”；

⑥进口单船小结；

⑦危险货物清单；

⑧集装箱残损单。

4. 进口集装箱整箱提运作业

为了使集装箱码头的卸船工作能顺利进行，防止进口货物在码头堆场的积压，同时不使集装箱闲置，加速箱周转，在集装箱运输中，一般都由船公司先向收货人发出提货通知。收货人接到提货通知后，凭正本提单到船公司换取提货单，随附费用账单和交货记录两联，并付清运费和附加费。收货人待上述单证随进口货物报关单向海关报关。海关在提货单上加盖“放行章”放行后，收货人凭提货单、费用账单、交货记录三联到码头办理提货手续。

(1)申请

收货人要求进口集装箱整箱提运，应在提运作业前一天持提货单、费用账单和交货记录三联到集装箱码头受理台办理整箱提运作业申请手续。

码头受理台业务员检查申请人的提货单，并按箱号查询，核对无误后，即由申请人填写整箱提运作业申请单，一式六联。

码头受理台业务员收下申请人的凭证单据，受理提箱计划，同时输入计算机，并将整箱提运作业申请单的申请人联交申请人，指示申请人在约定时间内凭单提箱。所填申请单一联留底，其余几联分交计划部门、控制室、检查口和外轮理货员，计划部门凭申请单安排昼夜作业计划。

如果采用计算机管理，可以直接在系统中受理计划，同时打印“提箱凭证”交申请人作为提箱文件。“提箱凭证”的内容主要有船名、航次、箱号、堆场位置、作业时间等项。

(2)移箱

控制室场地控制员根据整箱提运作业申请单上标明的堆场箱位，编制“集装箱移动指令”，根据需要一式数联，部分交堆场员，部分交检查口业务员使用。堆场员根据集装箱移动指令指挥轮胎式龙门起重机和集装箱卡车将集装箱移至发箱区。

(3)提箱

在整箱提运的当日，货主或内陆承运人将整箱提运作业申请单、提箱凭证、设备交接单等提箱文件交进场检查口业务员验收。确认无误后，检查口业务员通过电脑，打印重箱“提箱小票”交集装箱卡车驾驶员进入指定堆场提箱。重箱“提箱小票”上的内容主要有船名、航次、箱号、堆场位置、作业时间、集装箱卡车车号等项。

集装箱卡车驾驶员进入指定堆场后，将“提箱小票”交堆场员，核对无误后，堆场员指挥轮胎式龙门起重机驾驶员按“提箱小票”所指定的箱号发箱，在“提箱小票”上签字后交还给集装

箱卡车驾驶员，并在自己的一份申请单上销账。

在集装箱装集装箱卡车后，集装箱卡车驾驶员将集装箱卡车驶至出场检查口，将堆场员签字过的“提箱小票”交出场检查口业务员，业务员核对箱号、车号后，将提箱出场小票留下，打印出场“门票”，同意集装箱卡车出码头。

集装箱码头进口业务流程见图5-7。

二、集装箱码头出口业务流程及其具体操作

集装箱堆场的主要工作有办理集装箱的装卸、转运、拆箱、收发、保管堆存以及集装箱的修理、冲洗、熏蒸等。在出口业务中，主要体现为以下业务：

1. 船舶到港前的业务

与进口业务一样，集装箱码头要顺利地完成出口集装箱装船作业，必须预先收到出口集装箱的单证资料，以便做好各项准备工作。因此，集装箱码头一般要求船公司或其代理在出口箱装船前8天提供如下必要单证资料：

①出口用箱计划；

②出口装货清单（订舱清单）；

③预配箱清单。

集装箱码头单证管理员签收上述单证后，要做好分单工作。将出口装货清单和预配清单交配载计划员，将用箱计划交箱务管理员，如系拼箱货，还应将出口装货清单复印后交货运站。

1）拼箱货作业装船准备工作

拼箱货是由于一批货物不足一整箱容量（20ft 不足 $24m^3$；40ft 不足 50 m^3），为提高箱利用率，由货运站统一安排若干批货物拼装同一集装箱。拼装货一般以同一卸货港或同一航线为原则。货物于 CFS 装箱后，运至码头堆场准备装船。

货运站向码头堆场交箱时，应提供以下单证资料：

①装箱单；

②场站收据；

③出口许可证；

④特种货物清单。

2）整箱货作业装船准备工作

整箱货指达到一个或一个以上集装箱容积的75%或箱重负荷的95%的货物。整箱货一般由托运人到集装箱码头取空箱（需办理设备交接单手续），运回自己的仓库装箱。装箱完毕后，再运回码头等待装船。

（1）备箱发运

集装箱码头箱务管理员按用箱计划编制“空箱清单”，清单标有箱号、箱型、堆场位置，控制室积极做好备箱发运工作。

（2）用箱申请

托运人持船公司签发的“集装箱发放通知单”和“集装箱设备交接单”，在提空箱前一天以上到码头受理台办理提运空箱作业申请手续，填写“提运空箱作业申请单”。

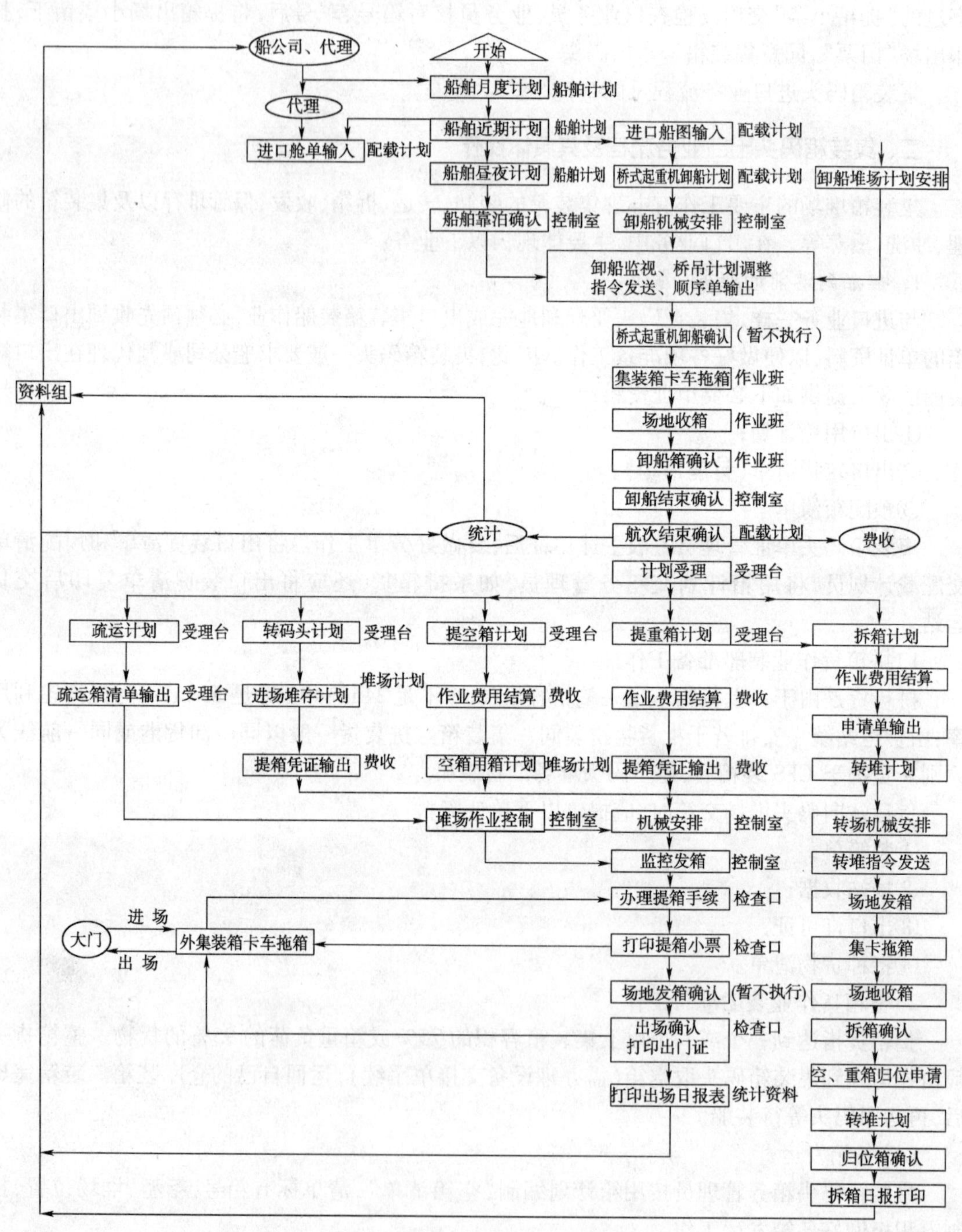

资料来源：见参考文献[3]

图 5-7 集装箱码头进口业务流程

码头受理台受理后，收下“集装箱发放通知单”，将“提运空箱作业申请单”的调度联交计划调度，用以制作昼夜作业计划，并打印“提箱凭证”，将申请人联交申请人带回，留底一份，其余各联交控制员。

(3)提运空箱

提运空箱当天，内陆承运人——集装箱卡车驾驶员驾车至码头检查口，向检查口业务员交验提运空箱作业的“提箱凭证”和“设备交接单”等提空箱文件。检查口业务员收下提箱文件，核对所提空箱的集装箱经营人，打印空箱“提箱小票”，交承运人带入堆场提箱。

集装箱卡车驾驶员驾车至指定箱区，将空箱“提箱小票”交堆场员。堆场员核对无误后，按“提箱小票”上的箱号，指挥堆场机械发箱。

(4)出门交接

集装箱卡车驾驶员驾驶装有空箱的集装箱卡车至出场检查口，将“提箱小票”交检查口业务员，并与检查口业务员进行集装箱设备的交接。业务员核对箱号和车号，验箱员检查空箱的内外状况，然后编制空箱出场的“设备交接单”，验箱员和驾驶员双方签字。

检查口业务员将箱号输入电脑进行核对，电脑确认后，打印“门票”交驾驶员。驾驶员将“门票”交港区门卫，持“设备交接单”离港区回厂装箱。

(5)缮制单证

空箱出门后，检查口业务员负责编制“空箱出场日报表”，空箱出场日报表上注明箱子的流向、船名、航次、持箱人、作业时间、箱号等。工班结束后，交当班控制员，由当班控制员汇总后，交统计部门。并将空箱出场单、设备交接单、作业申请单交资料组。

(6)进场申请

一般来说，普通出口重箱于装船前四天开始进场，无需办理“申请”手续。但是，特种箱与危险品箱进场，从码头安全与操作要求来看，托运人应在重箱进场前一天到码头受理台办理“出口重箱进场作业申请”手续，填写重箱进场作业申请单，注明箱型、箱数量、特种货物类别、危险货物类别以及提单号，并约定进箱时间。

受理台业务员将“出口重箱进场作业申请单”申请人联交申请人，留底一份，送一份至计划部门编制昼夜作业计划，其余交控制室，并输入计算机。

(7)重箱进场

出口重箱进场作业当日，集装箱卡车驾驶员应向进场检查口交验下列单证：

①装箱单；

②进场设备交接单；

③集装箱装箱证明书。

检查口业务员核对装箱单内容，主要包括：出口船名、航次、箱号、卸货港、目的地、提单号、箱重等。验箱员检查集装箱的六面状况以及铅封，业务员填写设备交接单，一式三份，内验箱员和驾驶员双方签字，将设备交接单承运人联交驾驶员带入堆场。同时检查口业务员根据装箱单，将出口箱的信息以及箱体上的箱型、集装箱卡车车牌号输入电脑，并打印重箱“进场小票”交驾驶员带入堆场。

集装箱卡车根据“进场小票”所指定的场箱位进入堆场，向堆场员交重箱进场小票，堆场员核对实际箱号后，指挥堆场机械收箱。并将实际场箱位在小票上注明。

集装箱卡车驾驶员驾驶空车至出场检查口,将“进场小票”交出场检查口业务员,如小票上注明的实际场箱位与电脑生成的计划场箱位不同,出场检查口业务员必须将实际场箱位输入电脑,并打印“门票”交驾驶员带出。

值得注意的是,如果是出口危险品箱进场,检查口业务员一定要审核并收取集装箱卡车驾驶员所带“集装箱装箱证明书”,才能打印“进场小票”。

(8)单证的编制和分发

出口重箱进场后,检查口业务员要打印“重箱进场日报表”。“重箱进场日报表”是按照船名、航次分列打印的。在工班结束后,将重箱进场日报表第一联、设备交接单、出口重箱进场作业申请单,交统计部门;将装箱单、重箱进场日报表第二联交配载计划;将重箱进场日报表第三联和设备交接单第二联交船公司;将重箱进场日报表第四联存入码头资料袋。

2. 装船作业流程

集装箱出口装船,无论是整箱、拼箱或空箱,一般都必须先移到码头堆场等待装船。但有时也有船边直装的集装箱,如某些不能在堆场存放的危险品箱。

码头配载计划员应根据事先掌握的出口箱货情况,进行船舶的预配载和实配载工作。编制船舶的配载船图,交控制室作为指挥装船作业的依据。

(1)出口重箱的进场期限

为了确保装船作业能顺利进行,码头一般规定出口箱的进场的截止期限(一般为装船作业开始前的24h)。如果出口箱到港区时超过规定的期限,码头可以根据实际情况决定是否同意进场。

(2)编制配载图

船公司或其代理在出口箱进场的前一天,将预配船图送交码头配载计划。码头配载员根据装箱单、货代送来的经海关放关的场站收据和预配船图进行配载制作。

船图在送船方确认签字后方能生效。如船方根据实际情况有所改动,配载员应进行调整。

配载工作完成后,配载员根据船图和出口箱的场箱位编制装船顺序单。将出口箱装船顺序单在电脑中生成,利用网络系统将信息发送至控制室,作为控制室指挥装船作业的依据。

控制室收到信息后,打印装船顺序单,一式数联,自己留底一份,其余交现场班。

各生产人员在装船前半小时进入各自的工作岗位。

(3)堆场发箱

堆场员按控制室的指令发箱。发箱时,核对箱号,指挥场地机械发箱,并在装船顺序单上作注销记录。

(4)船边验箱及装船

集装箱卡车或其他水平运输机械将集装箱运至码头前沿,船边验箱员在船边按顺序号核对箱号,并检查集装箱的外表状况和铅封。如发现有残损,应立即会同外轮理货员编制设备交接单,双方签字,各持一份。

船舶指挥员指挥桥式起重机将集装箱吊至指定的船箱位,外轮理货员记录下集装箱的实际船箱位。

船舶指挥员将装船的进度及时通知控制室船舶指挥员,船舶指挥员确认后,通知电脑文员在电脑中进行出口箱的装船确认工作。

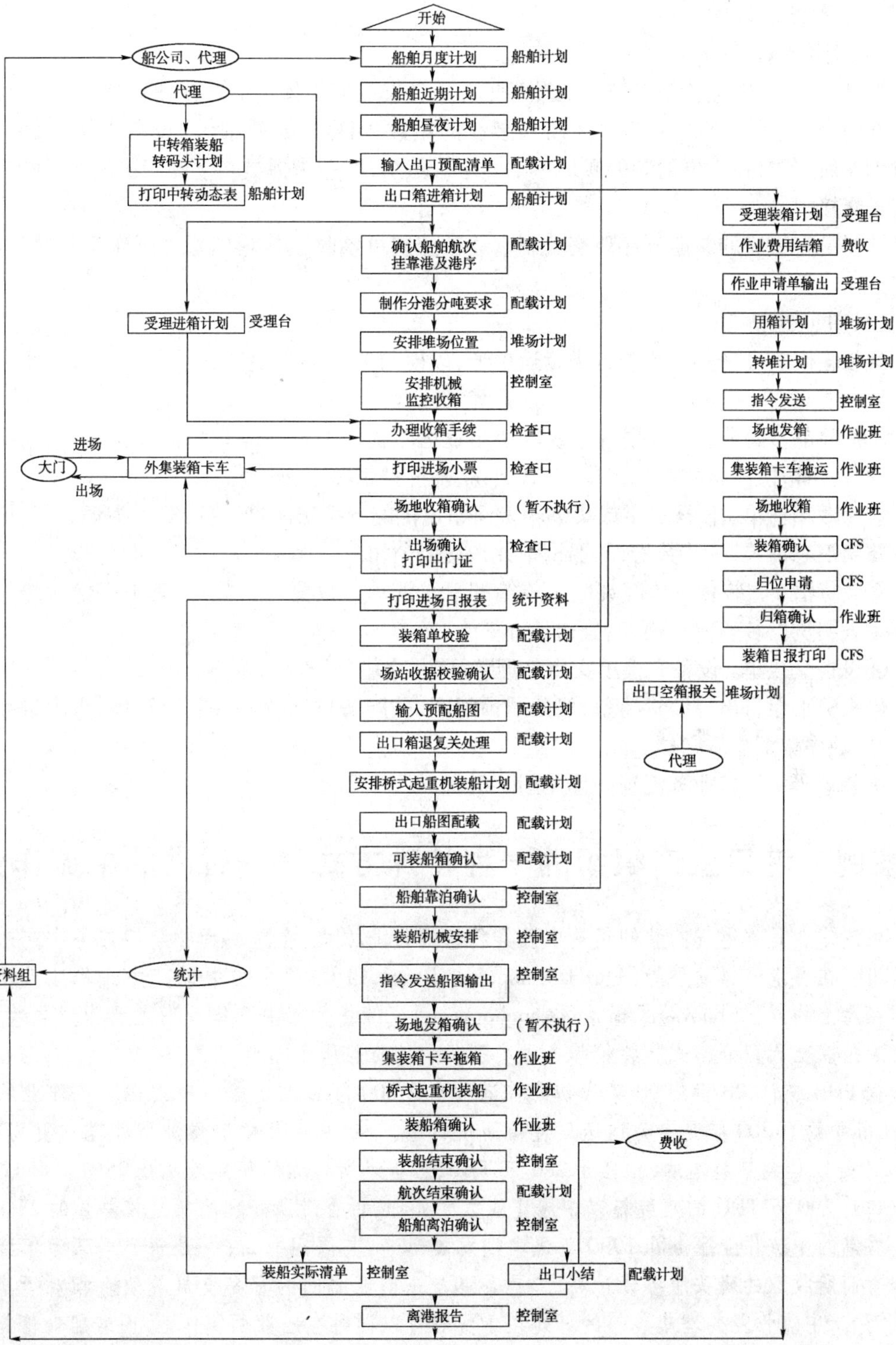

开始
船公司、代理
船舶月度计划 船舶计划
船舶近期计划 船舶计划
代理
船舶昼夜计划 船舶计划
中转箱装船转码头计划
输入出口预配清单 配载计划
打印中转动态表 船舶计划
出口箱进箱计划 船舶计划
受理装箱计划 受理台
作业费用结箱 费收
确认船舶航次挂靠港及港序 配载计划
作业申请单输出 受理台
制作分港分吨要求 配载计划
受理进箱计划 受理台
用箱计划 堆场计划
安排堆场位置 堆场计划
转堆计划 堆场计划
安排机械监控收箱 控制室
指令发送 控制室
办理收箱手续 检查口
场地发箱 作业班
进场
大门
外集装箱卡车
出场
打印进场小票 检查口
集装箱卡车拖运 作业班
场地收箱确认 （暂不执行）
场地收箱 作业班
出场确认打印出门证 检查口
装箱确认 CFS
归位申请 CFS
打印进场日报表 统计资料
装箱单校验 配载计划
归箱确认 作业班
装箱日报打印 CFS
场站收据校验确认 配载计划
出口空箱报关 堆场计划
输入预配船图 配载计划
出口箱退复关处理 配载计划
代理
安排桥式起重机装船计划 配载计划
出口船图配载 配载计划
可装船箱确认 配载计划
船舶靠泊确认 控制室
装船机械安排 控制室
资料组
统计
指令发送船图输出 控制室
场地发箱确认 （暂不执行）
集装箱卡车拖箱 作业班
桥式起重机装船 作业班
装船箱确认 作业班
费收
装船结束确认 控制室
航次结束确认 配载计划
船舶离泊确认 控制室
装船实际清单 控制室
出口小结 配载计划
离港报告 控制室

资料来源：见参考文献［3］

图5-8　集装箱码头出口业务流程图

集装箱正式装船后,船长在"码头装卸作业签证"上签字,表示船方确认集装箱已装船。

3. 装船结束工作

(1)交接工作

工班结束后,船边验箱员将装船顺序单等单证交船舶指挥员汇总,由船舶指挥员和外轮理货员办理交接手续。双方核对本工班所装船的箱数、箱号以及残损单(设备交接单)的份数,核对无误后,各自在对方的装船顺序单上签字。然后,船舶指挥员与下一工班的船舶指挥员进行现场交接。

堆场员将做完的装船顺序单交控制室船舶控制员签收。外轮理货员制作实际装船船图,交船公司。

(2)单证处理

集装箱码头堆场必须缮制各类货运单证,以便与船舶办理集装箱的交接手续。所需缮制的单证主要有:

①危险品货物清单。根据货主或集装箱货运站提供的危险品货物清单,集装箱码头汇总后,缮制一份危险品货物汇总清单,一式数份,随船携带并送交船公司。

②冷藏箱清单。根据货主或集装箱货运站提供的冷藏箱清单,集装箱码头汇总后,缮制一份冷藏箱汇总清单,一式数份,随船携带并送交船公司。

③装货清单。装货清单即装船集装箱的汇总清单。也要一式数份,其中一份交船长或大副签字表明货已装船,一份交船公司备查。

④设备交接单。设备交接单交商务理赔员,并交船公司存档备案。

码头资料组将出口装货清单、船公司预配图、预配清单、配载船图、装箱单、重箱进场日报表、装船顺序单汇总后归档。

集装箱码头出口业务流程图详见图5-8。

案例 港口生产组织的一种特殊方式——香港的中流作业

中流作业是香港货物装卸运输中独具特色的作业方式,在完成货物装卸任务中起着重要的作用。在香港港口发展局(Port Development Board,PDB)的报告中说:"中流作业涉及货船停泊在海上的浮筒(buoys)或锚泊区(anchorages)起卸货物。中流作业商主要为运载散货、小型集装箱以至大型分格式集装箱等各种类型货物的货船服务"。

据PDB统计,20世纪90年代初期香港约有2 000艘私人趸船为停泊在中流作业的船舶服务,其中约有200艘是专为运送集装箱而设计的。在1994年中流作业所处理的货物中,约有72%是以集装箱装运的,相当于280万TEU,占香港所处理的集装箱总量25%。到1995年已有超过290万TEU的集装箱以中流作业方式处理,占香港所处理的集装箱总量的23%。

香港的中流作业服务在1990年代中期发展迅速,其原因有二:一是船公司认为集装箱码头经营商所收取的码头服务费过高,二是香港与东南亚之间的贸易发展较快。相对于集装箱码头而言,中流作业处理集装箱的好处在于货物可以同时在船舶两侧作业,而若船舶停靠在码头泊位上时,只能在船舶的一侧作业,但是,中流作业的装卸设备受其外伸距和操作速度的限制,故较适用于处理小型船舶的作业。选择中流协作业的装卸费用比集装箱码头的装卸费用

便宜约40% ~60%。

在集装箱装卸业的早期，香港有很多家提供中流作业的小规模公司，其后，随着中流作业规模的扩大，所使用的拖船和趸船投资越来越大，该市场便出现了大型公司参与竞争。

中流作业经营者的出现令码头经营者感到生气，后者认为中流作业经营者利用政府资助的设施与码头经营者竞争。PDB内部曾有过一场争论，即鉴于集装箱码头经营者必须作庞大的投资，而中流作业经营者却以低成本利用公共设施，政府是否应该继续让中流作业经营者与码头经营者一起竞争？最后，政府认为中流作业可以发挥一种好的功能。中流作业不仅可以看作为香港集装箱装卸能力的一个重要补充，在码头经营者处理能力达到饱和时起到疏导过剩的集装箱量的作用，而且也组成了一个竞争性的边缘群，对码头经营者的定价策略起到牵制作用。

鉴于中流作业已经成为香港的现实，一些码头经营者也参与了中流作业的业务。例如，HIT从事中流作业已有多年，从事中流作业的公司有：Wide shine Terminals，Floata Consolidation，Sakoma Midstream Holding以及China Resources等等。

一个限制中流作业吞吐量继续增长的因素是用来存放集装箱的后方土地的不足。

案例分析

1. 香港在港口生产组织中采用中流作业方式的原因是什么？
2. 为什么我国大陆港口很少采用这种作业组织方式？

复习思考题

1. 港口生产经营企业生产过程可以分为哪几个阶段？
2. 通常港口的作业过程可划分为哪几个工序？
3. 试讨论什么是港口生产过程组织的基本原则，并分析其内在联系和特点。
4. 仔细阅读案例“香港的中流作业”，分析其特点。为什么香港需要采用这种作业组织方式？
5. 港口生产作业计划的编制涉及哪些内容？
6. 认真解读表5-3“某集装箱装卸公司昼夜船舶作业计划表”，理解其表示方式。
7. 港口生产调度的主要任务有哪些？从现代物流发展对港口的要求分析，调度的任务应该有哪些拓展？
8. 理解和分析我国港口生产经营企业采用的两层生产调度决策方式。进一步分析这种决策方式可能存在的问题，如有兴趣，请再进一步分析可以改进的方面。
9. 简述采用滚动计划方法编制港口生产调度计划的优点，解释这种编制方法。
10. 计算：

已知到港船舶各舱载货量见表5-20。

表 5-20

舱别	1	2	3	4	5	合计
载货量(t)	1 800	2 600	3 200	2 000	1 700	11 300

采用船吊与门机联合作业。船舶各舱配有一台船舶吊杆,效率为30t/h,另在岸上配有1台门机,效率为40t/h。作业时允许同时使用。请绘制配机图。

11. 熟悉单泊位服务于多艘船舶的各种排序方法,评价各排序方法。

12. 结合算例,熟悉采用匈牙利法解决多泊位与多艘船舶之间的指泊问题。

13. 认真解读集装箱码头进口业务流程和集装箱码头出口业务流程,熟悉其操作过程。

第六章　港口库场管理

第一节　港口库场的功能与类型

一、港口库场的功能

港口库场是指港口为保证货物换装作业正常进行,防止进、出口货物灭失、损坏,而提供的用于储存与保管货物的仓库、堆场、货囤和其他工作物的总称。它是港口的极其重要的组成部分之一。在整个运输过程中也是不可缺少的重要环节。

在现代运输组织中,大批货物要从工厂、农村或矿区等发货人那里运送到港口。由于货物种类繁多,运往的地点不同,这些到港等待装船的货物事先要在港口不同仓库、堆场进行集中和组合。进口货物抵港卸载,许多货物来不及由铁路、公路或水路中转出去,这些货物也需要在港口库场储存。因此,港口库场在现代运输组织中是不可缺少的,它具有重要的作用。

港口库场的功能主要有以下几个方面:

1. 货物的集散功能

为了把小批量的货物集聚成足够的航次货运量,以满足船舶一次载货量的需要,出口货物必须在港口库场集中;为了便于按正确顺序装载,按积载图进行堆装和便于按港口停靠和交付货物顺序卸货,出口待运货物必须在港口库场重新组合;为了提高货物的装卸效率,小件包装货可能需要组成较大的单元,货物也留在港口库场集中组合。对进口货物,为了使船舶卸货作业顺利进行,许多货物需先经过库场,然后通过各种运输工具向不同方向及时运出。

2. 调节与缓冲功能

由于货流的不平衡和运输生产的不平衡,到港货物和船舶会呈现出非均衡性,船货衔接难以做到直接对口。此外,在不同运输工具之间的换装过程中,由于不同运输工具在技术条件、运行组织及载货量上的差异,有可能出现不协调现象,而港口库场将各种运输工具的衔接截然分开,在船、货之间和运输工具之间,起到调节和缓冲作用。

3. 实施货运作业的功能

由于货物种类繁多,性质各异,包装形式各式各样,运输条件不同,港口在承运时,需要检查货物及其包装。承运后要根据货物的不同理化性质和包装进行配载、积载、成组、装箱(集装箱拼箱)等。有的中转货物需要在港口库场进行灌包、捆包业务。进口的货物,由于分属许多不同收货人,必须卸入库场进行分票、点数、拆箱等。此外,对进出口外贸货物,还要在港口库场进行海关的结关业务及检疫等手续。因而港口库场又是进行进、出口货方作业的重要场所。

4. 保管货物的功能

当进、出口货物卸入港口库场,库场与交货方办妥交接手续后,就对货物的数量、质量承担起责任。为保证入库场货物的完整无损,必须针对货物的不同特性将其储存在最合适的仓库或堆场,配备必要的设施,采用科学的管理方法,使入库货物处于良好状态。这也是港口库场的功能之一。

从上述港口库场的功能来看,港口库场的性质主要属周转性的而非储存性的。因而,它的主要任务是保证进出口货物畅通无阻,加速库场的周转,为货物的装船与卸船服务,这与一般工厂、商业部门的储存物料的仓库有所不同。

但是,由于种种原因,港口库场的储存性对于港口特别是外贸港口来说是不可少的,但并不是所有的港口经营者都承认它是港口的功能之一。许多人认为,长期储存是与港口的基本功能不相容的。港口的基本功能应是使货物以尽可能高的效率和速度通过港口。他们说,提供长期堆存将会怂恿货主把货物储存在港口,这就会造成港口拥塞。然而,长期堆存是货主的基本要求,港口又是提供这种服务的最好场所。

显然,港口是否能提供长期储存取决于是否有足够的合适仓库与堆场,或取决于能否经济地提供库场,如果经营管理得好,长期堆存可以增加额外的收入,还能提高港口的声誉,促进贸易发展。

在港口向货主提供长期堆存服务前,港口经营者必须完全把握以下几个因素:港口有足够的储存能力;储存作业管理质量高、效率高;货物的仓库保管费用高于港口支出的成本;货物在港的长期储存不会干扰货物装卸作业和中转储存。

另外,作为具有长期堆存功能的那部分库场设施,必须建于远离码头前沿的地方,最大限度地减少对码头日常生产活动的干扰。

为了使港口库场在运输生产中充分发挥它的作用,为了适应港口年货运量的不断增长,货物种类的不断增多、包装形式的不断多样化、装卸技术的不断提高,以及满足货主对港口库场的储存要求不断增加。港口需要不断加强对库场的储存作业管理。库场管理的基本目标有以下几个方面:

①建立切合实际的有效管理制度,对库场实行计划管理,标准化管理,使整个库场处于良好的管理状态。

②使用科学的管理方法,以充分利用库场的堆存能力,加速库场周转,扩大库场的通过能力,确保进出口货物畅通无阻。

③完善库场的货运作业,按照货运规章的要求,正确处理有关票证和单证,做好信息储存,查询和统计工作。

④采取正确的技术措施,完善库场的护货设施,以保证入库货物的完好无损。

为了实现上述库场管理的基本目标,把业务管理范围十分广泛而又繁杂的库场管理工作做好,必须做好以下几个方面的具体管理工作:

1. 库场堆存定额指标管理

科学地制定有效面积定额、仓容量定额、堆存技术定额、堆存使用定额等。

2. 库场计划管理

制定切实的库场年工作计划,根据堆存能力和堆存需要情况编制月度、旬度及日常堆存作业计划等。

3. 货物入库作业管理

建立入库货物的验收制度和办法,规定签发入库票据以及台账登记的办法等。

4. 堆码管理

推行堆码标准化管理,根据堆码的要求,对堆码的形式、堆码的技术、方法予以标准化,制定堆码注意事项等,使库场处于科学管理状态。

5. 库场货物的保管

完善护货设施的管理,根据货物不同的理化性质,确定正确的防湿、防霉、防虫害、防锈蚀等技术措施。对于冷藏仓库、危险品仓库制定特殊的技术管理措施等,以保证入库货物的完好无损。

6. 货物出库作业管理

规定提货的手续,制定货物出库的放行办法,更新台账内容,做好信息储存工作,为统计、查询和编制计划提供依据和信息。

7. 库场的安全管理

主要是对库场货物安全进行管理,如对货物进行防窃、防污染、防火、防爆、防毒等方面的管理。

8. 其他方面的管理

各种统计资料、报表的管理、查询等工作。

二、港口库场的类型

每个港口都拥有一定数量及不同种类的仓库和货场,港口库场的种类可以从所保管的货物类别、库场所处的位置和建筑特征等方面来进行分类。

1. 按库场所处位置分类

(1)前方库场

靠近码头前沿,用来堆存短期的、亟待装船而集中的货物,或是堆存由船上卸下、短期内转运的货物。换言之,周转比较快的货物一般堆存在前方库场。

(2)后方库场

此类库场位置离码头前沿较远,一般用于堆存堆存期较长的货物。

2. 按保管货物的技术和方法分类

(1)仓库

是一种封闭式的堆存货物的建筑。由于保管条件优越,适宜于堆存各种不宜露天存放的普通货物和贵重货物。仓库又分为普通仓库和特种仓库两种,普通仓库用来堆存一般性货物,特种仓库用来堆放有特殊性质的货物(如危险货物、冷藏货物、散粮谷等)。

(2)货棚

是一种开敞式的建筑物,有房顶而无墙,分固定式和流动式两种。主要用来短期堆存怕雨水、怕阳光的货物。目前在我国的港口,货棚的建筑形式较少。

(3)堆场

堆场又称露天货场。用于堆存不怕日晒、不怕水湿的货物。在有铺垫和苫盖条件的堆场也可用于堆存大宗的包装件货物。堆场可分为：散货堆场、件杂货堆场、集装箱堆场以及危险品专用堆场等。

3. 按堆存货物的要求分类

(1)综合性库场

是一种目前普遍采用的适宜于多类普通货物堆存的库场。凡是货物符合常规堆存要求，其本身特性既不受其他货物影响，又不会给其他货物品质带来危害的，均可以通过合理安排进入库场内堆存。这类库场一般都比较大，货物进出频繁，使用率较高。

(2)专业性库场

一是根据货物的特殊性质或货物运输要求所设置的库场，如危险货物库场、冷藏仓库、散粮筒仓、储油罐等。二是根据到港量大的货物需要专门作业的要求所设置的库场，如煤炭、矿建材料、矿石、木材等大宗货物库场以及为铁路专用线服务的库场等等。

三、港口库场的设置

港口库场是港口的重要设施，在新建、扩建码头泊位的同时，必须新建、扩建仓库和堆场，使港口堆存能力与泊位通过能力保持协调一致。在新建、扩建或改建仓库和堆场时，首要的是位置必须规划合理。在合理规划库场的位置后，再根据港口进、出口货物的种类，选择仓库的建筑结构和露天堆场的地面条件。只有港口库场的位置安排得恰当，才能缩短装卸搬运的循环时间，才能提高港口生产效率和降低港口装卸成本。

1. 前方库场

设置在接近码头前沿的仓库或货场与设置在远离码头前沿的仓库或货场比较，前者能缩短货物搬运的距离，提高港口的装卸效率，同时也能减少泊位与库场间流动机械运行的干扰，水位落差特别大的斜坡式码头泊位，在低水位时，从陆上库场搬运货物装船或将货物从船上卸到陆上库场，坡度陡，搬运距离长，势必延长船舶作业时间。如果能尽量开辟水上库场，将木材之类能在水面储存的货物放在水上库场，或者利用货囤，临时增放一部分装船、卸船的货物，为陆上库场与船舶之间长距离搬运方式提供缓冲条件，无疑将有效地压缩船舶装载和卸载时间。

前方库场都是用于堆存堆存期较短的货物，为配合快装快卸，这类库场应该保持较高的周转率。对于那些保管期超过发船间隔时间的货物，有必要予以转栈，使前方库场保持畅通。

2. 后方库场

在吞吐量大的码头泊位应设置足够大面积的后方库场，可以为前方库场分担堆存压力。虽然有充足的前方库场是装卸船能否高效进行的关键，但是如果没有足够的后方库场作为前方库场的补充，则前方库场可能会被堵塞。

设置在离码头前沿较远的后方库场可以堆放不直接影响装卸船效率的货物，如货主要求预先进场的货物，前方库场短期内未提走以及收货人要求不提走的货物等。

在有条件的港口可在远离码头前沿的地方设置可向货主提供商业仓储服务的后方库场，为长期堆存需要开办仓储服务，进一步扩大港口的功能，增加港口的收入，促进进出口贸易发展。

当然，在吞吐量较小的港口是否需要设置后方库场，除要根据吞吐量、前方库场的容量、能力和疏运条件等综合考虑外，也应考虑港口的功能，商业仓储服务的需要，进行全面权衡，方能确定。

考虑到货物通过港区库场有几种形式，如进口、出口、中转等，为了取得较好的经济效益及便于组织管理，对大型港口还可考虑设置进口库场、出口库场及中转库场。

3. 进口库场

为进口货物及卸船服务的库场，对于大型港区还可以考虑进一步划分杂货进口库场、大宗货进口库场，南方进口、北方进口及远洋进口库场等。

4. 出口库场

为出口货物及装船服务的库场，在需要的情况下也应像进口库场一样作进一步划分。

5. 中转库场

对于联运换装港口，设置专为中转货物服务的库场很有必要，为了适应需要，还可以按水陆中转或水水中转分别设置。

水陆中转库场设置的位置主要根据水陆换装货物入库量占港口货物总入库量的比重大小决定。如果水陆换装的入库量占总入库量的比重较大，陆路接运衔接的条件又较好，则为了提高换装效率可将水陆中转库场设置在靠近码头前沿的位置。反之，当换装入库量占总入库量的比重不大，车辆接运间隔时间较长或接运能力较小，则应将水陆中转库场设置在距离码头前沿较近的位置。

有的港口水水中转货物入库量较大，为了适应需要，可设置水水中转库场。当水水中转的货物进、出口均需通过码头泊位时，一般不宜将水水中转库场设置在远离码头前沿的地方，除非接运船舶的发船间隔时间长，而且前方库场面积紧张。

港口库场在港口生产过程中所承担的任务及条件是很复杂的。由于港区之间存在着专业分工，港区及港区内各泊位之间在生产任务上都各有其特点，为了适应这些特点有必要对港区内的库场实行专业化分工。

6. 专业化库场

由于不同的货类有不同的特性，要求有不同的保管条件，可以根据港口或港区生产任务的特点，如生产任务量大而且货种复杂，或者是专业化码头等特点，来设置专业化库场。

库场专业化重要意义在于：库场专业化有利于实行统一领导和分工负责，在全面规划的基础上，按照任务特征对港区库场实行分区或分片、分库管理，既有利于确立各区各库的分工负责制，又有利于在分工的基础上进行统一领导，全面承担港区内库场应予承担的任务。

实行库场专业分工的主要依据是港口生产任务的规模，进出口货物的特点，港区库场的条件等。为专业化码头服务的库场多数是某一货种的专业库场，如为装卸煤炭码头服务而设置的煤场，为装卸粮食码头服务的粮库，油码头的储油罐等，库场的专业化与码头的分工是一致的。对于生产任务量大而且货种复杂的港口或港区可根据货类来考虑库场的专业化，如冷藏库、危险品仓库等。

第二节　港口库场堆存计划的制订

库场的计划管理分为长期规划和短期计划两种。长期规划是根据货源、航线及市场需求等因素制定的，它是港口总体规划的一个重要组成部分；短期计划是指年度、月度及昼夜的库场使用计划，它是在日常货运管理过程中制定的，也是本节所要表述的内容。

在货源相对稳定的情况下，库场使用计划可以按年度、月度进行编制，通过计划的编制，把港口的库场堆存能力同生产计划有机地结合起来。在实际操作过程中,最常用也是最重要的是库场昼夜使用计划的编制。

一、计划编制的准备

昼夜库场使用计划是港口昼夜生产计划的延伸和补充,在昼夜计划的编制过程中要做到计划科学、合理,计划编制者必须全面掌握有关情况,主要有:

①现有各类库场的剩余堆存能力,包括面积、货位等等。

②本昼夜可以使用的库场位置,包括本昼夜可以空出的位置。

③承运船舶的到港时间、停泊位置及船舶的配、积载情况。

④进出口货物的货种、包装、票数、规格、流向(集港方式)等等,并以此确定货物的关型、垛型及入库位置。

⑤昼夜生产计划所确定的开工作业线,配备的机械、劳动力情况以及计划的作业进度等等。

⑥根据货物种类和入库数量,以及垛型和库场荷重使用定额,估算出需用库场的面积或货位。

二、计划编制的原则

①根据昼夜生产计划合理计划安排库场,保证各项港口作业的顺利进行,从而加快货物周转,提高港口通过能力。

②根据货种、流向及货物性质对储存的不同要求,合理选用库场,充分发挥库场的功能,提高库场的利用率。

③对货物进行集中管理,确保货物集疏畅通。

④便利机械操作,降低工人的劳动强度。

⑤保证货运质量和库场安全。

⑥便于理货和计数。

三、计划编制的要求

①尽可能将作业船舶所停靠的泊位和安排的库场相对应,并确定货物水平搬运路线。这样既可以减少水平搬运距离、降低成本,又可以避免交叉作业危及安全、影响进度的现象。

②批量较少、周转期短的货物安排在前方库场;大宗货物、周转期较长的货物,安排在后方库场。

③轻泡货物、需用人力堆码的货物安排在荷重使用定额较低的库场;重货、成组货物以及用机械堆码的货物,安排在荷重使用定额较高的库场。

④适宜于露天堆放的以及可以满足一般上盖下垫要求的货物,尽可能堆放在场地上;贵重货物、特殊货物安排在保管条件较好的仓库内。

⑤性质互抵货物,如易生虫货物与怕虫蛀货物,潮湿货物与怕湿货物,有异味、扬尘及污秽货物与易被污染货物,易生锈货物与腐蚀性较强货物等等,不能安排在相邻货位,甚至不能安排在同一库场。

⑥库场内进出通道保持畅通。

四、计划编制的程序

①根据船、货方提供的各种信息,库场的现有状况以及昼夜生产计划,进行综合考虑、平衡,编制库场使用计划。

②为库场使用计划的实施进行准备。包括协调配备相应的机械、劳动力,库场附属设施的使用,篷垫苫盖用品的配套,必要零星货物的整、并、转等。

③库场使用计划的下达。

④库场使用计划实施过程的监督与指导。

⑤库场使用计划实施后的总结,并在总结的基础上编制下一个昼夜的库场使用计划。

五、编制库场堆存计划

1. 编制月度、旬度堆存计划

首先要掌握港口(或港区)计划期内的库场堆存能力,即可以使用的仓库和露天堆场在计划期内共能容纳多少货。其次根据下月(或下旬)将在本港(或本区)靠泊的船舶到港计划表,估计出非直取方式的运量,并且根据下月(或下旬)将在本港(或本区)出口的货运计划,估计出需预先进入库场集中待运的货运量。然后利用上述资料进行需求与能力的平衡。

平衡不仅要使总入库量与总堆存能力相适应,而且要使各类库场的堆存能力与它们所能堆存的货类入库量相适应,即不仅要使:

$$v_{总} \geqslant Q_{总}$$

式中:$v_{总}$——总堆存能力;

$Q_{总}$——总入库量。

而且还要使:

$$v_1 \geqslant Q_1; v_2 \geqslant Q_2; v_3 \geqslant Q_3; \cdots\cdots$$

式中:v_1、v_2——各类库场的堆存能力;

Q_1、Q_2——各类库场所能堆存的货类入库量。

最后根据平衡的情况,对港口(或港区)每个堆存区域作出堆存计划。

2. 编制日常堆存计划(以下简称堆存计划)

专业化码头堆存计划的编制比杂货码头堆存计划的编制要简单得多,下面介绍杂货码头堆存计划的编制。杂货码头的堆存计划与装卸作业有密切关系,如果没有堆存计划,工班组长和仓库员就无法知道该票货物的堆放位置,同时货物堆放的位置是否正确将在很大程度上影响库场管理目标的实现,因此需要在装卸作业开始前就编妥堆存计划,并将计划分送到工班组长和库场管理员手中。

编制堆存计划主要确定 3 个方面的内容:出库或入库路线、入库量以及各票货物的堆存货位。

当一艘船的泊位确定后,便可开始作堆存计划。

(1)安排卸船货物的堆存

为安排卸船货物的堆存,需取得如下资料:

①船舶卸货量以及直取货物所占的比重；

②入库货物的品种；

③入库货物的数量及批量大小；

④可使用的库场位置以及可堆货的面积；

⑤装着这些货物的舱口号码；

⑥换装接运的工具、货物的流向。

(2)安排装船货物的堆存

为安排装船货物的堆存,需要掌握如下资料：

①承、托双方约定的货物集中日期；

②该船将受载的货物品种和数量,其中船边直接装船所占比重；

③每票入库货物所需的库场面积；

④各票货物装船的舱口号码。

一旦得到了上述全部资料,就可对一艘船的进、出口货物堆存作出计划。

(3)作出进、出口货物堆放在哪个库、场的初步打算,确定货物的入库和出库路线

编制计划者可利用上述资料,如进口货物的货种、入库量、出口货物的货种、入库量、入库时间等初步确立哪些地方用来集中出口货物,哪些地方用来接受卸下的进口货物。如露天堆场可接纳哪些进(出)口货,仓库接纳哪些进(出)口货。

各港口计划编制者在按排出、入库路线上,可视泊位和库场的布局、条件等作出不同的堆存方案。

①进出合一的堆存方案。如果泊位后面前方库场的面积较大,货物入库量不大,一个库场就能够满足进、出日货物的堆存需要,那么较好的堆存方案是在同一个前方库场内分开堆存进、出口货物。出口货在卸船开始前就先进库集中,堆放在靠近泊位前沿的一侧,而进口货则卸在靠陆域的一侧(图 6-1),这样的方案货物搬运的路线最短,也便于内陆接运。

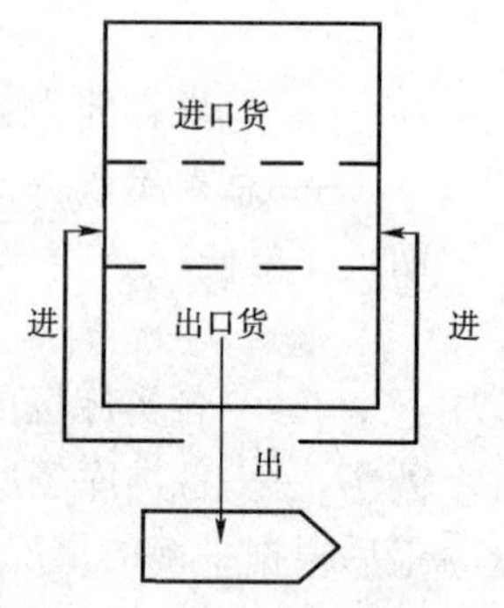

图 6-1　进出口合一的货物堆存方案示意

②进出分开的堆存方案。对于大型港口,靠泊的船舶载重吨位相当大,往往一条杂货船可载数千吨货,不可能采用进出合一的堆存方式,较好的方案是将进口货物和出口货物分库堆放,把进口货物安排在进口库场,出口货物则堆存在出口库场(图 6-2),这种方式可将进、出口货物很好地分开,机械运行的路线畅通,互相干扰最小,货物搬运的路线也相当短。

但是,有的港区泊位与库场的布局并不像图 6-2 那么理想,可能一个库场位于泊位正后方,而另一个库场位于泊位的侧方,见图 6-3,并且 1 库场面积紧张,必须使用 2 库场以应付 1 库场货物存放不下的情况。那么,可以将入库的进口货物与出口货物相比,把入库货物数量较多而且装卸效率较高的货物分配在 1 库场堆存。但是这样安排比前两种方案占用的装卸搬运作业时间要长,除非装卸船作业分先后进行并且使船舶移泊。

(4)计算堆存面积,确定各票货物的堆存货位

如果堆存面积充裕,自然不必细算堆存面积。如果堆存面积紧张,编制计划者就要详细计

算各票货物所需的堆存面积,然后把每票货物分配到最合适的货位。

(5)选择所用的仓库的数目

根据货物装船的舱口号码或卸船货物所在的舱口号码,正确选择所用的仓库门的数目,使货物搬运的出入路线最短,机械出入路线互相分开,干扰最小,货物进出库最方便。

除此之外,编制堆存计划还要兼顾到仓容量的充分利用。因为仓库、堆场的建筑结构、设备条件等情况不同,可供使用的仓容量有很大差异。有的仓库年代已久,而且是木结构楼层仓库,堆存使用定额很小,又无任何码垛设备,全靠人力码垛。有的是新建的钢筋混凝土结构仓库,堆存使用定额高出上述陈旧仓库几倍,又配备了升降电梯和码垛机械。编制堆存计划时应将积载因素大的轻泡货物安排在堆存使用定额低的仓库,将积载因素小的重大件货物、人力码垛困难的货物安排在堆存使用定额高、设备条件好的仓库,充分利用各仓库的仓容量和设备,最大限度地使用港口库场的堆存能力。

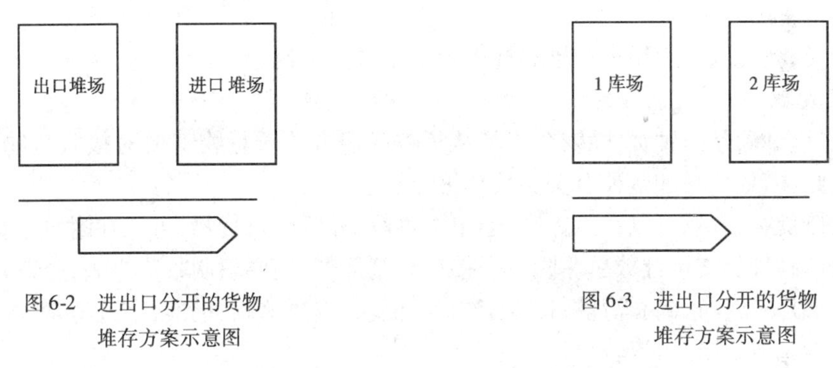

图6-2　进出口分开的货物堆存方案示意图

图6-3　进出口分开的货物堆存方案示意图

第三节　港口库场的货物堆存作业

库场的货物堆存作业由三部分组成,即货物的入库作业、货物的出库作业和货物的保管作业。

一、货物的入库作业

入库作业包括:入库前准备,货物入库验收,货物堆码,单据处理。

1. 收货准备

货物入库前先要做好收货的准备。首先应摸清入库货物情况,一般先要从出口货物的装船通知单入库联(内贸),装船预报表附页(外贸),进口货物的分舱单取得入库货物、包装、规格、数量的详细资料,对出口货物还应了解装船舱别,到货港以及货物的来源(如本地区出口货,还是中转联运货),对进口货物还应了解出港的流向,在港堆存时间,以及卸船作业顺序、进度等情况。其次是安排货位,做到先算后堆。一般做到:进口货按入库顺序,出口货按到港顺序及配舱顺序,从里边货位开始逐渐向外开垛脚,不能从外向里堆垛,把门堵死;大票货先确定货位,小票零星货机动安排;大票货不堵小票货,轻泡货不堵重件货,近港货不堵远港货,缓发货不堵围急发货;同一收货人的货物集中堆放;在安全前提下,货垛尽量堆高,利用空间,提高堆存量。货物入库前要匡算每票货所需的货位面积,再根据货位纵深确定开脚数。货位预先安排好后应向作业工人及有关人员交底,讲清要求。

2. 货物验收

货物验收实质上是一种责任交接。

库场应凭单收货,没有单据的货物不能收入库,单据和货物要全面核对。

货物质量的验收主要是对包装的验收。包装要符合标准要求。国家或国家主管部门未规定标准的应按交通《水路、公路运输货物包装基本要求》的规定验收。没有标准和要求的应在保证运输安全和货物质量的原则下进行包装。对不符合标准要求的,应该拒收,或由托运人负责加固、整修,并编普通记录随货同行(内贸货物)。当然也应注意包装内货物的异常情况,采用"验、看、听、嗅、问"等不同方法进行验收。

货物数量的验收主要是件数的验收,凡按件交接的货物一定要认真点清件数,成组货物既要点清关数,又要注意每关细数。

3. 货物堆码

应按照货物性质、作业要求和堆码标准化要求进行堆码。

4. 单据处理

库场收货入库,是一种责任转移,库场从货主或船方接过货物就要对接收货物的数量,质量负责。因此,需要填写和鉴证有关交接单据。

内贸出口货物,库场可以在入库联、运单上签收,外贸出口货物,可以在附页上签收。进口货物则大多填制理货交接计数单。除了交接单据签证外,还要填制收货报表,登账入册。对单证处理的要求是及时、正确和清洁;按规定内容、要求、方法填制、批准;字迹清楚,改动处盖章;在规定时间内完成,并投入流转。

二、货物的出库作业

货物出库作业从业务性质上可分为向收货人交付和由车、船转运出港两种,但对库场来说实质上是一样的。

1. 发货前准备

发货前应查看存货账和货堆实物,数量是否相符,有否质量问题,做到心中有数。一票大宗货堆几个货垛的,应根据库场使用要求,确定出货桩脚,出剩残堆应优先出清。对于易弄错的货垛,应在货垛旁作出明显记号,对作业工组交代清楚。

货主持提货凭证来提货时,应先对提货凭证进行审核,弄清是否办过提货手续,货物品名、规格、件数是否相符等。支付现金的提货凭证应核对提货日期。

对接运的车、驳,应询问核对,防止错装错发。

2. 发货与交接

发货交接应注意做到如下各点:

①发货前双方商定交接计数办法,坚持当面交接。

②港口只凭标志相符,包装完整发货,对箱内货物一般不负责任。如包装残损,内货状况不明时,不能贸然开给记录,让其提走件货,而是应暂时将货留下,内贸货双方在场开箱验看,外贸货应由商检局开箱鉴定。

③按车、按驳办理交接签证，一般不开总交接单，也不要预先开单，以防更改。除非是点垛交接可以一次办总交接。

④空袋地脚货应随原批货同行。

⑤发现短缺、不能随便用同品种规格的货物抵补。即使同一收货单位的，也要货主开具抵补证明，并在提货凭证上写明抵补情况，出仓日报上也应写清抵补情况。

⑥发货完毕，应检查库场，道路注意有否漏发、错发和掉件。

3. 单据处理

库场发完货应立即与接货方办理交接手续，签证有关交接单据。

交接签证单据是双方交接的凭证，库场凭此作为货物账册付账的原始依据。车辆提货的交接单据，同时又是出门通行证。船驳装运的货物交接单据叫库场—船驳交接计数单。交接计数单由发货库场员填写，内容要详尽具体，在装好后填妥，交船驳方签证。

除了填签交接单据外，还要在提货凭证上作出记录，写明日期，操作过程，提取数量与结存量。如果提货证记录栏已记载满，或者提货凭证港口要收回，则应另填提剩单给货方作为下次提货凭证。开出提剩单后，原提货凭证上应作记录并收回。

货物出库后，还要填制出仓报表，并在货物账册上付账。

三、货物的保管作业

货物在库场堆存保管期内，港口要对货物的安全质量承担责任，确保不发生货损、货差事故。货物保管最重要的是按其特性采取相应的方法与措施，同时要做好以下工作：

1. 防止盗窃破坏事件发生

仓库员应坚守岗位，离开时应锁门。库门钥匙要专人保管，上班领取，下班缴回。进出仓库人员应进行登记，与仓库作业无关人员，不能进入仓库。

2. 做好消防工作

库场应按堆放货物种类配备消防器材，消防器材应放置固定地点，不能挪作他用，并定期检查更换。对火种、电源要进行严格管理。仓库内不准使用电炉、煤炉，不得带火种入库，明火作业应经派出所（消防部门）批准，同时进行监护，车辆进入港区应安装“火星熄灭装置”，铁路机车进入港区不得通炉。

3. 做好防汛、防台风工作

防台、防汛措施应落实，器材配足，有专人负责，加强检查督促。水管下水道要保持畅通。屋面漏雨，门窗破裂要及时修复。苫盖油布要经常检查，破洞要及时补好。堆场盖油布要扣牢网绳，以防被风吹开。

质量不好的仓库，低洼堆场所堆货物，在台汛期间要催货主快些提走或联系运力转出，不能运出港区，就在港内转栈。防汛墙外的货物要特别注意。

要随时掌握气象情况，防止天气突变造成湿损事故。

4. 健全货账制度，定期盘点

库场堆放货物必须建立货账制度，做到有货有账，货账相符。货物入库应及时登账，货物出库及时销账。

库场堆存货物应定期盘点、一般杂货每月一次；煤炭等大宗散货每季或半年一次。盘点发现数量溢缺,应查明原因,报告有关部门更正账面。杂货仓库每月盘货后,填制月结报表,可作为存货的账册。

5. 建立保管责任制、交接班制度和经常性的安全检查制度

以上各项措施、制度应保证得到落实。

第四节 港口库场日常管理

港口库场日常管理工作,简而言之主要有两方面内容:

1. 管好库场、用好库场(包括库场设备)

要管好库场、用好库场,就必须随时掌握货物进出库场和堆放情况,合理使用库场,压缩货物在库场堆存期,加速库场周转,扩大库场通过能力。

2. 管好货物、运好货物

管好货物的目的在于运好货物,库场的一切生产活动都是为了运好货物。因此,在库场日常管理工作中,应以提高货运质量为主要目标。

库场日常业务工作包括:

(1)货账管理

货物进出库场,要保持原来的数量和质量,这是库场的基本职责。要了解货物在收发保管过程中的数量和质量,库场必须建立相应的台账,做到有货有账、货账相符。台账的内容应包括:进出口船名、航次日期、交接单(或运单、舱单、提单)号码、货名、标志、件数、重量(体积)、到发港和收发货人等。

货物进库,应填写进库台账。台账应与进库货物的数量、质量及进库过程相吻合。如发现数量、质量、包装、标志等不符,应按规定程序予以更正或采取措施,并及时汇报。货物出库,按日期分批在台账上注销,直到每票货物出清为止。每票货物应有专人管理,每日应对货物的进出及库存情况与台账进行逐票核对,做到货、账相符;如货账不符,应及时查清。

(2)货物的收发保管

做好货物的收发保管工作是确保货物数量和质量的重要一环,也是对库场人员工作的基本业务要求。库场货物的收发工作包括两个方面的内容:一是数量上的准确,二是质量上的查验。库场货物的保管,就是要确保货物在进出库整个过程中货物原始状态和理化特性不发生变化。

为了使货物收发准确无误,保管完整无损,库场人员除要强化工作责任心,严字当头,一丝不苟,并采取各种防范措施,确保货物安全以外,还应经常不断地研究和改进库场货运作业制度和方法,建立和完善货物收发保管制度,实行科学管理。

3. 地脚货、无法交付货物的管理

所谓地脚货物是指港口经营人在交付货物后经打扫而收集到的作业后残留货物。这些货物虽然可能数量并不大,但从性质上讲,所有权是属于货主的,所以应当尽可能地将收集的货物予以区分,做到物归原主,切实履行好交付义务。确实无法确定货主或者不能交还货主的,应当按无法交付货物的相关规定或者国家其他有关规定办理,但是不能将货物留归自己所有。

货物接收人逾期不提取货物的,港口经营人应当每10天催提一次,满30天货物接收人不提取或者找不到货物接收人,港口经营人应当通知作业委托人,作业委托人在港口经营人发出

通知后30天内负责处理该批货物。作业委托人未在规定期限内处理货物的，港口经营人可以将该批货物作无法交付货物处理，按照国家经济委员会《关于港口、车站无法交付货物的处理办法》规定的处理程序对货物进行处置。

港口经营人交付货物的情况符合《中华人民共和国合同法》第一百零一条规定的条件时，港口经营人可以根据《中华人民共和国合同法》的规定将货物提存。

4. 库场人员的工作交接

库场人员的基本业务是理货工作，理货工作与装卸作业是同时进行的，因此它和装卸作业一样，具有昼夜连续作业的性质。库场理货工作应保持良好的连续性，才能密切配合装卸作业的持续进行，因此，加强库场理货交接班工作，对装卸作业持续进行、防止货运事故、提高货运质量都具有十分重要的意义。

交接班就是一个工班的工作结束和另一个工班的工作开始间的交替过程。在这个交替过程中，库场理货人员应做到工作不清不交，情况不明不接，一般不准代交代接或用便条方式进行交接。交接双方的责任划分界限为交前由交方负责，接后由接方负责。交班者应把上级交办的任务、当前工作的情况、有待解决的问题或尚未完成的任务以及对下一工班工作的建设性意见等情况介绍清楚。接班者必须提前到现场主动向交班者了解情况，认真听取交班者的情况介绍，对情况不明资料不全、遗留问题不清的要当面询问明白。如有争议，交接双方应向上级汇报并当时解决。交接班应采用现场、口头、书面三结合的方法，接班者未到，交班者不得擅自离开工作岗位。为了搞好交接班工作，交接双方都应发扬团结协作、互相帮助、互相谅解的精神。

第五节　件杂货码头库场管理

由于件杂货货物品种多、形态不规范、批量不一以及集装箱化率不高等原因，国内件杂货码头的管理普遍存在件杂货库容利用率低、货物周转慢、管理效率低等情况。

件杂货码头典型的业务流程见图6-4。

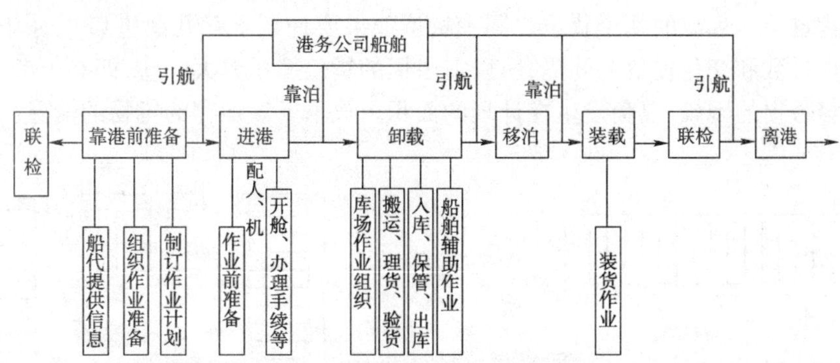

图6-4　件杂货码头典型的业务流程

件杂货码头的库场在整个作业流程中起到连接各作业环节的作用。为此，件杂货码头库场的日常管理的内容包括了以下几个部分：

①船舶靠港前准备，也即制订船舶服务计划；

②卸货进场；

③货物搬运入库；

④仓库保管；

⑤货物出库转运或交货。

以下介绍件杂货码头库场管理的一些要求。

一、件杂货库场货位的设置

货位是入库货物或出库货物在库场堆放的标准位置。

港口库场的面积一般都很大，一个仓库(或堆场)小则数百，大则数千平方米。在偌大一个仓库，进、出货物川流不息，几乎时常处于变动状态。库场管理者不可能随时记住每票货物存放在库场的哪个位置，再者，不将库场划分区块，并编明标号，在编制堆存计划时就很难表述清楚货物将堆放的确切位置。这样必然会因为库场管理者在货堆中寻找货物而延长了入库、出库作业时间，可能造成机械在仓库门口排长队，阻塞库内通道和库外道路的混乱状况，致使装卸船作业时间延长。如果将库场合理地划出通道和堆货位置，并将堆货位置依次编明号码，库场管理者根据记录的货物堆存货位号，就能在任何时间很快找到货物堆放的位置，运输机械可迅速地开向正确方向。所以设置库位可以提高库场进、出货物的效率，缩短收货、发货作业时间，减少差错。

规划货位图首先应考虑通道的分布。通道的分布要能使装卸运输机具到达库场的每一部分，通道的宽度要满足机具的安全移动。然后考虑墙距和柱距的要求，最后进行货位的布置。

货位的布置既要紧凑，以充分利用仓容，又要使货位与货位之间保留一定的间隔，间隔的宽度要能容人进入，以便理货、检查。

图6-5和图6-6是根据两个平面布置不同的仓库规划的货位示意图。

货位规划好以后，按规划图在库场地面设置鲜明的货位标记线，并依次编好货位号，货物必须都堆放在标准货位线内。

编制堆存计划时要注意货位的面积必须与计划堆放货物所需的面积相匹配，避免面积不够而将一票货堆放在远离的几个货位。同一货位如果要计划堆存几票进口货时，因货垛之间必须留出理货计数和交付提货的间隔，所以需占用的货位面积要大一些，即必须考虑到小票货物堆放时仓容亏损的因素，以免发生在计划的面积内放不下该堆存的货物的情况。

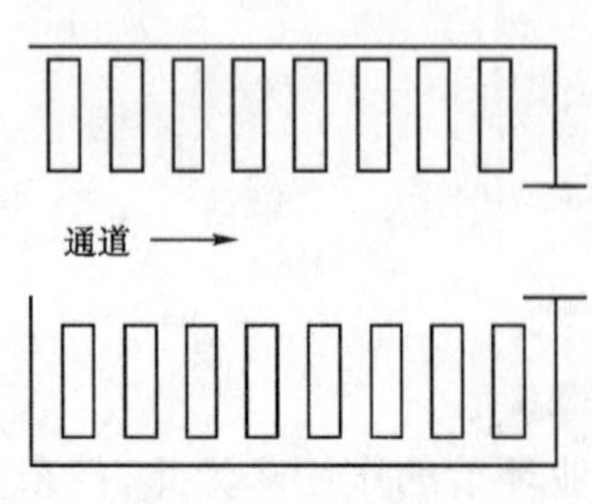

图6-5　库场货位平面图

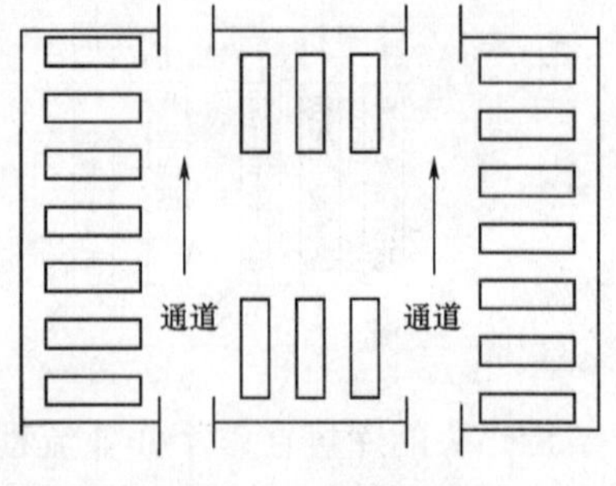

图6-6　库场货位平面图

二、件杂货堆码标准化

货物进入港口库场，一般都需要堆码，在露天堆放的货物有的还要苫盖。采用正确的货物堆码、苫盖方法，不仅可以保证货物安全、垛数准确，而且也能够提高库场面积的有效利用率，保持良好的文明生产水平。

1. 货物堆码的要求

货物在库场的堆码必须遵照以下标准和要求：

①码垛整齐牢固、成行成线，做到标准化；成组货物定量上垛，能点清关数，不成组货物能点清件数。

②按单堆码，标志朝外，箭头朝上；重货不压轻货，木箱不压纸箱，残损另堆。

③露天堆放。怕湿货物要垫盖良好，不露不漏，捆绑牢固。

堆垛时应注意不超过库场的荷重使用定额，除注意留出通道外还需注意留出“六距”，即墙距(内墙距、外墙距)、灯具、垛距、柱距、消火栓距和电源开关距。

港口库场管理人员要指导工人堆垛，堆垛时应掌握先里后外、先算后堆的原则；堆垛是要考虑到出货的方便，不同票的货不相压、大票货不围小票货等情况；要根据不同货物的性质、包装形式进行货物的堆码；有包装储运指示标志及危险品标志的货物要按其要求堆码。

2. 堆码的垛型

垛型是指货物堆码后形成货垛的形状。确定垛型要考虑货物的理化性质、批量大小、规格尺寸、保管场所(仓库或货场)以及库场面积、作业机械、保管时间等因素，常见的垛型主要有：

(1)平台垛

此类垛型呈长(正)方体，垛顶呈平面，每层件数相同。采用重叠法或纵横压缝法堆垛。

这种垛型适用于在库内堆码同规格的箱装货物、成组货物等。其优点是货垛整齐、数字易于清点、占用面积少；缺点是采用重叠法堆码的垛型不够稳固，不能堆得太高。

(2)起脊垛

起脊垛是先按平台垛堆码，待堆到一定层数后再开始压缝起脊(两面逐步收)，直到顶部收尖成屋脊形。

这种垛型多用于露天，用于堆码同规格的袋装货物、箱装货物、成组货物等。其优点是覆盖篷布后易排泄雨水，防止货物遭到湿损；缺点是拆关堆放的货物较难清点出货物的件数。

(3)行列垛

行列垛是将每票货物排列成行，适用于一票货物件数不多、包装形状各异的零星件杂货。堆垛方法以单件或多件货物为底进行重叠堆垛，每票堆成一列或数列的小货垛。为防止差错，常一票一垛。垛与垛之间留出一定间隔。

这种垛型适用于在仓库进行件杂货堆码。其优点是便于出货、分票、计数；缺点是垛底面积少，不能堆高，且垛距较多，有效面积浪费较大。

(4)宝塔形垛

宝塔形垛是将底层货件整齐排列后，从垛底向上每层四面减数压缝堆码，即上层的每件货物压住下层的四件货物，使货垛呈现出下大上小的宝塔形状。

这种货垛适用于包装松软、光滑或货物外形不易按重叠方法堆垛的货物。其优点是堆垛稳固;缺点是库场面积利用率低,数字较难清点。

(5)梯形垛

梯形垛是将底层货件整齐排列后,从垛底向上每层四面减数压缝堆码,即将上层的每件货物压在下层的两件货物之间,即收长不收宽或收宽不收长,货垛两面呈梯形或三角形。

这种垛型适用于库内外横卧或直立的桶(筒)装货物。其优点是垛型较稳固,易于点数;缺点是库场面积利用稍差。横放桶(筒)堆码时,底层两端必须是用垫木垫紧以防滚动。

(6)井形垛

井形垛是将货件一层横一层纵地堆码,每层件数相同或每两层件数相同,从垛顶俯视成井字状。

这种垛型适用于成型的钢材、木材等长形货物。其优点是垛型稳固,易于堆高,且便于计数;缺点是操作复杂,场地面积要求较大。在堆码井型垛时,必要时每层要在两端用垫木垫牢,并用绳子捆扎,以防滚动。

3. 货垛的定量

货垛的定量是指确定货垛内货件的数量,是货垛标准化的主要内容之一。它的确定除要考虑货垛的定型外,还要考虑以下因素:

①可利用库场的面积和货台的尺寸。

②货物的包装形式及包装质量,货物的规格尺寸。

③库场内的净空高度,以及堆高机械的起升性能。

④库场单位面积的荷重使用定额和荷重技术定额。

⑤货物转运的方式。如货物火车转运,为保证装车数字的准确,单垛定量为60t或者为60t的倍数。

三、件杂货码头库场管理信息系统

长期以来,我国件杂货散货码头的管理与装卸方式技术落后,无法满足现代物流信息化的要求。新型的件杂货码头库场的日常管理是将可视化手段应用于件杂货散货码头生产过程管理中,并在系统规划与实施中应用数据融合与共享的思想,码头管理和业务人员利用系统提供的可视化码头区域电子地图,可以及时制定货物进场计划、安排机械的动态调度;准确查询货物堆存情况,及时与货主联系进出计划;利用系统生成的各种数据,为每天的生产调度提供装卸现场的实时信息,以及时制定更快捷、高效的生产计划等。

以件杂货散货码头业务流程重组为基础,利用计算机技术、网络技术、数据库技术,以可视化的形式控制和集成码头生产物流活动中的所有信息,实现码头内外部信息的共享和利用。遵循件杂货散货码头的生产管理特点,以堆场为核心,将涉及从货物进场计划到最终货物落位,以及货物出场的一系列生产环节用计算机统筹管理起来,高效准确地处理货物与货位的对应关系,方便各个部门的人员对货场信息的获取和处理。除了存货管理外,系统还将调度计划、机械配工计划、舱单查看、船舶动态等信息合理整合,将信息动态管理涵盖所有生产业务部门。

第六节　集装箱码头堆场管理

一、集装箱码头堆场管理的一般方法

集装箱码头堆场管理主要有堆场的堆垛规则、堆场的分类及箱位的安排。堆场管理是码头生产管理的一个重要环节。码头要保证船舶如期开船，就必须提高码头装卸速度，而装卸速度的提高很大程度上取决于码头堆场箱区、箱位安排的合理性。合理安排箱区和箱位，不仅能减少翻箱率，减少堆场龙门起重机等箱的时间，提高码头装卸速度，而且还能最大限度地提高码头堆场利用率和码头通过能力，降低码头生产成本。

1. 堆场堆垛规则

堆场堆垛的基本规则就是保证集装箱堆放安全，减少翻箱率。工艺不同，集装箱的尺寸不同，集装箱装载的货种不同，导致堆垛方式的不相同。以下主要介绍按工艺分类、按箱型状态分类时几种基本的堆垛规则。

1）轮胎式龙门起重机作业的堆垛规则

（1）箱区的编码方式

集装箱堆放在码头堆场，一般都要用一组代码来表示其在堆场内的空间位置，这个位置就是堆场位置，又称“场箱位”。它是组成集装箱堆场的最小单元。

场箱位由箱区、位、排、层组成（图 6-7）。箱区的编码分为两种，一种是用英文字母表示，由一个或两个字母组成；另一种是用数字来表示，一般由两位数字组成，其中第一位表示码头的泊位号，第二位表示堆场从海侧到陆侧后方堆场的顺序号。国内码头普遍采用一位字母或两位数字作为箱区的编码。“位”的编码用两位数字表示，一个箱区有若干个位组成。由于一个 40′箱占用 2 个 20′箱的位置，因此，一般用奇数表示 20′箱的“位”，偶数表示 40′或 45′箱的“位”。“层”和“排”用一位数表示。因此，集装箱的箱位一般由“五位”或“六位”表示。如“A0111”表示该箱在 A 箱区 01 位第一排第一层；“210111”则表示 21 箱区 01 位第一排第一层。

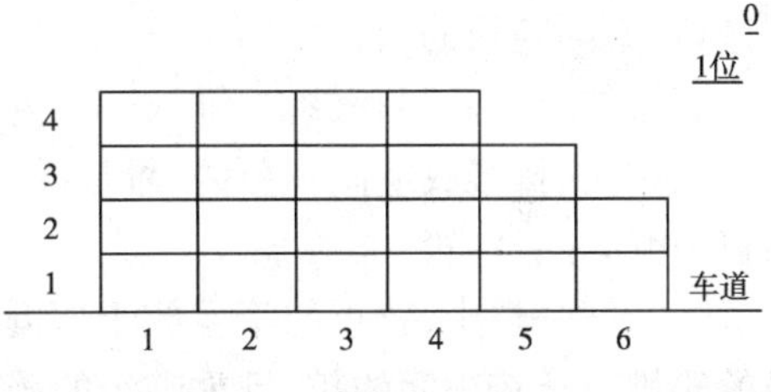

图 6-7　箱区编码方式

在码头设计建造时，箱区的长度往往与泊位的长度相对应，而宽度则应视轮胎式龙门起重机的跨度而定，一般箱区的排数为六排。堆箱层数是视轮胎起重机的高度而定，不同类型的轮胎式龙门起重机系统，堆垛高度也不相同，一般是四层或五层。

（2）箱区的高度与轮胎式龙门起重机的起吊高度的关系

堆三过四的轮胎式龙门起重机，一般堆三层高，箱区最高限度堆四层。堆四过五的轮胎式龙门起重机，一般堆四层高，箱区最高限度堆五层。

原则上，堆三过四的轮胎式龙门起重机不能进入堆四过五的轮胎式龙门起重机堆放的箱区作业。

(3)安全要求

轮胎式龙门起重机作业区域,若是堆三过四的轮胎用箱区,第六排应比其他排少堆一层;若是堆四过五的轮胎用箱区,则第六排应堆二层,第五排应堆三层。

集装箱进场选位时,应充分考虑堆放的安全系数。相邻排孤立的层高之差不得大于3。

各箱区之间要留有合适的通道,使集装箱卡车、铲车等机械能在堆场内安全行驶。

2)不同箱型的堆垛规则

(1)基本原则

①重、空箱分开堆放;

②20ft、40ft 和 45ft 集装箱分开堆放;

③冷藏箱、危险品箱、特种重箱成堆放在相应的专用箱区;

④进口箱和出口箱分开堆放;

⑤中转箱按海关指定的中转箱区堆放;

⑥出口重箱按装船要求分港、分吨堆放;

⑦空箱按不同持箱人,不同的尺码,不同的箱型分开堆放,污箱、坏箱分开堆放;

⑧重箱按堆场载荷要求堆放。

(2)出口箱进场安排

出口箱进码头堆场堆放时,必须遵循一定的原则,使出口箱在配载装船时,能减少翻箱,提高装船效率;一般有以下几个原则:

①按排堆放。同一排内,堆放同一港口、同一吨级的箱;但同一位内不同的排,可以堆放不同港口、不同吨级的箱;

②按位堆放。同一位内,堆放同一港口、同一吨级的箱;

③按位、排堆放。同一位内,堆放同一港口、同一吨级的箱;而该位的同一排内,堆放相同港口、相同吨级的箱;

④在同一位中,较重的箱堆放于靠近车道的第二排,较轻的箱堆放在最里面二排,中间等级的箱堆放于较中间的排,且重吨级的箱可以压较轻吨级的箱;

⑤在多条路进箱时,有两种方式可选择:

a)根据集装箱卡车的车号判别交替进箱,如第一辆车进 A 区,则第二辆车进 B 区,依次类推;

b)先进完 A 区,然后再进 B 区。

(3)进口箱进场安排

①同一位中相同的提单号,进同一排;

②一个位结束后,再选另一个位。

(4)空箱进场安排

根据持箱人、箱型不同,选不同进场位置。

2. 箱区的分类

集装箱堆场箱区分类方法有以下几种:

①按不同的分类方法可分出不同的箱区。

②按进出口业务可分为进口箱区和出口箱区;

③按集装箱货种可分为普通箱区、危险品箱区、冷藏箱区、特种箱区和中转箱区;

④按集装箱空、重箱可分为空箱区、重箱区。

危险品辖区、冷藏箱区因有特殊设备，如冷藏箱区有电源插座，危险品箱区有喷淋装置及隔离栏，所以该箱区是相对固定的。中转箱区虽无特殊设备，但因海关部门有特殊要求，因此该箱区也是固定的。码头箱管人员在安排箱区时，原则上各箱区应相对固定地堆放某一类集装箱。但也可以根据进出口箱的情况，码头实际堆存情况，船舶到港情况，以及船公司用箱情况，适当调整各箱区的比例。如当某一期间内进口箱量大于出口箱量，码头箱务管理人员可将部分出口箱区调整为进口箱区；而当船舶集中到码头，出口重箱箱量又大大增加时，码头箱务管理人员可将部分进口箱区或部分空箱箱区调整为出口箱区。码头箱务管理人员应灵活使用该办法，特别是在船舶集中到港，进、出口箱有较大的不平衡时，该办法可以在原有条件下最大限度提高码头堆场的使用率和码头堆场的通过能力。

3. 码头各类作业在集装箱进场时的堆场安排流程

(1)进口箱卸船进场

根据船代理提供的卸船船图或集装箱清单，遵循堆场堆垛规则安排场箱位。

(2)出口箱进栈进场

根据船代理提供的预配清单或工作联系单，登录卸货港、目的港，制定“进栈分港分吨要求”，堆场计划员遵循堆垛规则编制“进场堆存计划表”。

4. 集装箱码头堆场内的归位、并位、转位

归位是指码头堆场内箱状态发生变化后，从变化前的箱区，归入状态改变后的指定箱区的作业过程。如出口重箱退关后，箱状态由“出口重箱”变成“退关箱”，就需将该箱从出口重箱箱区归入退关箱区。

并位一般指同一堆场箱区同一箱位内，将零星分散的集装箱整理合并在一起的作业过程。一般由一台场内作业机械就可完成作业。

转位一般指同一堆场不同箱区间，或同箱区不同箱位间集装箱整理转移的作业过程。一般需两台场内作业机械及水平运输机械配合才可完成作业。

集装箱码头堆场内的归、并、转主要目的是为了提高堆场利用率，和提高箱区的作业效率，减少码头作业出差错的可能性，减少翻箱。主要有以下几种情形：

①在装船结束后，集装箱转入指定区域；

②箱区内进行过提箱作业后，对零星的集装箱，进行归并；

③根据客户申请的下昼夜提箱计划，可将此类要作业的集装箱转入一个箱区。这样可以在客户提箱时减少轮胎式龙门起重机频繁跨箱区移动。加快客户的提箱速度，合理使用轮胎式龙门起重机。轮胎式龙门起重机较少的码头应采取该办法。

④对完成拆箱提货作业后的空箱，进行归并。

⑤提前进场的出口箱或中转箱，在装船前，按不同的卸货港进行归转作业。

5. 集装箱的疏港

集装箱码头堆场是运输过程中的周转性堆场，不能用作中、长期储存。码头为了保证船舶装卸作业的正常作业，保证堆场畅通，根据国家关于集装箱疏港的有关规定，结合码头实际堆场的情况，可将进口集装箱疏运至港外堆场。

二、集装箱码头空箱管理

集装箱进入码头堆场，码头就对集装箱有了保管的责任作用。码头要对堆放在码头堆场内的集装箱的安全负责。其中空箱的管理上有其特殊的地方。集装箱码头的空箱管理主要分空箱进、出场管理和空箱管理。

1. 空箱进场管理

就码头而言，空箱进场有两种方式：空箱卸船进场和空箱通过检查口进场。

空箱卸船进场前，码头堆场计划员必须安排空箱堆存计划。该计划安排的原则为：空箱根据箱尺码的不同，箱型的不同，按不同的持箱人分开堆存。码头与船方必须在空箱卸船时办理设备交接单手续。

通过检查口进场的空箱主要有下列几种：一种为船公司指定的用于出口装船的空箱，一种为进口重箱门—门拆箱后返回码头。在空箱进场前，码头堆场计划员必须安排空箱堆存计划。如为船公司指定用箱，则根据不同的箱尺码，不同的箱型，按出口船名、航次堆放；如为进口箱拆箱后返回码头堆场的，则按持箱人的不同分开堆放。空箱进检查口时，码头检查口与承运人必须办理设备交接单手续。

2. 空箱出场管理

码头空箱出场主要有两种方式：空箱装船出场和空箱通过检查口出场。

(1)装船出场的空箱

一种为船公司指定的用于出口装船的空箱，另一种为装驳船的空箱。码头箱务管理员应根据代理出具的工作联系单、空箱装船清单或船公司提供的“出口装船用箱指令”安排装船空箱的用箱计划。码头配载计划员根据箱务管理员的用箱计划以及代理提供的“场站收据”，结合该船名航次的配载情况，选择全部计划空箱或部分计划空箱配船。凡该航次未能装船的空箱，箱务管理员应做好记录，以备下一航次装船之用。

(2)空箱通过检查口出场

①门—门提空箱。主要是出口载货用空箱的提运，该空箱提运至集装箱装箱点进行装箱后，重箱即回运本码头用以装船出口。空箱门—门提离港区，货主或内陆承运人应向集装箱代理人提出书面申请。集装箱代理人根据“出口集装箱预配清单”向货主或内陆承运人签发“出场集装箱设备交接单”和“进场集装箱设备交接单”。货主或内陆承远人凭“出场集装箱设备交接单”向码头堆场提取空箱。

②单提空箱。是指将空箱提运至码头外的集装箱堆场(CY)。单提空箱有多种情况，如船公司提空箱至港外堆场提退租箱等。码头箱务管理员应根据船公司或其代理的“空箱提运联系单”发箱，联系单上一般应写明持箱人、承运车队、流向堆场等，并注明费用的结算方法。

另外，因检验、修理、清洗、薰蒸、转运筹原因需向码头提空箱的。货代或内陆承运人应向集装箱代理人提出书面申请。集装箱代理人根据委托关系或有关协议向贷方或内陆承运人签发“出场集装箱设备交接单”和“进场集装箱设备交接单”。货方或内陆承运人凭“出场集装箱设备交接单”向码头堆场提取空箱，码头凭代理的工作联系单发箱。

空箱出场时，码头应与船方或承运人做好集装箱设备交接单的交接手续。

3. 存场空箱管理

码头堆场存场空箱的基本堆放原则是按持箱人和箱尺寸的不同分开堆放。码头设有专用的空箱堆存箱区，一般可堆放4～5层空箱。一般码头内发生拆箱作业后，拆空的空箱应及时归并，并按堆垛要求堆放。

三、减少集装箱堆场倒箱的措施

由于堆场计划做得不好和码头不可控制的随机因素影响等原因，为了顺利实施装卸船计划或交货计划，堆场常会发生倒箱。倒箱，也称倒柜、捣箱，是指根据装卸船计划和交货计划提取某集装箱时，该箱被其他集装箱压住或不便取箱，将其搬出放至适当的位置，以便装船或交货时能顺利地找到货箱，方便搬运，避免在装卸船作业和交货时再在场内倒箱作业，为提高作业效率打下基础。

1. 集装箱堆场倒箱的原因

在船舶抵港前几天，码头堆场收到公司或船代送交的船舶预配图后，按照预配图的要求，并根据码头堆场上集装箱的实际堆存情况，着手编制集装箱实配图，并制定集装箱装卸船计划和交货计划。为了顺利实施装卸计划和交货计划，提高效率，时常需要倒箱，船前倒箱产生的主要原因是：

①不同船名、航次的重箱混合进场，这与船公司的做法有很大关系。目前各船公司的做法是不管下一航次舱位是否够用，先把重箱收进场，然后根据情况给出船名、航次。这样就可能产生不走船的集装箱压走船的集装箱的不合理情况。为顺利进行装船作业，需将走船的集装箱取出，放至适当的位置，因此就发生了倒箱。

②船公司临时改变某集装箱的航次或目的港。船公司根据航次订舱情况，编制挂靠港的集装箱预配图。码头根据预配图的要求和码头集装箱堆存情况，编制实配图，并作好装船的准备工作，安排好装船顺序。如果船公司突然通知集装箱码头改变某集装箱的航次或目的港，码头必须修改装船计划，导致部分集装箱必须倒箱。

③不同重量级的集装箱混合堆放。因为码头接收的重箱的进场是随机的，而且由于驾驶员报重和放行单上的重量可能有很大区别，从而导致轻箱压重箱，轻重箱混合在一起。为了保持集装箱船舶的稳性和纵向强度，充分利用集装箱船舶箱位，需在装船前倒箱，将重箱和轻箱分开，堆入时，重箱在上，轻箱在下，重箱在外，轻箱在内。

④为防止中途挂港船上倒箱。集装箱班船航线中途挂靠港较多，根据集装箱船舶挂港顺序和集装箱到达各挂靠港的情况，考虑途中挂靠港的装卸情况，码头装船时，要防止产生后挂港集装箱压前挂港集装箱，堆场必须对集装箱按到港顺序进行调整，从而产生堆场倒箱。

⑤特殊箱型的重箱由于在船上有比较固定的位置，装卸作业前必须在堆场内单独堆放，以便于装箱，从而导致倒箱。如冷藏箱、危险箱、框架箱、高箱等。

进口重箱发放给收货人或内陆承运人时所产生的倒箱是比较常见的。尽管码头将货物预计到达的日期已通知了他们，他们也于船舶抵港前做好了收货准备，但他们前来码头提取集装箱是陆续的和任意的。因此，收货人提取重箱的顺序是随机的。如果先提取的集装箱被后提取的集装箱积压，自然会产生倒箱。

2. 倒箱的预防措施

①出口重箱的进场是陆续的,集装箱码头在接取集装箱时,堆场计划员应以某一艘具体的班轮为参照对象,根据以往的经验,充分考虑和估计多个不同目的港的集装箱的大概数量、各装卸港的顺序等、估测船公司的预配方案和集装箱的装船顺序,以便在堆场中划定的区域内堆放多个不同目的港的集装箱。

堆场计划员制定堆场计划时应尽量考虑方便单船计划员制定快速的装卸船计划。单船计划员在制定装卸船计划时,应根据堆场的具体情况。在不违反预配图的原则下,尽量弥补堆场计划员做堆场计划留下的不足或不可避免的误差,从而减少船前倒箱,达到快速装船、节约成本的目的。

②船前制定堆场计划时,应将重点港与终点港的集装箱放在不同场地,因为重点港的箱量较大,在船上所占据的行位较多,在装船作业时一般先取。终点港的集装箱一般放在舱底,也是先取。集装箱班轮航线中途港挂靠较多,单船计划员应考虑途中挂港的顺序和各挂港的货源情况,尽量避免船上后挂港集装箱压前挂港集装箱,否则会产生船上倒箱,降低挂靠港装卸效率,延误船期,产生不良影响。

③船前堆场集装箱的堆放应注意同一卸港的集装箱堆放不能过分集中而不便于装船和卸船,同一货主的集装箱应尽量堆放在一起。根据货物的重量,堆场中重箱在上,轻箱在下,内堆轻箱,外堆重箱,装船时重箱先装,轻箱后装,以保持船舶稳性。对于特殊箱应单独堆放,特别是危险箱和高箱一般装在船舶甲板上,装船时间靠后,单独堆放,避免妨碍其他集装箱的装卸。

④码头堆场根据制订的卸船计划、堆场计划,从船上卸下的集装箱堆放时应注意将重箱和空箱分开堆放,是否要安排中转运输,是码头交货还是货运站交货。集装箱码头应及时通知收货人、货运站或内陆运输的承运人,加快进口重箱的提货速度。压缩进口停港时间,将进口空箱堆放在指定位置。在堆放面积允许的情况下,堆放时多占用场地,减少堆放层数,尽可能减少倒箱。

⑤实现管理方法的科学化,管理手段的现代化,重要的还是要提高管理人员的素质。在箱务管理现场设置专门机构,建立专业队伍,加强培训。对集装箱各航次的运量、流向、货物品种进行统计分析,制定各种统计分析报表。收集、整理、储存、分析与集装箱运输活动有关的各类信息,及时、准确地掌握集装箱运输的基本情况。

为了缩短船舶在港时间,卸船和装船往往需要同时进行,争取在最短的时间内将大量的集装箱顺利地装上或卸下。集装箱能否合理地安置在集装箱码头堆场内,除了会影响装卸船计划的执行外,还会影响交货计划的执行。倒箱是为提高作业效率、经济效益服务的。由于做堆场计划的复杂性和码头不可控制的随机因素,倒箱还会存在,但随着管理的科学化和集装箱运输市场的规范化,倒箱会越来越少,并将降低至最低程度。

案例　突破传统的集装箱码头堆场管理模式

随着我国外贸集装箱吞吐量的突飞猛进,国内一些港口出现了硬件设施跟不上发展速度的情况,加上管理薄弱,造成服务质量下降客户投诉多的不利局面。为此,许多港口码头致力于内部挖潜,尤其是突破堆场管理的瓶颈。目前,随着现代信息技术的应用,我国绝大多数集装箱码头堆场实现了箱区管理的无纸化,甚至一些港口实现了集装箱卡车指令无线寻呼方式,在此基础上提出一种突破传统的新型堆场管理模式。

1. 传统堆场管理模式存在的问题

传统的集装箱堆场管理,将整个堆场划分为出口箱区、进口箱区、中转箱区、特种箱区等几大块,每块箱区堆存同种性质的集装箱。这种模式注重全局规划,方便操作,避免集装箱管理上的混乱,因此也成为绝大多数港口码头堆场的管理模式。有一些港口没有系统的规划,将集装箱混杂堆放,讲究所谓的"效率"原则,即哪里有箱位空就堆放在哪里。但往往事与愿违,造成各项作业冲突,影响作业效率。

这种模式将箱区的性质都固定,出口箱区只允许堆放出口箱,但如果一个出口箱区堆放两艘靠泊时间不同的船舶,便时常造成该箱区内一艘船的集装箱要装船,而同时另一艘船的出口箱要进栈,两项作业形成冲突,影响作业效率。即便一个出口箱区都堆放一艘船舶的出口箱,遇到该船舶同时安排多条作业路时,同样可能造成不同作业路同时在一个箱区作业而引起冲突。因为这种作业过程是箱区内集装箱缓慢积累到最后再一次性释放,缓慢积累过程中势必导致箱区利用率和堆场机械利用率不高。

2. 打破传统性质划分的新型堆场管理模式

此种新型模式将每块箱区分为若干个区域(图6-8)。一方面,缩小了不同性质箱区的范围,这样一艘船舶的出口箱可以按不同港口、不同重量级分更多的小区域堆放,而且每块小区域作业时不受其他作业干扰,不仅可以避免船与船的冲突,而且避免不同作业路的冲突。另一方面,这种方式还可以减少集装箱卡车使用量,减少由于作业方式转换(从卸船收箱转换为装船发箱)造成场地机械调整所耽误的时间,提高作业效率。例如,一辆集装箱卡车拖运卸船的进口箱进入进口箱位,轮胎式龙门起重机2给予作业落箱,这辆空车马上可以列轮胎式龙门起重机1下拖运装船的出口箱,减少了集装箱卡车行驶路线,提高集装箱卡车的利用率,对于目前一些先进码头的"边卸边装"工艺有很大的帮助。

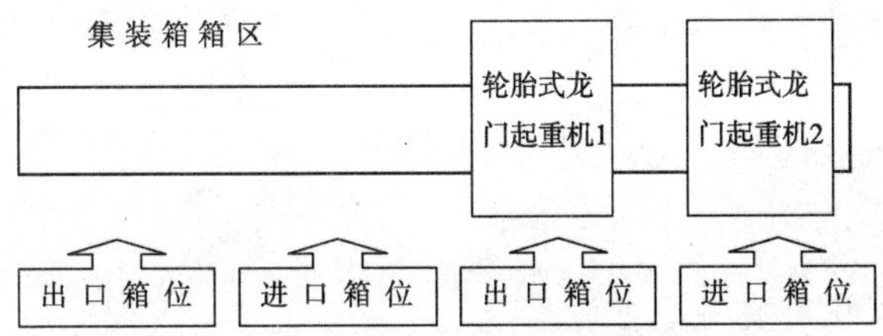

图6-8　突破传统的堆场管理模式

另外,该新型堆场管理模式合理均衡了堆场的作业量。一般情况下,卸船与装船同一时间段进行,紧接着前面卸船的提箱与下一艘船舶的进箱又同时进行,有效地梳理内外集装箱卡车的混杂作业,卸船与装船都是港区内部集装箱卡车,而提箱与进栈都是外部集装箱卡车,所以在任何时候一个箱区只有一种性质的集装箱卡车,可以更好地保证安全。由于这种安排每个时间段箱区几乎都有作业,不会像传统做法下的箱区出现释放后的缓慢积累过程,不仅提高箱区利用率,而且有利于箱区机械的合理配置与作业效率的提高(图6-9)。

对上述管理模式很多人可能会提出质疑:如何保证船舶靠泊前,进口箱位上的进口集装箱被全部提走?目前各港口靠泊的绝大多数为周班轮,所以该模式以一周为循环进行调整,与一些港口的进口集装箱7天疏港配套进行。第1天开始出口箱进栈各提卸船箱,到第7天船舶靠泊和进口箱位清空(以7天为限,超过7天都被疏港出港区),这样以一周为循环,解决了上述质疑。若港区出口箱进栈与进口箱疏港的时间不一致，我们就只能采取转栈的方式解决问题。例如，港区出口箱进栈是在船靠前4天，而进口箱疏港确是7天或不疏港，那么我们可以采取4天后船靠前转堆的方式，将箱区内进口箱位上的集装箱转移到其他箱区。当然这种管理模式，必须保证有足够的堆场机械，因为这种模式的实质是均衡各箱区和各机械的作业量来平衡箱区的利用率，从而提高作业效率。另外，还必须依赖先进的信息系统，及时地通知作业集装箱卡车在进口箱位落箱后，到出口箱位上拖运指定的集装箱。

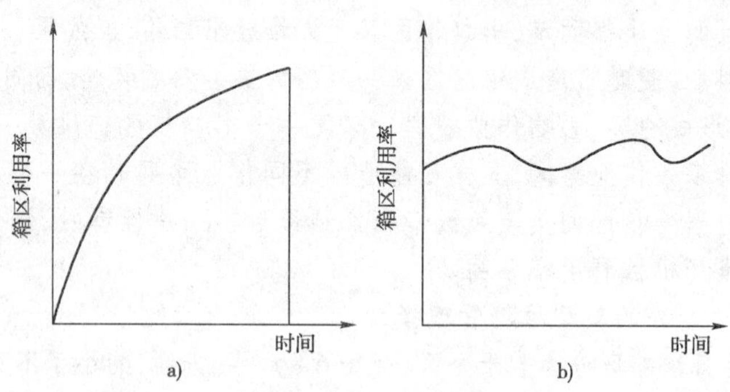

图6-9　两种管理模式下箱区利用率的对比

a)传统管理模式下；b)新型管理模式下

案例分析

1. 本案例中，传统堆场管理模式与新型堆场管理模式的主要差别在哪里？
2. 针对传统堆场管理模式存在的问题，你认为有什么更好的解决方法？

复习思考题

1. 港口库场的功能主要有哪些方面？
2. 如何区分港口库场的类型？
3. 一般情况下，港口库场是如何设置的？
4. 港口库场堆存计划制订前需要做哪些准备？需注意哪些原则？
5. 请说出编制港口库场堆存计划的程序。
6. 请解释进出合一的堆存方案和进出分开的堆存方案各自的适用情况。
7. 库场的货物堆存作业由哪几部分组成？
8. 什么是“地脚货”？如何处理？
9. 件杂货码头库场的日常管理包括哪些内容？
10. 什么是件杂货的“货位”？如何规划货位？
11. 什么是集装箱的“场箱位”？什么是“场箱位号”？请举例。
12. 什么是集装箱码头堆场内的归位、并位、转位？

第七章　港口理货业务

第一节　概　　述

一、港口理货的概念

理货是随着水上贸易运输的出现而产生的。理货，英文是 TALLY，其含义为计数用的筹码。这是因为船舶在港口装卸货物时，人们最早是用木、竹制的筹码来计算货物的数字，因此最早的理货就是计数。现在的理货工作早已超越了单纯计数的范畴，增加了核对标志、检查残损，监督装舱积载，办理交接签证，提供理货证明等工作内容。

港口理货是指水路运输的货物，在承运人与托运人、收货人之间发生物权转移时的交接公证工作。工作内容不仅是计数，还包括核对货物标志、检查货物残损、指导监督货物的装舱积载、绘制货物积载图、办理货物交接签证手续、提供有关理货单证等，并以此划分承运人与托运人、收货人之间在货物数量和质量方面的责任。港口理货是国内外贸易和水路货物运输中不可缺少的一项工作。

二、港口理货的意义

1. 港口理货促进贸易的顺利进行

对于买卖双方履行贸易合同，按质按量地交易货物，促进贸易双方的相互信任，以及船公司经营航线的积极性，港口理货具有重要的促进作用。

2. 港口理货保障了船舶、货物的安全

在装船过程中，理货人员对货物的装舱积载负有监督、指导责任，且要准确地绘制在积载图上。正确、合理地积载，既能提高船舶载重量、舱容利用率，保障船舶在航行中安全，又能降低货损、货差率。准确绘制货物积载图既有利于各方工作，又有利于正确分清各方的责任。

3. 港口理货维护了承托运双方的经济利益

理货数字准，残损分得清，有利于分清双方的责任，维护双方的正当权益。反之，就会造成一方或两方的经济损失。

三、港口理货的原则

港口理货工作必须遵循 3 条原则：

1. 实事求是的原则

实事求是是外轮理货工作的最高原则。理货工作必须以客观事实为依据，一切从事实出发，如实反映货物在数量和状态方面的实际情况以及责任范围，不能弄虚作假，不准掩饰事实真相。

2. 船边交接的原则

船边交接原则是确定理货方法和理货员工作岗位的依据，是办理货物交接、划分责任界限的原则。

提单是承、托运双方签订的运输契约。根据提单条款规定“船方对货物所负的责任期限应从货物装上船舶之时起，到卸离船舶之时止”，即称为“钩到钩”或“舷到舷”条款。船边交接原则就是根据提单条款确定的，即理货员代表船方与收发货人交接货物，必须以船舷为界，按照交前由交方负责，接后由接方负责的交接原则办理货物交接手续。

3. 一次签证的原则

一次签证是指理货人员提请船方签认的理货结果，以一次为准，不得随意更改签证结果。

一次签证的前提是理货数字和责任划分必须准确无误，这对外轮理货工作提出了严格的要求。

四、港口理货员的素质

一个合格的港口理货员，必须具备以下素质：

1. 公正意识

港口理货必须公正，其公正性体现在以下 3 个方面：①实事求是：理货工作必须以货物的事实为依据，如实反映货物的本来状况，不能弄虚作假，有意掩盖事实真相。其要求理货人员在理货工作中，必须做到不受任何一方的约束、授意和暗示，不迁就任何一方的不合理要求，不徇私舞弊，不屈从任何一方的压力，而是采取独立自主的立场，以货物的事实为依据，实事求是地按照程序和要求作出理货结果和证明。②船边交接：理货工作必须以船边为界限进行货物交接。这就要求理货人员理货时，必须坚守的工作岗位是船边、甲板、舱内，坚持的交接界限是船舷，以此作为划分船方和其他方责任的界限。③一次签证：理货工作结束后，理货人员必须提请申请方在理货证明书上准确无误地一次签证，不得随意更改签证结果，这是一项既认真又严肃的工作。

2. 国际意识

外轮理货要与外国海员与外国企业家、商人进行业务交往。理货人员需要符合外事工作条件，掌握外事知识，遵守外事纪律，遵循外国的风俗习惯，用自己的言行体现出中华民族的优秀品质，用自己的工作反映出中国理货的声誉。

3. 服务意识

港口理货工作服务于国内外贸易和水上货物运输，服务于委托方，所以应注重服务质量，不断提高顾客满意度，这样才能巩固和拓展市场。

4. 安全意识

港口是水陆交界处，靠离船舶多，装卸货种多，来往车辆多，都会对理货人员造成危险。因此理数位置的选定，既要考虑安全，又要考虑能够理清货物数字。港口理货是指水路运输的货物，在承运人与托运人、收货人之间发生物权转移时的交接公证工作。工作内容不仅是计数，还包括核对货物标志、检查货物残损、指导监督货物的装舱积载、绘制货物积载图、办理货物交

接签证手续、提供有关理货单证等,并以此划分承运人与托运人、收货人之间在货物数量和质量方面的责任。港口理货是国内外贸易和水路货物运输中不可缺少的一项工作。

第二节　理货程序

一、装船理货程序

1. 理货长工作程序

1)装船前的准备工作

(1)核对装货单和载货清单

装货单是理货人员验收货物和装船理货的凭证。载货清单全称是“国际航行船舶出口载货清单”,习惯称为“出口舱单”或“舱单”,是船舶代理人根据装货单按卸货港顺序汇总编制的,是供理货长了解和掌握全船所载货物的总件数和总重量之用。

核对内容有:港口名称;标志、货名、包装,件数和重量;对未到货物的处理等。

核对装货单和载货清单,应以装货单上记载内容为准。如发现两者内容不一致,应按装货单修正载货清单。

(2)编制舱口装货计划表

舱口装货计划表是理货长根据货物配载图和装货单,按舱口分层次编制的全船装货顺序计划表,俗称“进度表”。

编制舱口装货计划表的要求:

①将装货单按编号顺序排列。

②根据货物配载图和装货单,按卸货港顺序,分舱口和层次圈配载图上的装货单号,同时在装货单上填明装舱位置。

③将同舱口、同层次、同装货港的装货单,按不同货类、不同性质、不同积载要求、不同包装式样、不同货物来源加以分开;同货类、同性质、同包装式样的零星小票货物集中在一起。

④将转口货和选港货的装货单按不同的转口港和选择港加以分开。

⑤将危险品、贵重品、使馆物资、重大件等特殊货物的装货单单独分开。

⑥在完成上述工作的基础上,按不同舱口、不同卸货港编制进度表。

⑦大宗货、太票货和散装货,应在进度表上分别注明装入各舱的货物数量。

⑧加载、退关货物,应在进度表上注明加载、退关的货物件数和重量。

⑨在进度表上计算出装入各舱口和层次的货物总件数和总重量;各卸货港(包括转口港和选择港)的货物总件数和总重量。然后计算出全船装货的总件数和总重量。

(3)准备登轮工作所需的单证、资料和理货用品。

(4)登轮与船方大副联系工作时,应向其了解有关事项:

①卸货港顺序,船上是否有过境货。

②对转口货、选港货的装舱要求。

转口货:在货物抵达目的港之前,需经第三港换装、转运的货物或中途经第三国港港口换装他船运出境的货物。

选港货:可在两个或两个以上的目的港选择其中一港口为卸货港的货物(要保证在任何一个选择港口都能卸下)。

③对贵重品、危险品、使馆物资等特殊货物的装舱、积载的要求。

④铺垫、隔票的要求。

⑤各舱吊杆的安全负荷量。

⑥对理货工作的要求和注意事项。

理货长与大副核对货物配载图,如发现配载不当或漏配的货物,应主动提请船方调整。另外,应将了解到的情况详细记录在单船记录本上,并将情况介绍给理货员和单船指导员。

2)装船过程中的理货工作

理货长根据开工计划,分配舱口理货员,确定理货岗位和工作方法。在装货作业开始时,准确记录开工时间。

(1)发放装货单

根据配载图和进度表,将本工班预计装船的装货单发给理货员,作为理货依据,且在进度表上标明,以防止错发、漏发,造成错装、漏装而引起翻舱事故。

(2)布置任务

①根据配载图和装货单,向各舱口理货员布置工作任务,主要包括:所装货物的种类、卸货港名称、积载位置和衬垫隔票要求、装载顺序,以及理货工作中的注意事项等内容。

②向装卸指导员介绍装货注意事项,主要包括:船吊的安全负荷量和操作注意事项、所装货物的种类和吨位、积载位置和衬垫隔票要求,大宗货物要求做好定量关,小票货物要求集中堆积,残损货物要求剔除等内容。

(3)检查工作

主要是检查和指导装船作业,检查理货员的工作。理货长要经常巡视各舱口,检查装舱质量、铺垫隔票和理货员上岗定位、安全措施等情况;保持与船方、港方和货方的联系,对港方或货方提出要求变更货物积载位置时,应事先征得船方大副同意后,方可变动。

(4)业务处理

在装船过程中,理货长的日常业务工作主要有:

①复核计数单和装货单,核对内容包括:计数单上填写的装货单编号、标志、包装、件数是否与装货单相符合;复核计数单上填写的总件数和总重量是否正确;对直装、现装货物,核对计数单与随车清单或驳船清单是否相符;整票货物未装的,要核对计数单上填写的计数与装货单附页上签注的件数是否相符;复核已装船的装货单编号和份数与计数单上填写的是否相符。

②销进度表。在复核计数单和装货单的基础上,销进度表,俗称销账。这是装船理货工作中很重要的一环,因为它是全船装货进度的综合反映,是绘制积载草图的依据,是确定出口总数的基础。

③圈销载货清单。根据已装船的装货单,在载货清单的件数栏上,画一个圆圈,在发货人栏上注明装舱位置,以表明该票货物已装船,发给理货员的装货单已收回。在圈销载货清单时,要注意:根据装货单编号和实装件数及重量,核对载货清单,两单内容完全相符;装货单上实装件数和重量与载货清单不相符,应纠正载货清单上件数和重量;装货单退关,在载货清单上要注明;载货清单上的件数修正后,舱单总数也要作相应的修正。通过圈销载货清单,可随

时了解装船动态，掌握货物未装船的存余票数，以便与发货人核对装货单已装船数和存余数，船舶离港后可作为核查船公司查询单的原始资料。

④绘制积载草图。

⑤交接班。为使接班理货长能详细了解装船进度和理货工作情况，保持工作的连贯性和统一性，避免因交接不清而影响工作，分清各班理货长的责任，交接班要做到“五清”，即：交接清各舱装货进度、港口顺序及注意事项；交接清装货过程中出现的问题及处理的方法；交接清货物配载图、舱单、积载草图、装(收)货单等单证资料；交接清船方对铺垫、隔票、加固等要求；在装货单全部收齐后，交接清全船出口总件数和总重量(包括分港件数和重量)。

(5)编制单证

①每工班结束，根据计数单填制日报单。

②根据装货单填制货物分舱单。

③根据积载草图绘制货物积载图。

3)装船结束时的理货工作

理货长要准确记录装船结束时间；指派理货员检查作业线沿途有无掉物，发现问题立即采取措施补救；与港区仓库员和发货人核对货物是否全部装上船，以防漏装；处理各种理货单证，如核对计数单与舱单中的数字是否相符，发现问题，查明原因，予以纠正；根据积载草图，绘制实际货物积载图；填制货物分舱单，编制理货业务凭证等。一般要求在装船结束后2小时内，完成一般事务、编制单证和船方签证3项任务。

(1)一般事务

①检查和整理好所有理货单证和其他有关单证资料。

②检查和处理好最后一批装货单。

③复核装船货物的总件数和总重量，复核装船货物的分港数和分舱数。

④复核退关的装货单编号和货物数量。

⑤向港口库场了解有否遗漏货物，残损货物是否全部装上船。

⑥向各舱理货员了解装货结束时间和其他有关事宜。

(2)编制单证

①填制最后一份日报单和待时记录。

②编制完货物分舱单和理货证明书。

③完成货物积载图的绘制工作。

(3)船方签证

在完成上述各项工作的基础上，提请船长或大副签认最后一批装货单、理货证明书和货物积载图等单证。

签字结束后，理货长应携带所有单证资料以及理货用品离船。然后将全船的单证资料整理好，交主管部门，并汇报有关情况。

2. 理货员工作程序

1)装船前的准备工作

向理货长索取装(收)货单、附页，听取理货长对装舱的积载、衬垫隔票、港口顺序等方面的要求；向装卸工组提出装舱积载和分隔衬垫要求，以及装货中应注意的事项；按港口顺序、货物轻重和特性，整理好装（收）货单，按船方要求的程序装货。

2）装船过程中的理货工作

（1）接受任务，领取装货单

在接受工作任务时要掌握本舱口所装货物的种类、卸货港顺序；掌握货物积载的位置和要求，尤其特殊货物，如危险品、冷藏货、重大件和贵重品等的积载要求；同时要了解货物衬垫隔票的要求和物料的来源；了解直装或现装货物的来源，操作过程和交接方法。

在领取装货单后，要注意以下几点：

①要将附页抽出，按卸货港顺序、货物种类和性质、包装式样、积载要求，排列好装货的先后顺序，同时根据附页上注明的货物来源、堆放地点，尽可能把同一货位的装货单排列在一起，以便于仓库发货和工人装货。

②对不同卸货港、转口港和选择港的装货单，应分别单独排列，防止发生错装。

③对重大件、危险品的装货单，应先查看货物装舱条件和货物实际情况，以便指导工人装船。如发现货物不宜装在该处，应及时通知理货长。

④对冷藏货装船时，应事先通知船方停止打放冷气，以保证工人操作安全，同时要求船方准备好隔垫物料，以备使用。

⑤对直装、现装货物，应先了解驳船和车辆停靠位置，记下车、驳号，然后通知海关人员到现场验放装货单。

（2）凭单装船理货

从港口库场装船的货物，装船前，理货员凭装货单先到港口库场检查核对货物，然后，再将附页交给库场员，凭以发货装船；或将附页交给装卸工组凭以到库场提货装船。直装、现装货物，凭装货单收货装船。

在装船过程中，理货员在船上或船边凭装货单逐票逐钩核对货物标志，点清件数，检查包装。

①核对标志。主要是核对货物的主标志和卸货港名称。如发现标志不符，应通知库场员，待解决后，方能装船。

②理清件数。指对杂货，要逐票点清件数；对大宗货物，工人必须要坚持做到定量钩，理货员逐钩复查，点清数字；对直装、现装的货物，要在船上或船边与发货人或驳船船员划钩计数，当钩交接清；对船方有特殊要求的货物，装船前，应通知船方共同进行点交点接，理清数字。

③检查包装。重点是检查货物包装是否完整，保障货物完整无损地装船。如发现下列情况，原则上不能装船：木箱、木桶等硬包装发生变形；包装外表加的铁带、铁箍出现松弛、断裂或脱落；包装内货有晃动或破碎的声响；包装外表有渗漏、污染痕迹；袋装货的袋口松散；桶装货的塞、盖脱落；各种包装发生破损；动植物、食品出现腐烂、发霉气味；以及其他明显的包装异常、损坏等。

（3）监督装舱

在装货过程中，要指导和监督工人装舱积载和衬垫隔票。

①装舱积载。主要是指导每批或每票货物的积载位置和堆码要求，尤其是班轮装货，更要严格按照船方要求指导装舱积载。在装舱位置比较紧的情况下，要控制发放附页的数量，尽量做到整票装清。在装船过程中，如遇上突然下暴雨，要特别注意舱内货物是否被雨淋湿和破票

货物未装船的件数和它们所在位置。对在船边交接的货物，要经常检查舱内积载情况，防止工人随意变更积载位置和乱堆乱放。对船方提出的要求，要及时转告工人和有关部门。

②衬垫。主要是根据船方的要求和理货长的布置，将衬垫要求和衬垫物料来源通知工人。如事先需要船方验看的，应通知船方验看后再装船。

③隔票。是理货员直接指导装卸工人进行的。凡下列情况需要进行隔票：不同卸货港的货物装完后，需要进行隔票，然后才能装其他卸货港的货物；不同转口港或选择港的货物装完时，需要进行隔票后，才能装其他转口港或选择港的货物；同包装不同票的货物装完时，需要进行隔票后，才能装其他票的货物；船方要求隔票其他货物，隔票后才能继续装船。

(4)编制单证

在装船作业过程中，理货员应按钩填制计数单，整票货物装上船时，应如实批注装货单。如发生理货待时，应填制待时记录。每工班结束时，应将填制的单证送交理货长。必要时，装上船的装货单应及时送交理货长。

(5)交接班

理货员的交接班有时是在装船作业过程中进行的，因此交接班的两个理货员应在理货岗位上进行交接。这就要求接班理货员应提前到理货岗位，交班理货员在接班人未到前，不能擅自离开理货岗位。为了确保交接班的顺利进行，避免发生差错事故，分清交接者的责任，理货员在交接班，以书面记录为准。交接班时应做到“五交”：

①交任务。交清货种，或重点舱、重点货的特殊要求。

②交情况。舱内货物隔票情况，船方、货方、港方的要求和注意事项。

③交单证。装(收)货单、附页、交接班本及其他相关资料。

④交残损。处理残损的方法，本工班发生残损情况及处理结果。

⑤交数目。本工班所装船的件数，退回、调换修理件数，以及其他特殊情况须交清的货物件数等。

3)装船结束时的理货工作

在装船结束关闭船舱完成时，为装货结束时间，理货员要做好记录。

在装货结束后，理货员应检查库场、道路等作业现场，联系库场员，防止货物漏装。

填制完最后几张装货单和计数单，办完货物交接手续后，立即送交理货长，且汇报装货结束时间和有关情况，然后听候理货长的安排。

二、卸船理货程序

1. 理货长工作程序

1)卸船前的准备工作

理货长收到单证资料后，应该查阅和整理单证资料，联系港口调度和库场，了解船舶停靠泊位、时间，卸船作业计划，货物流向或库场货位安排。着重掌握以下情况：

①船舶性质和国籍。

②货物的来源和装货港，各舱货物的种类、性质、数量和积载情况，以及所卸过境货物及其装载的舱位。

③卸船作业计划，货物现提数量和流向，进港口库场的数量和堆存地点。

④对成套设备、重大件、危险品、贵重品等特殊货物的卸货安排、装卸工艺、安全措施、注意事项和对理货工作的要求等。

⑤主管部门对理货工作的指示和要求。

⑥在交班簿上填写各舱的重点货种、注意事项、交接方法和验残要求等内容。

开工前，单船组长或理货长登船与大副进行联系，了解有关情况：

①货物在装港时的积载、隔票、衬垫、退关、溢短、保函、批注等情况。

②装港、中途港、航行途中的天气和加载情况。

③危险品、贵重品、使馆物资、重大件等特殊货物的装舱位置。

④与船方商定对残损货物的检验和处理方法，如集中验残和随时发现随时检验等。

⑤船舶起货机、吊杆、重吊的安全负荷量及是否适用等情况。

⑥索取有关理货资料（远洋线），如：进口舱单、货物积载图、货物分舱单；危险品清单、重大件清单；其他有关资料，如残损单、装货单、海事报告等。

理货长应将上述情况作好书面记录，如向船方了解的情况，索取单证的种类，及对原残货物的处理方法等。

2）卸船过程中的理货工作

（1）布置任务

①向理货员介绍舱内所装货物的种类、性质、积载和隔票情况；介绍船方对原残货物的验残要求；要求一旦发现混票和隔票不清现象，应通知船方验看，做好现场记录，取得船方签认后，再卸货；要求对托盘成组货物，应在计数单上注明每成组内的货物件数；对精密仪器、使领馆物资、展览品等贵重货物，要加强验残工作和起卸时的现场监督；对车辆，要求理货员保管好钥匙，且检查车上的附件和备件数量；对危险品，要说明性质和安全防护措施；对超重、超长的重大件，要说明尺码和重量，对散捆、散件货物，要提出处理的方法；对现提货物，要将提货单或提货通知书交给理货员。

②向装卸指导员介绍舱内货物的种类、性质、票数和积载隔票情况；介绍残损货物的验残要求，要求工人发现原残货物应立即通知理货员，未经理货员处理，不得随意搬动，并对工残货物，能实事求是地签认理货员编制的工残记录；要求装卸工组必须按票起卸，配合理货员做好分票工作；要求装卸工组在卸精密仪器、使领馆物资、展览品等贵重货物时，要轻拿轻放，注意货物倒置标志；卸大宗货物，要做好定量钩；要求发现混票或隔票不清现象，要及时通知理货员，经理货员处理后，再起卸。

（2）检查工作

理货长在卸货作业开始时正确记录开工时间，作业中经常巡视作业舱口，检查、了解舱口理货员的工作情况，掌握卸货进度，协助理货员处理现场发生的业务问题。

①指导理货员解决验残、混票等船方签证方面的困难。

②协助理货员解决货物交接中的争议问题。

③将船方提出的合理要求，如不要将船用物料误当进口货物卸船；衬垫物料不要卸船；卸货时要注意船舶前后、左右的吃水平衡等，及时通知装卸指导员。

④协助工人联系船方解决起落吊杆、起货机故障，安装照明设备、舷梯等问题。

⑤协助工人联系船方指导起卸重大件、危险品和困难作业的货物。

(3)业务处理

每工班结束时,理货长要将各舱理货员交来的计数单进行复核,且根据计数单在销账进度表上进行销账。复核和销账的具体业务已在第五章叙述了,这里不再重复。

在工班结束时,理货长要办理交接班手续,做好交接工作,要做到“五交五清”:

①交清任务:重点舱、重点货、全船货种情况,船前会的要求等。

②交清情况:舱内货物隔票、积载情况,船方、货主、港方的反映及注意事项。

③交清单证:舱单、积载图、分舱单、计数单、日报表和现场记录等。

④交清残损:验残方法、处理工残、原残的结果,现场记录签认情况,及舱内残损货验看情况等。

⑤交清数目:各舱内货物剩余数,提货单剩余数,及全船卸货情况等。

上述交接内容,除了口头交代清楚外,还要将一些重要内容记录在交接簿上。

(4)编制单证

同装船理货一样,每工班结束后,同样要编制日报单。如理货员编制现场记录有困难,则可帮助编制现场记录。编制内容和要求如前所述,不再重复。

3)卸货结束时理货工作

卸船结束时,理货长应正确记录完工时间,并在短短的2h要完成一般事务,编制单证和船方签证3项任务。

(1)一般事务

①检查和整理好所有理货单证和其他有关单证资料。

②复核卸船货物的总件数和残损货物数量和内容。

③向各舱理货员了解有否漏计和漏卸货物;了解卸货结束时间等。

④与港口库场核对全船理货数字,与收货人或其代理人核对现提货物数字。

⑤最后确定卸船货物的溢短数字和残损货物数字和内容。

(2)编制单证

①填制最后一份日报单和待时记录。

②编制理货证明书、货物残损单和货物溢短单。

(3)船方签证

在完成上述各项工作的基础上,提请船长或大副签认理货证明书、货物残损单和货物溢短单。

办完理货签证后,理货长要征求船方对理货工作的意见,整理资料。下船后,将工作情况和征求的意见填入单船报告单,向公司汇报全船理货和签证情况。

2. 理货员工作程序

1)卸船前的准备工作

根据港口安排的船舶昼夜作业计划,理货机构指派理货员,召开船前会,介绍船舶任务。理货员准备好理货必须用品,接受理货长的工作分配。

①领取卸船理货资料,如分标志单和分舱单等。

②了解本舱口货物的种类、票数、积载和隔票等情况。

③掌握理货交接方法、残损货物验残要求等。

④掌握对理货工作的要求和装卸的注意事项。

理货员接受工作部署后，应下舱查看货物积载和隔票情况，检查货物包装和舱内设备是否良好。如发现异常和问题，应立即向理货长汇报或通知船方值班人员验看。

理货员应向装卸工组介绍卸货注意事项，提出配合理货工作要求，如按票起卸，验残要求，做好定量钩等。

2）卸船过程中的理货工作

卸船理货过程中，理货员的主要工作是：凭分标志单进行分票、理数；处理原残和工残货物；处理混票货物和附加理货货物；处理理货与港口库场或收货人及其代理人办理货物交接手续等。

理货员在工作中要编制计数单、现场记录和待时记录等单证。

理货员在船边、甲板、或舱内交接班时，必须以书面交接为准，并做到"五清"：

①交接清舱内卸货进度和货物分隔情况；

②交接清分标志单、分舱积载图，及其他有关理货单证；

③交接清卸货要求和验残方法；

④交接清卸货地点及注意事项；

⑤交接清同一提单未卸货物的数目，及舱内货物残损情况。

3）卸货结束时理货工作

汇总本工班所卸货物件数和残损情况；检查作业沿途有无掉包、掉件，如发现掉物要督促装卸工组及时将货归垛；与库场员或收货人核对卸货数目，签认三联单；按实际每钩件数填制计数单，计数单数目应与三联单数目相符；按实际残损情况编制"现场记录"。

理货员制作的各种理货单证，经核对签字后交理货长。

第三节 理货交接

理货交接，是指承、托运双方在货物的物权转移时通过理货人员办理的货物交接手续，称为理货交接。理货交接是国际海上货物运输中的习惯做法，理货交接正确与否直接关系到承、托运双方的经济利益。

一、理货交接责任的划分

理货公司以委托人对货物承担的责任界限和范围作为理货交接的责任界限和范围。通常是理货公司代表船方与货方或港方办理货物交接工作，以船边或舱底作为理货交接的责任界限，以货物的件数和外表作为理货交接的责任范围。

具体做法如下：

①船方委托港口外轮理货机构代办货物交接手续；货方委托港口仓库员或其他收货人代办货物交接手续。

②船货双方理货员在船边按钩交接货物，交接前由交方负责，交接后由接方负责。

③交接双方按工班结清货物件数和外表状况，并办妥双方签证手续。

一经交接完毕，船货双方必须对收受货物负责，经签字后的单证作为正式凭证。经船方签证的"货物溢短单"和"货物残损单"，在事后作为处理索赔时具有法律作用。

二、残损货物交接责任的划分

理货交接责任的划分包含残损货物交接责任的划分。理货员应根据货物造成残损的原因,实事求是地分清原残与工残,编制"现场记录"或"工残记录",取得责任方的签认,以此作为处理残损货物的依据。

①在装船前造成的残损,由港方或发货人负责。

②在装船过程中造成的残损,由港方负责。

③在卸船前发现的残损,由船方负责。

卸货前,理货人员下舱检查舱内货物,如发现货物有残损,立即通知船方验看确认签证据承运人责任范围,应属船方责任。理货员应编制"现场记录",取得船方签认。

④在卸船过程中造成的残损,由港方负责。

卸货过程中,因操作不当造成货物损坏,作为工残,应编制"工残记录"由责任方签认,卸货港方负责。

⑤在装卸船过程中,由于船舶起货机设备原因造成的货物残损,由船方负责。

第四节　理数和理残

一、理数

理数,是指在船舶装卸货物过程中,记录装卸货物的钩数,点清每钩内的细数,计算货物数目,称为理数,亦称计数。

1. 理数要求

①根据委托方的责任界限,正确选定理数岗位。

②根据货类和不同的作业方式,采用合理的理数方法。

③为防止漏钩和重复计数,理货员记钩数时,要选定一条固定的基准线,如舱口边、船舷边等,作为记钩数的界线。

④为防止错点钩内细数,理货员要腿勤、眼勤,清点货物的6个方位,确定每钩内细数准确。

⑤按钩数填写计数单。

⑥对同一包装的大宗货,要求工组做到定钩、定量、定型堆码。

2. 理数方法

(1)发筹理数

对每钩货物发一根筹码,凭筹计算货物数目。采用这一方法的前提必须是每钩货物数目相等,每根筹码代表每钩同等数目的货物。这种方法适用于定量包装和定钩码货的大宗货。

(2)划钩理数

在计数单上逐钩记录货物数字。这种方法适用于各种不同包装、不定量的件杂货。

(3)挂牌理数

在每钩货物的网络或货盘上挂一块小牌,凭牌计算货物数目。这是发筹理数的演变形式,这种方法适用于定量包装和定钩码货的大宗货。

(4)小票理数

按每钩货物数目填写小票,交接双方各执一联,凭票计算货物数目。小票是一种有顺序编号的两联单或三联单,这种方法适用于设备、车辆等货物。

(5)点垛理数

按垛点清货物数目。垛是指在码头库场按一定要求堆码成型的货物,这种方法不适用于外贸运输货物。但在特定条件下,如对舱内、船边不易按钩点清数目的货物,在从货垛外表能点清数目的条件下,可作为一种辅助的理数方法。

(6)自动理数

这是一种用科学仪器作为理数方法,如在世界港口中使用的在输送带上安装自动计数器。但自动理数仍要对计数器进行监督,这种方法适用于定量包装的大宗货。

二、理残

理残是理货人员的一项主要工作。其工作内容主要是对船舶承运货物在装卸时,检查货物包装或外表是否有异常状况。在船舶装卸货物过程中,剔除残损货物,记录残损货物的积载部位、残损情况和数目,称为理残,亦称分残。

货物在装卸过程中造成残损,称为工残。起卸前在船上发现的残损,称为原残。

1. 理残的任务

(1)查明残损货物的受损情况

理货人员在理残时,一旦发现残损货物,首先根据装货单或进口舱单核对残损货物的标志、件号和包装,查明其归属哪一票;其次仔细检查残损货物包装外表受损情况;最后,确定残损货物的受损范围和程度。

(2)理清残损货物的数量

不管货物受损程度如何,理货人员必须理清残损货物的数量,这是理货人员工作职责。尤其是对受损面积比较大的货物,理货人员一定要区分清好货和残货,理清残损货物的数量,以供有关部门办理海事理算的参考。

(3)明确残损货物的责任方

通过理货人员深入细致的理残工作,查明残损货物发生的时间和地点界限,明确残损货物的责任方。理货人员在确定残损货物责任方时,一般应遵循下列原则:

①原残:指卸船货物起卸前。在船上发现的残损,称为原残。由船方对残损货物负责。装船货物装船前,在船边发现的残损,统称为原残。作为船方委托的理货人员,没有必要再去划分原残的责任,由港方或货方负责。

②工残:指在装卸船过程中造成的货物残损,由港方负责。

③意外事故残损:指在装卸船过程中,因各种潜在因素造成意外事故导致货物残损。这类残损责任比较难以判断,容易发生争执,对此理货人员就不要轻易判断责任方。

④自然灾害事故残损:指在装卸船过程中,因人力不可抗拒因素造成自然灾害给货物带来的残损,称为自然灾害事故残损,对此理货人员要慎重判断责任方。

2. 理残要求

①分清原残和工残，剔除残损货物。

②确定原残货物在舱内的部位、数字和残损情况，编制现场记录，取得船方签字。

③确定工残货物的数字和残损情况，编制现场记录，取得装卸工组签字。

④根据原残的现场记录，由理货长汇总编制货物残损单，取得大副或船长签字。

⑤出口货物发生残损，原则上不能装船，应由发货人换货或整修，在舱内发现的残损货物，要卸下船。理货人员对货物的外表状况要如实批注装(收)货单。

⑥进口货物理残方法有两种，一种是随时发现原残，随时通知船方验看；另一种是集中验看，都要编制现场记录。现场记录应记载残损货物的数目、积载部位和残损情况，并以舱单数目为准。

⑦进口货物理残时，不要涉及残损货物的致损原因和责任。未经理货人员确认而卸下船的残损货物，原则上按工残处理，除非不明显的残损，如反钉、干水渍等。对于卸货过程中造成的工残，要取得责任者的签认，如责任者拒不签认时，可将情况记录备查。

⑧货物包装发生轻微残损，但不可能危及内货质量或数量时，可不作为残损货物处理。船舶发生海事，所载货物按港口当局意见处理。

第五节　溢短货物

船舶承运的货物，在装货港以装货单数字为准，在卸货港以进口舱单数字为准，当理货数字比装货单或进口舱单数字溢出时，称为溢(Over)货；短少时，称为短(Short)货。

一、货物溢短的原因

1. 发货人发货数字不准确或发货标志不符

发货人发货数字不准确是指发货人没有按装货单上载明的数字，将货物如数运送到港口库场或船边，在装船时，理货员又没有发现，以致造成船舶承运货物产生溢出或短少。

发货人发货标志不符是指发货人没有按装货单上载明的标志发货，装船时，理货员又没有检查出来，以致造成船舶承运货物在卸货港时，产生溢出标志不符的货物，短少标志货物。

2. 港口漏装或错装船

漏装是指在港口应装船的整票或部分货物遗漏未装船。

错装是指将不该装船的货物误装上船，或将货物误装到其他到达港的船舶。

造成货物漏装、错装的主要原因有货物的运输标志不清；港口库场管理不善，如：进、出货物数字不准，货物堆码混乱，出库把关不牢等；装卸船途中掉件或落水；理货、交接制度执行不严格等。

3. 装舱混乱或隔票不清

货物在船上装舱混乱或隔票不清，积载位置与积载图不相符。卸船时，这些货物就有可能被压在其他货物下面而卸不下船，或者发现不了应卸船的货物，因而造成这些货物漏卸船，也有可能错卸而混入其他港口的货物，造成假多真少。

4. 船舶运输途中错卸、漏卸、被盗或发生海事

船舶在中途港装卸货物时，将舱内货物搞混乱，或舱内原装货物隔票不清、积载不当，致使不该卸船的货物卸下船，或该卸船的货物没有卸下船。

船上货物被盗，必然导致船舶承运货物短少。

船舶在航行途中发生海事，就有可能造成舱内混乱，卸船时，如不采取特别措施，就有可能产生货物溢短。

5. 收货人收货数字不准确

收货人收货数字不准确是指收货人没有按进口舱单或提单上载明的数字在船边收货物，理货人员也没有发现，以致造成船舶承运货物产生溢出或短少。

6. 理货数字不准确

(1)理货人员的工作责任心不强

理货人员工作责任心不强主要表现在：不坚守理货岗位；不认真清点钩内细数和计数；不遵守理货宗旨和职业道德；不仔细检查装卸现场和复核理货单证等。

(2)理货人员的业务素质

理货人员的业务素质主要是指理货人员的业务知识和工作能力。业务知识包括专业知识、基础知识和外语等；工作能力包括独立处理问题的能力、工作经验、计数技能等。这些因素都直接影响到计数的准确性。

二、理货数字差错的防止

理货数字差错是理货机构理货质量不高的主要标志，而反映理货质量高低，主要有四个指标，即理货数字准确率、船舶到数率、货物短卸率和货差率。

1. 理货数字准确率

理货数字准确船舶艘次占理货船舶总艘次的百分比，称为理货数字准确率。理货数字不准确船舶主要有以下几种情况：

①对外更正理货数字的船舶。

②船舶离港后发现错卸、漏卸、错装、漏装的船舶。

③由于理货原因造成第二次签证的船舶。

④船舶交接双方发生数字争议，且证明理货数字差错的船舶。

⑤同艘次的装卸作业均在国内理货，而卸货港理货数字发生短少的船舶（由装货港理货统计）。

⑥未按作业舱口派理货员或理货员脱离舱口岗位的船舶。

⑦装卸工人做关不定量，而理货计数单上没有反映出的船舶。

2. 理货船舶到数率

进口货物的理货数字与进口舱单数字相符和溢出的船舶艘次占进口理货船舶总艘次的百分比，称为船舶到数率。这是在装船理货数字准确的基础上制定的考核指标，是对本身的严格要求。

3. 货物短卸率

进口货物的短卸数字与进口舱单数字的万分比，称为货物短卸率。该指标与船舶到数率

指标具有同样的意义。

4. 货差率

进口货物的理货差错数字与进口舱单数字的万分比，称为货差率。该指标比较客观地反映了理货质量的高低，但由于卸货港理货机构的理货差错与装货港理货机构的理货差错，往往交叉在一起，比较难以分清。

为了确保理货质量，减少和杜绝理货数字差错的发生，要求每个理货人员必须真正认识和做到以下几点：

①理货人员高度的责任心是防止理货差错的关键，理货方法的正确和合理对防止理货差错有重大关系，认真复核理货数目和理货单证，对避免和纠正理货差错起着重要作用。

②理货员要坚持上岗定位理货和船边交接原则，逐钩点清货物数目，核对货物标志。

③工班结束，认真检查作业沿途，防止掉包掉件；检查舱内、库场，防止货物漏装、错装、漏卸、错卸。

④对散捆货物、无标志或标志不清的货物，应尽量查明情况，联系有关方处理，减少溢短签证。

三、溢短货物的确定

装船货物溢短数字比较容易确定，一般不需要制作货物溢短单。卸船货物溢短数字确定要慎重，它不同于装船货物都能做到一票一清，而必须待全船货物卸完后，由理货长根据计数单汇总各票货物的数字与进口舱单数字核对后，才能确定货物数字是否有溢短。

有关卸船货物溢短数字确定的程序和注意事项：

1. 复核

每工班结束时，理货长要把各舱口理货员交上来的计数单进行仔细复核，检查计数单所填写的内容和数字是否都准确。复核时要注意：提单号、标志、货名是否准确；大宗或大票货物的每钩小数累计与总数是否相符；成套设备和车辆的件号、件数和重量是否相吻合；现提货的提货单数字与计数单数字是否相一致。

2. 销账

销账就是理货长根据计数单，按工班、分舱口在销账单上填入货物数字。不同的货类，有不同的销账方法：

(1)一般件杂货

根据计数单上标明的提单号、标志、件数，在销账单上找到相对应的一票，将其件数填入本工班的格子内，且在件数前面注明舱口数。

(2)大宗大票货物

除了按上述要求在销账单上填写清楚外，还应根据现提货物流向，在货物流向单上分别填明车/驳号、件数、工班日期和理货员姓名等。

(3)成套设备

根据计数单上的提单号、件号、重量和尺码，先在重件清单上销清，然后再在销账单上如实填写。

3. 核实

每工班销账结束后，理货长应对销账单进行全面复核，如有疑问，应查阅计数单，如认为有不清楚的地方，可向当班理货员了解核实，及时处理。

卸船结束时，理货长应与港口库场、驳船、火车和收货人核对卸船理货数字和现提数字。务必取得一致意见。如发现双方数字有不一致时，应及时查明原因，在没有确凿证据证明理货数字有误之前，不要随意更改理货数字。如不能及时查明原因，则应以理货数字为准。

最后，理货长在全面核实数字的基础上，汇总编制货物溢短单。

四、货物溢短的处理

为了防止理货差错的发生，在船舶货物装卸过程中，对出现理货数目与装货单或进口舱单数目不相符的，应按以下方法处理：

①出口货物应按装货单数目装船，对溢出的货物不能装船。如发货人坚持要装船，应发货人通过船舶代理人更改装货单数目，如发货人既不更改装货单数目，又要坚持装船时，理货员应按理货数目批注装货单。

②装船时发现短少的货物，应要求发货人补足装货单数目，如发货人无货补足，应将整票货物退关，或由发货人通过船舶代理人更改装货单数目；如发货人坚持不退关，又不更改装货单，理货员则要按理货数目批注装货单。

③进口货物按进口舱单数目卸船。对溢出或短少的货物，应编制货物溢短单，对散捆的货物，应尽量折合成捆，否则按短捆溢支处理；对无标志或标志不符的货物，按溢卸货物处理；对不同票的相同货物，可联系收货人进行溢短相抵，再按溢短货物处理。

④对舱单上未列明的货物，如主标志完全不符、副标志的目的港不对，或货物包装不同的货物，原则上不能卸船。如船方要求卸货时，应通过船舶代理人提供书面凭证，方可卸船，并按溢卸货物处理。

第六节　货物积载图

货物积载图是指表明航次所载货物在船上各货舱内或甲板上积载实际情况的示意图，货物积载图是向船方反映船上货物积载的实际情况，为运输中保护船、货安全提供方便；为卸货港的卸货作业提供依据，以便船到港后即可顺利进行卸货、理货和库场堆码。船舶在运输途中，如发生海损、货物事故，货物积载图也是分析责任的依据之一。

货物积载图，由外轮理货公司负责绘制。理货长在装货过程中，根据货物实际装舱位置绘制货物积载草图，全船装货结束，单船理货组长依据货物积载草图绘制正式货物积载图，经船方大副确认签字后生效。

一、绘制积载图的依据

装货单上所列明的内容和货物在船舱内的实际装载状况是绘制出口货物积载图的依据。

船舶代理人提供的装货清单和货物预配船图是绘制出口货物积载图的参考资料。

二、绘制积载图的要求

①研究绘图技术，掌握绘图原则，字迹工整、清晰，线条明确、易懂。

②绘制积载图时，用英文标明卸货港、装货单号、货名和包装，用阿拉伯数字标明件数和重量。小票零星货物的货名可笼统用杂货名称。

③准确地使用通用的线条和符号表示货物的实装舱位。

④积载图上内容要填写齐全，包括船名、航次、国籍、装货港、中途港、目的港、装货完毕日期、货名、各卸货港、各舱、各层的货物件数和重量以及总件数和总重量。

⑤积载图的备注栏内应写明卸货注意事项和要求。

三、绘制积载图的原则

①积载图反映的船舶方向为船舶的首尾方向，船首为右，船尾为左。

②积载图反映的船舶底舱为侧面图。所谓侧面图，就是站在船舶右舷的前面，观看底舱货物装载部位，以此绘制而成的示意图。在侧面图上，用竖线表示货物的前、后舱位，即右边为前舱位，左边为后舱位。用横线表示货物的上、下舱位，即上部为上舱位，下部为下舱位。用斜线表示货物的左、右舱位，即左上位为左舷舱位，右下位为右舷舱位。

③积载图反映的船舶二层舱及二层舱以上舱位为平面图。所谓平面图，就是站在船体甲板上，俯首观看二层舱以上货物装载部位，以此绘制而成的示意图。在平面图上，用竖线表示货物的前、后舱位，即右边为前舱位，左边为后舱位。用横线表示货物的左、右舱位，即左上位为左舷舱位，右下位为右舷舱位。用斜线表示货物的上、下舱位，即上部为上舱位，下部为下舱位。

④积载图反映的货位大小是按货物的容积大小比例绘制而成。

⑤积载图的船型图用实线表示；同一卸货港的货物之间用虚线（点线）表示；不同卸货港的货物之间用销线（点划线）表示。

四、积载图的绘制步骤

1. 绘制草图

（1）绘制船型图

在积载图上用实线正确地绘制出机舱和不同层次货舱的位置。机舱不装货，一般用交叉的实线来表示。除了各货舱用来装货外，还有油舱（Deep Tank）、吨井舱（Tonnage Well）、保险房（Lock）、首楼（Forecastle）、尾房（Poop Cabin）等，也可用来装货，这些舱位也应在积载图上表示出来。货舱一般分为底舱和二层舱。三层舱的最上层称为上二层舱，中间称为下二层舱。它们舱容大小根据实际舱容大小用实线正确地绘制出来。

（2）绘制货位图

货位图要按货位表示法来绘制。然后在货位图上标明目的港、装货单号、货名、包装、件数和重量等内容，它们通常用英文印刷体大写和阿拉伯数字正楷书写。一票货物分装在两个货位上，则应在两个货位上分别填明目的港、装货单号、货名、包装、实际装载的件数和重量。如所画的货位图形较小，文字内容一处写不下，可把文字内容分两处填写，并标上同一符号。

在绘制货位图时，要注意以下几点：

①对于整票货物，理货长会在每工班装货结束后，应对照装货进度表和装货单，按先下后上，先右后左的原则，把已装船的货物绘制在草图上。由于理货工作是三班作业，为了使每一班都能明白上一班货物画入草图的情况，避免重复或遗漏，一般采用在装货进度表的重量栏上画个圈，以表示该票货物已画入草图。

②对于破票变动舱位货物，要先在配载图和装货进度表上用文字和记号标明变更货物的装货单号、件数、重量和舱位；然后，根据变更后的货物实际情况，画草图。

③对于整票变更舱位货物，在配载图和装货进度表上要先标明变更舱位，然后，根据实际舱位画入草图，要切实防止重复或遗漏。

④对于因货物受损无法按原计划装载时，应先在装货进度表上标明该票残损货物的件数和重量；然后，待残损货物修整或调换后，按它实际装载舱位画入草图，防止重复或漏画。

(3)汇总货物件数和重量

货物积载图上方两侧有二栏表格，一栏是各舱、层货物件数和重量汇总表，一栏是各卸货港货物件数和重量汇总表。为了确保各项数字的准确，要求在绘制草图时，同时要做到：

①每日画入草图的各舱货物件数和重量必须与日报单上各舱货物件数和重量相一致。

②画入草图的各卸货港货物总件数和总重量必须与出口舱单上的各卸货港货物总件数和总重量相一致。

③二栏表格的汇总货物总件数和总重量必须相一致，同时要与出口舱单的全船货物总件数和总重量相一致，与最后一份日报单上的总件数和总重量相一致。

(4)全面检查草图

草图绘制成之后，应对照装货进度表进行全面检查，以防漏画、重画和其他差错。检查内容主要有；各票货物的舱位，所画线条；对照装货清单检查各票货物的货名和卸货港；对照装货进度表检查各票货物的装货单号；检查各舱货物的件数和重量。

2. 绘制正式积载图

理货长根据草图正式绘制货物积载图。在绘制的过程中，要注意以下几点：

①由于积载图需要的份数比较多，如不具备复印条件的，理货长在绘制时，应当刚劲有力，字迹工整，线条正确，要保证复写的最后几份也能看得清楚。

②绘制的实装舱位和空舱位之间的比例要与实际情况相符。

③货位图内所需填写内容写不下时，可用箭头线引向附近地方填写。

④如需要在卸货过程中加以注意的事项，如重大件的体积或重量，备用袋的数量等，可记载在备注栏内。

⑤积载图绘制成后，再仔细地检查一遍，所有的数字都要认真地计算一遍，在没有任何异议的情况下，可提请船方大副签字。

五、货物积载图说明

船舶货物积载图的具体绘制方法可参见有关船舶积载或船舶理货的教材。这里仅对一般的件杂货船舶积载图的表示方法进行介绍，而有关集装箱船舶的积载图的表示方法将在后面介绍。图 7-1 为一杂货船的货物积载图。其中各舱部位的表示方法如下：

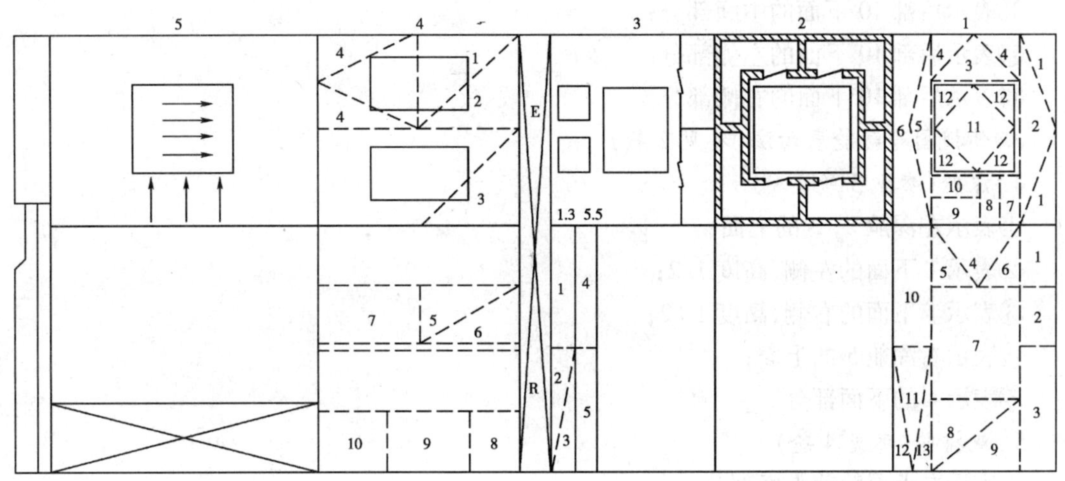

图 7-1　杂货船舶货物积载图

1. 上层舱(参见 1 舱)

①表示前部平铺,高度 1/2;

②表示前部 1 的上面,高度 1 /2;

③表示中部左舷上面,高度 1 /2;

④表示中部左舷 3 的下面,高度 1 /2;

⑤表示后部 6 的上面,高度 1/4;

⑥表示后部平铺 5 的下面,高度 3/4;

⑦表示中节右舷前部摘位装;

⑧表示中节右舷前部(7 的后面)摘位装;

⑨表示中节右舷后部里面摘位装;

⑩表示中节右舷后部外面摘位装;

⑪表示舱口位处上面,高度 1/2;

⑫表示舱口位处下面,高度 1/20。

2. 底舱(参见 1 舱)

①表示前部上面,高度为舱深 1/4;

②表示前部 1 的下面,高度为舱深 1 /4;

③表示前部 2 的下面,高度为舱深 1/2;

④表示中节舱口位处 7 的上面部分;

⑤表示中节 7 上面左侧部分;

⑥表示中节 7 上面右侧部分;

⑦表示中节中间部分;

⑧表示中节下面左侧部分;

⑨表示中节下面右侧部分;

⑩表示后部上面,高度为舱深 1 /2;

⑪表示后部10下面的中间部分；
⑫表示后部10下面的左侧部分；
⑬表示后部10下面的右侧部分。

3. 俯视图冷藏舱表示法(参见2舱)

4. 深舱(参见3舱)

①表示左深舱2, 3的上面；
②表示1下面的左侧,高度1/2；
③表示1下面的右侧,高度1 /2；
④表示右深舱5的上面；
⑤表示4的下面部分。

5. 双排舱(参见4舱)

①表示左上层舱前上面部分；
②表示左上层舱前1下面部分；
③表示右上层舱前下面部分；
④表示左上层舱后下面部分；
⑤表示底舱左前6的左侧部分；
⑥表示底舱左前5的右侧部分；
⑦表示底舱左后面部分；
⑧表示底舱右前部分；
⑨表示底舱右中间部分；
⑩表示底舱右后部分。

6. 车辆装载表示(参见5舱)

第七节　签证与批注业务

一、签证业务

1. 签证的含义

船舶装卸货物工作完成后,船长或大副应在理货单证和货运单证上签字,以表明船方已完成货物的交付或接收任务,这就是通常所讲的签证。

理货工作中的签证是指船方对进口货物溢短单、残损单,出口货物装货单、积载图及理货业务凭证等主要理货单证的签认。

签证是船方对理货结果的确认,是承运人对托运人履行义务,是划分承、托运双方责任的依据,是一项政策性和时间性较强的业务。它关系到船公司的经济责任和经济利益,关系到托运人和收货人的经济责任和经济利益,关系到理货机构的声誉和影响。

签证工作一般在船舶装卸货物结束后,开船之前完成。我国港口规定,一般应在船舶装卸货物结束后2h内完成。

2. 签证的要求

提请船方签证的理货单证必须是正确有效的。在签证工作中,必须持慎重态度,必须坚持公正的立场和实事求是的原则,以维护委托方的正当权益,提高理货信誉,这是签证工作的总体要求。

①在提交船方签字前,必须仔细检查,认真核对理货单证的具体内容。

②待签理货单证内容必须符合实际理货结果。

③签证时,应按先易后难的次序,分别将有关理货单证提交船方签字。同时,对单证上的内容,特别是有批注的内容作相应的说明和解释,以便船方正确了解待签单证的内容。

④如船方对理货结果表示怀疑、否定或提出不同意见,或要在理货单证上加批注时,应遵循实事求是的原则,有针对性地向船方做解释工作,以消除船方的疑虑。若船方坚持要在理货单证上加批注,则首先要了解船方批注内容,然后根据公司对待船方批注的有关规定,酌情处理。

⑤如果船方拒绝签字,或因对批注内容各持己见、双方僵持不下时,应暂缓签证。如船舶要开航,则要正确加反批注。

二、批注

1. 批注的含义

船方在签认理货单证时,因对理货结果持怀疑态度或持有不同的意见,使双方产生了意见和分歧,签证不能正常办理。为解决双方的争执,一般多采用在理货单证上加经协商双方都能接受的批注,以解决双方的分歧。批注是指双方在理货单证和货运单证上所表明对货物数量和状态的意见。在理货或货运单证上书写对货物数字或状态的意见,称为批注。

按加批注的对象不同,批注可分为船方批注和理货批注两类。

船方批注,也就是我们平常讲的批注,是指船方根据其在货物装卸过程中对装卸工作、理货工作、货物状况的意见和看法,在理货单证和大副收据上加自己意见的做法,称为船方批注。船方加批注的目的,有的是为了说明造成货物溢短、残损的原因;有的则是为了逃避或减少责任与风险。

理货批注,有时我们称它为反批注,是指理货人员在装卸货物过程中发现货物数量有溢短和状态有残损时,在理货单证上和其他货运单证上用书面形式如实反映货物的状况,或指对船方批注提出自己不同意见的做法,称为理货批注。理货人员对货物状况加的批注,根据货物的进、出口,在处理上采用不同的方法。在装船过程中,对溢短或残损的货物,如发货人一定要装船,理货人员必须在装(收)货单上如实批明情况;在卸船过程中,根据进口舱单列明数字和实际理货结果的差异,编制货物溢短单;根据每工班船方签认的现场记录,汇总编制货物残损单。

按批注的内容可分为溢短批注和残损批注。

溢短批注,是指对理货结果的数目有溢或短的批注。

残损批注,是指对货物现状的批注或带有声明性质的批注。现状批注是对货物实际状况的批注。声明性批注是对货物可能发生的变化情况的批注,如“甲板货,发货人承担风险”等。

2. 批注的要求

无论是批注还是反批注,批注的内容涉及数目还是残损,都必须遵循公正的、实事求是的原则,同时要考虑、尊重船方提出的正当理由和合理要求。基于上述的原则,考虑到国内外的一些合理的习惯做法和有关规定,理货批注的总体要求是:

①批注的内容要符合实际情况,合情合理,既不能苛求,乱加批注,又不能马虎,放弃批注。属于提单中规定的免责条款内容的,理货人员不要再批注,船方要批注,理货人员也不要干预。

②书写批注内容要文字确切、精练,含意明确、具体,不能批注含糊其辞、模棱两可的内容。

③处理批注要实事求是,公平合理。理货人员与船方对批注内容有分歧意见时,要本着既坚持原则,又灵活掌握的精神,协商处理。如仍有重大分歧时,理货人员要请示报告,不得擅自处理。

④批注大副收据要备加谨慎。因为大副收据上是否有批注,将涉及提单是否清洁。按国际航运惯例,在大副收据上加了批注,就要将批注内容转批到提单上,这样就构成了不清洁提单。不清洁提单就会影响到银行结汇。

3. 对待船方批注的处理原则和意见

1)可加批注

(1)属于批注重理、复查的内容

例如:

①有争议,根据重理。

In dispute. Subject to be retallied.

②请复查。

To be rechecked.

③以复查为准。

Subject to be rechecked.

这类批注虽然表示对理货数字有怀疑,但也提出解除怀疑的要求。此类批注,可视为船方的习惯做法,理货机构可将复查结果通知船公司。

(2)属于批注根据理货的内容

例如:

①根据上海理货数字。

According to Shanghai figures.

②根据理货提供的数字。

Subject to the figure furnished the tallyman.

③船员没有理货

Not tallied by ship's crew.

这类批注符合当前国际航运上由理货机构代船方在港口进行理货的实际情况。“船员没有理货”不等于船方没有理货,船员没有理货是事实。

(3)属于批注船上货物全部卸完的内容

例如:

①货物全部卸完,船上没有遗留。

All cargo discharged. Nothing remained on board.

②船舶由装货港直达上海港,中途未卸货。

Vessel sailed from loading port to Shanghai directly without discharging any cargo on the voyage.

这类批注适用于船上货物在本港全部卸完的情况。

“货物全部卸完”不等于货物全部交足,“中途未卸货”不等于装货港没短装,因此这类批注不可解除船方对货物应承担的责任。

(4)属于批注装卸两港数字不符的内容

例如:

①装货港为1 000件,卸货港为990件。

1 000 packages in the loading port. 990 packages in the discharging port.

②舱单为1 000件,理货为990件。

1 000 packages in the manifest. 990 packages the tallyman.

③装货港仪器计数,卸货港人工计数。

Reckoned by computer in the loading port. Accounted with tallyman in the discharging port.

这类批注仅仅说明装、卸两港理货数字不一致的实际情况。

(5)属于批注要求对散捆货物进行溢短相抵的内容

例如:

①请会同收货人将溢短货物相抵。

Consignees should be consulted for offsetting the shortlanded cargo with the overlanded cargo.

②请将溢短根数拆成捆数。

Please make up pieces overlanded into bundles.

这类批注反映了船方的合理要求。

“相抵”不等于相等。事实上,我有关方面在对外索赔之前也是要进行抵补的。

(6)属于批注散装货物重量据说的内容

例如:

①据说。

Said to be.

②原收原交。

Delivered as loaded.

③重量据说。

Said to be the weight.

④重量据发货人报称。

Weight as declare by shipper.

这类批注符合船方承运散装货物运输契约的规定。

(7)属于批注有证据是国外责任的内容

例如:

①参阅装货单批注。

Refer to the remarks in the shipping order.

②12 件没有装船。

12 packages short-shipped.

③箱子翻钉系装货港海关验看所致。

Case renailed due to the custom's inspection in the loading port.

④装船时已坏,船方不负责任。

Ship's not responsible for damage during shipment.

这类批注适用于船方有国外港口责任者造成货物残损或短装的书面证据的情况。

(8)属于批注货物事故原因或内货不详的内容

例如:

①短少原因不详。

The cause of shortlanded unknown.

②箱板破,内货未外露。

Case broken. Contents not exposed.

③仅仅外表残损,内货不详。

Only the appearance damage. Contents unknown.

这类批注意味着船方确认理货结果,同时强调货物事故原因或内货是否短、残不清楚。

(9)属于批注根据有关契约或报告的内容。

例如:

①根据租船合约处理。

To be settled as per charter party.

②根据商检报告。

Subject to Cargo Surveyor's Report.

③参阅海事报告。

Refer to the Sea Protest(Note of Protest).

④租船人付款。

For Charterers account.

⑤甲板货,发货人承担风险。

Deck cargo at shipper's risk .

这类批注属于船方说明情况,提出要求。在没有资料的情况下,只能认为船方的批注是正确的。如有关单位能事先提供资料,理货机构可以与船方联系。

(10)属于批注不明显货物残损系卸后发现的内容

例如:

①箱子翻钉,卸后发现。

Renailed case discovered after discharging.

②干水渍,卸后发现。

Dried water - stains discovered after discharging.

这类批注仅适用于在正常作业条件下不易发现的不明显的货物残损,在卸货 24h 内提请船方签认的情况。理货机构应尽力避免或减少卸后发现残损的情况。

(11)属于批注货物实际情况的内容

例如:

①钢材生锈。

Steel rusted.

②箱子重修。

Case repaired.

③2%袋皮破。

2 per cent of bag covers torn.

④桶瘪。

Drum dented.

⑤装货前露天堆放。

Stow cargo in open air before shipment.

⑥雨天装货。

Rain under work.

这类批注符合货物的实际情况,多见于出口货物包装或外表确实有问题,而理货机构又未主动加批注的情况。

大宗货物,在无法点清残损数字的情况下,通常批注百分之几的残损。

理货机构要改变对出口货物不能实事求是加批注的现象,但在批注前要与发货人取得联系。

(12)属于批注其他符合事实的内容

例如:

①地脚货全部卸下。

All the sweeping of cargo discharged.

②短卸货物可能混在上海港货物内。

The shortlanded cargo may be mixed up with the cargo for Shanghai.

③仅为收货单而签字。

Sign for Mate's Receipt.

④定量钩不准。

Fixed quantity inaccurate.

这类批注是指符合可加批注原则的其他各类批注。

由于各种原因,本港短卸货物混在其他港口货物内的事情是存在的。

"定量钩不准"不等于理货数字不准,因为理货人员除计钩数外,还逐钩点清钩内细数。港口装卸要改变定量钩不准的状况,坚持按"三定"作业,为理货人员创造工作条件。

2)不可加批注

(1)属于批注有争议的内容

例如:

①有争议。

In dispute.

②船员理货为1 000件,理货员理货为990件。

1 000 packages tallied by ship's crew. 990 packages tallied by tallyman.

这类批注表示对理货数字有怀疑,但又未提出解除怀疑的办法。遇到这类批注,可通过摆事实,讲道理,说服船方尽量不加。

(2)属于批注件货数字据说的内容

例如:

①据说。

Said to be.

②理货据说。

Tally said to be.

这类批注的英文原意是道听途说,不能肯定属实的意思,而件货是经过理货得出来的确实数字,不能同意加此类批注。

(3)属于批注否认理货工作的内容

例如:

①理货数字不准。

Tally figure incorrect(inaccurate).

②不同意上述短卸。

Ship not agree to the above shortage.

③卸货中码头上掉包,无法点清数字。

Impossible figure correct owing to fallen bags on wharf.

④理货不准造成短少。

Tallyman not allowed to make shortage .

这类批注是指无根据地否认理货数字,不能同意加。但有事实根据除外。

“卸货中码头上有掉包”可能是事实,但理货人员是在船边记载,而且掉包要归垛,因此不会影响卸货数字的准确性。

(4)属于批注根据岸上理货的内容

例如:

①根据岸上理货。

According to shore tally.

②船上未见理货员。

No tallyman on board.

③无人理货。

No body tallying.

④理货员不在现场。

Tallyman not in the spot.

这类批注是指无根据地否认理货工作,不能接受。如有根据除外。

“根据岸上理货”的概念不清,船方可解释为理货员来自岸上,这是事实。但又可解释为理货工作在岸上进行,这就混淆了理货机构代船方理货和港口仓库代货方理货的界限和性质。

目前,有些港口未能严格执行双边理货的规定,错误地把船方理货和港方理货合二为一,一条作业线只派一名理货员,形成无人交接,船上无人理货的局面,这种做法必须改变。

(5)属于批注否认船方责任的内容

例如:

①船方不负责上述短卸。

Ship not responsible for the above shortage.

②船方对两港数字不一致不负责任。

Ship not responsible for the difference in the figure between loading and discharging port.

③船方不接受上述残损。

Ship not accept above damage.

④包装不良造成残损,船方不负责任。

Ship not responsible for damage caused by poor packing.

⑤旧汽车,船方不负责任。

Ship not responsible for second hand car.

这类批注是无根据地否认船方责任。在未经检验的情况下判定船方不负责也是不恰当的,理货机构也无法向收货人进行交接。

(6)属于批注无根据地把货物事故责任推到港口造成的内容

例如:

①上述残损是在上海港卸货时造成的。

The above damage caused in Shanghai during discharging.

②卸货过程中造成残损。

Damage caused stevedores during discharging.

③短捆溢支是工人卸散造成的。

Short bundle and over pieces due to the off – bundling the stevedores during discharging.

这类批注涉及货物事故责任问题,如船方能提供我港口方面造成残损的证据,理货机构在"货物残损单"上应取消这项内容。但属国外港口责任的,则不能取消。如船方不能提供港口方面造成残损的证据。理货机构无法向收货人进行交接。

"工人卸散"可能是事实,但在溢支未拆成捆数前就判定短捆是工人卸散造成的,是没有根据的。

(7)属于批注其他不符合事实的内容

例如:

①全船货物原收原交。

All cargo delivered as loaded.

②听候船公司核准。

Subject to shipper's approval.

③箱破,内容完好。

Case broken. Contents intact.

④货物特性所致。

Caused by cargo nature.

⑤自然融化。

Naturally melted.

⑥被迫签字。

Sign under protest.

这类批注是符合不可加批注原则的其他各类批注。

船方对散货是可以原收原交,但对件货是要负责交接的,所以不可加此类批注。

“听候船公司核准”意味着让船公司来批准理货结果。如果船方在现场都不能确认理货结果,那么船公司就更无法确认。另外,船方也未尽到对货物运输所应负的责任。

理货机构只负责记录货物包装或外表的残损情况,在未经检验之前,就判定“内容完好”是没有根据的。

货物性质所致的批注,在未检查之前,不能随意作出这样的结论。如确系货物性质致损,理货机构不会提请船方签认。

“被迫签字”都发生于短少货物数字较大,几经交涉船方不肯签字,最后采取不当的方法,使船方被迫签字而加放的批注。理货机构要认真执行党和国家的对外方针政策,切实搞好理货工作,避免此类批注的发生。

以上是根据目前船方经常批注的内容汇集整理出来的,作为正确处理船方批注的示范。在实际工作中,由于船方批注内容千变万化,因此还要掌握原则,灵活运用,不能生搬硬套。

第八节　衡量业务

一、衡量工作的作用和责任界限

1. 衡量工作的作用

理货衡量工作是外轮理货业务的一项重要内容,其任务主要是办理丈量进出口货物的体积。

理货衡量工作有以下两方面的作用:

①提供正确的货物体积以便合理计算费用,防止在体积上弄虚作假,虚报错报等行为,造成不应有的损失;

②提供正确的货物体积以便承运人充分利用舱容,提高积载利用率,做到合理配载和积载,确保船舶航行安全。

2. 货载衡量的责任界限

货载衡量的责任界限的划分,产生于海上运输中。托运人以货物交到待装船码头为终点,而承运人却以船舶积载为准。因此,所托运货物在运输装卸过程中包装变形发生体积差异时,双方往往相互扯皮、推卸责任。于是,明确货载衡量的地点、明确双方责任界限,以避免不必要的纠纷就显得十分必要。

根据我国商检局的有关规定,衡量工作的地点,原则上应以待装船码头现场或港区现场的前方仓库为准,这是承运人和托运人双方都可以接受的衡量地点。为了便于展开工作,也可根

据货物的实际情况和具体条件,采取灵活措施。

二、衡量工作的有关常识

1. 重货与轻货

根据海洋运输惯例,每立方米货物的重量大于1t的称为重货,反之则称为轻货或称为容积货物。在海洋运输业务中,不论重货或轻货,不论重量和体积,都以“吨”为单位来表示,亦称运费吨。

2. 积载因数

货物的积载因数,是指每吨货物所占的体积,即货物的体积与重量之比。由于货物包装方式不同,货物本身轻重不一,品种规格各异,所以各种货物的积载因数是不相同的。

货物积载因数可分为两种,即一种是包括亏舱的积载因数,一种是不包括亏舱的积载因数。货物的积载因数是区分轻重货物的重要资料,也是丈量货物的重要参考依据。

3. 法定计量单位

所谓法定计量单位就是国家以法令的形式规定允许使用的计量单位。1984年2月,国务院颁布了《关于在我国统一实行法定计量单位的命令》,正式确定了以国际单位制为基础制订的我国法定计量单位。我国法定计量单位包括3部分内容:

①国际单位制单位;

②国家选定的非国际单位制单位;

③由以上两种单位构成的一些单位。

我国的法定计量单位的内容较多,与货载衡量工作中一般常用的计量单位,如长度单位、重量(质量)单位、体积单位等。

4. 衡量器具

(1)钢卷尺

钢卷尺为普通的测量长度的量具。按其结构不同可分自卷尺、制动式卷尺、盒式摇卷尺和架式摇卷尺等四种。

钢卷尺适用于丈量木箱货物、不易变形的塑料箱、硬质纸箱包装等货物。使用钢卷尺应注意直线平行,避免两个测量端点偏斜,影响测量结果的准确。

(2)木卡尺

木卡尺是由主尺杆、固定卡爪、活动把手3个部件组成,其形状类似游标卡尺,最大值为150cm。

木卡尺应用面很广,尤其对袋装货物、胖体货物的丈量。使用卡尺丈量货物,应将卡尺平放或垂直竖立卡紧货物,切忌偏斜影响所量货物尺码的准确性。但卡尺精确度低,测量时可用钢卷尺比照。

5. 体积计算方法

(1)丈量顺序

丈量货物的体积,应视货物包装规格的均匀条件,采用抽件丈量。按批抽件分量或全部丈量等方法,量取货物的长度、宽度和高度3面的尺码。为计量方便起见,一般按尺码大小顺序排列,第一先量最小边的尺码,简称“头档”;第二再量较大的一边,简称“二档”;第三再量最大

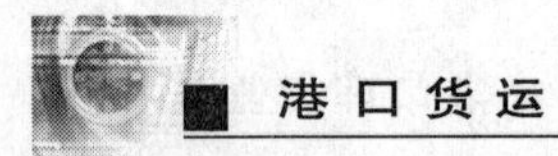

的一边,简称“三档”。三档尺码的乘积,即为所量货物的体积。

(2)测量中的几项规则

①满尺丈量。由货物的最大处量长、宽、高3个尺码,称为满尺丈量。即丈量包装货物的最大部分,包括货物任何突出部分的包装材料。如木档、铁箍、铁丝等护件物作为最长、最宽、最高的计测点,这是国际航运业货载衡量工作的通则。

②抽量条件。抽件丈量是衡量工作中一种简便可行的方法,可节约工作时间和劳动力,但必须具备一定条件。对包装用料和规格较均匀的货物可按一定比例抽件丈量,如大宗货、棉花、人造纤维等。对同批货物中有几种包装规格,则须提供各种规格的件数,按几种包装规格分批进行小批抽量,分别计算各批的体积,再汇总计算全批货物的总体积。在抽量时须十分注意选择抽量件的代表性,在略有差异的包装货物中,选择恰当的比例件,作为衡量全批货物的体积,这是很重要的一环。

③尾数处理。根据中国外轮理货总公司货物尺码丈量和体积计算方法的文件规定,单件货物的尺码丈量到小数点后2位,以后位数四舍五入;单件货物的体积计算到小数点后6位数,每票货物的总体积计算到小数点后3位数,以后位数四舍五入。

三、货物衡量方法

1. 袋装货丈量

品种规格相同的袋装货物,如粮食、化肥、鱼粉等,选一定数量的代表件进行堆量。一般以12袋为一组,平摊堆叠3袋高,袋边相互交叉,堆垛中间突出部位适当压平,然后进行满尺丈量,求取每件平均值,推算全批货物的总体积。

2. 成组货物,连同托盘在内进行满尺丈量

①在整批成组中,如大部分成组件堆垛整齐,捆扎牢固,只有极小部分成组件有松动或突出的情况下,选择抽量代表件时,应以正常成组件作为代表件丈量计算。

②有相当一部分成组件(占总量50%以上)捆扎松动变形、不成型、不规则或有突出情况等,则应选择松动件为代表件丈量计算。

③松动件和正常件各占相当比例,可酌量估计多少,然后采取分比例丈量计算。

3. 不规则货物的丈量

不规则货物的形状式样比较特殊,必须根据其不同的特点,采取不同的丈量方法。

(1)铁桶、木桶、腰鼓桶等包装的丈量

桶状包装货物外形系圆柱体,若按圆体体积计算,则会发生约23%的误差,这个亏舱空隙不能得到合理利用。按丈量通则,只能采取近似直六面方形货物相同的丈量计算方法,但桶口封固耳等突出部位,应于免量。

(2)大口径管道、套管、煤气管、打桩管等货物的丈量

管状货物的丈量方法,原则上与圆柱形包装货物的丈量方法相同,但应视管状形态不同,采取不同的丈量计算方法。

4. 特殊货物的丈量

特殊货物一般是指裸装、机件外形奇异的货物,如常见的锅炉、成套设备、车辆、起重机械等。对这类货物,应视装载条件及其占用舱位情况,采取减量、免量、分量的方法处理。

(1)减量

一个物件有两个突出部分的,实际装舱时所占舱容可以相互交叉,可采取减免1 /2,即只算一个突出部位的体积。

(2)免量

固定在物体上的铁环把手,小部分突出基脚可免量。但物体上有突出的贵重仪器表具等部件不能免量。

(3)分量

对于大型机械、起重机等货物,除机身外,往往附有突出部位,根据装载条件及占用舱容情况,这类货物可采取各部位分别丈量,然后汇总求取总体积。

四、货物衡重方法

(1)衡重法

即利用轨道衡、地秤、吊钩秤等衡器设备和工具,确定货物重量。

(2)定量包装法

即利用包装等同数量内货的方法,确定货物重量。

(3)流量计、计重罐、油舱量尺法

即利用不同的器具确定散装液体货物的重量。

(4)水尺计量法

即利用船舶吃水标尺,确定散装货物的重量。

第九节　集装箱理货

集装箱运输较件杂货运输所涉及的环节、部门更多,内容更广泛。不仅是集装箱的装卸,而且要延伸到集装箱的装、拆箱,涉及的单证更复杂。作为承运人无法像承运件杂货那样较直观地检查所装载货物是否与配载图一致,这里大量的单证复核,货物的核对等只能由外轮理货员来完成。

一、箱数的检查

1. 进口

进口卸船理箱的依据是进口舱单,辅助单证为进口积载图和装箱单。

进口舱单,集装箱进口卸船以进口舱单为依据,进口舱单又称进口载货清单。进口舱单是一份按港口逐票列明全船实际装载集装箱及货物的明细清单。进口舱单是船舶在装货港集装箱(货物)装载完毕后,由船公司或其代理人根据相关资料编制的。进口舱单逐票列明货物的提单号、标志、件数、包装、货名、重量和体积,以及装货港、中转港、卸货港和目的地;同时详细记载了所载运集装箱的箱号、铅封号、类型、数量、箱内货物情况,以及交付方式等。集装箱装箱单以箱号为单位,一箱一单,每单注明箱内货物的提单号、货物件数。集装箱积载图是装货港按实际装载情况绘制的船图。

进口舱单与积载图进行核对,以此得出集装箱溢短情况。而装箱单是上述两单间的“桥梁”,通过“桥梁”实现箱号的核对,降低了核对工作的难度。这样既结算出舱单上的拼箱数,又实现了舱单、积载图所载集装箱箱号的核对。

2. 出口

出口集装箱装船理箱理货的依据是场站收据,辅助单证有出口集装箱配载图和集装箱装箱单。

出口集装箱配载图,使出口装载集装箱的原始凭证,是由集装箱码头根据船公司或其代理人装载指令,码头配载中心根据已进堆场集装箱装箱单,与海关已放行的场站收据核对后,制作集装箱预配图。集装箱出口预配图主要由3部分组成,即封面图、行位图和汇总清单。

根据场站收据与配载图进行核对,检查两单箱数是否相符。

二、集装箱箱体检验

集装箱装卸船作业过程中,理货人员检验集装箱箱体外表和铅封状况,正确的箱体和铅封检验对确认集装箱箱体残损和箱内货物,以及责任划分具有重要的意义。根据《中华人民共和国海上国际集装箱运输管理规定实施细则》第62条规定,“船舶装卸时,由外轮理货公司代表海上承运人与港口在船边交接。凡卸船前发生的残损,由外轮理货公司填制《设备交接单》,并由船方签认。在装船过程中发生的残损应认定为工残,由外轮理货公司填制《设备交接单》,由港口签认”。

1. 集装箱验残工艺

(1)进口集装箱

①集装箱卸船前,理货长应与船方商定发现原残集装箱的处理、残损记录编制和签认等工作的要求,并做好相关记录。向理货员布置具体验残要求,并向码头提出理货验残的具体要求。

②集装箱卸船,理货公司与码头双方派人员在船边交接。发现箱体损坏、铅封断失,及时通知理货长联系船方验看、确认,并由理货长编制集装箱残损记录,取得船方的签认,对铅封断失的集装箱(重箱),理货员应重新施加铅封,并在集装箱残损记录上写明铅封号。发生工残应当即通知责任方确认,编制工残记录取得责任方签认。

(2)出口集装箱

①集装箱装船前,理货长应与船方商定发现残损集装箱的处理方法和要求,并做好相关记录,向理货员布置具体验残方法和要求,并向码头提出理货验残的具体要求。

②集装箱装船,理货公司与码头双方派人员进行交接。理货员在大船甲板检验集装箱箱体和铅封状况,发现箱体残损、铅封断失应及时通知码头有关人员验看,编制集装箱残损记录取得签认。

③发现集装箱箱体严重残损或铅封失落,应及时告知船方,船方同意后方可装船。

(3)中转集装箱

①中转集装箱装船(落驳)时,发现集装箱未施封或箱体残损,外轮理货人员应会同码头方进行验看确认,及时编制集装箱残损记录,取得码头有关方的签认,对未施封集装箱由码头方负责施封。

②中转集装箱卸船(起驳)时,发现集装箱未施封或箱体残损,外轮理货人员应及时告知码头有关方,并由责任方负责解决。

(4)集装箱装卸船理箱作业的箱体和铅封检验

理货员在理清箱数的同时,注意检查集装箱的六个面及铅封状况。当发现集装箱异常状况时,应通知理货长及时编制集装箱残损记录,并取得有关方的签认。

①必须在船边仔细认真检查箱体外表损伤、变形、破口等异样;

②检查集装箱(重箱)铅封是否完好;

③检查冷藏箱温度记录是否达到要求;

④装载危险品集装箱是否按规定贴上相应的危险品标志,或贴有危险品标志的集装箱装载普通货后,危险品标志是否被清除。

2. 集装箱箱体残损标准

可参照《上海口岸集装箱货物装载管理办法》已限定集装箱残损检验认定范围中的管理办法,对不适合装载、运输货物集装箱的定义为:

①结构强度低于国际安全公司(CSC)标准,或 CSC 标牌灭失;

②结构变形超出国际标准(ISO)或影响正常吊运;

③结构违反国际海关公约(TIR)有关条款;

④任何破损、焊缝爆裂;

⑤板壁凹损单面大于 30mm,或影响货物的装卸、积载;

⑥任何部件凸损超出角配件端面;

⑦相邻木地板大于 6mm,或木地板损坏,凹凸影响货物的装卸、积载;

⑧箱内有异物、异味;

⑨箱体外部有异样标志;

⑩箱门开启、关闭不能到位,门封破损或脱落。

3. 编制集装箱残损记录

集装箱残损记录由理货长负责编制,原残使用"集装箱残损记录",工残使用"工残记录",并及时取得有关责任方的签认。

理货员发现集装箱残损时,应用划圆圈的方式在"集装箱残损记录"箱体图上标示出残损部位,并在圆圈内注明相应的残损代号,或在"集装箱残损记录"残损代号上划勾体现相应的残损类型。同时,要在"残损情况"栏内填写残损部位、程度及尺寸(精确至公分 CM)等。理货员发现框架箱、开顶箱箱内货物外观有明显残损,可在"集装箱残损记录"备注栏内说明。

三、进口卸船理箱

1. 理货员

1)理货方法

船—堆场;船—集装箱卡车、驳(现提)。

理货员在船边、舱内(滚装船),采用核对箱号(抄箱号)计箱数的理货方法,检查箱子外表、铅封状况,与码头收箱人及其代理人办理交接。

2)理箱程序

集装箱卸船过程中,理货员在船边、舱内(滚装船),依据行位图逐箱核对箱号,同一行位按卸箱先后顺序(①②③……)编号,并圈销行位图,检查箱体外表、铅封状况。如发现集装箱异常情况,如实做好记录。

工班结束,理货员应与码头收货人或其代理人核准数字,将已编制的理箱单,连同已结束行位图一并交理货长。

(1)理货准备

理货员应了解和掌握理货长在理货员交接班记录中布置的工作要求和有关注意事项;索取船舶进口积载图(BAY PLAN)。工作前应详细阅读理货员交接班记录中的具体要求和注意事项,并了解行位集装箱积载情况等内容。

(2)理箱过程

①理货员的工作岗位在船边,面对箱门的一侧。

②理货员根据行位图,逐箱核对卸下的集装箱箱号,检查箱体及铅封状况,并按卸箱先后顺序在箱位图左下角编号,即按序编写①②③……。如发现箱号有误,应在行位图该箱的箱位图空白处写上实际箱号。

发现集装箱箱体残损、铅封断失,应通知码头停卸,及时报告理货长提请船方验看,对铅封断失的集装箱及时施加铅封,编制"集装箱残损记录",并交船方签认。

③交接班时,本行位图的集装箱未能卸完,需要交班的,应在行位图上做好明显标识,并在理货员交接班记录上做好详细记录及交清情况,写上工班日期和签名。接班理货员根据上一工班的交班情况,继续开展理货工作。

④工班结束,或一个行位卸箱结束,理货员将理箱单和已卸完的行位图一并交理货长审核。

2. 理货长

卸船前,理货长向船方了解全船积载情况,征求船方对理货工作的要求和注意事项。理货长根据进口舱单校对进口积载图,核准进口总箱数,及箱外货物件数。对进口舱单与进口积载图不一致的集装箱箱号,需明显标出并通知理货员工作中加以注意。船舶载有过境货、危险品的,在进口积载图上用彩笔作出明显标记,做好开工准备。对理货员布置工作和要求,对理货员交接班记录布置具体要求,交代有关注意事项。

卸船过程中,理货长保持与码头、船方等有关方面的联系,发现问题及时联系解决。

理货长复核理货员提供的理箱单和行位图,核圈进口积载图;工班结束,编制理货日报表。

全船卸箱结束,复核全船理货单证,与码头收货人及其代理人核对箱数,无疑问后办理交接手续。理货长做好全船卸船结束工作,防止集装箱错卸或漏卸。

1)资料接收与处理

①现场作业,由所靠船舶办事处从EDI(电子数据交换)信息中心接收船代、船公司提供的进口船图报文、进口舱单报文,经计算机系统处理下载打印纸面文本。电子报文包括:进口船图(封面图和行位图)(GENERAL STOWAGE PLAN & BAY PLAN);集装箱进口舱单(CONTAINER MANIFEST);分港综合清单(SUMMARY BY DISCHARGE PORT);分经营人综合清单(SUMMARY BY LOAD PORT);船图与舱单校核清单(CHECK LIST);CFS清单(CFS CONTAINER MANIFEST)。

理货长应确认收到的全部资料,并点清核对所收取资料完整无缺。

②船舶靠泊后,理货长应向船方了解船舶积载情况,途中航行情况,及特殊箱、过境箱积载

情况与积载位置;商定对残损集装箱的验残要求,征求船方对理货工作的要求及其注意事项,并记录在理货长交接班记录上。

2)数据处理

①理货长根据进口舱单和进口积载图,核准进口总箱数与总吨位,分港箱数与分港吨位,中转集装箱箱数与箱外货件数等。

②根据理货员提供理箱单,核对圈销进口积载图和船图与舱单校核清单(CHECK LIST),特别注意在船图与舱单校核清单上已列明的溢短出错的集装箱,理清进口集装箱箱号和箱数。

③理货长检验理货员制作的理货单证,并进行标识,对不合格理货单证负责更正。

④根据集装箱理箱单,圈销集装箱进口船图(封面图和行位图),编制集装箱理货日报表。

⑤溢卸与短卸,依据集装箱进口舱单,当发生舱单上未列明的实卸集装箱,该集装箱箱号即为溢卸;当发生舱单上列明的箱号并未实际卸到时,该集装箱箱号即为短卸。集装箱溢卸或短卸应以实际卸船理箱数据为准,舱单校核清单所列数据仅供参考,不能作为对外签证溢卸或短卸的依据。

3)理箱过程

①危险品箱、特殊箱及出翻舱箱等,理货长应及时到场提示理货员,并进行监卸。

②发现箱体残损或铅封断失,在签妥"集装箱残损记录"后,应立即告知码头船边收箱员;铅封断失应由理货人员施加铅封,并将施封号记录在"集装箱残损记录"上。

③在卸箱作业时巡视船边、甲板和舱面,检查理货员上岗定位,执行理货工艺。提醒理货员注意各种特殊情况,协同理货员处理残损箱,以及与船方办理"集装箱残损记录"签认。

④保持与船方、码头的正常联系,督促码头按图卸箱。

4)编制报表与签证

①工班结束,理货长编制"集装箱理货日报表"。

②船方在理货单证上批注与实际情况相符的内容,可同意船方的批注;船方在理货单证上批注与实际情况不相符的内容,应说服船方不加批注,或商洽双方可接受的批注内容。

③全船结束,理货长与码头收箱人或其代理人办理交接,签认"集装箱装/卸交接单"。根据"集装箱进口舱单"、"集装箱理箱单"、"集装箱残损记录",汇总进口集装箱理箱数与残损情况,编制"集装箱溢短/残损单"和"理货业务凭证",递交船方签证,与船方办理交接手续。

④报文发送,全船办妥交接手续后,将电子信息 EDI 中心发送有关各方,报文包括:溢卸报文、短卸报文、残损报文、实卸报文等。

四、出口装船理箱

1. 理货员

1)理货方法

堆场—船;集装箱卡车、驳(现装)—船。

理货员在甲板、舱内(滚装船),采用核对箱号(抄箱号)计箱数的理货方法,检查箱体外表、铅封状况,与码头发箱人或其代理人办理交接。

2)理箱程序

集装箱装船过程中,理货员在甲板、舱内(滚装船),依据装船预配图逐箱核对箱号,检查箱体外表、铅封状况，并根据实际积载位置编号圈销行位图，或填制行位草图。如发现实际箱号与配载行位图不符时，及时通知码头方，并汇报理货长与码头发箱人或其代理人取得联系。

工班结束，理货员应与码头发箱人或其代理人核准箱数，编制理箱单，连同行位草图一并交理货长。

(1)理箱准备

理货员应了解和掌握理货长在交接班记录中布置的作业要求，及与工作有关的注意事项，以及特殊箱的积载位置与要求，索取船舶预配图。

对出翻舱箱、危险品箱、冷冻箱等特殊箱，应认真核对预配图，以防错装。

(2)理箱过程

①理货员工作岗位在面对箱门一侧的甲板上。

②理货员根据预配图，以及理货长的布置要求，在甲板上逐箱核对箱号，检查箱体外表和铅封状况。对已装妥的集装箱以坐标方式对每一集装箱的实际位置进行确认与标识。

③在装船过程中，发现待装集装箱与行位图上箱号不一致，应通知码头暂停装船，并及时告知理货长与码头取得联系解决。

④集装箱实际装船积载时，由于特殊原因，不能按预配图所列明的箱号对号入座(俗称箱位拉动)，理货员应在预配图上标出实际积载位置，以便理货长绘制实际装船积载图。

⑤箱位拉动的表示，坐标可分层坐标和列坐标。层坐标由下至上第1层、第2层、第3层……表示；列坐标由左至右第1列、第2列、第3列……表示。一般为层坐标+列坐标所组成。

当出现不同行位的集装箱拉动时，还需标出行位号，并告知理货长原配箱位与变动后实际箱位，同时应检查卸箱港是否出错。现场使用的是一种简易的坐标定位方法，以两位阿拉伯数字表示。

⑥残损与铅封检验，在理箱过程中，发现集装箱箱体残损或铅封断失，应及时通知码头暂停作业，并汇报理货长妥善解决。发现箱体残损或铅封断失，应联系码头发箱人解决，不得自行批注或加封。当发箱人和船方同意装船时，应编制"集装箱残损记录"，提请码头、船方签认后方可装船。

⑦行位装箱结束，理货员应将编制妥的"集装箱理箱单"，连同已确认的行位草图，一并交理货长审核。

在交接班过程中，如一个整行位本工班未装完需要交班时，应在行位图空白处写上本工班装箱的数量、工班日期和签名，以避免交接不清，数字发生差错。

2. 理货长

理货长根据预配图计算总箱数、箱外货件数，对现装的危险品和特殊箱(货物)在预配图上用彩笔作出明显标记。做好开工准备，并对理货员布置工作要求。

装船过程中，理货长巡视甲板、作业现场，督促理货员做好理货工作和指导码头装船作业。

工班结束，理货长应复核理货员提交的理箱单和行位图，编制理货日报表，核圈集装箱预配图。

装船结束，理货长复核全船单证，与码头发箱人及其代理人核对箱数，无疑问后办理交接手续，并制作船舶出口积载图、填制有关单证，与船方办理交接手续。

1)资料接受与处理

现场理货人员获取的装船资料为:码头提供的“预配图”和理货交接班记录;理货长应确认收到的全部资料,并清点核对所收取资料完整无缺。

船舶靠泊后,理货长应向船方了解出口集装箱的积载要求,征求船方对特殊箱的理箱要求,并将相关内容记录在理货长交接班记录上。

2)数据处理与现场管理

理货长根据“预配图”与电脑生成的“集装箱箱号清单”进行校对,计算出口集装箱总箱数与总吨位,计算不同卸箱港的集装箱箱数与吨位,以及不同箱型的箱量与吨位、箱外货件数与吨位等。

码头提供“预配图”所列数据并不能作为理货对外签证的出口数据,出口箱数与吨位应以现场实际理箱数据为准。

对危险品箱、特殊箱、出翻舱箱等集装箱,应根据预配图提示的特殊符号加以注意,并提示理货员引起重视。当特殊箱实际积载,或进行倒舱作业时,理货长应到现场进行监装。

在船舶作业过程中,应注意码头随机加箱、减箱或船边直装箱,以防出口集装箱数字上的错误。

现场作业,对理货员交接班记录提出具体要求,交代有关注意事项。

在装船过程中,巡视甲板,检查理货员上岗定位,执行理货工艺。提醒理货员注意各种特殊情况,协同理货员处理残损箱的确认。

与船方、码头保持正常联系,督促码头按“预配图”装船作业,并协助理货员处理现场业务问题。对集装箱装船过程中拉动较大的,应记录在案。

3)残损处理

发现箱体残损或铅封断失,应通知码头解决,并编制“集装箱残损记录单”,提交码头、船方签认,方可装船。

4)编制报表与签证

理货长检验理货员所交的理货单证,并进行标识,对不合格的单证负责更正。

根据“集装箱理箱单”编制“集装箱理货日报表”,根据实际积载位置,绘制“集装箱行位图”。

全船结束,理货长与码头发箱人或其代理人办理交接,签认“集装箱装/卸交接单”。根据行位图,汇总编制全船“出口积载图”、“汇总清单(SUMMARY)”;根据“集装箱理箱单”、“集装箱理货日报表”,编制“理货业务凭证”;根据“集装箱残损记录”汇总编制“集装箱溢短/残损单”,递交船方签认,与船方办理交接手续。

5)报文发送

全船办妥交接手续后,将电子信息通过 EDI 中心发送有关各方,报文包括实装报文和出口船图报文等。

五、理箱交接班记录填写要求

1. 理货员交接班记录填写要求

为了便于理货工作正常开展,确保现场生产正常进行,明确责任划分,交班理货员应将本工班实际作业情况如实反映在"理货员交接班记录"上,为接班理货员提供一个良好的工作条件。填写交接班记录应根据作业实际情况,包括:

①船舶积载、过境箱、危险品箱情况,以及箱外货、重大件等情况;

②理货长布置的工作及注意事项和处理情况;

③发现残损和签证情况;

④交班时作业进度情况;

⑤如下一工班无计划或船舶工班结束,应记录本班理货情况和本工班作业线结束时间。

2. 理货长交接班记录填写要求

1)进口

(1)船舶靠泊前

①布置有关安全质量、工艺要求等注意事项;

②船公司或其代理提供的进口舱单、船图等有关资料的接收情况和验证情况,以及存在问题与船公司联系的情况。

(2)船舶开班工作

①靠泊时间、开工时间、船舶积载情况、是否有过境箱、箱外货、危险品记载情况,以及全船本港集装箱(货物)的数量;

②与船方商定验残要求。

(3)船舶卸箱过程中

①上一班交班问题处理落实情况;

②本工班发生情况及处理经过和结果;

③要求接班理货长引起注意的事宜和协助解决的问题。

(4)船舶结关工作

①船舶结束时间、集装箱卸箱数量;

②与码头交接办理情况;

③与船方签证有关单证情况;

④其他应记录的有关事项等。

2)出口

(1)船舶靠泊前

①布置有关安全质量、工艺要求和注意事项;

②接收码头、船公司或其代理提供的预配图情况;

(2)船舶开班工作

①开始装船时间,船方对集装箱装船的要求;

②向船方通报处理一般残损箱的原则,以及征询船方意见;

③向理货员布置安全、质量方面要求的情况。

(3)船舶装箱过程中

①上一班交班问题处理、落实情况;

②本工班发生情况处理经过与结果;

③要求接班理货长引起注意的事宜和协助解决的问题。

(4)船舶结关工作

①船舶装箱结束时间、实际开航时间、本港装载的集装箱数量；

②与码头办理交接情况；

③与船方签证有关单证情况；

④其他应记录的有关事宜。

六、装箱理货业务

1. 理货依据和作用

出口集装箱货物装箱理货依据为“场站收据、集装箱装箱单”，辅助单证为“集装箱货物装载预配单”。

“场站收据”是发货人及其代理人向海关申报出口货物，并取得海关放行的有效凭证；是船公司及其代理人接受订舱，准予装箱出口和港口准予装船的有效凭证。

“集装箱装箱单”是装箱单位具体记载某箱内所装载货物的结果而编制的原始单据；是货运站与码头堆场间的货物交接单；是船舶通知所装货物的明细表，办理保税运输手续的依据和结算单证；是船方计算吃水差和稳性的依据。

“集装箱货物装载预配单”是对每只集装箱所能装纳的货物进行装载预配的清单；是有关部门、操作人员和理货人员，在货物装箱时安排作业计划、进行货物积载和核对实际装载货物是否正确的有效单据。

2. 装箱理货业务

1)装箱工作中应注意的问题

检查集装箱箱体是否完好，箱内是否清洁、适货；装非危险品货物时，箱体上的危险品标志是否清除。

①装箱时，要检查所装货物包装是否完好，并按包装牢固程度决定堆码层数和加铺衬垫。

②重不压轻，装箱时切勿将重件货物置于较轻的货物之上。

③切勿将湿货与干货一起堆放，不可避免时，应在湿货和干货之间用防湿衬垫隔开。

④切勿将易渗漏货物与容易受潮货物堆放在一起。

⑤不同货类拼装在同一集装箱内时，要注意其物理性能和化学性能，避免货物互相抵触和串味。

⑥装载易滚动的卷状、筒状货物时，要垂直堆放，如卷纸、肠衣桶等。

⑦装载易移动的货物，如车辆等，应在车轮下用木楔固定，并用钢丝绳或牢固的绳索与箱体绑扎牢固。

⑧货物装载应紧密整齐，货物与货物之间、货物与箱体之间的空隙，应适当衬垫，防止货物移动造成货损和箱体损坏。

⑨装载冷藏货的集装箱，要查看预检合格证书和预冷记录，达到规定温度才能装箱。装箱时制冷装置应停止运转，货物装载时不应堵塞冷气通道和泄水管，不能超越积载线。

⑩危险品装箱要符合“国际危规”的包装要求和持有商检、港监认可证书及国际海运危险货物规则所要求的危险货物申报单，并在箱体外部四面贴上相对应的危险品类别标志。

⑪当危险货物只占部分箱容时，应将危险货物装在集装箱箱门附近。

⑫当集装箱货物装满时,应在门端处采取适当的加固措施,以防开启箱门时货物倒塌,造成货损和人身伤害。

2)集装箱货物装箱方式

集装箱货物的装箱方式一般有两种:

一种为整箱货(简称 FCL)。一只集装箱内只装有一个运输编号的货物,或一只集装箱内只有一个货主(收发货人)的货物,可视为整箱货。一般能使集装箱的容积利用率达到75%以上或载重量利用率达到95%以上。对整箱货,承运人不负责箱内货物的交接,由收发货人负责装、拆箱工作。

另一种为拼箱货(简称 LCL)。一只集装箱内装有两个或两个以上运输编号,其收货人为两个或两个以上的货物,可视为拼箱货。对拼箱货,承运人负责箱内货物的交接,并负责装、拆箱工作。

3)装箱理货工作程序和工作方法

(1)装箱准备工作

装箱作业一般有两种方式,一种是到货主工厂或仓库开展装箱工作;另一种是在固定点(如堆场、货运站)开展装箱工作。无论何种方式,外轮理货机构当接到装箱业务后,首先要了解委托对象、装箱的类型,即整箱货还是拼箱货,及装箱作业点和时间等。其次,根据装箱业务的情况,确定采用定点派人,还是随时派人的方法,并与装箱点取得联系。

装箱作业前,外轮理货人员应向有关方索取"装箱预配单",有条件的情况下,可与"场站收据"进行核对,检查上述单证记载的内容是否一致。

(2)装箱理货工作方法

整箱货(FCL),按其交接方式和责任,在集装箱堆场(CY)或发货人仓库场所(DOOR)进行装箱。

①根据"货物装载预配单"和装箱单位提供的"场站收据"和"装货单"、"集装箱箱号清单",核对货物、箱号和箱主是否正确,发现问题及时提请货运单位处理。

②依据"设备交接单"检查箱体是否完好、污染和异味。对箱体外原贴的与所装货物无关的标牌要清除;对箱体有异状应提请有关方修理、清洗或调换。如装箱单位认为可装货,则应提请采取相应防范措施,并作好相应记录。

③坚持在箱边与装箱单位人员点交点接,剔除残损货物。对残损货物仍须装箱的,外轮理货人员应作好记录。

④应督促操作人员做到装载整齐,做好必要的衬垫、隔票和加固工作。

⑤对本工班或当天不能装完的集装箱,要采取临时加封或加锁措施,以确保货物安全。待重新开箱装货时,应检查箱门有否异状。

⑥装箱工作结束,均应由外轮理货人员对集装箱进行施封,并将封号填写在"装箱理货单"上,经发货人签认后,提供对方一份。

拼箱货(LCL),按其交接方式和责任,在集装箱货运站(CFS)进行装箱工作。

①~④内容同整箱货①~④。

⑤由于部分货物未能及时送至货运站,影响个别集装箱装箱的,则应采取临时加封或加锁措施。

⑥装箱工作结束，均由外轮理货人员对集装箱进行施封，并将封号填写在“装箱理货单”上，经发货人或货运站工作人员签认后，提供对方一份。

(3)整箱货与拼箱货装箱工作中的区别

①对象不同。整箱货接受委托，以第三者身份参与装箱理货；而拼箱货是代表船方参与装箱理货。

②装箱地点不同。整箱货在堆场或发货人仓库装箱；而拼箱货则在货运站装箱。

③发货人和货物票数不同。整箱货只有一个发货人或一票货物；而拼箱货有两个或两个以上发货人，或者两票或两票以上货物。

④理货方法不同。整箱货一般只需核对标志、件数，剔除残损；拼箱货不但要按票核对标志、件数，剔除残损，还要核查其重量、尺码，按事先编排的装载顺序逐票装箱。

⑤工作要求不同。整箱货一般只要督促操作人员做到装载整齐，适当加固；拼箱货则要根据货物的品名、包装、重量、性质、尺码和装载顺序，督促操作人员按要求装箱。

⑥单证编制要求不同。整箱货只要把装箱货物的相关内容如实编制“装箱理货单”；拼箱货必须按装箱先后顺序，逐票编制单证。

(4)装箱理货的结束工作

①编制“集装箱装箱单”，做到一箱一单，应按货物进箱的先后顺序排列运输编号，为卸货港拆箱提供方便。

②集装箱施封后，如有关方提出要变更出口货物(退关、加载、调换等)和检验时，装箱单位要通知外轮理货人员到场启封开箱。结束后应重新施封，更正“装箱理货单”上相应内容，并重新取得签认，以及重新编制“集装箱装箱单”。

③外轮理货机构要安排人员整理现场提供的“装箱理货单”，根据此单批注“出口舱单”和“场站收据”，最后将装箱理货单证资料归入该船舶资料内，使装箱和理箱工作有机地结合起来。

七、拆箱理货业务

1. 理货依据和作用

集装箱货物拆箱理货依据为进口舱单、集装箱装箱单，辅助单证为海运提单、交货记录、货物清单等。

(1)进口舱单

是开展理货业务的必要单证，是拆箱理货的凭证，是对货物的品名、数量作出正确判断的依据，是向收货人及其代理人出具溢短、残损证明和最终结算箱内货物溢短、残损的依据。

(2)集装箱装箱单

是校对进口箱数，区分整箱货和拼箱货，及箱内货物情况的凭证，利于正确判断箱内货物溢短情况。

(3)海运提单

是装运港船公司及其代理人签发的已装运凭证和目的港换发提货单据的有效凭证，是拆箱理货核对货物的参考依据。

(4)交货记录

是收货人从船公司及其代理人签发海运提单后所换取的一份提货凭证；是外轮理货核对

箱内货物和交付货物的凭证;是货物拆箱进库后,再向仓库提取货物的凭证。

(5)货物清单

是收货人已向贸易对方订购的货物明细单或装箱出运的货物明细单;有利于拆箱工作中核对各类货物的数量,确认溢短或残损的货名。

2. 拆箱理货业务

1)拆箱理货应注意的问题

①要坚持拆箱理货到位,理货人员在拆箱前到达作业现场,拆箱结束方能离开。

②为正确判断交接责任,要坚持理货人员到场后再启封的规定,必要时,对数量短缺、货物有误和有严重残损的集装箱要建议拍照及保存原封志,以此作为理赔的依据。

③凡 CY 和 DOOR 交接方式的集装箱,当海关、卫检、动检部门开箱检验时,要提请有关单位申请重新施封,以防货物灭失。

④要掌握集装箱进口卸船时的箱体残损情况。

⑤理货人员应具有货物积载规范和货物装卸知识,以便分清货物致残的责任。

2)拆箱理货程序和工作方法

(1)拆箱前准备工作

制作"单船拆箱表"。此表反映舱单上标明的提单号、标志、件数、重量、箱号和分箱数等有关数据。

制作"单船拆箱表"时应注意的事项:

①反映舱单上内容,一定要参阅卸船理箱过程中编制的"集装箱溢短/残损单",要注意已变动的箱号和卸船结束日期,因结束日期为投保开始计算之时。

②集装箱残损和铅封断失等内容如实反映到"单船拆箱表"上。

③编制"单船拆箱表"务必准确无误。此表在拆箱工作中将取代进口舱单,作为处理拆箱理货业务的主要依据之一。

拆箱业务一般为两种形式,一种为港区外(市内、市外)拆箱;另一种为固定点(码头堆场、货运站)拆箱,亦可分为拆箱进库和现提作业。无论何种形式,外轮理货机构当接到拆箱委托书和拆箱计划单后,要核查整箱货还是拼箱货,了解操作过程,掌握拆箱地点、联系人和作业时间。根据拆箱具体情况,派出理货人员。

在拆箱工作前,依据"单船拆箱表",核对拆箱委托书或计划单上内容是否相符,并备妥有关单证资料等。

(2)拆箱理货方法

拼箱货(LCL)作业地点为 CFS。

拆箱进库:

①依据"计划单"核对集装箱箱号、封志号。如内容不符暂不能工作,要经有关单位核查决定能否拆箱。

②检查箱体有否异状,封志是否失落。

③开箱后,查验货物积载是否符合要求或严重移位,而导致货物破损、污染等。如残损严重,建议集装箱公司人员拍照备案,并保存原封志。

④理货人员岗位在箱边,与仓库人员进行点交点接,按票分清标志,理清件数,剔清残损。

发现“计划单”上未列明的货物，应要求仓库另外堆放，以便进一步复核。

⑤拆箱作业要根据货物性质和包装状况，督促操作人员合理操作，以免发生货损或扩大货损。

⑥拆箱结束检查箱内，以防货物遗漏。及时按货物出箱顺序，按提单号、标志、品名、重量和货物实际包装、件数准确填制“拆箱理货单”。同时，在单证上批注封号及完好情况，对原残货物要批注在该票货下面，对工残应另行编制“工残记录”。对计划单上未列明的货物，应另外列项填制，并完整地写明货物的标志、包装、数量、重量和到货港名称等。

拆箱现提：

①凭“交货记录”上记载的标志、件数发货。“交货记录”必须加盖海关放行章、港区放行章和收货人签发章。

②与收货人及委托人在箱边点交点接，并取得其签认。

③当该集装箱货物收货人暂未提货或留部分货，理货人员在拆箱结束应重新施加封志，并记录重新施封的封号，以作为第二次拆箱判断封志完好状况的依据。

④对计划单或进口舱单上未列明的货物，应将此货物进库核查。

⑤拆箱结束应编制“拆箱理货单”，经收货人签认后，提供对方一份。

(3)拆箱理货结束

①“拆箱理货单”按不同的船名、航次和不同的作业地点、日期分别编制，并取得接受方签认。

②分公司应安排人员销账，将每日拆箱作业结束，经签认的“理货单”上全部内容如实填制到“单船拆箱表”上。

③全船拆箱理货结束，根据“单船拆箱表”编制“集装箱货物溢短/残损单”。

④拆箱理货结束提前出证业务。提前出证业务是集装箱船舶所特有的，是因集装箱船舶箱内货物拆箱时间过长而产生的。一般集装箱船舶从拆箱业务开始，至全部拆箱完毕约3个月，这样就出现了持有某一提单货物的收货人在未能按提单数收到全部货物，或发生货损时，要求外轮理货机构提前出证理赔的问题。为了维护委托方的正当权益，使其能在规定的期限内提出索赔，减少损失。

在办理提前出证业务方面，应注意和掌握以下几项原则：

①只有当某提单号货物的全部集装箱均由外轮理货机构办理拆箱理货业务时，才能承办此项业务；

②只有在某提单号货物全部拆箱完毕，才能办理提前出证；

③当某一装货港还有部分集装箱未拆箱完毕(除剩余集装箱货物与要求提前出证的货物截然不同)，应考虑“串箱”因素的存在，须暂缓办理提前出证。

八、装箱运输货物的交接方式和责任划分

1. 集装箱货物的主要交接方式

根据集装箱货物的交接地点不同，理论上可以通过排列组合的方法得到集装箱货物的交接方式为16种。在不同的交接方式中，集装箱运输经营人与货方承担的责任、义务不同，集装箱运输经营人的运输组织的内容、范围也不同。这16种交接方式是集装箱货物运输理论上所存在的交接方式。实践中，并不是所有16种方式都会碰到。通常，集装箱货物的交接方式有以下9种，

即:门—门、门—场、门—站、场—门、场—场、场—站、站—门、站—场和站—站的交接方式。

(1)门—门(DOOR TO DOOR)

托运人负责装箱并在其工厂或仓库整箱交货;承运人在托运人工厂或仓库整箱接货,负责运抵收货人工厂或仓库整箱交货;收货人在其工厂或仓库整箱接货并负责拆箱。

(2)门—场(DOOR TO CY)

托运人负责装箱并在其工厂或仓库整箱交货;承运人在托运人工厂或仓库整箱接货,负责运抵卸货港集装箱堆场整箱交货;收货人负责在卸货港集装箱堆场整箱提货和拆箱,并将空箱于规定的期限内还至承运人指定的堆场。

(3)门—站(DOOR TO CFS)

托运人负责装箱并在其工厂或仓库整箱交货;承运人在托运人工厂或仓库整箱接货,负责运抵卸货港集装箱货运站拆箱按件交货;收货人负责在卸货港集装箱货运站按件接货。

(4)场—门(CY TO DOOR)

托运人负责装箱并运至装货港集装箱堆场整箱交货;承运人在装货港集装箱堆场整箱接货,负责运抵收货人工厂或仓库整箱交货;收货人在其工厂或仓库整箱接货并负责拆箱。

(5)场—场(CY TO CY)

托运人负责装箱并运至装货港集装箱堆场整箱交货;承运人在装货港集装箱堆场整箱接货,负责运抵卸货港集装箱堆场整箱交货;收货人负责在卸货港集装箱堆场整箱提货和拆箱,并将空箱于规定的期限内还至承运人指定的堆场。

(6)场—站(CY TO CFS)

托运人负责装箱并运至装货港集装箱堆场整箱交货;承运人在装货港集装箱堆场整箱接货,负责运抵卸货港集装箱货运站拆箱按件交货;收货人在卸货港集装箱货运站按件接货。

(7)站—门(CFS TO DOOR)

托运人负责将货物运至承运人指定的装货港集装箱货运站按件交货;承运人在装货港集装箱货运站按件接货并装箱,负责运抵收货人工厂或仓库整箱交货;收货人在其工厂或仓库整箱接货并负责拆箱。

(8)站—场(CFS TO CY)

托运人负责将货物运至承运人指定的装货港集装箱货运站按件交货;承运人在装货港集装箱货运站按件接货并装箱,负责运抵卸货港集装箱堆场整箱交货;收货人负责在卸货港集装箱堆场整箱提货和拆箱,并将空箱于规定期限内还至承运人指定的堆场。

(9)站—站(CFS TO CFS)

托运人负责将货物运至承运人指定的装货港集装箱货运站按件交货;承运人在装货港集装箱货运站按件接货并装箱,负责运抵卸货港集装箱货运站按件交货;收货人负责在卸货港集装箱货运站按件接货。

2. 集装箱运输货物的责任划分

承、托运人应根据集装箱货物交接方式,按以下原则对集装箱货物的灭失或损坏负责:

①由承运人负责装、拆箱的货物,从承运人收到货物后至运达目的地交付收货人之前的期间内,箱内货物的灭失或损坏由承运人负责。

②由托运人负责装箱的货物,从装箱托运交付后,至交付收货人之前的期间内,如箱体完

好，铅封完整无损，箱内货物的灭失或损坏，由托运人负责；如箱体损坏或铅封破损，箱内货物的灭失或损坏，由承运人负责。

九、集装箱积载图

图 7-2 为一张集装箱船舶的积载图。船上各箱位的表示方法以及集装箱船舶积载图的表示方式如下。

1. 箱位的表示法

箱位，是指集装箱在船舶上的具体积载位置。由于集装箱是一种标准化的货运单位，不需要用传统件杂货运输的俯视与侧视等图形符号来表示其相对应的位置。同时，由于集装箱的积载方式是沿船舶长度纵向布置，并依船舶横剖面依次左右、上下排列。所以，对装载在船舶上的每一个集装箱，进行三维定位可用 6 位数码来表示一个统一的实际位置。在船上的集装箱按“行、列、层”的序列来定位。即：前 2 位数表示行位，确定集装箱积载中的前后位置；中间 2 位数表示列位，确定集装箱积载中的左右位置；末 2 位数表示层位，确定集装箱积载中的上下间的位置。

(1)行位(BAY No.)

行位，是指在纵剖面图上，船舶横剖面的序列编号，该编号用 2 位阿拉伯数字表示，不足 2 位的用零补足 2 位。编号从船首向船尾按顺序行列。装载 20ft 集装箱时，以单数 01，03，05……表示，装载 40ft、45ft 以上的集装箱时，以 2 位双数 02，04，06……表示。

(2)列位(ROW No.)

列位，是指在船舶横剖面上，横向排列的序列编号，该编号用两位阿拉伯数字表示，不足两位的用零补足两位。编号以船首尾线为界，分别向左右两边按顺序排列编号，向右为 01，03，05……，向左为 02，04，06……；如列位总数为单数时，则中间一列集装箱列位号为 00。

(3)层位(TIER No.)

集装箱积载图中唯一把甲板与舱内分开的是层位。它以主甲板为基准线，将舱内与甲板以上严格分开，对积载集装箱进行竖向分层。层位编号全部采用偶数，舱内用 02，04，06……，甲板以上采用 82，84，86……，由下而上顺序排列。

如一个集装箱的箱位号为 050082，那么可以很清楚地得出，此集装箱是一个 20ft 集装箱，它装载在 05 排，中间一列，甲板上第一层。

2. 集装箱积载图

集装箱积载图，是集装箱船舶所载集装箱的实际积载位置示意图，是装船理箱全过程的汇总结果。因此，绘制集装箱积载图的质量，直接影响装箱港理货声誉。

随着计算机在集装箱理货业务中的运用，目前现场通常用电脑进行绘制。2000 年 5 月，上海外轮理货公司推出“便携式计算机出口船图操作系统”，统一船图格式和制作方法，向船方提供“总积载图、行位图、综合明细单”等纸面资料。

个别船舶仍采用手工制作船舶积载图的方法，绘制过程中使用船公司提供的积载船舶空白集装箱船图，理货长在绘妥相关数据后复制提供船方。

(1)总积载图(GENERAL STOWAGE PLAN)

总积载图，是全船总箱位分布图，依照全船的行位顺序，依次列出各行位横剖面图与箱位

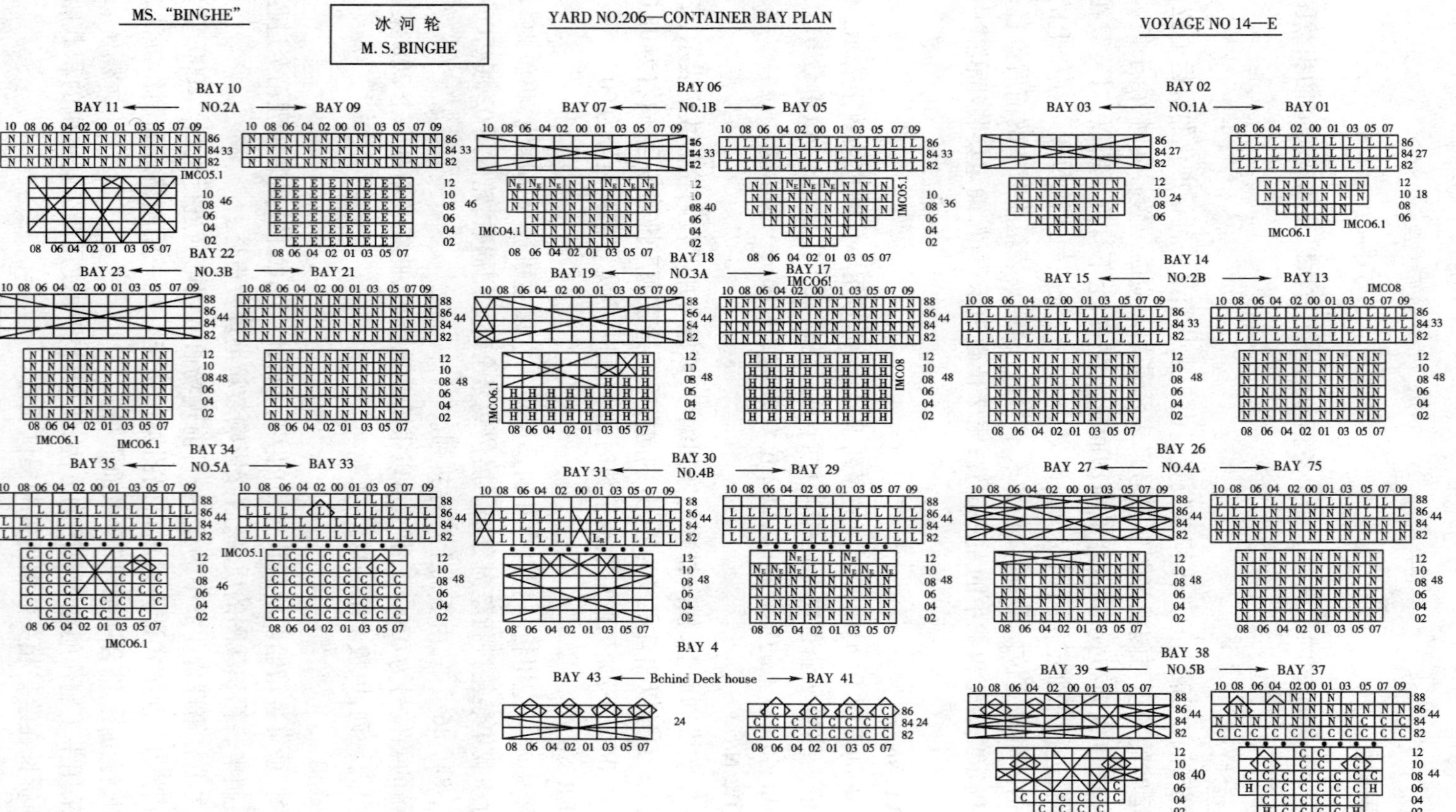

图 7-2　集装箱船舶积载图

状况。

完成实际积载的总积载图,应标明下列数据:船名/航次;卸箱港;受载箱位;不同箱型;特殊箱;危险品箱及等级。

①船名/航次。根据船公司规范,注明船名和航次。

②卸箱港。指集装箱卸下船的地点,通常一位英文代码表示,如上海"S",神户"K"等。

③受载箱位。指与行位图相对应的积载位置,一般以一位卸箱港英文缩写表示。

④不同箱型。指不同规格尺寸的集装箱,20ft 箱用单数行位表示,如 01,03 等;40ft 箱用双数行位表示,如 02,04 等,同时将对应单数行位的箱位用"×"划去。

⑤特殊箱。指标明特殊规格或装有特殊货物的集装箱,各种规格或箱型的集装箱均应以不同字母、不同图形或批注形式加以表示。

(2)行位图(BAY PLAN)

行位图,是记录每个集装箱实际箱号、重量等数据的分行位图。通常行位图应显示下列数据:目的港/卸箱港/装箱港;集装箱箱号;集装箱重量;集装箱箱型;重空箱状况;特殊箱标志;持箱人标志;危险品箱。

①目的港/卸箱港/装箱港。按照习惯,每个箱位均应依次标明目的港(或称转口目的港)、卸箱港和装箱港。目的港与卸箱港相同时,同一港名应连续显示两次。

②集装箱箱号、重量、箱型和持箱人均依次排列在港口名称之下。

③特殊箱以不同缩略字母或图形或批注加以注明。

(3)汇总清单(CONTAINER SUMMARY)

汇总清单,是记录本航次不同卸箱港、不同规格集装箱数量和重量的汇总。不同规格如 20ft、40ft、45ft 等集装箱数量,不同卸箱港集装箱数量,不同持箱人集装箱数量,以及重、空箱的数量与重量等。

案例　上海外轮理货有限公司无线实时理货技术的应用

1. 上海外轮理货有限公司介绍

上海外轮理货有限公司是在原中国外轮理货总公司上海分公司基础上,经交通部批准由上海国际港务(集团)有限公司和中国外轮理货总公司共同投资组建的目前国内最大的一家地区性专业理货公司。公司成立以来迅猛发展,各项经济和质量指标均在国内同业中名列前茅,公司的理货质量、服务质量和信息质量在广大客户中都享有盛誉。

近年来,上海外轮理货有限公司通过提高企业管理水平,不断提升理货服务的科技含量。从 2004 年开始,上海外轮理货有限公司将 PDA 工艺应用到理货生产中,开发出了一套完整的"无线实时理货系统",实现了理货生产从简单手工作业迈向信息化管理的一次工艺革命,推进了上海外理现代化科学管理的进程,提升了理货管理和生产的科技含量和科技应用水平。

2. 无线实时理货的业务模式

上海外轮理货有限公司开发的"无线实时理货系统",采用目前软件界最前沿的信息技术,以电子化手段确认国际集装箱船舶集装箱装卸过程的实时物流信息,从而明显提高国际集装箱装卸理货的效率和准确率,使国际集装箱的装卸理货过程同当前全球集装箱物流的现代化水平接轨,明显避免了以往的国际集装箱理货方式带来的效率低下、信息延误和因错装、漏装、错卸、漏卸等信息差错而产生货物运输安全隐患以及巨大的翻舱费用。

整体的业务处理模式是:

①作业开始前,先将相关船舶航次信息和箱信息导入数据库,并制定作业计划;

②作业开始后,首先由无线手持机通过无线网络发送需要作业的船舶、航次请求给服务器;

③服务器根据无线手持机的请求从数据库中读取相应的船图及箱信息(图7-3),通过无线网络发送在手持机,然后由理货员根据实际业务发生状况对无线手持机上面的信息进行相应处理和确认,并把确认信息递交应用服务器;

④由应用服务器对这些信息进行处理和组织,并将所需要的箱信息准确地写入数据库中,再反馈给无线手持机(图7-4);

⑤在前方作业的同时,后方都有相应的管理软件进行监控、跟踪。作业结束以后,再用一台笔记本电脑在船上将系统中的数据读出,交给船方,真正实现码头理货的实时性及码头船图位置的准确性及作业的无纸化。

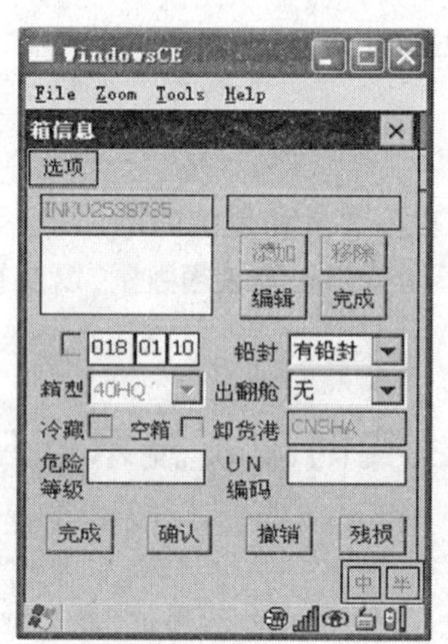

图7-3 箱信息

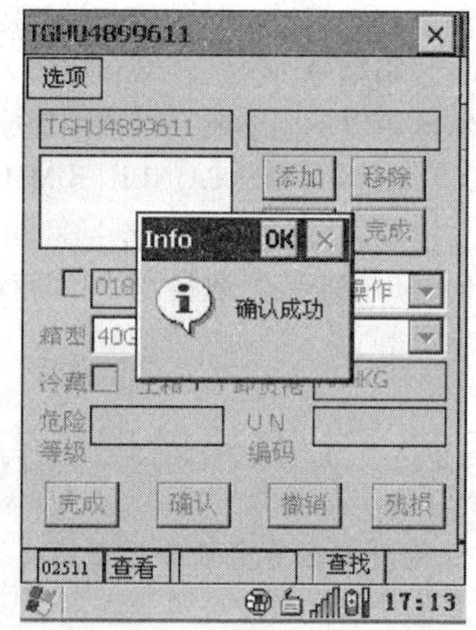

图7-4 确认信息

3. 无线实时理货技术的先进性

与传统的理货方式相比,无线实时理货技术的应用,开创了一种全新的理货工艺,提升了理货的科技含量,进一步加深了理货作业与港口生产协同作业的紧密度和参与度,项目的实施具有显著的社会效益和经济效益:

①能实时获悉集装箱装卸进度。通过该系统实时地监控到装卸的相关信息,特别是船方所关注的特殊箱(冷冻箱、危险品箱等)的装箱信息,保证了船舶集装箱信息的及时性和准确率。

②实现了船舶积载图的数字化。开发了电子积载图数据导入理货系统的接口软件,完成了从传统纸面积载图改为电子积载图。

③有效缩短了船舶靠港周期。实现了船舶和理货在时间意义上“零签证”、船舶信息“零发送”，大大提高了理货签证效率，保证了船舶的按时开航。

4. 无线实时理货技术的应用前景

目前，上海外轮理货有限公司已经将无线实时理货技术全面推广应用到了上海国际港务(集团)股份有限公司所有从事集装箱装卸的码头(包括浦东、振东、沪东、明东、盛东和SCT码头等)，实现了无线实时理货技术在上海港范围内的全面覆盖，港方、货方均反映良好，提升了理货业务的服务水平和质量，提高了进出口货物数量的准确率，减少了操作岗位数量，节省了劳动力成本，大幅提高了理货工作的效率。这一技术是对传统理货工艺的革新，是现代信息技术在理货行业应用的典范。可以预见，这一技术将在我国理货行业中得到广泛的推广应用。

案例分析

1. 上海外轮理货有限公司无线实时理货技术与传统理货方式的主要区别在哪里？
2. 查找资料，说出在理货行业还有哪些新技术的应用。

复习思考题

1. 作为理货长，装船前都要核对哪些单证？其目的何在？
2. 理货长在卸货前都要掌握哪些信息？这些信息对理货的重要性何在？
3. 简述理货长在装船以及卸船过程中的主要工作。
4. 简述理货员在装卸船中的主要工作。
5. 简述理货交接的重要性。
6. 简述理货交接责任的通常做法，你认为是否合适，并简述原因。
7. 残损货物交接责任如何划分，你认为这种划分会遇到什么问题？
8. 简述理数的惯常做法，你是否能想出更好的理数方法，简述你的方法。
9. 简述残损责任方划分的依据，你认为这些依据在实际工作中会遇到哪些困难。
10. 理残对理货人员提出了哪些具体的要求？
11. 列举货物溢短可能产生的原因，除了书本提到的原因外，你认为还有哪些原因。
12. 反映理货质量的指标都有哪些？你认为这些指标是否能真实地反映理货质量，说明原因。
13. 溢短货物是如何确定，又是如何来处理的？有没有更好的办法？
14. 简述绘制货物积载图的依据和原则。
15. 在绘制货位图时要注意哪几点？
16. 货物的件数和重量如何进行标注，有没有更好的办法？
17. 简述签证的意义以及要求。
18. 简述批注的具体要求以及影响。
19. 如何对待和处理批注，举例说明。

20. 海运中的"运费吨"跟现实中"吨"有何不同?
21. 在测量中,都涉及哪几项规则?
22. 在理货中,常用的是哪几种货物衡量方法? 你认为有没有更好的方法。
23. 集装箱箱体如何进行检验? 有无更好办法?
24. 在进出口装卸船理箱时,理货员和理货长通常多要做哪些工作?
25. 列举集装箱运输货物所有的交接方式,并简述各自的责任划分。
26. 箱位如何表示? 20ft 集装箱和 40ft 集装箱如何区分?

第八章　港口生产经营活动评价

第一节　港口作业评价指标体系

指标是一个企业根据其自身资源和外部环境条件提出的在一定时期内，企业全体职工共同奋斗的目标。港口生产经营企业作业评价指标是反映港口生产经营活动状态和生产经营目标的数值。港口生产经营企业是整个运输系统和国民经济的重要组成部分，它的生产经营总目标应满足国民经济、运输市场发展和人民生活的需要，在满足社会经济效益的同时，港口生产经营企业应追求良好的经济效益。港口生产经营企业为实现这一总目标，必经充分调动全体职工的积极性和创造性，合理利用港口各项资源，协调港口内部各部门之间，以及港口与环境之间的关系。为了便于分析与比较上述种种现象与特征，除了定性分析以外，还必须采用数量化的表示方法。

任何一个现象，从不同角度观察，具有不同的特征，为了系统地反映事物的全过程，需要采取一系列具有特殊含义的数值来表示。这些相互有着联系、能帮助人们认识港口生产全貌的一系列的指标，即为港口作业评价指标体系。港口生产经营企业运用这一指标体系，可以全面客观地反映和衡量港口生产活动效果，并能为研究、分析、评价港口工作提供依据。

指标可分为计划指标和统计分析指标，计划指标是指港口在计划期内要达到的具体目标和水平；统计分析指标则是指一定时期内已经达到的经营活动的水平。

随着经济体制改革的深化，为了增强企业活力、扩大企业自主权，国家对企业的管理已经从直接控制为主转向以法律、税收来规范和调节企业行为。目前正在推行的现代企业制度强调政企分开，企业独立从事经营活动，并对自己的行为负完全责任。因此，港口生产经营企业的主要作业评价指标体系也必须适应这一转变。具体来说，国家将通过统计分析指标来了解港口生产经营企业生产经营活动情况，港口生产经营企业则通过指标分析来了解企业的经营状况，并为制定企业的战略决策提供依据。

港口装卸作业评价指标按其性质来说，可分为数量指标和质量指标两大类。

数量指标又称总量指标。它是反映港口生产经营活动所应达到或已经达到的数量上的要求，它反映现象的总体规模、水平或工作总量，通常用绝对数来表示。港口作业中主要的数量指标有：吞吐量、装卸自然吨、操作吨、堆存货物吨天、泊位数、库场总面积、利润总额等。

质量指标是反映港口生产经营活动所应达到或已经达到的质量上的要求，是两个数量指标相除所得的结果，通常是用相对数或平均数表示。例如，比例、比值、百分率等。港口作业中主要的质量指标有：装卸工人劳动生产率、船舶装卸效率、操作系数、直取比重、船舶平均每装卸千吨货在港停时、泊位占用率、不平衡系数、单位装卸成本、装卸机械利用率、库场容量运用率、固定资产利用率等。

数量指标与质量指标是相互关联的;数量指标是质量指标的基础。任何质量指标都是数量指标与时间、数量指标与数量指标之间的比值。它们是相辅相成、相互促进、相互制约的。没有数量,也就没有质量;没有质量,也就无所谓数量。只有把二者有机地结合起来,才能反映港口工作的全貌和目标,才能正确反映港口工作的全部特征。

一、吞吐量指标

港口吞吐量分货物吞吐量与旅客吞吐量。旅客吞吐量是指经由水运乘船进、出港区范围的旅客人数;货物吞吐量是指经由水运运进、运出港区范围,并经过装卸的货物数量。

港口客、货吞吐量是衡量港口生产任务大小的主要指标。它反映港口在整个国民经济物资交流中所起的作用和进行港口规划、建设、劳动力配备和计划管理的主要依据。从它的构成、流向、流量的变化,又可反映出各港口之间的经济联系,腹地范围及其生产配置和对外贸易发展等情况。

根据规定,货物吞吐量的计算方法为:

①自本港装船运出港口的货物,计算一次出口吞吐量;

②由水运运进港口卸下的货物(包括建港物资)计算一次进口吞吐量;

③由水运运进港口经装卸又从水运运出港口(包括船—岸—船,船—船)的转口货物,分别按进口和出口各计算一次吞吐量;

④凡被拖带或流放的竹、木排,在本港进行装卸(包括拆、扎排)者,分别按进、出口计算吞吐量;

⑤补给国内、外运输船舶的燃物料(不包括船用淡水及生活用品),计算一次出口吞吐量;

⑥对邮件及办理托运手续的行李、包裹,计算进口或出口吞吐量。

下列情况,不计算货物吞吐量:

①在本港港区范围内的短途运输(包括轮渡)物资,以及为运输船舶装卸货物服务和作业区之间转库的驳运量;

②在同一市区内,港与港之间的货物运输,但对于一些由多个城市组成的组合港,其吞吐量应分别计算后相加;

③由同一船舶运载进港,未经装卸又运载出港(包括原驳换拖)的货物;

④自同一船上卸下,随即又装上同一船舶的货物,或装船后未运出港,又卸回本港的货物;

⑤路过的竹、木排,在本港进行原排加固、小排并大排或大排改小排等加工整理的;

⑥渔船或其他船舶直接自江、海、湖泊中捕捞运进港口的水产品以及挖掘的河泥;

⑦在港区内装船运至港区以外倒入海内的废弃物。

算例 8-1

(1)某港口统计期完成的货物作业任务见图 8-1(单位:万 t),则:

完成吞吐量为:$100 + 50 = 150$(万 t)。

(2)某港口统计期完成的货物作业任务见图 8-2(单位:万 t),则:

完成吞吐量为:$100 + 50 = 150$(万 t)。

说明:港驳作业由于在港内进行,故不计算吞吐量。

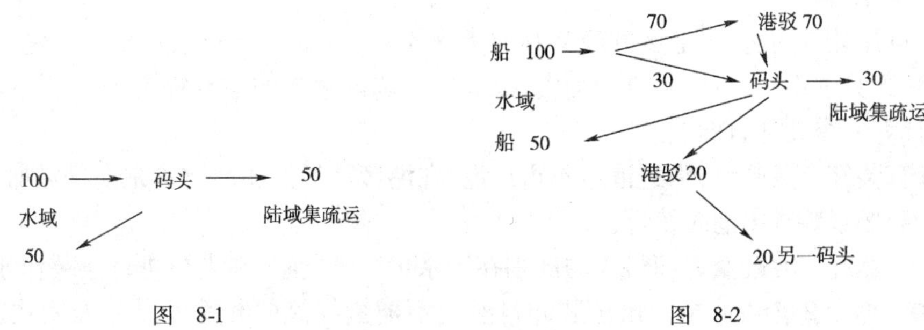

图　8-1　　　　　　图　8-2

吞吐量统计时的一般规定：

①统计吞吐量的截止时间,一律以年、季、月最后一天18:00为截止时间。

②货物吞吐量一律按重量吨统计,以吨为计量单位。按进出口交接清单上记载的货物实际重量为依据。

③以港口货物进出口交接清单为统计依据。

货物吞吐量根据各港口实际情况与需要,一般都划分货类、流向、航线,内外贸和装（卸）货港等分别进行统计。

港口吞吐量指标在一定程度上能够反映港口的规模,港口在内、外货物资交流中所起的作用和所处的地位,但由于吞吐量这一指标存在着不等量问题,同时它的大小又受货类结构、货物流向、船舶类型、工艺装备以及管理水平等多种因素的影响,因此使用吞吐量指标也存在一些缺陷:

①不同货物装卸的劳动消耗是不同的。例如装卸棉花和装卸钢材,显然在同样的作业时间内,完成同样的装卸作业量时,棉花装卸的劳动消耗要更大。

②不同的流向会导致不同的吞吐量。例如,同样1t货物,从水路进港后,如果再从水路出港,计算2t吞吐量,而从陆路出港,则只计算1t吞吐量。

针对前一个问题,我们可以采用"换算吞吐量"的办法来弥补。即以一种货物为基数,其他货种则依照其装卸难易程度折算为该货物的换算吞吐量。计算方法为:

$$货物换算吞吐量 = 货物实际吞吐量 \times 换算系数$$

另一种方法是"容积吨",即看某种货物的容重是否大于1,如果大于1,按实际吨数计,如果小于1,则按货物的容积大小计其吞吐量。这种计算吨数的方法也称为"择大吨"。

需要注意的是上述换算吨数的方法只是作为内部劳动核算的依据,不能用于代表港口的能力。

二、装卸作业指标

港口装卸作业指标体系包括：装卸自然吨,操作量,操作系数,装卸工日产量,装卸工时效率,装卸作业机械化程度等。在港口装卸作业指标统计工作中,分为全港统计和本港统计。全港统计指在港口区域内所有码头的装卸作业统计,而本港统计仅指对港务集团管辖的码头、锚地、浮筒以及库场上进行的装卸作业的统计。随着货主码头能力的增加,这两种统计数据相差正在扩大。

1. 装卸自然吨

装卸自然吨是指进、出港区并经装卸的货物数量。1t 货物从进港至出港（包括水进水出，站进陆出，或只进不出，只出不进的物资，以及用于本港消耗的建港物资等），不论经过几次操作，均只计算一个装卸自然吨。

在计算装卸自然吨时，除进港后不再出港，在港区消耗的建港物资是在进港时统计外，其余一律于装船或装车出港时统计。

装卸自然吨与吞吐量之间最大的区别在于水水中转货物，在港口进行换装作业时，每一装卸自然吨计算为 2 个吞吐量。由于装卸自然吨不随货物流向和操作过程而变化，因此，装卸自然吨通常是计算港口装卸成本及其他一些指标的基础。

算例 8-2

仍用上述吞吐量的算例，算例 8-1 和算例 8-2 的自然吨均为 100 万 t。

2. 操作量

要定义操作量，首先应知道什么是操作过程。所谓操作过程是指货物由某一运输工具（或库场）到另一运输工具（或库场）的整个装卸搬运的过程。由于港口生产的多环节特点，货物通过港口往往要经过多次操作。

港口操作过程一般可划分为以下 6 种：

①船—船；

②船—车、驳；

③船—库、场；

④车、驳—库、场；

⑤库、场—库、场；

⑥车、驳—车、驳。

操作量是指通过一个完整的操作过程，所装卸、搬运的货物数量，计算单位为操作吨。在一个既定的操作过程中，1t 货物不论经过几组工人或几部机械的操作，也不论搬运距离的远近，是否有辅助作业，均计算一次操作量。

同一库场内的倒垛、转堆属库场整理性质，与翻舱、干散货的拆、倒、灌、绞包、摊晒货物等同属装卸辅助作业，一律不得计为操作量。

算例 8-3

以前面吞吐量的例子，算例 8-1 的操作量为：

$$\text{无库场情况}:50+50=100(\text{万 t})$$

$$\text{全进库场情况}:100+50+50=200(\text{万 t})$$

算例 8-2 的操作量为：

$$\text{全进库场情况}:70+70+30+50+20+20+30=290(\text{万 t})$$

操作量是反映卸装工作量大小的数量指标。编制计划时，操作量是根据吞吐量与各种货物的操作方案，通过操作系数确定的。在统计时，则是根据报告期实绩累计求得的。

3. 操作系数

操作系数是指货物操作量与装卸自然吨之比，它是考核和反映港口装卸工作组织是否经

济合理的主要指标之一，用以测定每吨货物在本港各作业区内的平均操作次数。

由于每吨货物通过港口至少要经过一次装卸，因此操作系数总不小于1。如果港口全部作业以直取方式进行，则操作系数等于1；如果港口有部分作业的间接方式进行，则操作系数大于1。其计算公式如下：

$$K_{操} = \frac{Q_{操}}{Q_{自}}$$

式中：$K_{操}$——操作系数；

$Q_{操}$——港口货物操作量；

$Q_{自}$——港口货物装卸自然吨。

在一般情况下，操作系数低的港口，直取比重就高，需要的库场容量或面积相对减少，同时也反映货物在港口进行换装作业所消耗的劳动量少，换装成本也较低。但有时为了确保船期和提高车船装卸效率或由于为了减少因车船之间的相互等待所造成的时间损失，采用进库场的间接换装是更合理的，会取得更好的经济效益，故不能盲目追求操作系数的降低。

算例 8-4

已知某港某年的货物进出港情况见图 8-3（单位：万 t），计算吞吐量、装卸自然吨、操作量以及操作系数。

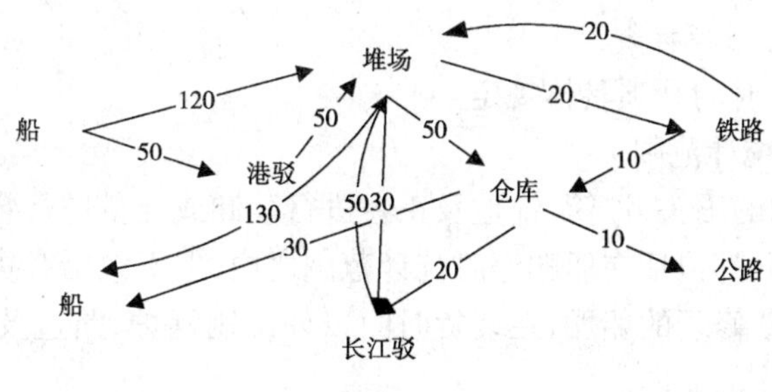

图 8-3

吞吐量 = 120 + 50 + 130 + 30 + 50 + 30 + 20 = 430（万 t）

装卸自然吨 = 10 + 20 + 10 + 20 + 30 + 30 + 130 = 250（万 t）（其中，有 10 万 t 在港内消耗）

操作量 = 120 + 50 + 50 + 130 + 30 + 50 + 30 + 20 + 50 + 10 + 10 + 20 + 20 = 590（万 t）

操作系数 = 操作量/装卸自然吨 = 590/250 = 2.36

4. 装卸工日产量

指装卸工人（包括驾驶员及助手）平均每个装卸工日所完成的操作量。其计算公式为：

$$P_{工日} = \frac{Q_{操}}{N_{工日}}$$

式中：$P_{工日}$——装卸工日产量（操作吨 / 工日）；

$N_{工日}$——装卸实际工日数。

装卸实际工日数是指装卸工人（包括驾驶员及助手）出勤后实际从事装卸作业的工日数，包括节、假日加班装卸工日。一个工人出勤参加装卸工作，不论是否满一工班，或加班加点超过一个工班，均按一个装卸实际工作日计算。因执行国家或企业指示，工人出勤后参加各种会议、社会活动、基建施工等非从事装卸作业时间，以及整工班待时，不得计为装卸实际工日数。

5. 装卸工时效率

指装卸工人（包括驾驶员及助手）从事每一小时所完成的装卸货物数量。其计算公式为：

$$P_{工时}=\frac{Q_{操}}{N_{工时}}$$

式中：$P_{工时}$——装卸工时效率（操作吨／工时）；

$N_{工时}$——装卸工时数。

装卸工时数是指装卸工人（包括驾驶员及助手）从事装卸工作工时数，它包括配工后的准备时间、装卸作业时间、装卸完毕的结束时间，以及法定的班制内的中间休息时间。但不包括吃饭时间、各种待时、辅助作业时间以及作业区之间工人的互相调换或工人乘船至锚地、浮筒过驳作业途程时间。

三、车、船在港停留时间指标

船、车在港停留时间是港口综合质量指标之一。它反映船舶、车辆自进港到离港的平均停留时间。分析船、车在港停时的种类和原因，可以发现装卸组织中的问题，生产中的薄弱环节，以便采取有效措施，尽量减少、压缩船、车在港停时，合理地组织装卸，提高装卸效率，加速船、车周转。分析船舶在港停时原因，还可分清经济责任，为船舶速遣、滞留、奖罚提供可靠依据。

1. 船舶在港停留时间指标

1）统计船舶在港停时的几项具体规定

（1）船舶在港停时统计范围

凡在本港口范围内的码头、浮筒、锚地及正在进行装卸或准备进行装卸并纳入港口昼夜装卸作业计划的运输船舶，都包括在船舶停时统计范围之内，但不包括客货轮、客轮、计划批准的停航船舶、卸完货后准备修理的船舶、在装货时间以外洗刷锅炉、路过及来港避风未进行装卸船舶，以及从事其他工作的船舶。

（2）船舶在港停留时间计算

①船舶进港直接靠码头的，从靠好码头时起至装卸货完毕后离开码头时止；

②船舶进港先在锚地或浮筒停泊时，从在锚地、浮筒泊妥时起至装卸货物完毕离开锚地、浮筒时止；

③重载进港、卸货完毕后转入停泊封存、修理或报废拆除的船舶，其在港停时，统计至卸货完毕时为止。

（3）船舶在港停时统计报告截止时间

统计报告期（月、季、年）的截止时间一律以期末 18:00 正为准，即 18:00 以前装卸完毕，且已发航的船舶，统计在本报告期内。18:00 以前虽然装卸完毕，但尚未发航的船舶，不统计在本报告期内。

2）船舶在港停泊时间的组成

船舶在港停泊时间由生产性停泊时间、非生产性停泊时间和自然因素引起的停泊时间三部分组成。

（1）生产性停泊时间

是指船舶在运输生产过程中所必需的停泊时间。它包括装卸作业时间、技术作业时间、移

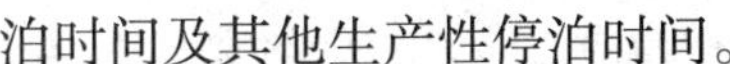

泊时间及其他生产性停泊时间。

①装卸作业时间包括装卸前后的张挂安全网,起落吊杆，开、盖货舱,接、拆输油管的准备和结束时间;装卸货物时间（包括补给船用燃、物料）;扫舱、铺舱、隔舱及油轮加温等辅助作业时间。

②技术作业时间包括拖驳运输船舶的编、解船队时间。

③移泊时间是指装卸作业计划中规定的,或因港口条件限制,必须从这一泊位移至另一泊位的移泊时间。

④其他生产性停泊时间,指不属上述各种原因的生产性停泊时间。

(2)非生产性停泊时间

是指由于运输、装卸组织工作不善,或因货物不能按时集中等运输生产过程中非必需的停泊时间,按其产生的原因可分为：

①港方原因造成的非生产停泊,包括因港口设备、劳动力不足或调度不当,致使船舶等码头泊位、等库场、等工人、等港作拖驳以及港口装卸机具故障等，由于港方责任所造成的停泊时间。

②航方原因造成的非生产性停泊,包括因船方责任而等候货物积载图、等船员、等运行调度命令、等运行拖驳船以及船上装卸机具和照明发生故障等所造成的停泊时间。

③物资部门原因造成的非生产性停泊,包括因物资部门责任,货物流向未定而等确定流向,不能开工卸货,货物未按时集中而等货,以及物资部门未及时提货造成库场堵塞,以致船舷无法继续作业等所造成的停泊时间。

④其他原因造成的非生产性停泊时间,指上述各种原因以外的非生产性停泊时间。

(3)自然因素引起的停泊时间

是指因自然因素影响而造成的停泊时间,包括因风、雨、雪而不能作业,高温季节工人工间休息,候潮进出港等所造成的停泊时间,以及船舶到指定地点避风的停泊时间与其往返的航行时间。

按照规定,凡在同一时间内,船舶停泊是由两种或两种以上不同性质的原因引起时,应将停泊时间计入主要或停时较长的一种原因之中。

上述船舶停时还要分货种、分船舶吨级分别统计。

3)船舶在港停泊时间主要指标

(1)船舶平均每次在港停泊天数

船舶平均每次在港停泊天数指标,是指报告期内离港的船舶,从进港时起至出港时为止,平均每艘船在港停泊的时间,其计算公式为：

$$\overline{T}_{次} = \frac{\sum_{1}^{N_{次}} T_{停}}{N_{次}} \qquad (d)$$

式中：$\overline{T}_{次}$——船舶平均每次在港停留天数；

$\sum_{1}^{N_{次}} T_{停}$——船舶停泊总艘天数,指报告期内或计划期内,船舶在港停泊时间的总和；

$N_{次}$——船舶停泊总艘次数,是指在报告期或计划期内,在港停泊船舶艘数的累计数。一艘船舶从进港起至出港时止,不论单装、单卸或又装又卸,不论是否发生移泊或移泊次数多少，只计算为一个停泊艘次。

一般来说，每艘船舶平均在港停泊的时间越短越好，但由于计算公式中的分子指的是船舶在港停泊时间，由于船舶在港停泊时间的构成复杂，每艘船舶在港停泊时间的长短，受货种、流向，船舶吨位的大小，装卸效率的高低，装卸作业的性质，非生产性停泊时间和自然因素等一系列原因的影响，故船舶平均在港停泊时间的差别会很大。

(2)船舶平均每次作业在港停泊天数

船舶平均每次作业在港停泊的天数指标，是指在报告期内离港船舶，从进港起至出港止，平均每艘船每次作业在港口的停泊天数。其计算公式为：

$$\overline{T}_{作业}=\frac{\sum_{1}^{N_{次}}T_{停}}{N_{作次}} \quad (\mathrm{d})$$

式中：$\overline{T}_{作业}$——船舶平均每次作业在港停泊天数；

$N_{作次}$——船舶作业总艘次数，是指在报告期或计划期内，在港停泊船舶装货艘次与卸货艘次的累计数。一艘船舶在港单装、单卸都按一个作业艘次计算，装卸双重作业的则按两个作业艘次计算。

$\overline{T}_{作业}$这一指标与上述指标不同的是，考虑到了船舶在港装卸作业性质。若船舶在港停泊期间其他因素不变的情况下，卸后又装双重作业的船舶，在港停泊时间肯定要比单一作业性质的船舶在港停泊时间长，如果双重作业性质的船在报告期内占的比重越大，则$\overline{T}_{次}$数值必然越大。这一指标补充了$\overline{T}_{次}$指标这一方面的不足，但是其他问题依然存在。

(3)船舶平均每装卸千吨货在港停泊时间

船舶平均每装卸千吨货在港停泊时间指标，是指报告期内在港停泊船舶，平均每装卸千吨货所消耗的属于港方责任的停泊时间。其计算公式为：

$$\overline{T}_{千}=\frac{\sum_{1}^{N_{次}}T_{千}}{\sum_{1}^{N_{次}}Q_{船\cdot装卸}}\times 1\,000 \quad (\mathrm{d})$$

式中：$\overline{T}_{千}$——船舶平均每装卸千吨货在港停泊时间；

$\sum_{1}^{N_{次}}T_{千}$——计算千吨货停泊艘天，是指船舶停泊艘天中属于港方责任的停泊时间，它等于生产性停泊时间与非生产性停泊时间中，属于港方原因的停泊时间之和；

$\sum_{1}^{N_{次}}Q_{船\cdot装卸}$——装卸货物总吨数。

这一指标与上述两种指标比较。首先，它排除了船舶吨位变化对船舶在港停时的影响；其次，分子中的船舶在港停时中只考虑属于港方责任的停泊时间。这样，就能比较准确而又综合的考核港口对船舶在港作业的组织工作。目前，这一指标还是较好的指标。但港口装卸的货种，难易程度相差很大，同是千吨货物的干散货和杂货，其停时相差就很大。因此，如何进一步提出考虑船舶吨位大小的同时，又兼顾到货种差别的更合理的指标，有待同行们进一步研究和探讨。

(4)非生产性停泊时间所占比重

非生产性停泊时间所占比重指标，是指船舶在港停泊时间中，非生产性停泊所占的比重，以百分比表示。其计算公式为：

$$K_{非}=\frac{\sum_{1}^{N_{次}}T_{非停}}{\sum_{1}^{N_{次}}T_{停}}\times 100\%$$

式中：$K_{非}$——非生产性停泊时间所占比重(%)；

$\sum_{1}^{N_{次}}T_{非停}$——非生产性停泊总艘天数。

这一指标可以一般地反映港口对船舶装卸作业各环节衔接与组织的水平。

(5)平均每艘船舶载重量

该指标系指来港停泊装卸的船舶平均载重量，计算公式为：

$$\overline{D}_{船\cdot次}=\frac{\sum_{1}^{N_{次}}D_{船}}{N_{次}}\quad(\mathrm{t})$$

式中：$\overline{D}_{船\cdot次}$——平均每次作业船舶载重量(t)。

(6)平均每次作业船舶载重量

该指标是指来港停泊装卸的船舶平均每作业艘次的定额载重量，计算公式为：

$$\overline{D}_{船}=\frac{\sum_{1}^{N_{次}}D_{船}}{N_{作次}}\quad(\mathrm{t})$$

式中：$\overline{D}_{船}$——平均每艘船舶载重量(t)；

$\sum_{1}^{N_{次}}D_{船}$——所有来港船舶定额载重量之和(t)。

(7)平均每艘船舶装卸货物吨数

指来港停泊装卸的船舶，平均每艘次装卸货物吨数，计算公式为：

$$\overline{Q}_{船\cdot装卸}=\frac{\sum_{1}^{N_{次}}Q_{船\cdot装卸}}{N_{次}}\quad(\mathrm{t})$$

式中：$\overline{Q}_{船\cdot装卸}$——平均每艘船舶装卸货物吨数(t)；

$\sum_{1}^{N_{次}}Q_{船\cdot装卸}$——来港船舶装卸货物吨数之和(t)。

(8)平均每次作业装卸货物吨数

指来港停泊装卸的船舶平均每次作业装卸货物的吨数，计算公式为：

$$\overline{Q}_{船\cdot装卸\cdot次}=\frac{\sum_{1}^{N_{次}}Q_{船\cdot装卸}}{N_{作次}}\quad(\mathrm{t})$$

式中：$\overline{Q}_{船\cdot装卸\cdot次}$——平均每次作业装卸货物吨数(t)。

(9)船舶平均每停泊艘天装卸货物吨数

指船舶在港单位时间(艘天)所完成的装卸货物的吨数，该指标又称为总定额，计算公式为：

$$\overline{Q}_{船\cdot停泊\cdot装卸}=\frac{\sum_{1}^{N_{次}}Q_{船\cdot装卸}}{\sum_{1}^{N_{次}}T_{停}}\quad(t/艘天)$$

(10)船舶平均每装卸艘天装卸货物吨数

指船舶在港从事装卸的时间内,单位时间(艘天)所完成的装卸货物吨数。该指标又称为纯定额,计算公式为:

$$\overline{Q}_{船\cdot装卸\cdot装卸}=\frac{\sum_{1}^{N_{次}}Q_{船\cdot装卸}}{\sum_{1}^{N_{次}}T_{装卸}}\quad(t/艘天)$$

式中:$\sum_{1}^{N_{次}}T_{装卸}$——船舶装卸总艘天数(艘天)。

(11)平均船时量

指来港停泊装卸的船舶,平均每艘船每小时所装卸的货物吨数,计算公式为:

$$\overline{P}_{船\cdot时}=\frac{\sum_{1}^{N_{次}}Q_{船\cdot装卸}}{\sum_{1}^{N_{次}}T_{船}}\quad(t/艘时)$$

式中:$\overline{P}_{船\cdot时}$——平均船时量(t/艘·次);

$\sum_{1}^{N_{次}}T_{船}$——船舶作业船时之和(船时)。

(12)平均舱时量

指在港停泊装卸的船舶平均每一舱口1小时所装卸的货物吨数,计算公式为:

$$\overline{P}_{舱\cdot时}=\frac{\sum_{1}^{N_{次}}Q_{舱\cdot装卸}}{\sum_{1}^{N_{次}}T_{舱}}\quad(t/舱时)$$

式中:$\overline{P}_{舱\cdot时}$——平均舱时量(t/舱时);

$\sum_{1}^{N_{次}}T_{舱}$——船舶作业舱时之和(舱时),作业舱时指船舶各舱作业小时,一个舱口开1条作业线作业1h计算为一个作业舱时,若一个舱口开2条作业线作业1h,则计算为2个作业舱时。

算例8-5

已知统计期船舶在港作业情况见表8-1。

假设船舶在港时间全部属港方责任。

表8-1

船名	载重量(t)	船舶停泊天数	船舶作业次数	非生产性停泊天数	装货吨数	卸货吨数
A	12 000	5	2	2	10 000	10 000
B	5 000	2	1	0	5 000	

续上表

船名	载重量(t)	船舶停泊天数	船舶作业次数	非生产性停泊天数	装货吨数	卸货吨数
C	10 000	4	2	1	10 000	5 000
D	16 000	4	1	1		15 000
E	10 000	3	1	0.5	10 000	

由此可计算得到下列指标：

船舶平均每次在港停泊天数 =3.6 天

船舶平均每次作业在港停泊天数 =2.6 天

船舶平均每装卸千吨货在港停留时间 =0.277 天

非生产性停泊时间所占比重 =25%

平均每艘船舶载重量 =7571.4t

平均每艘船舶装卸货物吨数 = 13 000t

平均每次作业装卸货物吨数 =9 285.7t

船舶平均每停泊艘天装卸货物吨数 =3 611t/艘天

船舶平均每装卸艘天装卸货物吨数 =4 814.8t/艘天

2. 铁路货车在港停留时间指标

货车在港停留时间指标，由于它的计算单位为车小时。统计方法有采用号码和非号码制两种。所谓号码制统计方法是按每辆车分别计算，然后再计算其平均停留时间；而非号码制统计方法则用每小时进出港车辆数计算。采用号码制的好处是有利于具体分析，找出车辆在港技术组织上存在的问题，提出缩短车时的具体措施，但此法对信息源和计算工具的要求都比较高，目前采用尚有一定的困难。因此，港口现在使用的仍是非号码制统计方法。

货车在港停留时间统计指标统计范围。包括所有在本港港区装卸线（或路、港协议规定购交接线）内进行装卸货物并纳入港口装卸作业的货车，但不包括港口自备的货车。

统计报告截止时间，一律以报告期末 18:00 整为准，18:00 以前装卸完毕并与路方办妥交通手续的车辆，统计在本报告期内。

铁路货车在港停留时间指标主要有：

(1) 日均到港车数

反映铁路部门每天平均送到港口铁路专线的车辆数，计算公式为：

$$\overline{N}_{日\cdot车}=\frac{\sum_{1}^{N_{次}}N_{车}}{T_{日}}\qquad(车)$$

式中：$\overline{N}_{日\cdot车}$——日均到港车数，应分别按重车和空车计算；

$\sum_{1}^{N_{次}}N_{车}$——报告期内送达港口铁路专用线的车辆数，分别按重车和空车统计；

$T_{日}$——报告期日历天数（天）。

(2) 平均一次作业在港停留时间

铁路货车在港停留时间指标采用一次作业平均在港停留时间。它是指报告期内已发出车

辆,在港口专用线(或装卸线)上平均每次作业所停留的时间。其计算公式为:

$$\overline{T}_{车\cdot次}=\frac{\sum_{1}^{N_{次}}T_{车\cdot时}}{N_{作\cdot次}}$$

式中:$\overline{T}_{车\cdot次}$——货车(火车)一次作业平均在港停留时间;

$\sum_{1}^{N_{次}}T_{车\cdot时}$——总停留车时,是按港口有无调车机车,分别规定计算;

在有调车机车的港口,货车(火车)总停留时间的计算,从铁路局将车辆送至路、港交接线,路、港双方检验完车体,办好交接手续时起算,至装卸作业完毕,港方将车辆送至路、港接线,路港双方检验完车体,办理完交接手续时止。包括解体、编组、接送车的转运等技术作业时间、待装卸时间、装卸作业时间。

在无调车机车的港口,货车(火车)总停留时间的计算,路局将车辆送至港口装卸线摘完钩时起算,至装卸作业完毕,关好车门,盖好篷布,捆绑完毕,清理好列车两旁安全通道时止。包括待装卸时间和装卸作业时间。

$N_{作次}$——作业车次数,是指报告期内装卸车次数的总和。

在具体计算时,每装或卸一辆车,即计为一个作业车次,同一车在停留期内,既进行卸车,又进行装车的双重作业时,则计为两个作业车次。作业车次数应按装车、卸车并按主要货类(如煤炭、散粮、金属矿石、钢铁、化肥、杂货等)分组统计。

(3)日均装(卸)车数

日均装(卸)车数指平均每天装车或卸车数以及装卸车的总和,计算方式为:

$$\overline{N}_{日\cdot装}=\frac{\sum_{1}^{N_{次}}N_{日\cdot装_i}}{T_{日}}$$

$$\overline{N}_{日\cdot卸}=\frac{\sum_{1}^{N_{次}}N_{日\cdot卸_i}}{T_{日}}$$

$$\overline{N}_{日\cdot装卸}=\overline{N}_{日\cdot装}+\overline{N}_{日\cdot卸}=\frac{\sum_{1}^{N_{次}}N_{日\cdot装_i}+\sum_{1}^{N_{次}}N_{日\cdot卸_i}}{T_{日}}$$

式中:$\overline{N}_{日\cdot装}$,$\overline{N}_{日\cdot卸}$,$\overline{N}_{日\cdot装卸}$——平均日装车数、卸车数、装卸车数;

$\sum_{1}^{N_{次}}N_{日\cdot装_i}$,$\sum_{1}^{N_{次}}N_{日\cdot卸_i}$——报告期装车,卸车数累计;

N——报告期到港车次数。

四、港口生产设备运用指标

港口的生产设备是港口生产经营企业进行生产活动和经营活动的物质基础。它包括码头泊位、仓库和堆场、装卸机械、港内运输工具(如汽车、驳船、拖船等)、港内铁路专用线、机车(指具有自备机车的港口)等。这些设施和设备能否得到合理、充分地利用,在很大程度上决定着港口生产经营企业经营目标完成程度和经济效益的好坏。

1. 码头泊位运用指标

码头泊位是表示港口特征的最重要的设施，也是港口所有设施和设备中投资最大、建设周期最长的设施。因此，建立码头泊位运用情况统计指标有助于改善港口生产经营企业的经营管理，挖掘企业潜力，合理地利用码头泊位对港口生产经营企业的经济效益影响很大。目前对建立什么样的泊位运用指标，如何合理计算，意见尚不统一，下面介绍两种泊位运用统计指标。

(1)泊位占用率

泊位占用率是指泊位被占用的时间与泊位总时间之比。其计算公式为：

$$K_{泊 \cdot 占}=\frac{T_{泊 \cdot 占}}{T_{泊 \cdot 日}}\times 100\%$$

式中：$K_{泊 \cdot 占}$——泊位占用率；

$T_{泊 \cdot 占}$——泊位停靠船舶占用的时间(h)；

$T_{泊 \cdot 日}$——生产用泊位在册日历时间，包括装卸作业时间和非装卸作业时间(h)。

我们也可以采用泊位岸线长度占用情况来表示泊位占用率：

$$K_{泊 \cdot 占}=\frac{\sum_{1}^{T_{日}} L_{泊 \cdot 占}}{L_{泊}\ T_{日}}\times 100\%$$

式中：$\sum_{1}^{T_{日}} L_{泊 \cdot 占}$——统计期每天泊位岸线被船舶占用的长度之和(m)；

$L_{泊}$——泊位岸线实际长度(m)；

$T_{日}$——泊位日历天数(d)。

(2)泊位作业率

泊位作业率是指泊位停靠的船舶从事装卸作业占用的时间与泊位总时间之比。其计算公式为：

$$K_{泊 \cdot 作}=\frac{T_{泊 \cdot 作}}{T_{泊 \cdot 日}}\times 100\%$$

式中：$K_{泊 \cdot 作}$——泊位作业率；

$T_{泊 \cdot 作}$——泊位作业时间，是指泊位占用时间中从事装卸作业的时间，包括装卸前后的准备和结束时间、纯作业时间以及补给供应等其他作业时间。

同样，泊位作业率可以采用船舶作业时泊位岸线长度被占用的情况来表示：

$$K_{泊 \cdot 作}=\frac{\sum_{1}^{T_{日}} L_{泊 \cdot 作}}{L_{泊}\ T_{日}}\times 100\%$$

式中：$\sum_{1}^{T_{日}} L_{泊 \cdot 作}$——统计期每天泊位岸线被正在作业的船舶占用的长度(m)。

以上公式的计算单位可采用小时、艘时或米时。

泊位占用率与泊位作业率均应是小于1的系数。在泊位占用率一定的情况下，泊位作业率应尽可能接近泊位占用率。

以泊位为单位，在计算泊位占用率时应注意以下几点：

①泊位占用时间应从船舶靠码头系妥第一根缆绳时算起，至船舶离码头解完最后一根缆绳时止。

②计算泊位占用时间，应以既定泊位数为准，一个既定泊位不论是靠一艘船还是两艘船，或两艘以上的船，均计作一个泊位占用时间。

具体说，当一个既定泊位停靠两艘或两艘以上船舶时，其泊位占用时间，应从第一艘船靠码头时开始，到最后一艘船离码头时止，按一个泊位占用时间计算，即第二艘及以后陆续靠码头的船，不得重复计算；当二个既定泊位停靠一艘大吨位船时，即以该船停靠码头的时间乘以2作为两个既定泊位占用时间。

③只计算直接靠码头的船舶所占用的时间，停靠外档的船舶不作计算。

④泊位占用率和泊位作业率除统计全港的外，最好按码头泊位的主要用途分别统计。生产用和非生产用码头泊位的划分，码头泊位的主要用途（或专业性质）及泊位数的确定，新建码头泊位按设计文件规定，旧码头泊位一律以近期核定港口通过能力时的基数为准；

⑤码头泊位运用情况统计的原始资料为船舶动态卡或调度日。

2. 库场运用指标

反映港口库场运用情况的主要统计指标有：货物堆存吨天数、货物平均堆存期、库场运用率和容量周转次数。

（1）货物堆存吨天数（箱天数）

货物在库场堆存吨天数（对于集装箱可以用箱天数），是指报告期内库场内堆存货物的吨数与 堆存天数的乘积的总和。但是，由于统计每吨货物在库场内的堆存天数比较困难，因此，我们一般采用报告期内每天库场结存吨数及出库场吨数的累计数作为库场堆存吨天数。其计算公式为：

$$N_{吨天}=\sum_{i=1}^{N}Q_i t_i=\sum_{i=1}^{T}Q_{结t}+\sum_{t=1}^{T}Q_{出t}=Q\bar{t}_{堆}$$

式中：$N_{吨天}$——货物堆存吨天数；

Q_i——第i批货物堆存吨数；

t_i——第i批货物堆存时间（d）；

$Q_{结t}$——报告期内第t天库场结存货物吨数；

$Q_{出t}$——报告期内第t天库场出库场货物吨数；

Q——报告期（或计划期）内堆存货物吨数；

$\bar{t}_{堆}$——货物平均堆存期。

（2）货物平均堆存期

货物平均堆存期，是指每吨货物自进库场开始，至出库为止，堆存的平均时间。其计算公式为：

$$\bar{T}_{堆存}=\frac{N_{吨天}}{Q_{堆}} \quad (d)$$

式中：$\bar{T}_{堆存}$——货物平均堆存期（d）；

$Q_{堆}$——堆存货物吨数。

$$Q_{堆}=Q_{结}+\sum_{t=1}^{T}Q_{进}$$

式中：$Q_{结}$——上期末库场结存吨数；

$\sum_{t=1}^{T} Q_{进}$——报告期内每天进库场吨数之和。

(3)仓容量与平均仓容量

①仓容量(又称容量)。是指在同一时间内的最大安全堆存货物吨数。容量的大小是由库场有效面积与单位面积堆存定额乘积决定的,随堆存货物种类而异:

$$E = A_{有效} q_{定}$$

式中:E——仓容量(t);

$A_{有效}$——库场有效面积(m^2),指库场总面积减除办公室、安全通道等不能用于堆存货物的面积,即实际可以堆存货物的面积(m^2);

$q_{定}$——单位面积堆存使用定额(t/m^2)。

②平均仓容量。是指在报告期内平均每天拥有的货物堆存能力。其计算公式为:

$$\overline{Q}_{容} = \frac{\sum Q_{容 \cdot 日}}{T_{日}} = \frac{\sum (A_{有效} q_{定})}{T_{日}}$$

式中:$\sum Q_{容 \cdot 日}$——每日拥有的仓容量(t)。

(4)库场运用率

库场运用率,是指报告期内库场容量被利用的程度,其计算公式为:

$$K_{库场} = \frac{\overline{Q}_{堆}}{\overline{Q}_{容}} \times 100\% = \frac{N_{吨天}}{Q_{容} T_{日}} \times 100\%$$

式中:$K_{库场}$——库场运用率(%);

$\overline{Q}_{堆}$——平均每天堆存货物吨数;

$\overline{Q}_{容}$——报告期平均仓容量(t);

$T_{日}$——报告期日历天数。

(5)容量周转次数

容量周转次数,是指报告期内,库场(指平均容量)平均堆存货物次数。其计算公式为:

$$N_{容} = \frac{Q_{堆}}{Q_{容}} = \frac{T_{日}}{T_{堆存}} \times K_{库场}$$

算例 8-6:库场运用指标计算

已知某库场在一个为期 8 天的统计期内货物堆存情况见表 8-2,平均仓容量为 20 000t,上期末结存货物为 8 000t。求库场运用指标。

表 8-2

日期	1	2	3	4	5	6	7	8
结存(t)	13 000	7 000	10 000	6 000	8 000	12 000	10 000	11 000
出库(t)	5 000	9 000	7 500	12 000	10 000	6 000	9 000	10 000

解:货物堆存吨天数 = 77 000 + 68 500 = 145 500(吨天)

每天进库场吨数为:

$$Q_{进i} = Q_{结i} + Q_{出i} - Q_{结i-1}$$

由此可计算出统计期各天的 $Q_{进}$ 见表 8-3。

表 8-3

日期	1	2	3	4	5	6	7	8
进库(t)	10 000	3 000	10 500	8 000	12 000	10 000	7 000	11 000

$$平均堆存期 = \frac{N_{吨天}}{Q_{堆}} = \frac{145\ 50}{8\ 000 + 71\ 500} = 1.8(天)$$

$$库场运用率 = \frac{N_{吨天}}{Q_{容} \times T_{日}} \times 100\% = \frac{145\ 500}{20\ 000 \times 8} \times 100\% = 0.91$$

$$容量周转次数 = \frac{T_{日}}{T_{堆存}} \times K_{库场} = \frac{8}{1.8} \times 0.91 \approx 4.04(次)$$

3. 装卸机械运用指标

(1)完好率

完好率,是指装卸机械完好台时占日历台时的比重。其计算公式为:

$$K_{完好} = \frac{T_{完好}}{T_{日历}} \times 100\%$$

式中:$K_{完好}$——装卸机械完好率(%);

$T_{完好}$——装卸机械完好台时;

$T_{日历}$——装卸机械日历台时。

(2)利用率

利用率是指装卸机械工作台时占日历台时的比重。其计算公式为:

$$K_{利用} = \frac{T_{工作}}{T_{日历}} \times 100\%$$

式中:$K_{利用}$——装卸机械利用率(%);

$T_{工作}$——装卸机械工作台时。

(3)相对完好率

指装卸机械完好台时占日历台时中非修历台时的比重,具体计算时可采用下列公式:

$$K_{相对完好} = \frac{K_{完好}}{K_{标准完好}} \times 100\%$$

式中:$K_{标准完好}$——装卸机械标准完好率(%)。

$$K_{标准完好} = \frac{T_{日历} - T_{日历}K_{利用}t_{修理}}{T_{日历}} \times 100\%$$

式中:$t_{修理}$——装卸机械每使用1h平均所需修理时间。

由于 $K_{标准完好} < 1$,所以 $K_{相对完好} > K_{完好}$。

(4)平均台时产量

平均台时产量,是指每台装卸机械平均每作业台时所完成的起运吨数。其计算公式为:

$$\overline{P}_{台时} = \frac{Q_{起运}}{T_{作业}} \quad (起运吨/台时)$$

式中:$\overline{P}_{台时}$——装卸机械平均台时产量;

$Q_{起运}$——装卸机械作业量;

$T_{作业}$——装卸机械作业台时。

以上各计算式中：

日历台时是指报告期或计划期内每台装卸机械在册天数乘24h的总和。它包括完好台时和非完好台时。具体计算时，一台装卸机械在册1h，即计算为一个台时。

完好台时是指装卸机械技术状况良好，可供使用的台时。它包括工作台时和停工台时。

工作台时是指装卸机械实际从事装卸作业和其他工作的时间。它包括转移工作场地的途中行驶时间。

作业台时是指装卸机械实际从事装卸作业的时间。具体计算时，应从机械到达现场开始装卸作业时起，计算至最后一次货物装卸完毕时止。但在作业过程中30min以上的停工或机械故障时间，应予扣除，分别列入停工或非完好时间。

停工台时是指装卸机械完好时间内未参加工作的台时数。包括无任务、停电、缺燃料、货种不适应，以及因风、雨、雪等原因而造成的停止作业时间。

非完好台时是指装卸机械技术状况不良，不能从事装卸作业和其他工作的时间。包括正常的维修保养时间、待修、待报废时间，以及作业过程中30min以上的故障时间。

机械作业量是指装卸机械，在装卸作业过程中所操作完成的货物吨数，其计算单位为起运吨。如在同一操作过程中，几台机械联合作业完成1t货物，则每台机械分别计算一个起运吨。

五、港口能源消耗指标

1. 能源消耗总量

指报告期内港口生产经营企业消耗的各种能源数量，包括装卸生产、辅助生产、其他能源消耗量。计算单位：t标煤、t、kW·h。各类能源折算标准煤系数见表8-4。统计时可按消耗能源种类进行分组。

各类能源折算标准煤系数表　　表8-4

能源名称	折算标准煤系数	能源名称	折算标准煤系数
原煤	0.7143kg标煤/kg	液化石油气	1.8143kg标煤/kg
焦煤	0.9714kg标煤/kg	焦炉煤气	0.6143kg标煤/kg
汽油	1.4714kg标煤/kg	自来水（等价）	0.0860kg标煤/kg
柴油	1.4571kg标煤/kg	电力（等价）	0.4040kg标煤/kg
重油	1.4286kg标煤/kg		

2. 装卸生产能源消耗量

指报告期内港口生产经营企业直接用于装卸生产的能源消耗量，包括装卸、水平运输、库场作业、现场照明等能源消耗量。计算单位：t标煤、t、kW·h。统计分组方法同能源消耗总量。

3. 辅助生产能源消耗量

指报告期内港口生产经营企业为装卸生产服务的其他辅助用能源消耗量，包括港务船舶、生产锅炉、机械修理、其他辅助生产等能源消耗量。计算单位：t标煤、t、kW·h。统计分组方法同能源消耗总量。

4. 其他能源消耗量

指报告期内港口生产经营企业除装卸生产和辅助生产能源消耗量以外的各种能源消耗量。计算单位:t 标煤、t、kW · h。统计分组方法同能源消耗总量。

5. 每万元收入能源消耗量

指报告期内港口生产经营企业每万元主营业务收入所消耗的能源数量。计算单位:t 标煤/万元、t/万元、kW · h 万元。统计分组方法同能源消耗总量。

计算公式:

$$每万元收入能源消耗量=\frac{能源消耗总量}{主营业务收入}$$

6. 每万吨吞吐量能源消耗量

指报告期内港口生产经营企业每万吨吞吐量的装卸生产能源消耗量。计算单位 :t 标煤/万 t、t/万 t。统计分组方法同能源消耗总量。

计算公式:

$$每万吨吞吐量能源消耗量=\frac{装卸生产能源消耗量}{吞吐量}$$

六、港口生产质量和安全指标

1. 货运事故次数

指报告期内实际发生的责任在港方的货运质量事故案件的数量。计算单位:次。统计时可分为重大货运事故、大事故、一般事故。

计算方法:货运事故次数一律按“货运记录”进行统计。

2. 货损量

指报告期内因港方原因发生的货物损坏或丢失的整批货物数量。计算单位:t、TEU、件。计算方法:货损量均按发生货损事故的该批货物总吨数计算。

3. 货损率

指报告期内发生的货损量占货物总量的比重。计算单位:‱。

计算公式:

$$货损率(‱)=\frac{货损量}{货物总量}\times 10\ 000‱$$

4. 货差量

指报告期内因港方原因发生货物差错的整批货物数量。计算单位:t、TEU、件。

计算方法:货差量按发生货差事故的该批货物总吨数计算。

5. 货差率

指报告期内所发生的货差量占货物总量的比重。计算单位: ‱。

计算公式:

$$货差率(‱)=\frac{货差量}{货物总量}\times 10\ 000‱$$

6. 货物赔偿金额

指报告期内港口生产经营企业因货运事故对外所支付的赔款金额数。计算单位:元。

计算方法:按报告期内实际发出的《承认赔偿通知书》的金额计算。

7. 货物赔偿率

指报告期内港口生产经营企业货物赔偿金额占主营业务收入的比重。计算单位：元。

计算公式：

$$货物赔偿率(‱)=\frac{货物赔偿金额}{主营业务收入}\times 10\ 000‱$$

8. 伤亡事故次数:指报告期内所发生的职工伤亡事故次数。计算单位:次。

计算方法：

① 职工伤亡事故只指因工伤亡者。非因工伤亡不包括在内,如与生产无关的民兵操练、体育比赛、游行等发生的人员伤亡。

②虽在工作时间内,但因做私活或擅离职守所发生的事故,属非因工事故。

③虽在工作时间内,但因身体健康原因而致病、死亡的,不属于职工伤亡事故。

④多人事故(指 1 次事故伤亡 3 人及以上的),为 1 次伤亡事故。

统计时一般按以下方式分组：

①按职工伤亡事故类别分组。

②按事故严重程度分为:轻伤事故、重伤事故、死亡事故、重大伤亡事故以及特大伤亡事故次数。

9. 重大安全责任事故次数

指报告期内所发生的重大安全事故的总次数。计算单位:次。

统计分组:可分为重大人身伤亡事故、重大海损事故、重大火灾事故、重大机损事故。

10. 伤亡总人数

指报告期内由于职工伤亡事故致伤和死亡的总人数。计算单位:人。

计算方法:某职工在报告期内,前后工伤负伤 2 次或以上,只按 1 人计算。

11. 伤亡总人次数

指报告期内各次伤亡事故中致伤和死亡的人次数总和。计算单位:人次。

12. 千人因工死亡率

指报告期内职工在本港生产区域中从事劳动或与生产有关的活动而发生事故中死亡人数在每千名职工中所占的比率。

计算公式：

$$千人因公死亡率(‰)=\frac{因公死亡人数}{平均职工人数}\times 1\ 000‰$$

13. 千人因工重伤率

指报告期内职工在本港生产区域中从事劳动或与生产有关的活动而发生事故中重伤人数在每千名职工中所占的比率。

计算公式：

$$千人因公重伤率(‰)=\frac{因公重伤人数}{平均职工人数}\times 1\ 000‰$$

14. 千人伤亡率

指报告期内职工中,因工伤事故造成的轻伤、重伤以及死亡人数之和在每千名职工中所占的比率。

计算公式：

$$千人伤亡率(‰)=\frac{轻伤、重伤和死亡人数之和}{平均职工人数}\times 1\,000‰$$

15. 歇工天数

指报告期内职工负伤歇工的天数。计算单位:天。

计算方法:从负伤人员工作中断时起到伤愈恢复工作或确定为残废之日止,其间的歇工天数(不包括每周休息日和法定节假日)。

16. 伤亡事故经济损失

指报告期内职工在劳动生产过程中发生伤亡事故所引起的一切经济损失,包括直接经济损失和间接经济损失。计算单位:元。

17. 直接经济损失

指报告期内因事故造成人身伤亡及善后处理支出的费用和损坏财产的价值。计算单位:元。

第二节　港口经济活动评价指标体系

港口经济活动对于所在的地区和城市会带来经济和社会效益,而作为港口生产经营企业,港口的经济活动同样会给港口经营企业带来经济效益。对于港口经济活动的绩效我们可以采用以下一些指标予以评价。

1. 港口业对国内生产总值(GDP)贡献率

指报告期内一定区域内港口业增加值占该区域国内生产总值(GDP)的百分比。

计算公式：

$$港口业对国内生产总值(GDP)贡献率(\%)=\frac{港口业增加值}{国内生产总值(GDP)}\times 100\%$$

2. 港口业对国内生产总值(GDP)增长率的直接贡献

指报告期内港口业增加值所引起的国内生产总值的增长率。

计算公式：

$$\begin{array}{c}港口业对国内生产总值(GDP)\\增长率的直接贡献(\%)\end{array}=\frac{报告期内港口增加值-上个报告期港口业增加值}{上个报告期国内生产总值(GDP)}\times 100\%$$

3. 市场占有率

指报告期内港口经营业务所完成的港口吞吐量占整个港口行业完成的港口吞吐量的比率。

计算公式：

$$市场占有率(\%)=\frac{完成的港口吞吐量}{全行业港口吞吐量}\times 100\%$$

4. 利税占有率

指报告期内港口经营业务实现利税在港口行业中所占的比率。

计算公式：

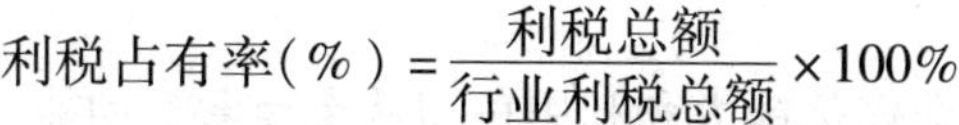

$$利税占有率(\%)=\frac{利税总额}{行业利税总额}\times 100\%$$

其中：利税总额＝利润总额＋营业（销售）税金及附加应交增值税（销项税额－进项税额）

5. 全员劳动生产率

是反映报告期内港口业投入产出效率的综合指标。

计算方法：全员劳动生产率有以下两种计算方法：

（1）以港口收入进行计算

计算单位：元/人。计算公式：

$$全员劳动生产率(元/人)=\frac{港口收入}{平均从业人员数}$$

（2）以港口吞吐量进行计算

计算单位：t/人。计算公式：

$$全员劳动生产率(t/人)=\frac{港口吞吐量}{平均从业人员数}$$

6. 成本费用利润率

是反映报告期内港口业投入产出效率的综合指标。

计算公式：

$$成本费用利润率(\%)=\frac{利润总额}{成本费用总额}\times 100\%$$

其中：成本费用总额＝营业（销售）成本＋营业（销售）费用＋管理费用＋财务费用＋其他业务费用。

7. 总资产报酬率

是反映报告期内港口业全部资产的获利能力，从而反映总体管理水平和经营业绩的综合指标。

计算公式：

$$总资产报酬率(\%)=\frac{利税总额+利息支出}{平均资产总额}\times 100\%$$

其中：平均资产总额为期初资产总额和期末资产总额的算术平均值。

8. 净资产报酬率

是反映报告期内港口业全部资本金的获利能力，从而反映总体管理水平和经营业绩的综合指标。

计算公式：

$$净资产报酬率(\%)=\frac{利润总额}{平均所有者权益}\times 100\%$$

其中：平均所有者权益为期初所有者权益合计和期末所有者权益合计的算术平均值。

9. 资产负债率

是反映报告期末港口业总体偿债能力和经营风险高低的综合指标。

计算公式：

$$资产负债率(\%)=\frac{负债总额}{资产总额}\times 100\%$$

10. 经营资金比率

是反映报告期末港口业偿债能力和利用负债从事经营活动能力的综合指标。

计算公式:

$$经营资金比率(\%)=\frac{报告期末流动资产总额-报告期末流动负债总额}{报告期末流动资产总额}\times 100\%$$

11. 资本保值增值率

是反映报告期内港口业净资产的变动状况,从而反映发展后劲的综合指标。

计算公式:

$$资本保值增值率(\%)=\frac{报告期末所有者权益总额}{报告期初所有者权益总额}\times 100\%$$

12. 资产增加值率

指报告期内港口业,单位平均资产所创造的增加值,是反映未来发展能力的综合指标。

计算公式:

$$资产增加值率(\%)=\frac{增加值}{平均资产总额}\times 100\%$$

其中:平均资产总额为期初资产总额和期末资产总额的算术平均值。

第三节　港口经济活动分析

港口生产经营企业在一定时期内发生的营运费用,按其在营运生产过程中的不同用途,可分为两类。

第一类是营运成本,营运成本是指港口生产经营企业在营运生产过程中实际发生的与港口装卸和其他业务等营运生产直接有关的各种支出。港口生产经营企业的营运成本是指港口生产经营企业从事货物的装卸、堆存等业务所发生的费用。除此之外还包括港口生产经营企业,以及其他从事业务的企业,如货运代理企业从事有关业务时的营运费用支出。

第二类是期间费用,由管理费用和财务费用构成。管理费用是指营运企业行政管理部门为管理和组织营运生产活动而发生的各项费用,财务费用是指企业为筹集资金而发生的各项费用,包括企业营运期间所发生的利息支出(减利息收入),汇兑净损失,调剂外汇手续费,金融机构手续费以及筹资发生的其他费用等。

管理费用和财务费用不能直接计入各类营运支出,对这些不能直接计入营运支出的各项间接费用和管理、财务费用,可根据费用发生的时间、地点、部门分别予以归纳,最终再按一定的标准分别计入各类营运支出中。

一、港口营运成本的内容

凡是港口生产经营企业在营运过程中实际发生的与装卸及其相关业务等直接有关的各项费用,均应计入营运成本。具体应包括:

①在营运生产过程中,企业直接消耗的燃料、润料、备品配件、垫隔材料、轮胎、专用工具、低值易耗品等物质的消耗。

②企业从事营运活动人员的工资、福利、奖金、津贴及其他福利性支出。

③在营运生产过程中，企业发生的固定资产折旧费、修理费支出。

④在营运过程中发生的设备租赁费、取暖费、水电费、办公费、差旅费、保险费、劳动保护费、事故费等支出。

⑤港口生产经营企业在经营过程中所发生的航道养护等其他费用。

二、港口营运成本特点

① 在营运过程中，营运生产过程和营运消耗过程同时进行，在营运过程中不直接创造新的产品，港口生产经营企业是一个资本密集型的运输服务性企业，因而在成本构成中没有原材料支出一项，但运输工具、设备的折旧费、修理费、燃料消耗在整个营运过程中占有相当大的比重。

②由于港口生产经营企业不创造实物形态的产品，因此成本核算的对象是港口吞吐量或堆存量。

③港口生产经营企业成本核算的单位为装卸工作量（如 t，TEU，堆存工作量）。

④港口生产经营企业的成本核算采用月历制，以月、年计算成本，以期末最后一天为成本计算期的截止日期。

港口在为社会提供服务的同时将支付各种成本开支，港口的成本项目繁多，有些很难在各种服务中得到分摊。在计划经济条件下港口生产按计划进行，并不重视成本管理，基础设施的建设是由国家拨款的，因而在进行港口成本测算时仅考虑港口的营运成本，而忽视港口的设施投资回收。随着市场经济的深入与完善，以港养港的港口新体制的形成，基础设施投资由国家拨款转为自筹资金，需还本付息。港口由国家经营转向中外合资、独资等形式。港口装卸设备由国家统一购置转向自筹资金、国际租赁。港口经营项目比以前复杂得多。为了加强成本管理，研究成本结构以及寻求降低港口成本的途径，有必要正确地将成本中的各项费用进行分类。

三、港口成本分类

1. 港口营运成本按主营业务分类

港口营运成本按照业务分类可分为装卸成本、堆存成本和其他业务成本。

(1)港口装卸成本

指进行装卸作业时发生的费用，这部分成本主要发生在装卸作业线处，例如港口，主要发生在码头前沿，上下船舶，码头前沿的水平移动及前方堆场的吊装等环节的费用。

(2)港口堆存成本

指货物在堆场堆存费用支出。

(3)其他营运成本

指进行运输、代理、拆装箱、租赁、劳务外派等多元化产业的成本，包括：

①运输业务成本。指从事货运业务及其他运输业务的成本支出；

②代理业务成本。指从事货运代理业务、船舶代理业务及其他代理业务时的成本

支出；

③港站管理业务成本。指从事港站管理工作，如代收船舶港务费、货物港务费等港口使用费时的费用支出；

④其他业务成本。指从事外轮代理业务、出租业务、旅客服务业务、散装灌包业务、服务业务、通信服务业务、供水服务业务、工程监理业务、商业产品销售业务等费用支出。

2. 港口经营成本按成本项目分类

在成本管理中，按成本项目可以将成本分为工资、福利、折旧、保险、劳保、材料、动力、低值易耗品消耗、代理费、管理费、财务费用及其他费用。

(1)工资

指工资及附加部分的补贴、奖金等是交付给工人及管理人员的费用支出。

(2)职工福利基金

职工福利支出，一般可占工资总额的14%左右。

(3)保险

所有装卸机械或堆存机械的保险费。

(4)燃材料动力消耗

指机械设备的燃料、材料消耗及动力照明费。

(5)折旧费

包括通用设备折旧、专用设备和设施折旧以及房屋建筑物折旧等几类，所 规定的各种设施、设备的折旧年限是不同的。港口装卸机械设备折旧年限为8～18年，运输设备为15～28年，集装箱为6～8年，库场为20～40年，港口设施为30～50年，生产用房为30～40年。

(6)修理费

指所有装卸堆存机械的修理费，按实际情况进行计算。

(7)劳动保护费

指装卸工人的劳动保护费用。

(8)租费

指装卸机械的租赁费用。

(9)事故损失费

指实际事故发生后的费用支出。

(10)其他一线作业费用

如外付劳务费、挖泥费、防台防汛费等。

(11)管理费用

指从事港口业务过程中所发生的所有管理费用，包括管理层的工资、福利费、工会经费、职工教育经费、所有员工的劳动保护费、待业保险费、办公大楼的材料费、修理费、差旅费、会议费、招待费以及其他费用（如试验检验费、设计制图费、技术转让费 、技术开发费、无形资产摊销费、设备租赁费、效益工资税金、排污费、绿化费等）。

(12)财务费用

指从事财务活动时发生的费用，包括利息净支出，汇兑净 损失，调剂外汇手续费，银行及金融机构手续费等。

财务费用和管理费用不像以上 10 类费用,可以根据实际业务活动的内容分别进行测算统计，而是计算出公司或独立核算单位的总的管理费用或财务费用后再在各种经营方式之间进行分摊。

3. 按固定成本和可变成本分类

从企业的投入性质来看,企业的投入可以分为两部分,一部分是不随产出量的变动而变动的投入,另一部分是随产量的变动而变动的投入。从这个角度来看,企业的成本也可以分为两部分:

(1)成本中的固定部分,即固定成本

包括:港口生产经营企业的码头和机械设备成本等,是为 企业进行生产所必需的物质资料。在一定的吞吐量限度之内,一定数量的成本中的固定部分是必不可少的,而且数量是固定不变的,甚至在吞吐量为零时,仍然需要这部分的投入。如装卸业务和堆存业务活动中的工资、职工福利基金、折旧费、租费、保险费等均属于固定成本,港口生产经营企业的管理费用中的大部分也属于固定成本,如管理人员的工资、福利、劳动保险费、待业保险费、折旧费、租赁费。当然,成本中的固定部分并不是在任何时候、任何条件下都是固定不变的,只是在一定时期、一定吞吐量的限度之内才是固定的。

(2)成本中的非固定部分

这是指生产费用的增减与生产量的增减具有直接相关的支出。包括企业在进行生产时所消耗的燃材料动力消耗,一部分修理费、劳动保护费、事故损失费及临时工的工资、管理费用中的一部分。如果企业的吞吐量为零,那么这部分的投入也为零。

固定费用和非固定费用的划分,有利于分析费用和产量的关系,可以把它们作为寻找最优的生产规模或经济合理的生产规模的一项依据。

四、港口成本核算

由于港口生产过程的复杂性和费用支出的多样性,决定了管理成本核算具有丰富的内容;同时又由于港口生产经营企业的生产有别于工业企业的生产,因而港口成本核算又有自己的特点。

港口成本核算就是将港口生产经营企业在生产经营活动中发生的各项营运费用,根据其性质和用途,按照业务对象,采用限定的方法,对一定时期内装卸、堆存的总成本、单位成本及其他业务成本进行归集和计算,以正确反映企业生产和经营的管理水平。

1. 总成本的核算

营运总成本的核算是以港口作业的综合成本为对象的核算,以货物装卸自然吨或 TEU 为成本的核算单位,成本核算按月、季、年进行,营运总成本也按业务类型分别进行，即进行装卸总成本核算、堆存总成本核算或其他业务总成本核算,把装卸总成本、堆存总成本等总成本汇总在一起核算,即能得出一定时期进出港区的货物所发生的总费用。

港口装卸总费用包括装卸作业费用、分摊的管理费用、财务费用,港口堆存总费用包括堆存作业的费用、分摊的管理费用和财务费用。

①装卸作业费用(堆存作业费用)指为本港(场站)装卸(堆存)货物提供的各种劳务作业

费用，其中包括工资、职工福利基金及燃料及动力照明费、材料、折旧费、修理费、租赁费、外付劳务费、劳动保护费、事故损失费、保险费、挖泥费、防台防汛费及其他费用。

②装卸作业管理费及财务费分摊（堆存作业管理费及财务管理费分摊）。这是按照规定办法计算分摊（如按照上面列明费用总和的比例在各种经营方式之间分摊），归入装卸总成本（堆存总成本）中。

③装卸业务总成本、堆存业务总成本、运输业务总成本、代理业务总成本（港务业务总成本）和其他业务总成本之和，即为某一时期内某港口的经营总成本。

④在港口，港务集团装卸总成本系指下属各装卸公司总成本加上由港务集团直接交付而未转给下属各装卸公司负担的装卸作业费用和应由装卸业务负担的集团管理费用之和。

2. 单位成本

装卸单位成本，亦称为平均成本。装卸单位成本即装卸总成本与本期完成的本港装卸自然吨（或箱数）之比。

由于成本中的固定部分不随吞吐量的变动而变动，成本中的非固定部分随吞吐量的变化而变化，这样我们从中就可以了解到装卸单位成本变动的规律性。当吞吐量为零时，成本中的固定部分依然存在，固定部分在一定限度内是一个常数。这样，在这一定范围内，装卸成本随吞吐量的逐渐增加而递减，而在吞吐量超过一定限度之后，随着吞吐量的增加，装卸单位成本也可能随着固定成本的增加而增加，然后再随着吞吐量的进一步增加而递减。

3. 装卸边际成本

边际成本指每增加一个单位的产量需要支付的成本，边际成本等于总成本的增量与装卸自然吨（或箱数）增量之比。

由于成本中的固定部分在一定限度内固定不变，所以在一定限度内，装卸边际成本中的固定部分的增量为零。实际上，装卸边际成本只包括成本中的可变部分的增量。装卸边际成本变动的规律同单位成本变动的规律有相似之处：即随着吞吐量的增加，在一定范围内，装卸边际成本呈下降趋势。如果边际成本少于单位成本，那么单位成本随着吞吐量的增加而递减；如果装卸边际成本大于装卸单位成本，那么装卸单位成本必随着吞吐量的增加而增加。因而只有在边际成本低于平均成本时，增加吞吐量对成本的改善才是有利的。

4. 成本降低额和成本降低率

为了确定装卸成本较上期是否有下降或上升，在对单位成本进行核算以后，还应计算实际成本较上期降低额和降低率，这是按单位成本进行比较的。

$$\text{成本降低额} = \text{本期单位成本} - \text{上期单位成本}$$

$$\text{成本降低率} = \text{成本降低额}/\text{上期单位成本}$$

成本降低额的变动是吞吐量与总成本变化的结果。在开展业务之初，定量较小，规模经济效益得不到充分发挥，且平均每箱所装货物较轻，20 世纪 90 年代初，我国平均只有 7t/TEU 左右，装卸成本较高。随着我国经济技术的发展与产业结构的调整，运量大幅度提高，港口泊位利用率提高的幅度较大。应该说，港口单位成本是有所下降的。但是现在装箱技术大大提高，许多货物均能压缩后装箱，每箱的货物装载量都得到充分利用。到 90 年代后期，可达 9t/TEU 左右，但由于机械吊装油耗等上升，又使每箱成本有略微上升的趋势。

五、港口成本控制

1. 精简机构，提高工作效率

通过精简机构，可以减少不必要的行政人员的工资支出。各单位、各部分实行合理的定员编制，把管理人员的工资福利支出控制在一定的范围之内。

2. 优化一线工人组合

把装卸工人、机械驾驶员、库场理货、现场指挥等有关人员，进行合理重组，优化劳动组合，减少不必要的生产环境，实行富余人员再就业工程，从而降低一线人员的工资支出。

3. 对机械设备、人员制定合理的定额标准

每月、每季、每年对机械设备的利用率、完好率、工时率进行考核，对工人的工作表现、出勤率进行考核，并同奖金制度挂钩。

4. 实行内部银行制度

根据上年资金运用情况，参照本年企业发展状况，进行一系列指标分析，制定本企业的每个部门、每个单位的资金使用计划，资金使用计划具体规定计划的内容、金额及使用期限。资金使用计划中列出大到购置设备的计划，小到各职能科室的杂项开支计划。每年年初制定年度资金使用计划，每月底开一次资金平衡会。适时核对计划，并根据实情作适度的调整，使得资金的利用做到有计划、分轻重缓急，又厉行节约。对企业内部的各项支出，设立内部账户，各个部门有一个内部账户，凭内部账户领取材料、杂品，计算材料费、维修费、帮工费、杂品费，每月由专职核算员制作内部银行核算报表，从而对各部门成本进行核算控制。天津港务集团有一套完整的内部银行财务系统，自实行内部银行制度以来，成本得到了有效的控制。

六、港口营运收入的内容

港口生产经营企业的营运收入是指企业在生产过程中，在一定的期间内因向旅客或货主提供旅客、货物运输等服务所取得的收入。港口生产经营企业的营运收入是指企业在经营货物装卸、堆存、代理、港务管理等业务所取得的收入。包括主营业务收入和其他业务收入。

港口生产经营企业的利润是指企业在一定的时期内经营装卸业务、堆存业务、代理业务及其他业务所取得的财务成果。利润是反映企业经营管理水平的一项综合性指标，企业收入的增加，成本的降低，最终都将通过利润指标反映出来。

营运收入和利润对于国家与企业的经济活动有着十分重要的意义。营运收入和利润的取得，反映企业为国民经济提供了所需要的运输劳动，保证了工农业生产和人民生活的需要。同时，营运收入可以弥补企业运输生产过程中各项费用的支出，营运利润是企业发展所需资金的重要来源，也是企业向国家上交税金、向投资者分配利润的重要来源，因此认真做好营运收入和利润的核算和分析工作是港口生产经营企业的一项重要任务。

七、营运收入分类

港口生产经营企业主营业务收入按其收入类型，又可分成以下几个方面：

1. 装卸收入

是指港口生产经营企业经营装卸业务所发生的收入，港口装卸收入包括装卸、换装、装卸

杂作业、中转、过驳收入和装卸机械临时出租的租金收入。

2. 堆存收入

是指港口生产经营企业经营仓库、堆场业务所发生的收入,并包括仓库等临时设备出租的收入。

3. 代理收入

是指港口生产经营企业经营船舶代理、货运代理和其他代理业务所发生的收入。

4. 港务管理收入

是指港口生产经营企业按规定征收货物港务费、引航费、停泊费、系解缆绳费等收入。

5. 其他业务收入

是指企业经营装卸、堆存、代理、港务管理业务以外的其他业务所发生的收入。包括仓库长期出租收入,理货收入,打捞救助收入,旅游房地产收入,为船舶、飞机、汽车供油、供水、供电收入,港作业务收入,拆装、洗熏、修理等服务收入以及通信服务收入。

6. 副营业务收入

是指除港口生产经营企业主营业务以外的不独立核算的零星业务收入,其特点是每笔业务金额较低,收入不十分稳定,占营业收入比重较低。

复习思考题

1. 港口作业评价指标有哪些类型?
2. 吞吐量指标体系中包括哪些具体指标?
3. 装卸作业指标体系中包括哪些具体指标?
4. 车、船在港停留时间指标体系中包括哪些具体指标?
5. 港口货物服务的收入由哪些部分构成?
6. 港口货物服务的成本由哪些部分构成?
7. 港口经济活动评价指标体系包括哪些具体指标?
8. 如何对港口经济活动进行分析?

第九章　港口货运信息管理

第一节　概　　述

港口功能的发挥不仅需要现代化的设施，而且需要港口管理与货运作业的现代化。其中，港口货运生产过程组织方式的现代化是港口管理现代化的关键之一。随着港口生产规模的扩大，业务量的增加，使港口运作过程中的信息量骤增，使港口运作过程趋于复杂，传统的依靠人力和人的经验进行港口货运作业过程的合理决策已变得愈加困难。为此，借助于计算机进行辅助港口货运作业便显得越来越重要。

然而，总体上来看，我国港口计算机应用与国际上一些先进的港口相比，仍有较大差距，而且发展非常不平衡。有些港口的计算机应用仍然停留在数据处理的初级阶段，有些港口则已有较完善的管理信息系统，交通部组织的四港（上海港、宁波港、天津港和青岛港）开发 EDI (Electronic Data Interchange) 的示范性工程已投入使用。但是港口管理计算机应用中很少有决策支持系统，而港口货运作业的主要工作恰恰是对港口装卸生产安排作出决策。

第二节　港口货运管理信息系统

计算机管理信息系统是以计算机为基础，以系统思想为主导建立起来的为管理业务和管理决策服务的信息系统。

港口货运管理信息系统主要研究港口货运中信息活动的全过程，即信息的产生、整理、加工、存储、分析、传输、分发和使用，并在信息活动中借助于计算机，完成信息系统的系统分析、系统设计和系统实施问题，它综合了经济管理理论、运筹学、统计学和计算机科学等学科。港口货运管理信息系统是港口生产经营企业管理系统的一个重要方面，它可以划分为各种业务系统，一个港口生产经营企业中的管理系统由许多子系统组成，它在同一公司的使命下各司其职，相互协调，执行制定目标、计划、组织、监督、调整及控制的职能，而这一系列职能的实施均借助于计算机信息处理，通过信息处理环境把各项管理职能联结起来，从而构成一个完整的管理信息系统。

一、信息管理系统的特点

①作为系统，它具有整体性、相关性、目的性、环境适应性、多层次性和活动性，它把大量零乱的、不一致的信息用系统的观点进行观测、分析、协调使之成为协调的信息。

②管理信息的服务对象是管理者，管理信息系统为港口生产经营企业战略决策及日常工

作提供信息。

③管理信息系统是以计算机为基础而建立起来的,因此除了系统提供的一些操作系统高级语言等基本软件外,港口生产经营企业还要根据港口生产经营企业的具体情况购买或开发所需要的应用软件。

二、管理信息系统的功能

①为港口生产经营企业日常工作及时全面地提供所需的数据和信息,实现港口生产经营企业管理的信息化、科学化和高效化。

②利用数学模型与统计分析方法,通过计算机对过去的数据进行归纳分类,对未来的情况进行预测。

③根据不同使用者的要求,给出相应的统计分析数据,以便港口生产经营企业进行经营决策。

三、子系统的划分

在港口生产经营企业中主要以建立整个港口生产经营企业的综合管理信息系统为主,但也可以逐个建立各子系统,共同完成港口生产经营企业的信息管理工作。以集装箱港口生产经营企业为例,一般一个完整的港口货运管理信息系统根据功能的不同,可以分成以下子系统。

1. 基本信息与数据库管理子系统

从集装箱航运管理信息系统整体角度考虑,船车资料信息、港口基础资料信息、货物信息、航线资料、港口生产经营企业的客户档案管理、港口费率信息等等都是必不可少的,这些基础的信息将为港口管理及计算机业务运作提供最原始的资料。港口管理基础信息管理就是从信息的收集到信息的使用的全过程,包括信息的输入、查询、修改删除、传送等,为具体港口业务的展开提供了基础数据。

2. 港口生产调度管理子系统

港口生产管理子系统是港口生产经营企业主要的业务管理信息系统,它是以船舶、港口生产组织和调度指挥为中心展开的,通过对系统内各子系统具体功能的实现和协调,可以为全面提高航运管理的质量、提高港口生产经营企业的经济效益和生产效率服务。

3. 港口经营管理子系统

随着市场经济的逐步建立,港口经营的垄断地位正在被打破,竞争机制已经开始引入港口经营活动。因此,在计算机系统中的经营管理部分的功能建立已显得非常重要。港口经营管理子系统应该可以进行市场分析和预测,国家和地区港口经营政策和法规查询,港口生产经营企业竞争环境数据及其相关分析。

4. 财务管理子系统

港口生产经营企业的财务管理工作同其他港口生产经营企业非常相似,一般港口生产经营企业采用现成的财务管理软件。现成的财务管理软件同本港口生产经营企业开发的业务管理软件之间的接口问题成为港口生产经营企业计算机管理的一大问题。财务管理子系统主要对港口生产经营企业的工资、船舶、收入、存货、固定资产、流动资产进行管理,并进行日常财务

处理。

5. 人事管理子系统

人事管理子系统也是比较复杂的一个系统，它既有一般港口生产经营企业管理的共性，又有港口生产经营企业人事管理的特点，它既有相对独立性，又与其他系统之间存在着紧密的联系，主要功能包括人员的聘用、晋升、工资水平的管理、劳保福利、工人和技术人员的考核、员工休假、员工职责划分的管理等等。

6. 办公自动化子系统

本子系统相对独立，主要为本公司行政事务提供服务，如有关文件的收发管理、会签、传阅，有关材料的归档管理、文字处理、综合事务管理等等。

由于码头全天候作业，公司局域网的安全性和稳定性不逊色于金融系统。办公实现了无纸化，为保证出差外地员工与公司保持联系畅通，多数码头实现了通过 Internet 访问公司邮件系统的功能，使用比较广泛的有微软 OWA（Outlook Web Access）等。

7. 网站动态查询系统

码头网站的开发使用是码头信息化技术应用的一个重要方面。网站不仅是码头公司对外宣传的窗口，更是码头为客户提供及时、便利、优质服务的窗口。很多码头将业务流程查询、箱动态、业务查询受理、提箱预约、费收查询等放在公司网站上。

8. 系统维护子系统

每个完整的港口管理系统都必须有一个系统维护的子系统，这一子系统可以是港口生产经营企业管理系统的一个综合子系统，也可以是每个业务子系统中的一个子系统。数据维护子系统专门负责系统的数据备份、数据恢复、整理等数据管理工作，并进行用户信息管理工作和系统代码管理等工作。

图 9-1 是一个港口生产经营企业管理信息系统基本功能示意结构图，其中生产调度部分可以参考后面集装箱码头生产管理系统的功能。当然，实际港口生产经营企业的管理信息系统的功能比这里列出的会更复杂，不同的港口生产经营企业应该根据自己的特点，确定本企业的管理信息系统的功能要求。

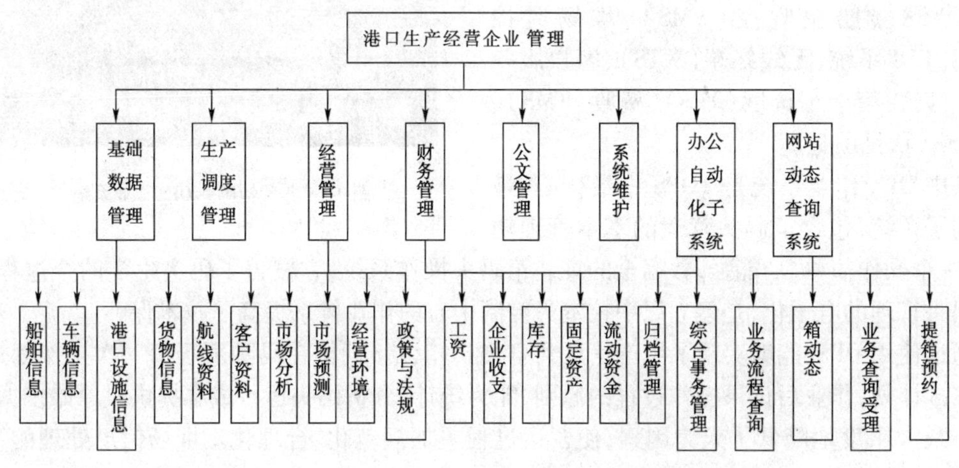

图 9-1　港口生产经营企业管理信息系统基本功能结构示意图

第三节　集装箱码头生产管理系统

一、集装箱码头货运作业管理系统

集装箱码头货运作业过程管理的计算机化是集装箱码头提高生产管理效率和管理质量的关键,也是计算机在港口管理中应用的一个难点,集装箱码头货运作业管理系统的实现以及系统的技术水平体现了一个集装箱码头的现代化程度,因此,目前普遍得到码头管理当局的重视。

计算机化的集装箱码头信息系统的功能如下:

①管理码头堆场、货运站等各个地方的集装箱,把每个集装箱放置在恰当的位置;

②从船公司收到的信息,制定船舶的装卸计划,弄清每条船舶在码头停靠的泊位以及需要在码头卸下的集装箱,安排码头的人力、物力;

③处理铁路和公路送到码头的集装箱,接收船公司和货物运输公司有关这些集装箱的信息;

④把处理这些集装箱的信息反馈给船公司和运输公司。

目前国内集装箱码头操作系统由主服务模块和附加服务模块组成,其中主服务模块包括EDI系统、堆场计划系统、船舶计划系统、装卸操作系统、单证系统、进出口计划受理系统、道口管理系统、CFS管理系统、无线通信系统。附加服务模块是一种联合信息技术和智能加工在一个系统里的先进模块,包括集装箱定位和跟踪系统、集装箱数字自动识别系统、码头维护系统等。

具体的集装箱码头管理系统(TOPS)可由以下子系统组成:应用管理系统、作业系统(OPS)、决策支持系统组成。其中作业系统(OPS)包括以下子系统:船舶计划(VPS)、船舶配载(VSS)、船舶监控(VMS)、堆场监控(YMS)、EDI系统、无线终端(WTS)、客户服务(CSS)、集装箱卡车调度(TPS)、费收(TMS)、统计(SAS),见图9-2。

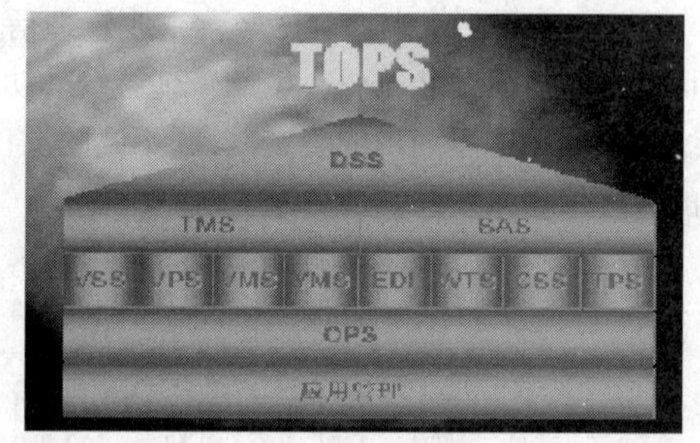

图9-2　集装箱码头OPS作业系统

其中OPS作业系统是TOPS中最核心、最基础的子系统,包含了码头营运的基本管理功能,是一个操作简单,功能强,数据全的集装箱码头操作系统,它覆盖了码头生产的全过程,实现了码头管理的电子化,是建立以中控室为控制中心的作业体系提高了技术保障。

通过使用OPS,能够实现了生产信息共享,船、箱、货、机械在码头现场每一次操作都遵循事先安排计划,作业后记录操作过程的原则,能为统计、分析码头运行成本提供最原始依据,而且由于最大限度地降低了人为因素,使营运过程更加规范化、合理化。堆场信息处理的智能化,更是其特点之一。

使用OPS,集装箱进出场的选位选箱,均由电脑即时自动提供。不仅能够缩短了客户办理

手续的时间,提高了集装箱卡车通过道口的能力,同时也大大降低了堆场内的翻箱量,提高了发箱和出口箱装船的效率。

集装箱码头生产管理系统(OPS)一般由以下子系统组成(图9-3):

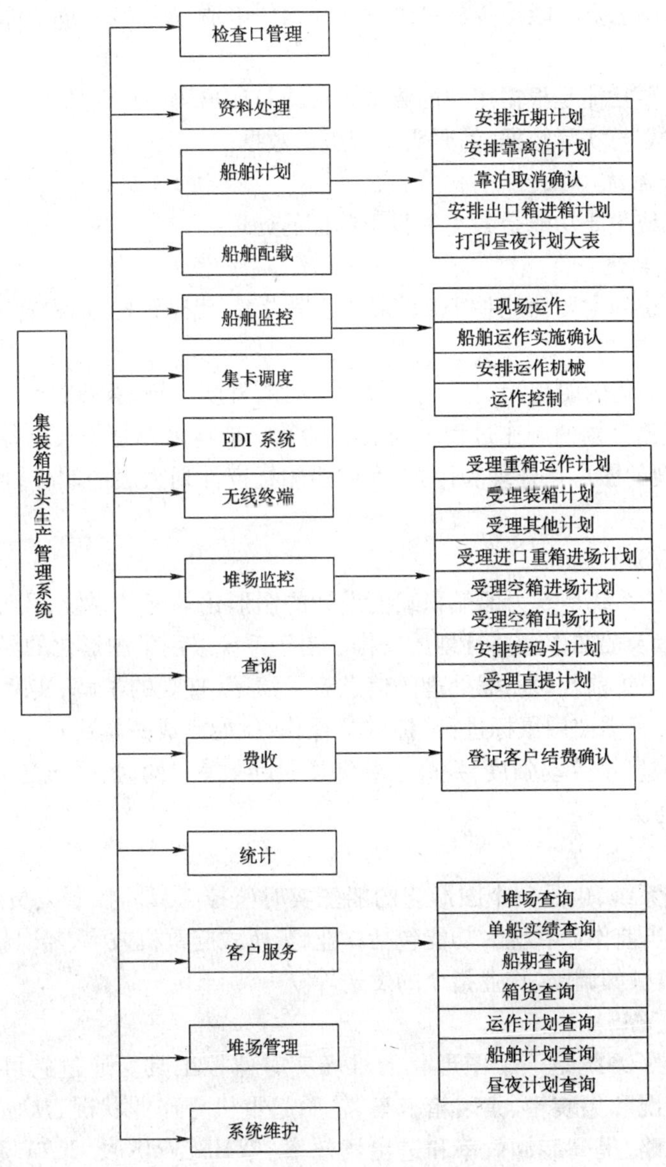

图9-3　集装箱码头生产管理系统

1. 堆场管理子系统

堆场管理子系统的主要功能是负责箱区的定义、进场箱的堆放计划安排、空箱用箱计划安排、箱区整理计划安排、箱务的管理及疏港计划安排。

2. 检查口管理子系统

检查口管理子系统的主要功能是负责办理进出场箱手续。

3. 作业受理子系统

作业受理子系统主要功能是根据用户要求办理各类提箱和进场计划。

4. CFS 管理子系统

CFS 管理子系统主要功能是装拆箱的确认和归位申请,及 CFS 仓库的管理。

5. 查询子系统

查询子系统主要功能是根据用户的要求查询或打印出码头作业所涉及的船、箱、货、堆场、机械以及人员等计划与实际数据,为码头生产提供数据。

6. 资料处理子系统

资料处理子系统主要功能是各类资料及单证的处理。

7. 系统维护子系统

系统维护子系统的主要功能是 TOPS 系统数据设置、代码管理、用户管理和系统维护。

8. 船舶计划(VPS)

VPS 是一个图形化的船舶计划系统。包含了船舶月度计划、昼夜计划、船舶靠离计划(泊位策划)、出口箱进箱计划的制作过程。"枯燥"的数字被转化为业务人员容易理解的、直观的图形方式,通过直观的图形化处理和计算,完成船舶昼夜计划大表的制作,使计划安排得更科学、合理、灵活。

9. 船舶配载(VSS)

VSS 船舶配载子系统是专为船舶积载而设计的图形化的配载系统,用于制作船舶的积载计划、稳性的计算以及船舶作业路计划的安排。由于系统采用了图形化的界面,操作人员进行配载和作业路计划安排前就对所需处理的信息有了清楚、直观的了解,实际操作时,他们借助图形化的配载工具,只需使用鼠标进行"拖、拉"操作,就能完成一幅经过自动优化的积载图和作业路计划,大大减轻了劳动强度,提高了装卸质量和效率。同时,系统还能向船方提供电子积载图,加快计算确认过程。

10. 船舶监控(VMS)

VMS 船舶监控系统,也是一个图形化的船舶实时监控工具。控制人员通过鼠标点击,就能监视和控制船舶当前作业状况。功能包括作业路、桥式起重机效率、船时量的检测以及开工次序的安排、作业机械的调配、作业指令的发送等。

11. 堆场监控(YMS)

YMS 堆场监控子系统是一个图形化的堆场实时监控工具。通过它可以方便地了解到当前堆场的堆存情况和集装箱、集装箱卡车、轮胎起重机等作业状况,从而实时地调度场内机械和更改堆放策略,提高装卸效率和进出场效率。YMS、VMS 及 CCTV 系统综合使用,使各类现场作业情况在小小的电脑屏幕及监控设备前一览无遗,借助于这些监控手段,码头中央控制室操作人员可以根据作业现场情况,及时发出作业调度指令,保证生产处于最佳的组织状态。

12. EDI 系统

EDI 是一个连接外部进行信息资料交换的子系统。通过 EDI 系统,与各船、箱代理、海关交换进口船图、舱单,出口预配船图,出口装箱单信息,堆存、进出门信息,疏运计划,出口船舶信息,海关放行信息等。EDI 系统的启用,避免了大量资料的重复处理,而且资料的实效性和

准确性得到强有力的保证，从而加快了生产节奏，减少了码头的工作量，保障了船公司、货主的利益。

13. 无线终端(WTS)

WTS 是一个无线传输指挥及作业系统，应用设备为车载无线终端和手持无线终端，它将当前需要完成的作业指令送抵堆场机械驾驶员和岸边操作人员手上，同时将他们对作业的处理反馈回系统中，实现了作业信息的实时处理，彻底解决了信息处理滞后于现场作业进度的矛盾，使信息处理发生了从跟踪到控制的质的飞跃。使用 WTS 系统，可以提高作业的精度和质量，保证箱位准确率，提高装卸船和收发箱的效率。用无线终端系统动态地调度生产的作业方式，特别适应集装箱码头这种随机因素大、环境复杂的地方，可以提高其多项作业的应变能力。

14. 集装箱卡车调度(TPS)

TPS 是一个通过无线传输作业指令动态调度集装箱卡车的系统。通过动态的调度可提高集装箱卡车利用率，减少桥式起重机的等待时间，加快装卸效率，降低码头营运成本。通过使用 TPS 系统，可以实现同桥式起重机下的边装边卸先进的装卸流程。与 WTS 系统结合起来使用，可以享受到由于装卸吊具的改进(双箱吊)带来的高效(桥式起重机台时量可达 50 以上)与科技带来的高质量(装船质量可达到 100%)。

15. 费收(TMS)

TMS 是一个生产作业后的自动计费系统。它使码头营运系统的功能在实现码头营运主业——装卸生产作业电脑控制的基础上大大延伸，并充分体现出电脑化的意义及优势。TMS 具有强大的费率和协议管理功能，替代手工，完成第一、第二作业过程电子结算收费，根据生产实际作业发生的情况，自动计算和打印收费账单，汇总各种财务数据，并有多层的审计功能。使用该系统应用，可以加快开账进程，提高账单的准确性，缩短资金回笼周期，可以配合语音报价等设备，提高客户受理台窗口部门的服务质量，提高社会效益和经济效益。

16. 统计(SAS)

SAS 统计分析系统是一个在线事务分析系统，通过庞大的数据库对生产经营中的数据进行多维组合、挖掘、切片、分析，采用科学的统计、分析方法研究数据之间的内在关系，寻找规律，为企业的发展决策提供依据。

17. 客户服务(CSS)

CSS 是一个由多项功能组合的客户服务系统。顾客可以通过 INTERNET、声讯电话系统等方便地了解船、箱、货动态信息，为客户提供优质的服务。另外，CSS 系统提供网上预约功能。通过预约，可以缩短驾驶员在进场道口办理手续的时间，提高道口的通过能力，实现正式意义上的智能道口。

二、集装箱船舶配积载系统

目前在国际上各港口生产经营企业使用的具有船舶积载功能的系统各不相等，但其基本功能相似。如香港货柜码头公司(HIT)的“船位策划系统”，美国的 MTC 公司开发的 EDGE 系统以及美国 Navis 公司开发的 PowerStow 系统等。国内一些港口也开发了类似的船舶积载系统。一般的集装箱船舶配积载系统所应包含的功能以及系统的层次关系见图 9-4。

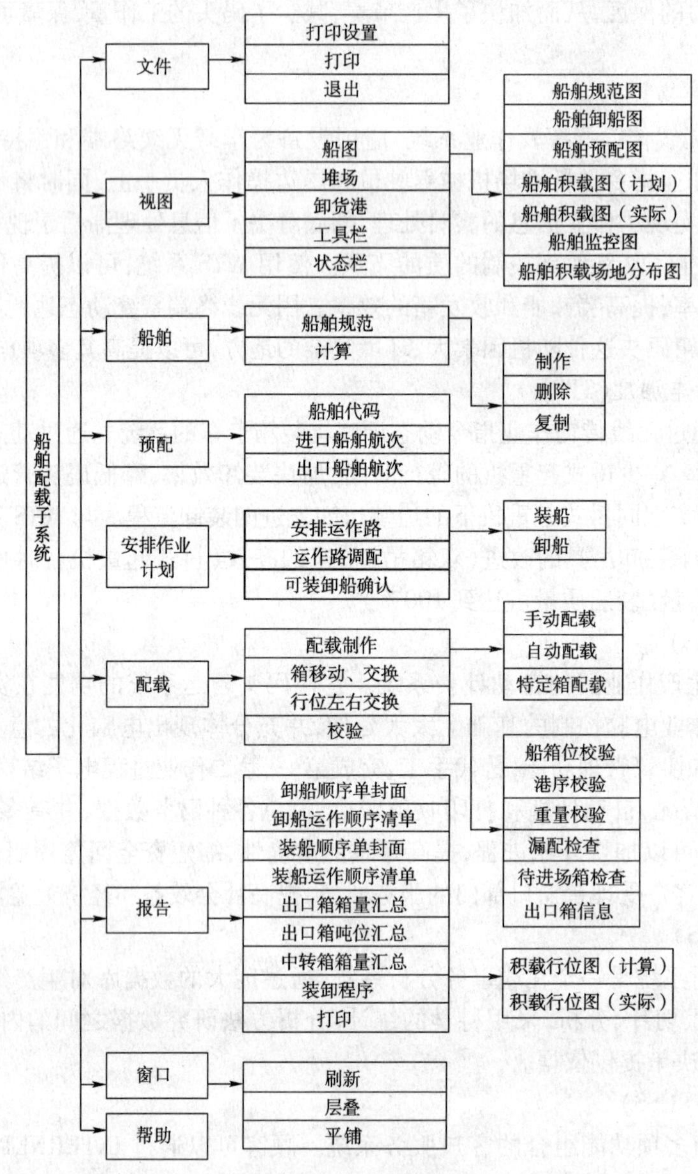

图 9-4　集装箱船舶配载系统

实例 9-1：上海港集装箱码头管理系统发展历史（表 9-1）

上海港集装箱码头管理系统发展历史　　表 9-1

划　分	时　间	机　型	功　能
	1978～1983		T 卡管理
第一代 （一版）	1984～1985	PDP－11/23	事后批处理
第一代 （二版）	1986～1988	PDP－11/23	联机处理 现场作业批处理

续上表

划　分	时　间	机　型	功　能
第二代 (一版、二版)	1988～1996	NEC/A00S430	联机处理 对讲机报作业
第三代 (一版)	1997～1998	HP/K210	联机处理 对讲机报作业
第三代 (二版)	1999～	HP/K210	联机处理 实时处理 (无线终端、TPS、智能道口等)

1. T卡管理

T卡是一种T字形的卡片,用于跟踪集装箱在码头内的动态。用不同颜色区分不同的船名、航次。

T卡所记录的内容有:箱号、箱位、船名、航次、重量、危险品、冷冻箱、箱型状态、作业动态等。

2. 上海港集装箱码头管理系统发展历史

第一代第一版:是在T卡管理的基础上开发的,反映了T卡管理水平。系统与T卡平行运行。

第一代第二版:具有联机处理的功能,替代了T卡管理,用电脑配船图,电脑起记录作用。电脑记录以下信息:

· 道口人工进场位置;
· 提箱完毕后作业确认;
· 卸船一工班完毕后卸船确认;
· 装船整船确认(先做退关)。

第二代第一版:功能与第一代第二版比较接近,联机处理能力加大了,没有收费系统,用电脑配船图,电脑起记录作用。电脑记录以下信息:

· 道口人工进场位置;
· 提箱完毕后作业确认;
· 卸船一工班完毕后卸船确认;
· 装船整船确认(先做退关)。

第二代第二版:功能与第一代第二版比较接近,联机处理能力加大了,没有收费系统,用电脑配船图,电脑起记录作用。电脑记录以下信息:

· 道口电脑选位;
· 提箱完毕后作业确认;
· 卸船一工班完毕后卸船确认;
· 装船整船确认(先做退关)。

第三代第一版:

· 统一作业流程,为体制改革打下基础;

· 建立中控室调度机制；
· 增加了图形化的配载系统；
· 增加了堆场监控、船图监控；
· 电脑自动选箱、选位；
· 增加费收系统、CFS 管理；
· 在架构上考虑了使用无线终端作业系统。

第三代第二版：

· 建立了以控制室为控制中心，现场实时操作的作业体系；
· 增加了无线作业系统；
· 增加了 TPS 系统；
· 增加智能道口；
· 作业流程逐步优化，完成了体制改革。

上海港各阶段集装箱码头管理系统的比较见表 9-2。

各阶段集装箱码头管理系统的比较 表 9-2

划分	功能	优点	缺点
	T 卡管理		工作量大，规模小
第一代（一版）	事后批处理	投资少	物流与信息流严重不一致
第一代（二版）	联机处理 现场作业批处理	投资少	物流与信息流不一致
第二代（一版、二版）	联机处理 对讲机报作业		工作量大，容易出错
第三代（一版）	联机处理 对讲机报作业	规范统一了流程，基本建立了以中心控制为中心的作业体系	工作量大，容易出错 现场调度机械，控制员是记录员
第三代（二版）	联机处理 实时处理 （无线终端、TPS、智能道口等）	物流与信息流一致，完全建立了以中心控制为中心的作业体系。从事后变成事前计划与控制，逐步优化流程，加大对流程、机械设计计划与控制，从被动型向主动型发展	在不断完善过程中

第四节 港口业务与 EDI

一、EDI 的基本概念

从商业及贸易的角度来看，EDI 是将与贸易有关的运输、保险、银行和海关等行业的信息，用一种国际公认的标准格式进行编制，并通过计算机通信网络，实现各有关部门或公司与企业之间的数据传输与处理，并完成以贸易为中心的全部业务过程。

在人们的概念中，EDI经常被简单地认为是一种用电子单据取代纸张单据，用电子传输取代传统传输的方式，如替代邮寄、电话或人工投递等。然而，EDI的作用远不止如此，EDI还是一种用电子数据输入取代人工数据输入的方法，是一种用电脑处理数据取代人工处理数据的方法。EDI的目的不仅是消除纸张，更重要的是消除处理时间的延误和数据的重复输入。

要实现EDI首先要使所有相关组织的电脑能识别和处理商业单据，如订单、发票、货运单、收货通知、提单等，这便要求单据有统一的格式。因此，EDI必须用统一的标准来编制各种商业资料。其次，要用电子方法传递商业资料。这种电子方法传递与传真、电传和电子邮件等方法有着本质的区别。第三，必须采用电脑应用软件之间的连接，以实现以贸易为中心的全部业务过程。

运用EDI可以消除许多流通中存在的问题，并给用户带来以下实质性的好处：

(1)节省了信息传递的时间

采用EDI可以消除因邮寄(或其他形式的实物传递)而产生的延误，并且由于消除了各环节的数据查看和数据输入的时间，使整个信息处理时间明显缩短。

(2)减少差错率

采用EDI传输时，数据无需人工反复输入，差错产生的可能性大大减少。

(3)降低人工处理的成本

EDI主要通过减少或消除一系列工作来降低单据处理的成本。

(4)促进企业业务管理的合理化，提高工作效率

在开通EDI之前，企业必须首先弄清目前的单据流转过程，并对不合理过程进行重新设计。因此，EDI的使用可以促进企业管理的合理化，提高工作效率。

(5)增加信息传递的确定性

统计资料表明，由于采用EDI，支付循环的时间被节省了8～10天，差错率从50%降到4%，一个简单的电子支票系统可以每天处理1 500份发票，并且无一差错。由于消除了人工重复输入可以使每笔交易成本降低25%。

(6)改善服务水平

EDI系统的快速响应能力提高了对客户的服务水平，改善了与客户的关系，从而给用户带来了更多的业务和利润。现在已有许多企业意识到，EDI实际上延伸了一个组织的界线，它等于把各贸易伙伴包容在一个组织之内。这种由EDI产生的联系，加强了贸易伙伴之间的关系。由此可见，EDI不仅消除和减少了传统方法中存在的问题，而且还能为贸易伙伴带来可观的经济效益。

(7)提高企业的竞争能力

EDI正在成为企业生存的支柱，是否开发或加入EDI系统，逐渐影响到该企业在市场竞争中所处的地位。EDI在许多行业(特别是在交通运输行业)是一种很受欢迎的做生意方法，在这些行业中，一般都希望贸易伙伴采用EDI方式，并且在有些行业已成为一种必备的条件和行业规范。值得注意的是，在开通EDI中有被动开通和主动开通，显然一个企业主动参加EDI系统将使企业在EDI系统开发中处于有力的地位。

(8)节约库存和投递费用

EDI的一个应用便是及时投递(Just-In-Time，JIT)。借助于EDI，制造商可以根据计划准

时运送原材料、零部件和成品，由此可以大大节省库存费用。

(9)节省纸张费用

实例 9-2　我国沿海主要港口 EDI 发展情况

20 世纪 90 年代，我国由交通部牵头，在全国范围内以上海、青岛、天津、宁波为试点，在港航范围内率先实施 EDI，以取代传统的纸面单证传输。目前，我国口岸 EDI 建设取得了一定的成就，但离现代港口物流对信息化的要求差距还是很大，表 9-3 为我国主要港口信息化发展情况。

尽管我国的 EDI 事业取得了长足的进步，但我国 EDI 的应用还主要处于基础设施完善和简单的数据传输阶段，含金量更高的增值服务还处于初期阶段，开放的 EDI 系统还没有建立起来。从世界范围看，随着信息技术的发展，EDI 的两个发展趋势是：信息的共享和电子商务的开展，口岸 EDI 拥有大量的航运信息，这一点在其他部门很难做到，因此，在航运信息加工方面，口岸 EDI 有着极大的发展潜力。

我国沿海主要港口信息化发展情况　　表 9-3

港口	口岸信息化发展情况简介
深圳	港航 EDI 平台已在港口航运业的部分操作环节投入应用，取得了明显的效果。但目前，这些应用主要集中在码头和船公司之间的集装箱运输信息交换，由于各种原因，暂时还无法实现与海关的信息传输。目前主要有"西部平台"、"东部平台"以及易网通电子平台
上海	2000 年启动"大通关"工程，主要包括通关单证电子化和统一数据处理平台；2001 年组建亿通公司，建立了集国际贸易消息、港口物流信息和政府监管信息于一体的权威的口岸通关物流信息统一发布平台——"亿通网"，提供"一站式"综合物流信息服务
大连	2000 年成立大连口岸物流网有限公司(DPN)，建立了口岸信息平台，先后与海关、检疫检验、公路、铁路、船公司船代(64 家，占 100 %)、场站车队(68 家，占 96 %)、货代等单位和企业签署了信息服务及合作协议，为"大通关"提供支持和服务
青岛	青岛港的 EDI 中心是沿海港口中最大的 EDI 中心，已经与包括国内外著名的船公司、青岛地区全部集装箱场站在内的 80 多家用户联网，80 % 的集装箱运输单证通过 EDI 中心的计算机系统进行信息交换，实现了与国际贸易方式接轨，并已覆盖包括集装箱管理、生产高度、控制系统覆盖运输、码头、场栈、杂货管理、船代、货代等业务生产管理系统的许多方面
天津	以面向港口运输业服务为主，是具有互连性和分局管理功能的 EDI 网络服务系统，并且与船公司及代理、港口、码头、理货、货代公司、集运输站以及与上述运输业相关的政府监管部门("一关三检")和银行保险业实现电子交换
宁波	宁波港 EDI(电子数据交换)中心自 1997 年 5 月 30 日正式开通运行以来，已与 148 家用户联网，涉及码头、船舶代理、理货公司、货运代理、船公司及海关等多个行业和领域，从订舱系统、箱体动态跟踪管理系统、船舶积载系统、堆场集装箱管理系统及检查、控制、管理系统，直到集装箱理货系统等
广州	目前广州港正在完善高速率宽带主干网等基础设施，然后在此基础上，将分阶段建设全市统一的物流信息共用(综合)平台、网站和电子数据交换中心、海关报关清关系统、预出境检验检疫系统、行业管理基础项目等

二、以港口为中心的 EDI 数据交换网络

EDI 的网络环境有多种，可以适应各种通信网，如分组交换数据网(PSDN)、电话交换网(DDN)、综合业务数字网(ISDN)、卫星数据网(VA ST)、移动数据通信网等。EDI 一般有点对点(PTP)、增值网络(VAN)和报文处理系统(MHS)3 种通信方式。点对点的方式适用于用户不多的情况，可以提高传输速度和安全性。但集装箱运输涉及各部门和各行业，它并非只是简单的在两个贸易伙伴之间通信，必须把相关的业务，如海关、商检、金融、保险、交通运输等部门的 EDP 系统联在一个 EDI 中心网络之内。不经过 EDI 中心的数据交换，则存在异种机联网困难、文件处理复杂、数据转换耗时、专线联接成本高等问题，如网络中有 n 个用户，其中每个用户都能与其余 $n-1$ 个用户之间进行通信，因此必须设置 $n(n-1)/2$ 条传输链路。当 n 的数值较大时，就很难实现。而经过 EDI 中心网络的数据交换，就避免了以上存在的问题。见图 9-5。

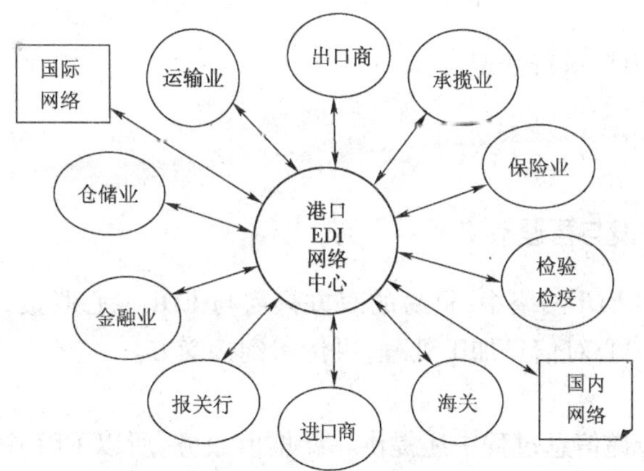

图 9-5　以港口为中心的 EDI 数据交换网络

EDI 中心除在网络上开展传统的通信业务之外，还可增加向客户提供 EDI 增值服务的功能。如信息查询、数据维护、数据库管理、开发和寻找信息源、总结用户反馈信息、信息录入及商务管理等。这种增值网络(VAN)推动了 EDI 的应用和发展。如美国 IBM 公司设于佛罗里达州的信息网络中心，即是一个增值网络服务中心，提供网络服务遍及 73 个国家和地区。基于国际电报电话咨询委员会(CCITT)X. 400 系列标准的报文处理系统 MHS 是包括电子数据、电传、传真、可视图文等非话电信服务以及语音、图像、图形、图表在内的新一代业务综合信息系统，它为 EDI 的应用提供了优良的软件应用平台与报文传输系统，并有严密的安全保密服务和目录服务，是今后 EDI 系统研制开发的主流和发展方向。

三、EDI 系统开发

开发 EDI 不是一件容易的事,它需要两方面的努力:一是技术方面的,一是组织与培训方面的。虽然要理解 EDI 工作方式需要一段时间,然而仅就其技术而言则并不复杂,而且 EDI 的结构、软件和网络等都已标准化。技术方面的开发问题,需要由采用 EDI 的公司来解决,这些问题对大多数公司来讲并不太难,难的是组织与培训方面的问题。EDI 确实改变了做生意的方法以及与其他组织的关系。正是由于 EDI 同时改变了内部的与外部的关系,要处理好这些变化就显得非常困难。因此,开发 EDI 需要仔细计划,严密管理。

开发 EDI 一般要经过以下 13 个基本步骤:

①确定 EDI 开发战略。

②获得上层管理部门的支持。

③成立项目小组。

④实施教育项目。

⑤执行 EDI 审计。

⑥进行成本 、效益分析。

⑦选择参与的贸易伙伴。

⑧与贸易伙伴共同研究。

⑨建立 EDI 协议。

⑩指导先行项目。

⑪检查、总结先行项目运行情况。

⑫扩展应用范围。

⑬全面推开。

四、EDI 中心的建设与管理

在建立 EDI 中心的 EDI 网络中,贸易的双方只需与 EDI 中心联接,发送方将信息传递到 EDI 中心,然后由 EDI 中心对信息加工处理,再传递到接受方。

1. EDI 中心的作用

由于 EDI 中心在传递信息过程中还提供一些增值服务,所以 EDI 中心网络又称为增值网络(VAN,Value Added Network)。其主要的增值服务有:

(1)电子邮箱

对用户传至的信息分别存放,并进行寻址、排序、传递等操作。每个用户邮箱均设有密码。

(2)通信进入

能使不同的通信速度、通信协议、不同的计算机和调制解调器的用户都能顺利地进入自己的邮箱。

(3)报告/控制

协助用户监视 EDI 的通信情况。

(4)翻译

将公司自己的格式时间转换成 EDI 标准的信息。

(5)通信

可使用户与不在同一网络的贸易伙伴进行 EDI 通信。

(6)EDI 开通协助

帮助公司加入 EDI 网络系统。

(7)拨出服务

可以帮助用户进入贸易伙伴的内部系统,但需经协议允许。

(8)EDI与纸张文件的转换

以便建立与那些规模较小的,又不具备EDI通信能力的贸易伙伴的联系。

(9)加密及证实服务

提高信息的保密性和安全性。

2. 有关EDI中心的几个问题

随着EDI的发展,EDI中心的应用也在发展,越来越多的EDI中心加入了市场,由此也产生了以下一些问题。

(1)不同的EDI中心之间的相互联接

为了能使不在同一中心网络的贸易伙伴之间能够进行电子数据交换,就必须有某种方法在不同的网络之间传递信息,EDI中心就是通过一种叫做“网关”(Gate way)的方法来实现互相之间的联系。

在建立互相联系的网络系统中,当发送方的网络收到要传送给在另一网络中的接收方的信息时,它首先应把信息送到位于另一网络中的邮箱内,而另一网络把这份送来的信息视作任何其他进入的信息一样进行排序,然后送到相应的邮箱。

(2)EDI中心的安全性

EDI中心采用许多安全措施来防范数据遗失、窜改和窃取等现象的发生。所有通过EDI中心的数据是按照标准信封上接受者的标识代码进行分送的,要进入邮箱必须要有能表示身份的标识代码及“口令”。

(3)EDI中心的法律责任

在美国,EDI中心的法律责任有点类似于美国邮局的法律责任。当邮局遗失一份邮件时,它的法律责任通常只局限在邮递服务的费用方面。即使是特快专递也是如此。这种有限法律责任被移植到了通过EDI中心传递的EDI服务。

如果一份电子数据交换信息在EDI中心被遗失,一般EDI中心的法律责任只是实际的传递费用。这种有限的法律责任在EDI中心网络合同中需要非常清楚地列明。在大多数情况下,只要可能,EDI中心应为用户免费重新建立遗失的数据。

这种有限法律责任的制定是基于诸多因素的考虑。首先,数据遗失的概率很少。其次,对于这种遗失所产生的经济损失进行担保,其费用数量是难以接受的。第三,由于EDI发送方有能力知道这条送出的信息是否被对方收到,因此,发送方能立即发现遗失情况,并且重新发送这条信息。

在中国,目前尚无有关法律的规定。因此,在使用EDI中心网络之前,必须先与中心进行谈判,就一系列问题达成协议,以明确参与各方的法律责任。

(4)怎样选择EDI中心

选择一个EDI中心对要开通的EDI的公司来讲是非常重要的,一个适当的EDI中心应该是收费合理、负责、富有经验,并且能吸引贸易伙伴的加入。在选择EDI中心时,首先公司自己要有准备,要弄清公司现在的应用系统的状况、通信和翻译软件的倾向、计算机软件的技术指标、单据的类型、项目的信息量、贸易伙伴的情况,以及准备采用的标准等。其次要了解每个EDI中心提供服务的情况,并进行比较,决定什么是最重要的选择标准,然后再作出决策。

3. 对国内港口开发 EDI 的几点建议

(1)做好 EDI 标准化工作

我国《海上国际集装箱运输电子数据交换管理规定》规定：报文格式应采用 UN/EDIFACT 国际标准或国家技术监督局颁布的国家标准。交通部集装箱运输 EDI 示范工程建立了既符合国情又与国际接轨的集装箱运输 EDI 标准体系，选择确定了 21 个集装箱 EDI 报文，覆盖了我国国际集装箱运输所需单证的 80%。作为集装箱运输 EDI 中心，要为各种集装箱运输企业服务，还需进一步加强报文标准，尤其是涉及仓储、公路运输、铁路运输、航空运输等特殊单证的报文研究。

(2)建立 EDI 技术培训中心

为普及 EDI 在集装箱运输中的应用，提高用户企业整体水平，必须建立软硬件环境完善、网络通信方便、教学设备齐全的 EDI 技术应用培训中心。培训服务可分研究开发人员、数据管理人员和 EDI 操作人员 3 个层次进行。

(3)健全和完善相关法规

交通部已颁布的集装箱运输 EDI 相关法规有：《海上集装箱运输电子数据交换管理办法》、《海上集装箱运输电子数据交换电子报文替代纸面单证管理规则》、《海上集装箱运输电子数据交换协议规则》、《海上集装箱运输电子数据交换收费规则》等。这些法规基本上能够支持集装箱运输 EDI 系统的正常运作，但要发挥物流信息中心的功能，为集装箱多式联运服务，还需进一步健全和完善相关法规。这部分工作尤其需要与国内其他地区集装箱运输 EDI 中心密切配合，而且需要交通、邮电等政府主管部门的大力支持。

(4)扩大增值服务功能

EDI 中心的基本服务是其必备功能，而根据用户企业的要求开展各种增值服务(如信息查询、数据维护、数据库管理、开发和寻找信息源、总结用户反馈信息、信息录入及商务管理等)是增强 EDI 中心吸引力的途径。必须进一步加强集装箱 EDI 中心增值服务的研究开发工作，增强增值服务功能，将更多的集装箱运输企业吸引过来。

(5)完善集装箱运输 EDI 报文运作的安全机制

为避免冒名、篡改、泄露、抵赖等因素的威胁，提高数据交换的可靠性，必须采用当前流行的加密、解密及电子签名技术，在 EDI 报文运作中建立和完善身份鉴别、数据完整性、数据保密、防止责任抵赖等相应的安全机制。

(6)强化 EDI 能力

陆域集装箱中转站是港口 EDI 中心的端点，开发或强化 EDI 能力，以便使更多的中转站加入到 EDI 系统中，是完善我国集装箱港口 EDI 中心功能的重要环节。

(7)开发电子商务

要鼓励货主在港口 EDI 中心网络上公布货源信息，并辅以完整的船期、运价、泊位装卸、输送、堆存、物流配送等信息，使货运交易在网上进行，实现无纸化、无窗口的电子商务运作。

实例 9-3　新加坡港 EDI 应用现状

自新加坡港首次采用了 EDI 技术以来，目前新加坡港务局正在构筑联接和港口有业务联系的各种机构、企业等的 EDI 网络系统，并称之为港口网络(PORTNET)。港口网络是为港口物流网络服务的，目前进入该网络的组织已超过 1 300 家，包括航运公司、船代、货主、汽车运

输业等。该网络可提供以下服务：

1. 数据库服务

各用户可在港务局主机上直接存取下列数据：

①本船进港预定的日期和时间；

②本船靠泊时间安排；

③集装箱及货物明细表；

④集装箱及货物动态；

⑤危险品照会或询问；

⑥本船的明细表；

⑦本船的作业状况。

2. 电子文件服务

包括：

①装载目录；

②集装箱或货物提交对象；

③危险品申报；

④进口集装箱状况；

⑤泊位申报；

⑥出口集装箱时间表；

⑦本船进港申报。

集装箱船上配置方案等各种文件均使用 EDI 系统很快获得信息，实现了节约人员、削减工作量之目的。

3. 和贸易网络(TRADENET)联接

所谓贸易网络即是为了贸易业务工作服务的大规模附加价值通信网(Value Added Network, VAN)。这个网络将政府机构、企业和港口内有关机构联成网络。贸易网络的用户可用此对政府机构(如贸易机关、海关)把有关进出口货物、转运货物的申报工作在极短时间内完成，特别是有关统计数据等。

4. 提供用户所需的特种菜单

除上述的标准服务菜单外，还可提供用户所需的特种菜单。

从用户的角度看，港口网络使用后有以下优点：

①大量地削减了文件种类，如装货单据，提货单，进口状况表，进口舱单，危险品申报单等。

②节约了时间等于增加了一些公司处理业务的能力，而且数据传送精度有所提高。

③由于用户能从港务局的用户系统获取最完善的新信息，对用户而言没有再建本系统网络机构的必要。

④大量节约了文件处理费用。

新加坡港 EDI 的扩大应用范围，不仅提高了港口的竞争能力，而且有利于新加坡进一步强化东南亚一带金融中心、贸易中心、物流中心的地位，进而会对国内经济发展起到促进作用。

第五节 现代信息和通信技术在港口货运信息业务中的应用

近年来,中国集装箱码头在信息技术方面投资一掷千金,从最基本的无纸化办公到整个作业线的实时管理,从无线通信到光学字符识别、射频技术、GPS 定位技术,许多刚走出实验室的新技术在集装箱码头找到了用武之地。

一、国内先进码头应用在操作生产和基础管理方面的信息技术

1. 用于码头作业方面的信息技术

(1)码头操作系统(Terminal Operating System,TOS)

TOS 是用于管理和控制码头作业各个环节的计算机管理系统,主要包括船舶计划、堆场控制、装卸船控制、检查桥、计费、受理等,是码头生产管理的核心。多数集装箱码头采用了先进的动态实时 TOS 系统,实时反映系统中箱信息,为码头计划和控制作业、处理能力极大提高了生产效率,最大程度减少了人力。当系统停顿时,这些员工的手工处理能力根本不能替代系统处理能力,从而无法满足码头正常运作的数据处理需求。

(2)无线终端 (Radio Data Terminal, RDT)

无线终端主要用于控制桥式起重机、轮胎起重机、叉车和内拖车等装卸设备上,指挥驾驶员操作。中央控制中心的操作指令通过无线信号传输到这些设备上,驾驶员根据无线终端上显示的指令进行操作。目前集装箱码头使用的主流传输频段是 400MHz 和 2.4GHz。无线终端通常与 TOS 系统配合使用,从 TOS 系统获得工作指令并将操作结果传回 TOS 系统。采用无线终端技术彻底改变了通过对讲机指挥生产的传统调度模式,通过驾驶员的操作达到实时确认集装箱的场位变化和装卸状态。无线终端是目前大码头用于实时确认集装箱位置变化的主要工具。由于无线终端设备价格昂贵,许多码头仅限于轮胎起重机、叉车和船边理货作业,但随着吞吐量的提高和对管理的要求提高,各码头正投入巨资在集装箱卡车上安装无线终端,实现所有设备的集中调度。目前国内集装箱码头采用的无线终端设备以国外产品为主,投资较大,难以为中小码头所接受。国产替代产品正在走向成熟。

(3)电子数据交换系统(Electric Data Interchange,EDI)

EDI 主要用于集装箱码头与外界的数据交换。EDI 基本功能:数据转换、数据格式化和报文通信。在集装箱码头信息技术发展中,EDI 起着非常关键的作用。传统信息过程是:生产企业货物出口,首先会把这个信息用非标准格式传给货代公司,货代公司接到后再用另一个非标准格式传给报关行,然后再依次传给海关、商检、班轮公司、箱站、外轮理货、船代,在这个信息的传递过程中,每一个传递环节都在使用自己的非标准格式,而主要数据基本是一样的,这样做造成的最严重的影响就是使口岸通关速度大大降低。EDI 就是在口岸建立一个公共平台,把口岸进出口货物流通过程中数据采用标准格式流转,使同一信息实现一次性输入反复使用,最大化实现信息资源的共享、整合和标准化,同时保证了信息的准确性。通过这些标准化报文,收发信息的各方可以利用自己的软件自动接收或生成文件,保证了船公司、码头、箱站、海关的数据的一致性,保障了基础数据的准确和有效传递。目前各码头广泛使用的 EDI 信息有:船舶积载图(BAY PLAN),舱单(MANIFEST),装箱单(COSTCO),集装箱动态(COARRI/CODECO),船舶预配图

(MOVINS)等国际标准报文，还有各类小范围内自定义的报文。

(4)闸口集装箱号和车牌号识别技术

集装箱码头闸口通过速度直接影响收发箱效率及码头的总体操作效率,也是与外界如海关、箱站、货代等交接设备与信息的汇集点。码头致力于采用各种先进技术提高闸口通过能力,因此闸口是高科技荟萃的地方,是了解码头水平的一个窗口。获得箱号和车牌号的速度很大程度上决定了闸口通过能力。集装箱信息如箱号、箱形、尺寸、重量、目的港、卸货港等通常在进入闸口之前已从不同渠道到达码头 TOS 系统。入闸时,只要得到箱号,其他信息会自动调出并分配给集装箱以合适的场地位置。闸口需要获得车牌号的主要原因是:由于箱号太小不便于装卸驾驶员辨认,驾驶员首先参照车牌号装卸箱,于是集装箱入闸时需要将车牌号和箱号绑定入场。因此，箱号和车牌号获取方式是入闸关键。目前获取箱号和车牌号技术有光学字符识别(Optical Character Recognition,OCR)、IC 卡和无线射频技术(Radio Frequency Identification, RFID)。OCR 主要用于箱号识别,只需要在闸口投入 OCR 设备即可,不需要协调卡车等外界因素，但由于受识别技术和集装箱新旧程度限制,识别率目前只能达到96%左右,离不开人工干预。接触式 IC 卡读卡成功率接近 100%，但除了码头需要投入 IC 卡读取设备外,还需要当地车辆管理部门牵头确保每辆入闸卡车办理 IC 卡并到指定地点读取信息。非接触式的无线射频技术 RFID 是 IC 卡的换代产品,驾驶员不需要停车刷卡。RFID 是一项很成熟的技术,已被国外高速公路自动收费站广泛使用。伴随着这些高科技的使用和准确性提高,各码头正朝着无人闸口方向迈进。

2. *用于码头基础管理的信息技术*

除了码头作业方面大量采用前沿的信息技术外,各大码头在对整个码头的管理上也走在科技的前沿。下面对目前国内集装箱码头在这方面采用的信息技术作简要介绍。

(1)视频监控(Closed Circuit Television, CCTV)

随着集装箱码头规模巨型化,堆场面积和作业岸线越来越大，利用目测方式已不能掌控场地作业情况,海关、边防也提出采用视频监控的要求,因此,CCTV 在大小码头应用非常普及。采用视频监控,可以直观地了解作业和场地情况、及时解决作业冲突、合理科学地进行作业安排。CCTV 覆盖范围广、使用方便,可以实现对整个集装箱码头的集中监控。

(2)办公自动化

集装箱码头办公自动化程度很高,在全国各行业中居领先地位。由于码头全天候作业,公司局域网的安全性和稳定性不逊色于金融系统。办公实现了无纸化,为保证出差外地员工与公司保持联系畅通,多数码头实现了通过 Internet 访问公司邮件系统的功能,使用比较广泛的有微软 OWA(Outlook Web Access)等。

(3)网站动态查询系统

集装箱码头网站的开发使用是码头信息化技术应用的一个重要方面。网站不仅是码头公司对外宣传的窗口,更是码头为客户提供及时、便利、优质服务的窗口。很多码头将业务流程查询、箱动态、业务查询受理和提箱预约、费收查询等放在公司网站上。

(4)财务、人事、设备管理软件一应俱全

集装箱码头的信息化可谓武装到牙齿,只要能提高工作效率的信息技术都能在码头找到合适的市场。码头的财务、人事工资、设备管理等方面都采用专用软件。由于财务、人事、设备方面的管理各不相同,且这些软件的采购成本远低于TOS系统,各码头采用的相关计算机系统是仁者见仁,智者见智,因此,这些方面没有主流的、公认的系统。

(5)冷箱远程监控和温度自动记录

进出口冷冻保鲜货物对温度的控制要求很高,码头必须定时记录冷箱温度。目前主要采用人工抄表的方式。国内个别冷箱进出口大港已经采用了冷箱远程监控系统,定时自动抄表。只是由于安装调制解调器的冷箱尚未普及,冷箱远程监控能够监控到的冷箱比例不大。但冷箱安装调制解调器是将来冷箱监控的趋势,随着可监控的冷箱比例加大,采用冷箱监控技术的集装箱码头会越来越多。

二、未来信息技术在码头上的应用

1. 信息化带来管理现代化

随着信息技术的广泛使用,码头管理人员普遍认识到,如果管理到位,信息技术方面的投资效益将更加明显。最简单的例子如:由于人员素质和培训欠缺,很多计算机系统的功能用不上;职工仍习惯于纸面信息传递;有些完全可以根据系统指令执行的工作,却任凭员工根据自己的习惯执行;同样的系统,同样的船,配载合理性却大相径庭,等等。因此,信息化需要经营管理的现代化和规范化。从长远看,码头的硬件投资和信息投资都是有限的,需要码头经营者向资源管理要效益、向人员管理要潜力。

2. 随着码头作业的标准化步伐加快,现场作业人员将减少

目前鹿特丹港和汉堡港已实现了装卸过程的无人化。即除了桥式起重机有驾驶员驾驶外,地面拖车、轨道吊装卸箱都是无人驾驶的。国外往无人码头方向发展的动力是最大限度减低人工成本和减少人员伤亡,同时也增加了场箱位的准确性。这将是码头发展的趋势。

无人码头采用的信息技术包括差分卫星定位技术(DGPS),防撞技术(Anticollision)、自动纠偏技术(Auto-steering)等等。目前这些技术正在被国内各大港口陆陆续续采用。但无人装卸码头不是国内码头追求的目标,因为,它涉及整个码头场地和设备的改造,投资巨大,另外,我国的人力资源相对丰富。但这些先进技术会被用来提高作业效率,降低成本。

3. TOS将更加智能化

集装箱码头场地堆存的箱量数以万计,每天装卸箱量也是成千上万。码头作业的目标是合理计划这些箱子以减少不必要的移动,以最少的装卸动作、最小的移动距离完成装卸、收发箱业务,即最大限度降低成本。这些优化过程涉及场地、时间、航线、装卸设备等因素。因此,码头作业有很大的优化空间。TOS系统发展趋势是智能化、自我学习化。目前能看到的趋势是:自动配载(AutoStow),即按照系统预设策略和规则进行自动配载,并可以记录、比较多次配载效果,选取优化方案;最优路径(Prime Route),即动态调动拖车,选择作业时刻离作业箱位置距离最优的设备执行装卸任务;场地专家定位(Expert Decking),按预设策略和规则选择最优位置的集装箱满足收发箱要求。

4. 口岸单位加强信息合作

集装箱码头信息化顺利发展需要有口岸环境的同步发展来支持。随着EDI在航运界的普及,全球船公司和码头公司已经实现了信息共享,缩短了运输周期。但码头公司和海关、检验检疫、海事等口岸部门信息共享仍然欠缺。尽管每个口岸部门都有适合于本部门的计算

系统，但面向客户的信息各有各的规范，没有统一标准，影响了口岸信息处理效率，大大影响货物流转速度。若能实现船公司、码头、海关、检验检疫各单位之间的数据标准化和信息共享，可以想象，即使在没有新增投资的情况下，整个口岸环境和码头效率将得到极大的改善。

5. EDI应用将更加广泛

目前，EDI标准作为联合国与国际标准化组织联合制定的国际标准正在为越来越多的国家所接受。随着物流业流通加快，货代、船公司、码头、箱站等EDI使用内容将更全面、应用也将更加广泛，逐渐辐射到费收、结算等。EDI传输形式也正由点到点的专线模式发展为Internet模式，具体是指利用先进的国际互联网、服务器等电子系统和电子商业软件运作的全部商业活动，包括利用电子邮件提供的通信手段在网上进行的交易。

随着全球经济融合步伐加快，物流业将越来越发达，货物流转速度呈加速趋势。集装箱码头作为全球物流运转的枢纽对作业效率的追求永无止境，因此对信息技术的需求将越来越大。中国集装箱码头的战略目标之一就是以先进的信息技术提升市场竞争力，以信息化推动港口管理现代化，使港口组织运行更加高效、业务流程更加顺畅、资源配置更加合理。可以预见，在未来10年、20年里，更多有利于提高集装箱码头效率的新的信息技术将落户码头，集装箱码头依靠信息技术产生的效益会越来越大。

案例　天津港港口货运信息网络的建设及其应用

1. 天津港信息网络成为天津港管理信息系统运行的基础和依托

在天津港各装卸作业公司的计算机应用中，集装箱公司早在20世纪80年代后期就已取得较好的进展。进入90年代以来，天津港狠抓计算机生产管理系统的开发应用和企业内部网的建设，除两个集装箱公司进一步完善其应用外，各装卸作业公司在C/S体系局域网络建设的基础上，相继开发了货运、调度业务系统，并在网上运行，取得了较好的效果，实现了生产计划、车、船动态、生产作业、舱单、货物进出码头、库场等诸环节的计算机管理。

天津港信息中心进一步又组织了集团调度和货运系统的开发与应用。该系统共分为调度子系统、货运子系统、计划子系统和交接班子系统、作业公司和代理公司子系统(图9-6)。系统特点是：船舶调度信息、船舶动态信息以及作业实绩信息等频繁地在天津港信息网上进行交换，每天多达1 000～2 000个报文(message)，已实现下情上报、指令下达。集团和公司两级货运调度系统的使用，从总体上缩短了船舶在港停时，提高了货物周转速度，充分发挥了泊位潜力和航道能力。与此同时，天津港信息中心又组织了对计划、统计、人事、财务等方面的深入开发和应用，改进和完善了原有的系统，从而逐步实现了天津港信息系统的集成化。

2. 天津港口EDI中心的建设完善了信息网络，拓宽了服务功能

90年代以来，国际贸易运输大多使用EDI技术。在国际集装箱运输中尽快采用EDI是与国际接轨的急需。1995～1997年由交通部组织了“四点一线”国际集装箱运输EDI系统及示范工程项目，天津港投入了较大的人力和财力，全面地开展了EDI及其相关技术的研究与应用开发，在兄弟单位的支持与配合下成功地建立了天津港口EDI中心并实现了国际集装箱运输EDI的应用。与此同时，完善了天津港的信息网络建设和服务功能。

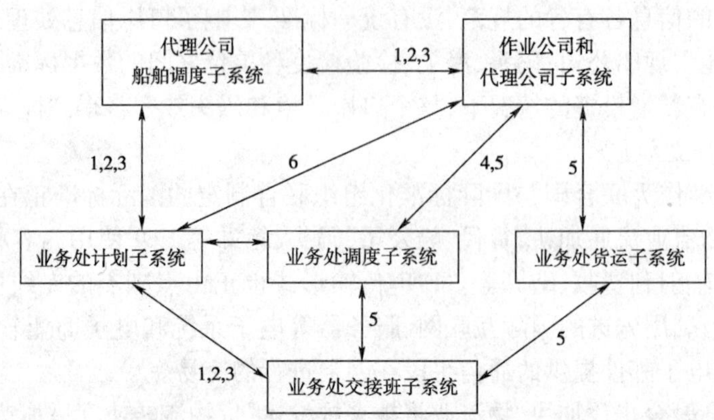

图 9-6　天津港务集团调度和货运系统结构图

1-船舶动态;2-船舶预确报;3-船舶资料;4-船舶变更动态;
5-船舶作业数据;6-申报动态、抢水措施

(1)天津港信息网络结构的进一步完善

为使天津港信息中心真正成为港口内外信息的“中心”，充分发挥其信息“集散”和枢纽的作用,天津港务集团的领导作出了决策：将天津港口 EDI 中心就建在天津港信息中心。在天津港口 EDI 中心(下文中，连同天津港信息中心都简称为“中心”)的建设过程中，除充分满足 EDI 系统及其服务的功能要求外，还结合了港口的实际应用，同时也认真考虑到港口及其信息资源的服务功能，因而使天津港信息网络的建设获得了进一步的完善。天津港口信息网络的总体结构是属于开放性的分布/集中式结构，以交换式以太网作为骨干网，并可联入分组数据交换网(CHINA 2PAC)、公用数字数据网(CHINADDN)和公用市话网(PSTN)。目前，中心通过专线可与天津港集装箱公司、天津港东方集装箱公司，天津外代公司、天津海关相连；通过市话网可与众多局域网用户及 PC 机用户相连；同时，通过公用分组数据交换网，还可与其他相关信息中心互联。该系统借助于高可靠性集群多处理系统(HACMP),可以做到两台服务器相互接管的安全防护，可以确保每日 24h 不停机，具有高度的可用性和安全性；并通过多种网络设备，允许各种类型的用户以不同的方式访问系统，具有较好的可访问性。

(2)天津港信息网络对数据传输管理功能的实现

为提高对各种用户不同需求的适应能力，中心进一步开发了报文接收分捡、目录管理、不同类型报文的分析、不同类型报文间转换、支持自定义格式报文、EDI 系统计费等运行及管理程序，不断增加并完善了中心的服务功能：

①支持用户通过不同方式入网。

②支持多种用户端方式。

③支持报文的一发多收。

④支持 FTP 等多种通信协议。

⑤支持用户端不同格式的报文间转换。

⑥一定时间内的备份存储。

此外，中心还继续开展增值服务，将可以公开的或对特定用户可以公开的信息发布到自己的网站上，以便相关业务伙伴上网查询。同时，中心还对所属用户提供一系列的技术支

持，使各业务伙伴单位所组成的应用链条不能出现任何脱节，以确保联网用户充分实现信息共享。

3. 天津港信息网络配合海关加强了对集装箱验放的监管力度

港口信息网络建成后，在国际集装箱运输中实现了21种业务单证的电子数据交换，有效地提高了国际集装箱运输的效率，确保了与国际运输市场的接轨。此项EDI示范工程于1997年底通过了国家鉴定和验收。1999年以来，天津港信息网络进一步与海关联网，无论在加强货物监管方面，还是在提高港口装船效率方面都起到了重要的作用。

货主在集装箱到港提箱时，应持具有海关放行章的纸面提货单到码头公司办理提箱手续。为防止个别不法分子采用假冒海关放行章等手段骗提、冒领，天津港积极配合海关，将海关放行通知通过天津港信息网络不经货主而传输到码头以及传输到集装箱转存的堆场，当货主提箱时便能核对出海关放行的真实与否。同时，通过信息网络传输海关放行通知的快速及时，也为码头装船出口争取了时间。这不仅使海关在放行方面加强了监管，同时也加强了对集装箱码头和堆场箱货的安全管理，提高了自身作业效率。

天津港集装箱信息流转过程见图9-7。

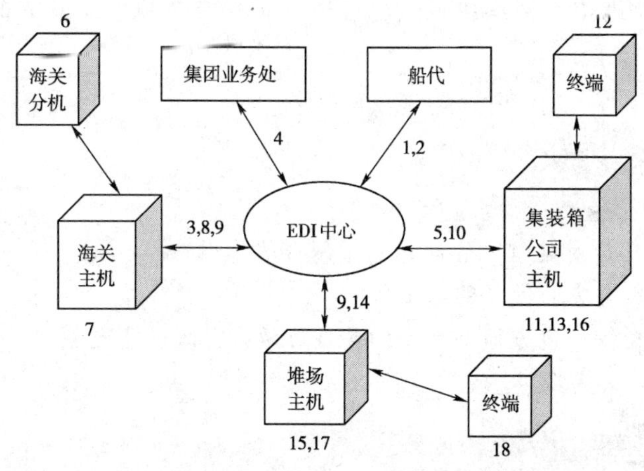

图9-7 天津港集装箱信息流转过程

图9-7中，数字1～18所表示的意义如下：

1：外代将船舶信息及舱单发送到中心；

2：中心将舱单转发给海关；

3：中心将船舶信息转发给集团业务处；

4、5：集团业务处通过中心将船舶信息传送给各作业公司；

6：海关的业务管理系统进行正常的按票放行操作；

7：在几分钟内将放行信息自动生成报文（EDI报文平台文件）；

8：通过专线将放行信息报文传输到中心；

9：中心按报文要求将报文分发给不同码头作业公司；

10：分发的报文经专线分别传送到各作业公司；

11：码头作业公司的计算机系统自动读取报文信息并进行处理，存入到自己的数据库系统；

经过6～11，海关的放行通知在几分钟后就会传送到港口作业公司的计算机中。

12:在货主提箱时对放行通知数据库进行计算机查询；

13、14:转栈时，码头将转栈表变成报文，经中心发往不同堆场；

15:堆场计算机系统自动处理转栈报文并转换成数据记录；

16:货主提货时，码头公司验明海关放行信息并办理相关手续之后对照转栈表将放行通知生成报文发往该票货的转栈堆场；

17:堆场的计算机系统将转栈箱放行通知存入数据库；

18:货主至堆场提箱时对放行通知数据库进行计算机查询。

天津港信息网络与海关的互联，实现了集装箱舱单及验放信息的共享并取得了明显的效益。一方面加强了对进出境运输工具及其所载货物的严密监控，有效地堵塞了非法骗提、偷箱的漏洞,深入贯彻了全国打击走私工作会议的精神；同时也使码头和堆场加强了安全管理，并可根据海关验放信息迅速组织装船作业，缩短货、船的滞港时间，从而有效地提高了港口的运输效率。

由上述应用实例也可以看出，信息可以通过信息网络将其触角无限伸展，充分体现其价值，基于这一点，天津港信息网络在现代化管理中正在有效地发挥着它的信息服务的强大功能。

案例分析

1. 天津港采用EDI后对其信息管理起到了怎样的作用?
2. 天津港在信息整合方面做了哪些工作?
3. 你觉得天津港在信息化方面下一步的重点应放在哪里？主要解决什么问题?

复习思考题

1. 信息管理系统的特点是什么?
2. 管理信息系统的功能是什么?
3. 港口货运管理信息系统根据功能的不同,可以分成哪些子系统?
4. 什么是EDI？运用EDI带来的实质性好处是什么?
5. EDI的网络环境有哪几种?
6. EDI一般有哪些通信方式?
7. 国内应用于码头作业方面的信息技术主要有哪些?
8. 国内应用于码头基础管理的信息技术主要有哪些?
9. 请举例说明信息技术在国外先进码头的应用情况。
10. 请说明未来信息技术在码头上的应用将会有哪些发展。

参考文献

[1] 肖钟熙．港口竞争力“排行榜”之我见．上海:中国港口,2007.5.

[2] 陈戍源,等．集装箱码头业务管理．大连:大连海事大学出版社．1998.8.

[3] 王海平．港口发展研究．天津:天津科学技术出版社．1998.1.

[4] 侯德培．港口生产经营企业生产管理．大连:大连海运学院出版社．1992.9.

[5] 宋德驰,等．港口装卸工艺．北京:人民交通出版社．1987.

[6] 宋德驰,等．中国港口与运输实务．北京:人民交通出版社,1999.

[7] 肖钟熙．港口生产经营企业管理．大连:大连海运学院出版社,1992.

[8] 陈家源．港口生产经营企业管理．大连:大连海事大学出版社,1999.

[9] 宗蓓华,真虹．港口装卸工艺学．北京:人民交通出版社,2003.

[10] 真虹,朱云仙．物流装卸与搬运．北京:中国物资出版社,2004.

[11] 徐大振,朱秉秋．港口生产经营企业经营管理．北京:人民交通出版社,2003.

[12] 邹俊善．现代港口经济学．北京:人民交通出版社,1997.

[13] Teng - Fei Wang, Kwvin Cullinane and Dong - Wook Song. Container Port Production and Economic Efficiency, Antony Rowe Ltd, 2005.

[14] Patrick Alderton. Port Management and Operations, LLP, 1990.

[15] 吴永富．水运商务管理．大连:大连海事大学出版社,1999.

[16] 杨志刚,吴永富．国际集装箱运输实务．北京:人民交通出版社,1998.

[17] 袁志耕．集装箱码头．上海:中国纺织大学出版社,1998.

[18] 吕一林．市场营销学．北京:科学出版社,2005.

[19] 孙肇裕．外轮理货业务．北京:人民交通出版社,2004.

[20] 徐冠华．水运危险品货物安全与监督管理．上海:上海科学技术出版社,2001.

[21] 李又明．散装液体化学品水运与港口仓储管理．上海:东华大学出版社,2002.

[22] 袁苗,田浩．辽宁沿海港口实施组合港战略的分析．天津:港口经济,2002,23.

[23] 朱葵．南通港在组合港中的地位和作用．南京:江苏统计,2002.02.

[24] 曹忠喜．实现港口资源的整合与优化——以上海组合港为例．天津:港口经济,2005.1.

[25] 周立荣．建立战略联盟——筑广西沿海现代组合港．上海:中国港口,2004.6.

[26] 张志锋．船舶签证制度的形成和变革建议．武汉:中国水运．2006,11.

[27] 麻常见．关于散货理货．上海:中国港口,2002.6.

[28] 魏作才．国际贸易货物海上运输主要单证的缮制及流转程序．北京:国际财经,2000.6.

[29] 姜朝妍,等．看舱理货工作中的几个注意问题．上海:航海技术,2002.2.

[30] 刘锦程．谈船舶收货单的签发和批注．上海:航海技术,2001.4.

[31] 谢旻荻．溢短装条款是抗辩理由？北京:中国海关,2003.11.

[32] 赵度江．港口库场业务．大连:大连海事大学出版社,2003.12.

[33] 杨承新．港口物流中的现代信息技术．中国水运,2003.5.

[34] 朱静霞．中国港口集装箱码头信息技术应用现状与展望．中国港口,2005 年 09 期.
[35] 章银承,马平文．天津港信息网络的建设及其应用．交通与计算,1999 年 03 期.
[36] 石友服．新加坡港 EDI 应用现状．中国远洋航务公告,1996 年 10 期.
[37] 高纪刚．电子数据交换在天津港口应用分析．港口经济,2004. 6.
[38] 王曼君．浅谈我国集装箱港口的 EDI 中心建设．交通科技,2001. 8.
[39] 金健．突破传统的集装箱码头堆场管理模式．集装箱化,2004. 8.
[40] 联合国贸易和发展会议．港口发展．联合国 . 1984.
[41] 陈荣秋．排序的理论与方法．武汉:华中理工大学出版社 . 1987. 8.
[42] Ernst G. F. . Port planning and development. John Wiley & Sons. 1989.
[43] 李维铮,等．运筹学．北京:清华大学出版社 . 1982.
[44] 张又愚．计算机在集装箱进出口作业计划中的应用．天津:天津港口 . 1997. 6.
[45] 交通部水运管理司．中华人民共和国交通部港口费收规则(外贸部分)．北京:人民交通出版社 . 1997. 5.
[46] 中华人民共和国交通行业标准．集装箱船装/卸报告报文．北京:交通部 . 2001. 12. 14.
[47] 交通部．公路、水路、港口主要统计指标及计算方法规定．北京:人民交通出版社 . 2002. 4.
[48] 李锡蔚．集装箱船舶积载．北京:人民交通出版社,1997.
[49] 吴长仲,等．海船积载．北京:人民交通出版社,1985.